总顾问：国务院学位委员会学科评议组成员 中国物流学会副会长 **朱道立**

主　审：教育部高教司高职两年制物流专业教育指导方案研究项目负责人
教育部高职教育物流管理专业紧缺人才培养指导方案组组长 **黄中鼎**

复旦卓越·21世纪物流管理系列教材

物流管理信息系统

Wuliu Guanli Xinxi Xitong

（第二版）

刘小卉 主　编

复旦大學 出版社

内容简介

现代物流是国民经济的基础产业，是贯穿国民经济发展和社会生活全局的重要活动，是国家及企业信息化重点关注的核心领域。本书既注重对理论的详细阐释，又突出物流信息管理的实务。本书沿袭了第一版的结构，包括基本概念篇、信息技术篇、应用系统篇和开发管理篇，内容丰富且与时俱进，分别从理论和应用视角剖析物流管理信息系统。主要特色为：（1）内容新颖，反映了我国当代物流信息管理的新水平；（2）实用性强，每章都有开篇案例和行业经典案例，案例与章节内容相结合，便于教和学；（3）时效性强，采用近几年较为典型的案例，具有很强的代表性。本书既可以作为物流管理类专业本科和MBA的教材使用，也可以作为物流行业各级管理人员的业务进修及自修用书。

本书结构图

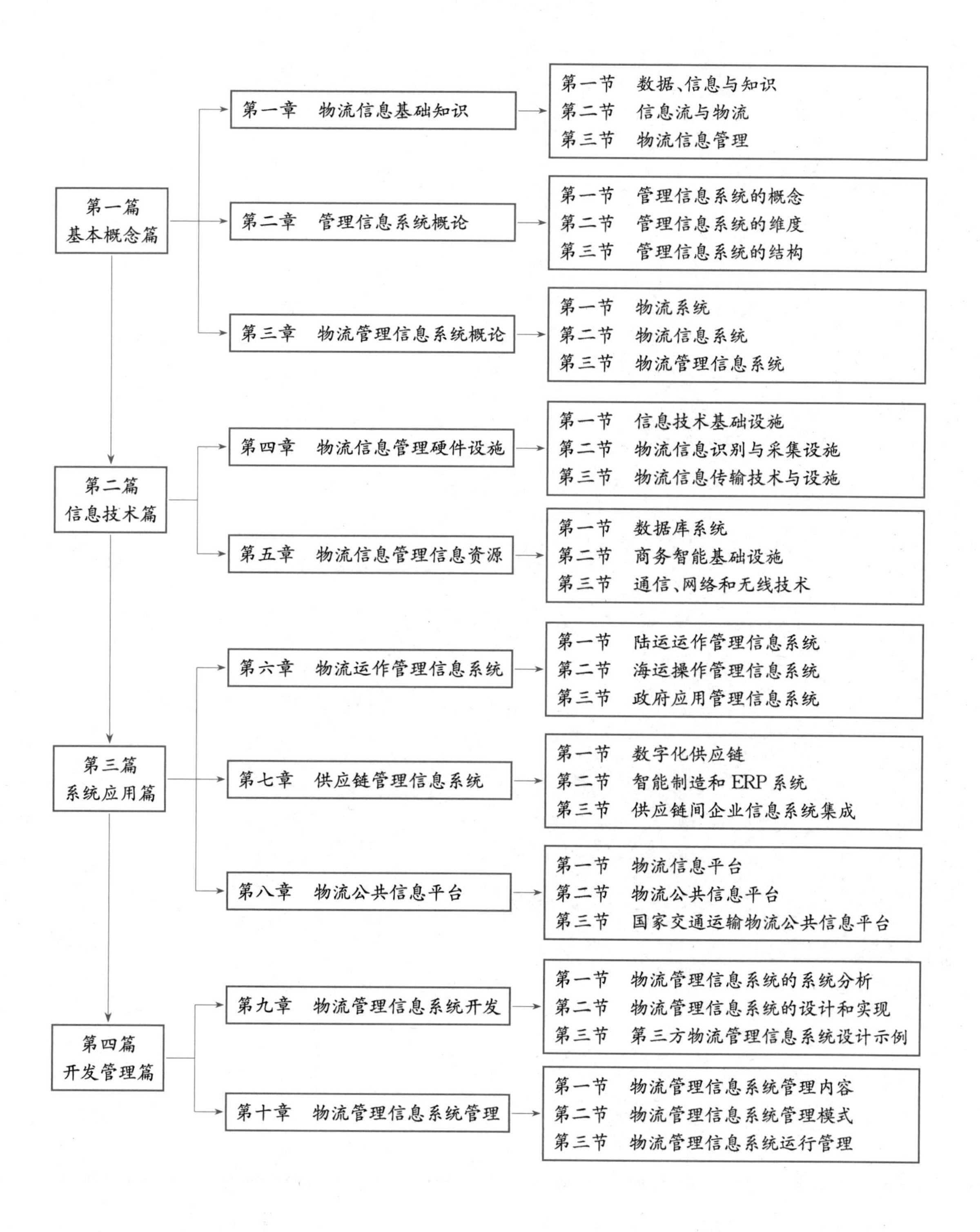

第一篇
基本概念篇
第一章　物流信息基础知识
第一节　数据、信息与知识
第二节　信息流与物流
第三节　物流信息管理
第二章　管理信息系统概论
第一节　管理信息系统的概念
第二节　管理信息系统的维度
第三节　管理信息系统的结构
第三章　物流管理信息系统概论
第一节　物流系统
第二节　物流信息系统
第三节　物流管理信息系统
第二篇
信息技术篇
第四章　物流信息管理硬件设施
第一节　信息技术基础设施
第二节　物流信息识别与采集设施
第三节　物流信息传输技术与设施
第五章　物流信息管理信息资源
第一节　数据库系统
第二节　商务智能基础设施
第三节　通信、网络和无线技术
第三篇
系统应用篇
第六章　物流运作管理信息系统
第一节　陆运运作管理信息系统
第二节　海运操作管理信息系统
第三节　政府应用管理信息系统
第七章　供应链管理信息系统
第一节　数字化供应链
第二节　智能制造和 ERP 系统
第三节　供应链间企业信息系统集成
第八章　物流公共信息平台
第一节　物流信息平台
第二节　物流公共信息平台
第三节　国家交通运输物流公共信息平台
第四篇
开发管理篇
第九章　物流管理信息系统开发
第一节　物流管理信息系统的系统分析
第二节　物流管理信息系统的设计和实现
第三节　第三方物流管理信息系统设计示例
第十章　物流管理信息系统管理
第一节　物流管理信息系统管理内容
第二节　物流管理信息系统管理模式
第三节　物流管理信息系统运行管理

前言

现代物流是国民经济的基础产业，是贯穿国民经济发展和社会生活全局的重要活动，是国家及企业信息化重点关注的核心领域。物流信息是把各种物流活动连接在一起的枢纽，是物流活动的中枢神经，是物流活动增值过程的重要使能要素。物流企业利用信息化对物流信息进行收集和利用，从而提高物流管理水平，以达到降低成本、提高效益的目的。同时，物流企业的信息化不仅包括各物流环节的信息处理，还包括满足且能兼容货主企业、各类承运人以及物流企业内部的管理和运营功能需求。可以说，信息化已经成为现代物流的灵魂和关键。

本书的第一版于 2005 年出版，书中对物流管理信息系统的基本概念、信息技术、应用系统和开发管理进行了介绍。随着信息技术的快速发展、物流信息管理理论与方法的完善，编者结合自己多年积累的物流理论知识、物流企业的丰富工作经验以及物流信息管理课程的教学经验，修订完成了第二版。

在编写第二版过程中，既注重对理论的详细阐释，又突出物流信息管理的实务。本次修订沿袭了第一版的结构，包括基本概念篇、信息技术篇、应用系统篇和开发管理篇。本书内容丰富且与时俱进，分别从理论和应用视角剖析物流管理信息系统。主要特色为：(1) 内容新颖，反映了我国当代物流信息管理的新水平；(2) 实用性强，每章都有开篇案例和行业经典案例，案例与章节内容相结合，便于教和学；(3) 时效性强，采用近几年较为典型的案例，具有很强的代表性。本书既可以作为物流管理类专业本科和 MBA 的教材使用，也可以作为物流行业各级管理人员的业务进修及自修用书。

本书由上海第二工业大学刘小卉主编。在编写过程中，编者参阅了大量同行专家的有关著作、教材及案例，在此表示感谢。书中若有不当之处，诚心诚意地希望读者提出宝贵意见，以便修正。(通信地址：上海市浦东新区金海路 2360 号，邮政编码：201209，电子邮箱：wuliu88@126.com)

编　者

2020 年 12 月 7 日

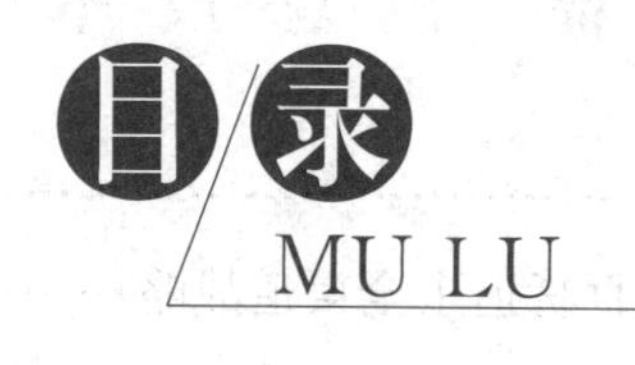

第一篇　基本概念篇

第二篇　信息技术篇

第三篇　系统应用篇

第四篇　开发管理篇

第一篇

物流管理信息系统基本概念篇

第一章 物流信息基础知识

学习目标

学习完本章,你应该能够:

1. 掌握数据、信息和知识的基本概念
2. 理解数据、信息与知识的区别和联系
3. 掌握信息流的定义
4. 理解信息流与物流的区别
5. 了解信息流管理主导物流和资金流管理
6. 掌握物流信息和物流信息管理的定义

开篇案例

菜鸟联合六大快递企业开启“物流天眼”系统

2018 年 9 月 26 日,菜鸟宣布联合德邦、中通、圆通、申通、百世、韵达六大快递企业正式上线视频云监控系统。这意味着全国各类物流场站内的百万个摄像头,将从简单的监控回溯设施,升级为智能感知设备,开启“物流天眼”,实现对场站的智能管理。物流场站人车流动量大,管理难度和成本高。菜鸟提供的这套“物流天眼”解决方案,依托原有摄像头和原有带宽,但叠加了菜鸟算法,将普通摄像头变为了智能的 IoT 设备(Internet of things,物联网),实现了场站数字化和管理的智能化。

摄像头以前只是具有监控记录功能,现在还能够识别车位是不是空闲、卸车装车作业是否在正常进行,以及场站内堆积度是不是饱和,通道有没有被堵塞。这些原本需要使用人力现场巡检的工作,均由摄像头完成实时识别,第一时间智能推送给总台,由总台调集人员处理。物流场站内的管理模式,也由人员主动巡检不能及时发现异常,或者异常导致场站停摆后再被动介入的处理模式,变成了实时智能管理模式。测算显示,德邦快递场站内流转效率因此提高了 15%。根据德邦快递的预计,接入这套系统之后,德邦快递一年可以节省成本近千万元。如果算上物流效率的提升以及货损率的降低,一年可产生过亿

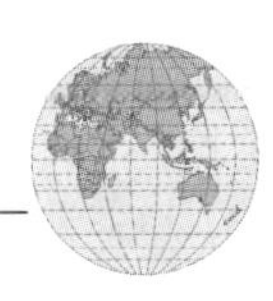

元的效益。

物流业即将进入万物互联的新阶段。谁抓住了物联网、人工智能和大数据，谁就能在这场关乎生死存亡的新技术浪潮中不被淘汰。物联网不亚于一次从煤到电的能源革命，特别是物流全行业、仓储设施业、技术研发机构都应该投身其中，开放共享，才能最终让物流要素联成网。

第一节　数据、信息与知识

一、数据、信息和知识的基本概念

（一）数据

1. 数据的定义

数据是人们利用文字符号、数字符号以及其他规定的符号对现实世界的事物及其活动所做的描述。在计算机科学中，数据的含义非常广泛，一切能够被输入到计算机中并能被计算机程序处理的信息，包括文字、表格、声音和图像等，都被称为数据。数据的具体表现形式如表 1.1 所示。

表 1.1　数据的表现形式

数据类型	表现形式
数值数据	数字、字母和其他符号
图形数据	图形、图像和图片
声音数据	声音、音频和音调
视觉数据	动画和视频
模糊数据	高、矮、胖、瘦等特性数据

2. 数据结构

数据有多种形式，包括结构化数据和类似财务数据、文本文件、多媒体文件和基因定位图这样的非结构化数据。数据结构有四种类型，如图 1.1 所示。结构化数据包括预定义的数据类型、数据格式和数据结构，如交易数据、在线分析处理（OLAP）数据集、传统的RDMBS、CSV 文件甚至电子表格等。半结构化数据是有识别模式的文本数据文件，支持语法分析，如有模式定义的和自描述的可扩展标记语言（XML）数据文件。准结构化数据带有不规则的数据格式，但是可以通过工具规则化，如包含不一致的数据值和格式的网页点击流数据。非结构化数据没有固定的结构，如文本文件、PDF 文件、图像和视频。未来 80%—90%的增长数据都将是非结构化数据类型。虽然从结构上看数据可以被分为四种类型，可是大部分的数据都是混合类型。例如，一个典型的关系型数据库管理系统（relational database management system，RDBMS）可能存储着软件支持呼叫中心的呼叫日志。RDBMS 可能将呼叫的特征存储为典型的结构化数据，它具有时间戳、机器类型、问题类型和操作系统等属性。此外，该系统也可能存储着非结构化、准结构化或者半结构化数据，例如，从电子邮件故障单、客户聊天历史记录、用来描述技术问题和解决方案的通话记录，以及从客户通话语音文件中提取出来的自由格式的呼叫日志信息。从呼叫中心的非结构化、准结构化或半结构化数据中可以提取许多信息。

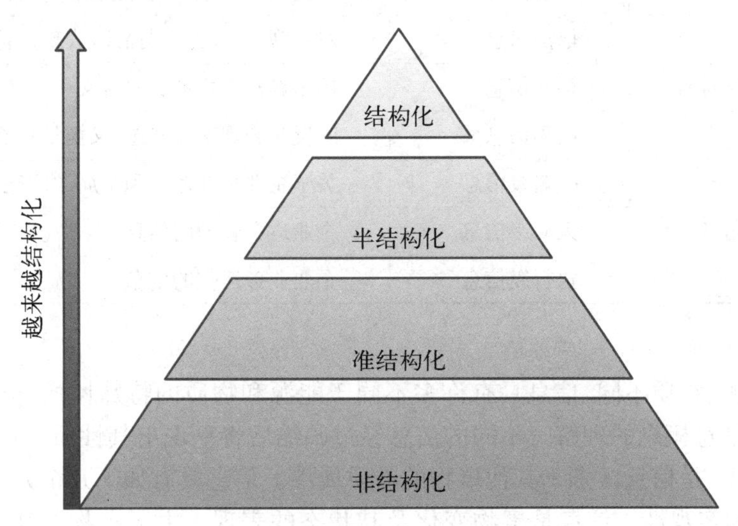

图 1.1　数据的增长越来越非结构化

（二）信息

1. 信息的定义

在理论上，人们对“信息”一词的定义并未真正统一过。信息论的创始人香农（Shannon）认为“信息是人们对事物了解的不确定性的减少或消除”，该定义强调了信息的客观机制与效果，特别是对于如何衡量信息量的大小指明了方向。不确定性程度减少得越多，信息量就越大。控制论之父维纳（Wiener）则指出“信息既不是物质也不是能量，信息是人与外界相互作用的过程、互相交换的内容的名称”，该定义强调了信息与物质和能量的区别。国际标准化组织（ISO）则将信息定义为“对人有用、能够影响人们行为的数据”，该定义注重信息的功能特征。我国国家标准（GB5271）则从来源和载体定义信息，认为“信息是人们根据表示数据所用协定而赋予数据的意义”。在管理信息系统领域中，通过将数据和信息相联系，从两者的对比中把握信息的概念，认为“信息是经过加工的数据，它对接收者有用，对决策或行为有现实或潜在的价值。”这一定义突出了信息在决策和行为中的价值，反映了信息作为一种战略性资源的内在含义。

2. 信息的分类

信息按照不同的角度可以对信息进行不同的分类，具体分类见表 1.2。

表 1.2 信息的分类

分类角度	信息分类	说明
主客观关系角度	客观信息	反映事物的特征
	主观信息	客观信息在人脑中的反映
系统角度	系统外部信息	系统外界环境产生的信息
	系统内部信息	决定和调节系统内部组织结构行动的信息
信息的逻辑结构	语法信息	对客观事物的直观描述，表现为符号或语言
	语义信息	揭示客观事物的真实含义
	语用信息	既反映客观事物状态，又揭示其价值和效用
管理层次角度	战略级信息	关于企业长期命运和全局的信息
	策略级信息	企业运营管理的信息
	执行级信息	企业业务运作的信息

3. 信息的性质

信息和能源、物质不同，信息具有许多不同于能源和物质的特殊性质，分析信息的性质有助于加深对信息概念的理解。不同的信息经过归纳后将呈现出其性质。信息的性质是信息所特有的征象，是信息区别于其他事物的本质属性。信息具有如下几个方面的性质：

（1）信息的客观性。信息是事物变化及其状态的表现。由于事物及其状态、特征的变化是不以人们意志为转移的客观存在，所以反映这种客观存在的信息，同样具有客观性。不仅信息的实质内容具有客观性，而且信息的客观性一旦形成，信息本身也就具有了客观性。

（2）信息与载体的不可分割性。在人类社会的信息活动中，各种信息必须借助于文字、图像、胶片、磁带、声波和光波等物质形态为载体，才能够得以呈现，才能为人们的听觉、视觉、味觉、嗅觉和触觉所感知，人们才能够识别信息和利用信息，信息与信息载体是不可分割的。从某种意义上来说，没有信息载体就没有信息本身。

（3）信息的价值性。信息本身不是物质生产领域的物化产品，但它一经生成并物化在载体上就成为一种资源，具有可用性。信息具有使用价值，能够满足人们某些方面的需求，为社会服务。信息具有一定程度上代替物质和劳动力资源的作用，最明显的事例是通信业的发展可以大大减少人员的流动和实物的流通总量和运输距离。

（4）信息的时效性。信息的时效性是指信息从发生、接受到利用的时间间隔及效率。信息是有寿命、有时效的。信息的使用价值与其所提供的时间成反比，时间的延误会使信息的使用价值衰竭，甚至完全消失。

（5）信息的共享性。信息的交流与实物的交流有着本质的区别。实物交流，意味着一方得到的正是另一方所失去的；而信息的交流，是一方得到新的信息，而另一方并未失去，双方或多方可共享信息。这说明信息的生产成本不取决于其被使用的规模。信息的共享性使信息资源易于扩散，使信息得到比物质资源更广泛的开发利用。

（6）信息的可传递性。可传递性是信息的一个重要性质，信息的传递是通过信道来进行的。信源发出信息后，经由信道传递至信宿，信息系统就是由信源、信道和信宿组成的有机整体。信息的传递手段和方式多种多样，信息传递的快慢，对于信息的效用和价值至关重要。

(7) 信息的可扩散性。信息具有可扩散性，通过各种渠道和传输手段迅速散布开去的信息容易获得，但也容易被滥用，而且信息一旦扩散，就不可回收。

(8) 信息的可加工性。客观世界存在的信息是大量的、多种多样的，人们对信息的需求往往具有一定的选择性。为了更好地开发和利用信息，需要对大量的信息用科学的方法进行筛选、分类、整理、概括和归纳，使其精炼浓缩，排除无用信息，选取自己所需要的信息，而且可从大量零星、分散的信息中找出带有普遍性和具有规律性的信息。信息还具有可变换性，它可以从一种形态转变为另一种形态，如物质信息可以转换为语言、文字、数据和图像等形式，也可以转换为计算机语言、电信号等。同样一条信息可以用多种不同的载体来记录。

(9) 信息的可再现性。信息的可再现性包含两个方面的含义：一是信息作为对客观事物的一种反映，它为人们所接受、认识的过程也是客观事物的再现过程；二是信息的内容可以物化在不同的载体上，传递过程中经由载体的变化而再现相同的内容。

(10) 信息的可存储性。信息反映的内容是客观的，信息的客观性决定了信息具有可存储性，有时加工处理后的信息并非立即要用，有的当时虽然用了，但以后还可作参考，这样就需要对信息进行存储。信息的存储和积累使人们能够对信息进行系统的、全面的研究和分析，使信息可以延续和继承。

(11) 信息的积累性。信息的积累性是由信息的可存储性决定的。人类知识库不断丰富和扩充的过程，就是信息经过系统化、抽象化和规律化而形成知识长期积累的过程。

(12) 信息的延续性和继承性。信息不同于物质产品，它具有延续性和继承性的特点。信息的作用是延绵千古、天长地久的。它可以年复一年地被记忆、保存。直接探索、认知和获取一个未知事物的信息是极其困难的，而接受、理解并继承一个信息则要简单容易得多。

(13) 信息的可开发性。信息作为对客观事物的一种反映，由于客观事物的复杂性和事物之间相互关联性的特点，反映事物本质的和非本质的信息往往交织在一起。又由于在一定的历史阶段，人们认识上存在一定的局限性，因此，信息是需要开发的。

(14) 信息的可再生性和可增值性。信息具有确定性的价值，但在不同的时间、地点，对不同的人又有不同的意义，并且这种意义还可以引申、推导和繁衍出更多的意义，从而使信息增值。信息的可再生性，使它成为人类社会取之不尽、用之不竭的资源。

(三) 知识

知识是以某种方式把一个或多个信息关联在一起的信息结构，是对客观世界规律的总结。知识是结构化的经验、价值观念、关联信息及专家见识的动态组合，具有一定环境的信息，加上对于怎样运用它的理解，它为评估和吸纳新的经验和信息提供了一种架构。知识产生并运用于知识工作者的大脑。特殊背景下，人们头脑中数据与信息、信息与信息在行动中的应用之间所建立的有意义的联系，体现了知识的本质、原则和经验。它是人所拥有的真理和信念、视角和概念、判断和预期、方法论和技能等，回答“怎样”“为什么”的问题，能够积极地指导任务的执行和管理，进行决策和解决问题。它是这样一种模式，当它再次被描述或被发现时，通常要为它提供一种可预测的更高的层次。也就是说，当人们将知识与其他知识、

信息、数据在行动中的应用之间建立起有意义的联系时，就创造出新的更高层次的知识。可以从以下几个方面来理解知识的本质：

(1) 知识是人类在实践中获得的有关自然、社会、思维现象与本质的认识的总结。

(2) 知识是具有客观性的意识现象，是人类最重要的意识成果。一般来说，信息是知识的载体，其中的一部分需要借助于物质载体才能保存与沟通。

(3) 从静态来说，知识表现为有一定结构的知识产品；从动态来说，知识是在不断流动中产生、传递和使用的。

二、数据、信息与知识的区别和联系

(一) 数据、信息、知识的区别

数据只有经过加工，并赋予语义解释，才能作为信息。例如，“0”是一个数据，除了数字上的意义之外，没有任何信息，但如果说“当前的温度为 0℃”，意义就截然不同了，这条当前温度的信息，支持你做出穿什么衣服的决定。因此，“当前的温度为 0℃”不仅仅是数据，更重要的是给数据以解释，信息就此生成。综上所述，信息和数据是密不可分的，人们形象地将它们之间的关系比喻成原料和成品之间的关系，将数据看作原材料，将信息看作产成品。可以用图 1.2 来表示这种关系。

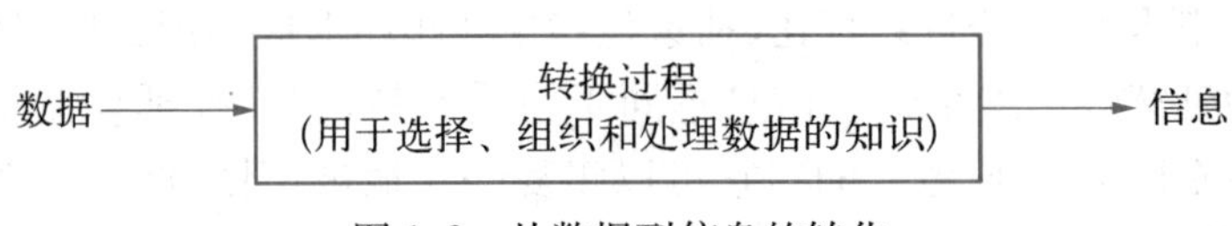

图 1.2 从数据到信息的转化

与原材料和产成品的概念相似，一个系统的产品可能是另一个系统的原料。那么一个系统的信息可能成为另一个系统的数据。数据与信息之间的这种“原材料”和“产成品”的关系，说明信息存在相对性，数据和信息可以相互转化。例如，派车单对司机房来说可能是信息，而对公司副总经理来说，它只是数据。这种情况可用图来说明，如图 1.3 所示。

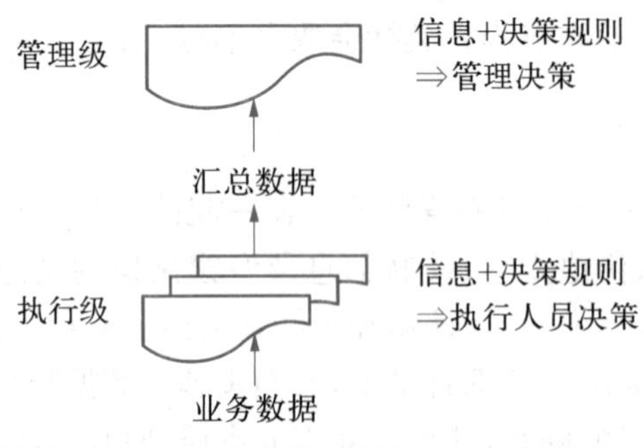

图 1.3 一级的信息可能是另一级的数据

数据与信息的区别在于，数据是客观的，来源于客观的现实世界，是对某一事物属性的描述；信息是人们对数据加工后的结果，取决于人们的主观需求，要对人们的决策行动产生影响。总之，信息是经过加工以后对客观世界产生影响的数据。数据与信息在人们认识、改造现实世界的过程中不断地相互转换。

知识与信息的区别主要在于它们回答的是不同层次的问题，信息可以由计算机处理而获取，知识很难由计算机创造出来。信息不同于知识。信息是客观存在的，不管是否被发现或是被认识到其重要性；而知识是由信息抽象出来的产物，是具有普遍和概括性的信息，是人们认识、改造世界的结果。知识存在于人们的大脑中，是信息的若干特殊的子集。也就是说，知识就是信息，但并非所有的信息都是知识。知识是有价值及效用的信息。

数据、信息、知识的主要区别如表 1.3 所示。

表 1.3　数据、信息、知识的主要区别

数　　据	信　　息	知　　识
结构简易	需要分析单元	难以构建
便于计算机获取	计算机获取难度适中	计算机难以获取
通常数量多	要求意义上的一致性	通常是默认的
便于传输	必须有人为调解	传输困难

(二) 数据、信息、知识的联系

数据、信息、知识之间的关系就如同几何学中线、面、立体之间的关系。数据经过加工转化成信息，信息以数据的形式存储、传递。数据、信息通过人的思考、整理转化为知识，知识以数据的形式存储、传递。

除了数据、信息、知识之外，有学者将广义的知识再次区分为知识和智慧两种。智慧是人类所表现出来的一种独有的能力，主要表现为收集、加工、应用、传递信息和知识的能力，以及对事物发展的前瞻性看法。数据、信息、知识和智慧是人类认识客观事物过程中不同阶段的产物。从数据到信息到知识再到智慧，是一个从低级到高级的认识过程，层次升高，外延、深度、含义、概念化和价值不断增加。在数据、信息、知识和智慧中，低层次是高层次的基础和前提，没有低层次就不可能有高层次，数据是信息的源泉，信息是认识的基石，知识是信息的子集，知识是智慧的基础和条件。信息是数据和知识的桥梁。知识反映了信息的本质。智慧是知识的应用和生产性使用。图 1.4 表示了数据、信息、知识和智慧的层次关系。

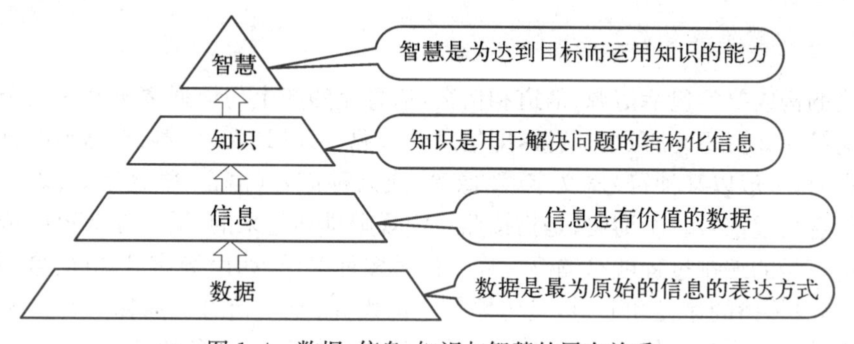

图 1.4　数据、信息、知识与智慧的层次关系

数据、信息、知识、智慧的价值与隐性及获取的困难程度的关系如图 1.5 所示，它们之间存在着密切的阶层关系，上层常是下层的加值产品。

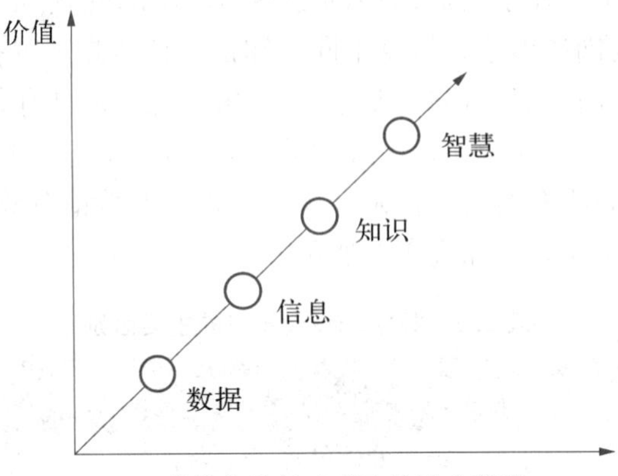

图 1.5　数据、信息、知识与智慧的价值与隐性及获取的困难程度

第二节　信息流与物流

一、信息流

（一）信息流的定义

关于信息流的定义，郑本伟在其所著的《汉英双解现代机械制造技术词典》中解释道，“信息流是数据采集、处理以及报告文件由纸质分布的图形表示”。王同亿在其编纂的《语言大典》(下册)中也给出了类似的定义，他认为“信息流是整个系统内的数据收集、数据处理和分配报告的图形表示”。还有学者认为“信息流”有广义和狭义之分，广义的“信息流”指信息自信源(即信息发送者)经过信道(即信息流通渠道)流向信宿(即信息接收者)，强调不同主体之间的信息交流；狭义的“信息流”则指信息处理过程中信息在计算机系统和通信网络中的流动，是对信息进行收集、传递、处理、储存、检索和分析的渠道和过程。

（二）信息流的构成要素

信息流的构成要素包括信源、信道和信宿，信息流的产生与流通离不开这三个要素。信息流的传输模式如图 1.6 所示。信源，即信息的来源，可以是人、机器、自然界的物体等。信源发出信息时，一般以某种符号(文字、图像等)或某种信号(语言、电磁波等)表现出来。编码是指把信息变成信号。所谓码，是指按照一定规则排列起来的、适合在信道中传输的符号序列。这些符号的编排过程就是编码过程。信号多种多样，如声音信号、电信号、光信号等。信道，就是信息传播的途径和通道，是传输信息的媒介，整个信息流通畅与否很大程度上取决于信道设计是否合理。信道的关键是容量。信道也担负着信息的存储任务。Internet 是目前信息传输速度快、容量大的信息通道，可进行多媒体传输。现代信息技术、通信技术是信道构建的基础，也是信息流效率的保障。当然，要想信息高效、有序地流动，还需要企业自身管理、政府支持等要素的共同作用。噪音是信息传播中不可忽视的影响，任何信道都会存在杂音和干扰。其可能是由于自然界客观因素或者信道中其他信息引起，也有可能是在人工信道中人的主观歪曲。译码是信号序列通过传输端输出后，需要翻译成文字、图像等，成为接受者需要了解的信息。译码是编码的逆过程。信宿是信息的接受者，可以是人、机器或者其他系统。信源和信宿分别是信息流的上游、下游，它们可能是供应链上下游的企业、企业中不同的部门、企业与消费者、政府与公民等。

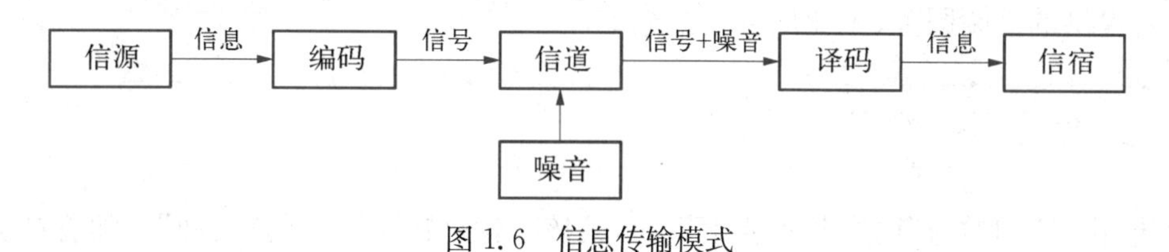

图 1.6　信息传输模式

（三）信息流分类

1. 按信息流动路径分

按信息流动路径不同，信息流分为纵向信息流和横向信息流。

(1) 纵向信息流。

纵向信息流是指自上而下、自下而上的信息流，纵向信息流中的信息发送者与信息接收者有着明显的上下级关系，如公司上下级之间的信息交流。在企业内部，自下向上的纵向信息流多用于管理者决策，自上而下的纵向信息流则伴随着管理执行的过程。

(2) 横向信息流。

横向信息流是指同级组织或个人之间的信息流，横向信息流的信息发送者与信息接收者是平级的关系，如同一公司不同部门之间、同部门不同人之间等的交流。企业内部的横向信息流往往意味着管理合作，同级的不同部门之间进行信息交换、共享实现共同的目标。

2. 按信息流动范围分

按照信息流动范围的差异，信息流分为内部信息流和外部信息流。

(1) 内部信息流。

内部信息流是指组织内部的信息交流，内部信息流动的范围仅限单一组织的内部，如某一企业、某个政府机构等。内部信息流通常是组织内成员在同一目标的驱动下，协同互助、资源互补的过程，如商品信息在零售企业采购、销售、库存部门之间的流动就是内部信息流。

(2) 外部信息流。

外部信息流是指组织外部的信息流，外部信息流的范围是不同组织之间，如两个企业之间、两个政府机构之间等。外部信息流通常是由不同组织间的竞争、合作关系引起的，如不同商品零售企业之间的信息交流、商品生产企业与零售企业之间信息交流就属于外部信息流。

3. 按信息流动的针对性分

按信息流动的针对性不同，信息流分为单向信息流和多向信息流。

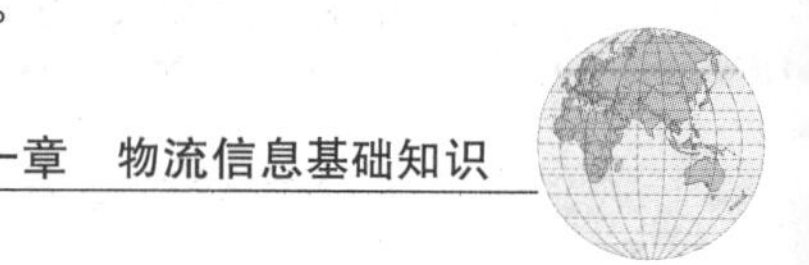

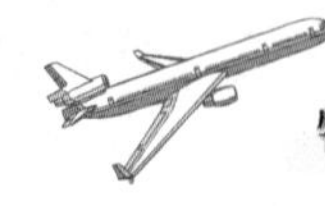

（1）单向信息流。

单向信息流是指信息发送者经信道将信息传递给单个信息接收者。单向信息流的针对性较强，是针对信息接收者的特定需求定向提供信息的一种方式，如信息服务机构根据某信息需求者的要求提供的“信息咨询服务”、某企业为了将产品销售给另一个企业而进行的有针对性的宣传等。

（2）多向信息流。

多向信息流是指信息发送者经信道将信息传递给多个信息接收者。多向信息流的针对性相对较弱，一般是根据几个信息接收者信息需求的共性提供信息的一种方式，如图书馆向广大读者提供的借阅服务、企业广告的投放等。

二、信息流与物流的区别

物流，由“物”和“流”两个基本要素组成，其核心就是物质资料的“流动”。随着社会大分工的逐渐细化，物质流通的规模日益庞大，供应链愈发复杂，生产、分配、交换和消费扩展到了一个极其广阔的空间，此时，只有依靠物流这一纽带，才能将整个复杂过程的各个环节连接起来，使社会化大生产得以实现。因此，物流的发展水平也成为衡量一个国家现代化程度和综合国力的重要标志之一。

信息流不同于物流，它是一种非实物化的传递方式，通过计算机通信网络实现信息的交换。信息流传递的是非实物化的知识差，而物流转移的则是实物化的物质差。因此，在两种不同的传递过程中，形成了各自的传递特征。信息流和物流在传递成本、传递速度、传递载体所占据的空间、传递方式上有以下区别：

1. 传递成本

信息流是借助于实物性的传递介质，实现非实物化信息的传递，因此传递成本较低。物流是实现实物体的空间位移，位移时不仅被传送物体实现空间位移，而且运输载体同样也必须随同货物进行空间位移。因此能耗大，传递成本高。

2. 传递速度

信息传递的速度与实物化的物流的速度远非同一数量级概念。而且，信息流随着信息传递设施的改善以及传递介质的技术创新，其传递速度以及容量（信息传递的速度与传递的容量是相关的）还在不断提高。信息传递中的“拥挤”现象将得到明显改善。例如，采用先进的光纤传输，具有传输的频带宽，通信容量大，传输能耗低，中继距离长等优点。物流则仅仅以几十到近千公里每小时的速度转移物体，其速度的进一步提高已比较困难，并且常常以牺牲环境作为代价。

3. 传递载体所占据的空间

信息流的传递载体和中继枢纽（如光缆、中继站等）所占空间非常之小，特别是传递设施几乎不占什么空间。物流的载体和运输枢纽（如路基、港站等）往往需要占据大量的土地，建设的工程量也非常大。

4. 传递方式

信息流的传递方式随着信息技术的发展，手段越来越多，如：光纤通信、卫星通信、电缆通信、蜂窝式通信、模拟通信或数字通信等，并且信息传递方式还在进一步发展。

三、信息流管理主导物流和资金流管理

供应链中的物流、资金流、信息流，在新技术的支持下，信息流的地位逐渐提高，信息流成为供应链中的基础流动，物流管理通过信息流管理实现，物流甚至部分被信息流替代，而资金流随着电子商务的兴起甚至于完全被信息流替代。未来的供应链管理将成为对信息流的管理。

（一）信息流管理主导物流管理

信息流和物流是供应链链路上不可缺少的价值环，也是供应链价值增值的主要源泉。通过信息技术和物联网的运用，节点间可以方便地建立起信息通道，使得供应链中的信息交换模式演变成一种网络状模式，信息流显得更为重要。物流在信息流的指令下运作，畅通、准确、及时的信息从根本上保证了物流的高质量与高效率。物流逐步信息化。

物流的特性决定了物流与信息流之间有着天然的密不可分的关系。一方面，物流活动产生大量的原材料供应、产成品消费等信息。为提高物流的效率，要求信息流保持通畅，并准确反馈物流各环节运作所需要的信息；另一方面，信息技术的不断进步为信息的及时大规模传递创造了条件，反过来促进物流服务范围的扩大和物流组织管理手段的不断改进，促进物流能力和效率的提高。

物流是连结供给和消费，克服空间和时间差异，实现物的价值的经济活动。现代物流一般包含了运输、库存、装卸、搬运、包装等活动，这些活动对商品的流动来讲，是在不同场所进行的，而物流服务的主要作用在于缩短物的在途时间、实现零库存、及时供货和保持供应链的连续和稳定。所有这些物流活动使信息不断产生和流动，可以说物流是信息流的基础，而信息流又抽象反映着物流。

随着信息技术在物流中的广泛应用，特别是物联网技术的运用和展开，为通过信息流管理实现物流管理提供了技术上的强劲支持，未来信息流能更好地反映、控制、协调物流，增加物流系统的透明度并促进物流各环节的整合，大大降低物流系统的营运成本，提高物流服务的水平。在供应链管理中通过得到的信息对物流进行控制和决策，以对信息流的管理实现对物流的管理。

（二）信息流部分替代物流

信息流部分替代甚至完全替代物流是未来供应链的发展方向，有学者从“熵”的角度给出解释：“根据熵理论，信息替代物流就是以信息这一负熵源，来抵消或补偿物流过程中物理熵与管理熵的增加，从而实现低熵物流。”

信息流传递成本低、传输速度快、传递载体所占据的空间小、传递方式多，因此信息流有着物流不可比拟的优势，但物流所完成的实物的空间位移也是信息流所无法完成的，有很多地方需要技术上的支持和改进。信息技术对物流产生深刻的影响，甚至起到了对物流的部分替代作用。

1. 人们出行需求大为减少

信息社会人们出行的需求大为减少，获取信息是人们出行的目的之一。以往，在信息技

术还不够发达的条件下，为了解决信息的空间隔离，人们不得不扮演信息载体的角色，通过交通运输手段获取信息，尽管信息社会中人们对信息的需求量在增大，但现代信息技术的发展，大大缩小了人们在接受和传递信息方面所受的时间和空间上的限制，使人们不出家门就能达到目的。现代信息技术的发展特别是互联网的兴起，使得网上购物、远距离工作、教学和医疗成为可能，这就大大减少了人们出行的需求。利用互联网，供货商可以跨国界、跨地域地推销自己的产品，消费者可以在网上货比三家、随心所欲地挑选喜爱的商品，甚至可以通过网络检验产品的质量。调查表明，以信息联系为出行目的的客流很大程度上是可以被信息传递方式替代的。

2. 货物运输的平均运距缩短

信息有助于物流由无序趋向于有序。在信息不充分的情况下，物流往往不能选择最短路径（或最合理的路径），从而出现盲目运输、迂回运输和空驶等现象。在信息充分的条件下，物流将会容易地选择最合理的流向，从而导致物流的有序化。物流的有序化将使原先的“盲目运输”和“舍近求远”的情况将少到最低程度，由此促使货物位移的平均运距缩短，在统计中则表现为货物运输周转量的减少。

3. 用信息取代库存

与原料从最初供应商流动到最终消费者不同，市场信息主要是沿相反方向流动的。为了确定什么时候使何种物料流到下一环节，其驱动信息来自下一环节。从这个意义上来说，实际上信息可以代替物料，因为包含真正需求情况的信息可以避免库存。将企业内部的ERP（enterprise resource planning）系统和SRM（supplier relationship management）系统相结合，使零部件供应企业共享关于生产计划和生产实际的数据库，供应商来管理库存，供应商随时扫描制造企业数据库提供的信息，判断什么时候需要送什么样的零部件，同时制定安排自身的生产计划，保证准时精确送货。这种信息的共享使买方和零部件供应商协同运行，降低两者的库存、库存费用和管理费用。

4. 有形传递向非实物化趋势发展

信息社会，软件、报纸、音乐光盘、图像、影视可以不经过商店销售，而可以直接通过互联网传送。随着电话、手机、电子邮件、聊天软件的普遍使用，人们的联系方式发生了根本变化，实物邮件大幅下降。这种有形的信息传输方式的减少恰好是信息对物流替代的一种明显的例证。此外，未来通过物联网的进一步发展和普及，生产厂商和维修厂可以直接通过互联网监控、检修消费者联网的冰箱、空调、电脑等产品，可以避免产品出现问题返修所引起的逆向物流。

（三）信息流替代资金流

资金流是指商品在供给方向需求方转移时，商品社会实体的流动，表现为商品与其等价物（货币或其他等价物）的交换和商品所有权的转移。随着电子商务的发展，网上银行的普及和完善，电子货币、电子钱包、电子支票等电子支付的出现，再加上网上交易的安全防护措施不断加强，供应链企业间资金的往来交易活动可以通过网络进行，交易各方不需要直接见面进行现金支付。资金在交易平台中表现为一组组数据，展现在管理者面前的只是资金信息的往来，资金的流动表现为信息的流动，供应链中信息流替代了资金流。

交易前，双方在因特网或商务网络上通过信息寻找交易机会，通过信息的交流进行交易商品的价格、交易条件的比较，选择交易对象，作好交易签约前的准备工作；交易中，双方网上进行交易细节的谈判，就双方的权利、义务、交易商品的相关事宜、违约和索赔等条款达成协议或合同，用电子签约的形式签定合同。并且在履行合同之前，双方还要与相关的单位交换电子票据和电子单证，然后才开始发货；交易后，买卖双方履行双方签定的合同，商品供应方为需求方提供售后服务和索赔等。在此过程中，卖方要进行备货、组货、发货，并且买卖双方可以通过电子商务服务器跟踪发出的货物，银行和金融机构则在网上按合同处理双方的资金结算，出具单据，直到买方收到货整个交易过程才结束，如果在交易中任何一方违约，受损方要依据合同向违约方索赔。

第三节 物流信息管理

一、物流信息

（一）物流信息的定义

物流信息是反映物流各种活动内容的知识、资料、图形、数据、文件的总称。物流信息包括狭义和广义两种。狭义的物流信息一般指直接产生于物流活动(如运输、储存、包装、装卸搬运、流通加工等)的信息，如运输工具信息、运输路线信息、每次运送批量信息、在途货物信息、仓库库存信息、最佳库存数量信息等。广义的物流信息还包括对物流活动有用的来自商品交易活动甚至生产活动的信息，如销售和购买信息、订货和接收订货信息、发出货款和收到货款信息等。

物流信息是随着企业的物流活动的起始而产生的，要对物流活动进行高效的控制，企业就需要及时掌控确切的物流信息。由于物流活动的整个流程中都包含着物流信息，即可以利用物流信息达到对整个物流活动进行高效控制的目的。因此物流信息被誉为现代物流的“神经中枢”。

（二）物流信息的特点

物流信息具有以下特点：

(1) 物流信息性能良好。物流信息量巨大、地理分布广，信息的生产、加工和运用在空间、时间上不相同，在方式上也不类似。这就要求信息处理系统要有良好的性能，并具备强大的信息采集、传输和存储能力。

(2) 物流信息是有很强时效性的信息。大部分物流信息都是在不断变化的，信息随着时间的推移，价值也越来越低，甚至因为过时的信息给企业造成损失，所以要求信息管理有良好的时效性。

(3) 物流信息种类多。不仅仅是物流系统内的各种业务流程有不同类别的信息，而且由于物流系统与其他系统(如供应系统、生产系统等)也紧密关联，因此还需要管理物流系统外的相关信息，因此势必会增加物流信息的分类、过滤、分析等工作的难度。

(4) 物流信息拥有固定的衡量标准。为了实现物流信息的科学性，客观上要求物流信

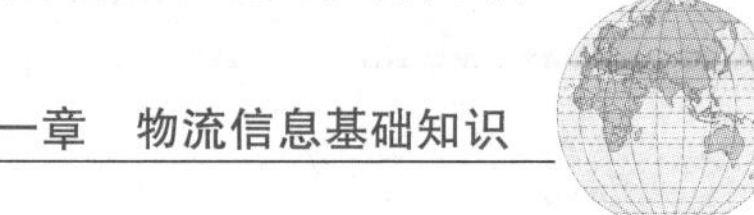

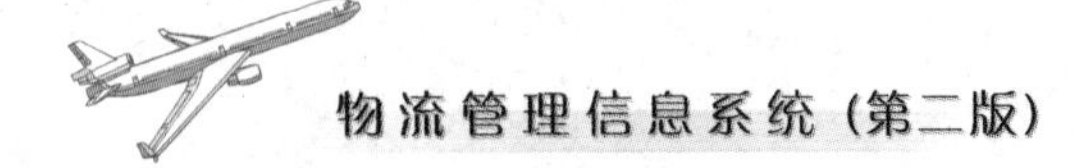

息具备较高的准确性、实用性、共享性、完整性、安全性以及低成本性。

（三）物流信息的作用

物流信息具有以下作用：

（1）中枢神经作用。用“神经中枢”比喻物流信息，是因为信息经过采集、传递环节后，才能为经营决策提供参考，从而掌控全部物流活动，使得整个物流活动变得高效。如果信息失准，则会导致低效的指挥活动，所以如果信息系统不工作，整个物流系统也就瘫痪了。

（2）支持保障作用。物流信息支撑着整个物流系统，物流信息的保障与支撑作用体现在以下四个方面：

① 业务方面。物流信息可以在物流系统的各个环节中记录物流业务，例如保存订单内容、分配存货任务、定价、作业流程选择、开票及消费者查询等。

② 控制方面。通过建立合理的指标体系，物流管理信息系统就可以评价和控制物流活动。而通过将物流信息这个变量与标准进行比较，从中判断和明确指标体系是否合理、物流活动是否协调。

③ 决策方面。物流信息既可以直接给出决策结论，也可以间接的为决策提供依据，从而帮助决策者对物流活动进行评判和分析，作出高效的物流决策。

④ 战略方面。主要通过对物流信息的整合，从而来开发和确定高效的物流战略。

（四）物流信息的分类

按照物流管理与业务的属性或特征，物流信息可分为物流综合管理信息、物流业务信息、物流作业信息、物流设施设备信息、物流技术信息和物流安全信息，如图 1.7 所示。

1. 物流综合管理信息

物流综合管理信息包括物流组织机构信息，物流信息系统开发与应用信息，物流科教、法规、标准及情报信息，物流财务与金融信息，物流行政管理信息，国内与国际物流综合信息，物流统计信息，物流规划与设计信息等。

2. 物流业务信息

物流业务信息包括物品信息、运输业务信息、仓储业务信息、配送业务信息、流通加工业务信息、包装业务信息、报告与其他监管信息、物流单证信息、物流参与方信息等。

3. 物流作业信息

物流作业信息包括物流作业基本信息、道路运输作业信息、铁路运输作业信息、水路运输作业信息、航空运输作业信息、多式联运作业信息、管道运输作业信息、仓储作业信息、配送作业信息、集装箱场站作业信息、物流作业相关环境信息等。

4. 物流设施设备信息

物流设施设备信息包括物流设施设备基本信息、道路运输设施设备信息、铁路运输设施设备信息、水路运输设施设备信息、航空运输设施设备信息、管道运输设施设备信息、仓储设施信息、配送设备信息、包装设备信息、物流装卸搬运设备信息、集装箱设备信息、计量设备信息等。

5. 物流技术信息

物流技术信息包括运输技术信息、仓储与保管技术信息、配送技术信息、包装技术信息、

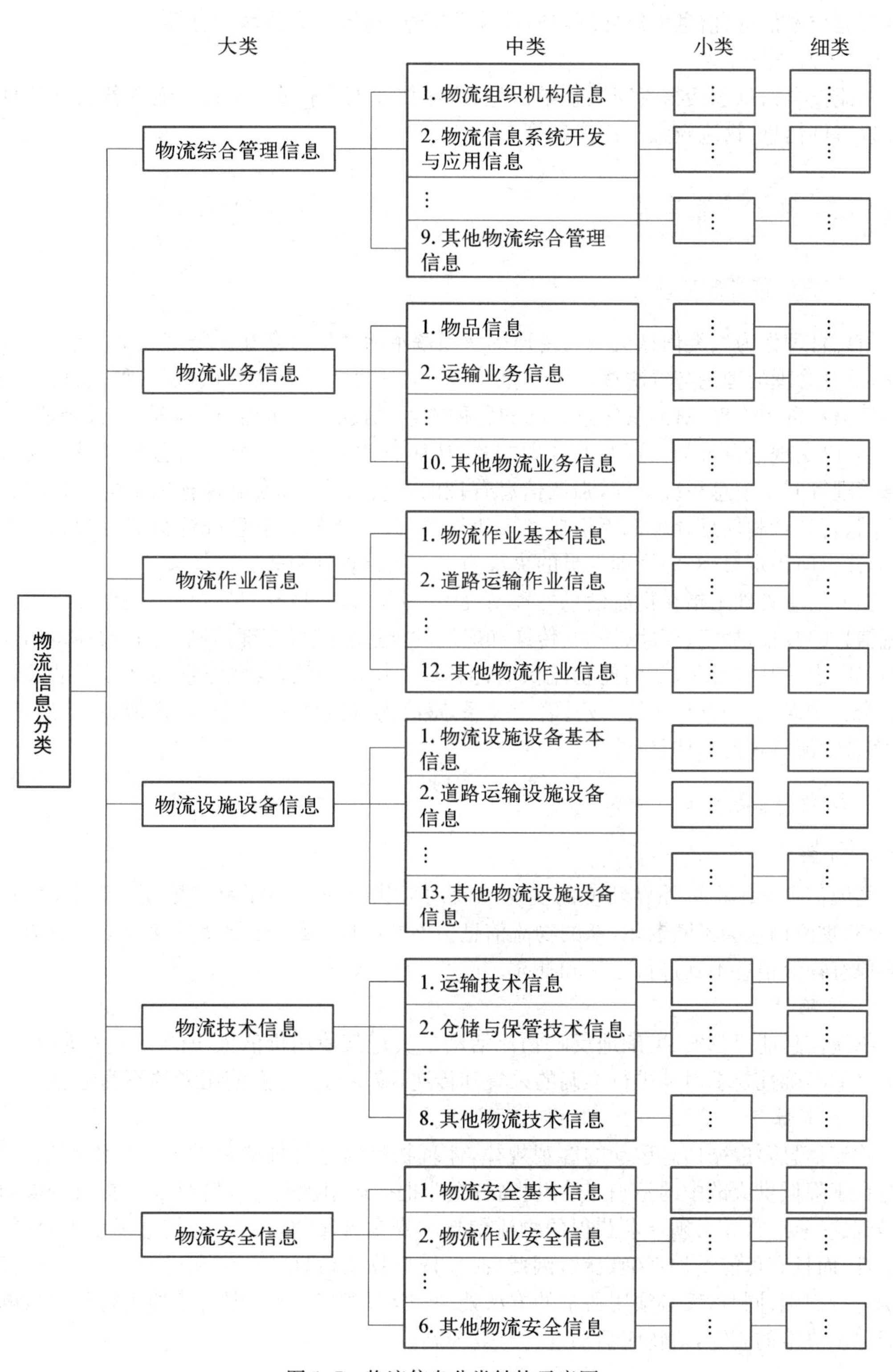

图 1.7　物流信息分类结构示意图

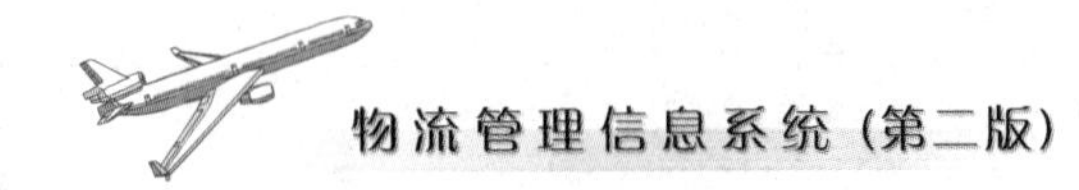

装卸搬运技术信息、信息采集处理与监控技术信息、物流仿真技术信息等。

6. 物流安全信息

物流安全信息包括物流安全基本信息、物流作业安全信息、物流设施设备安全信息、物流突发事件信息、物流应急预案信息等。

二、物流信息管理

（一）物流信息管理的定义

信息管理作为人类信息交流与传递的一项基本活动早已存在。随着人类社会步入信息时代，信息管理的理论与方法逐步科学化。一般对信息管理有两种认识，一种是将信息管理等同于信息资源管理，对涉及信息活动的各种要素（信息、人、机器、机构等）进行合理的组织和控制，以实现信息及相关资源的合理配置，从而有效地满足社会的信息需求；另一种是将信息管理等同于信息系统管理，强调信息管理的系统特征，认为信息管理是由信息源、信息接收器、管理者和信息处理机等组成的人机系统，其功能是对信息进行组织、控制、加工、规划等，并引向预定目标，为管理人员的决策与生产经营管理服务。

物流信息管理是指在物流信息处理系统中，对物流信息资源进行统一规划和组织，并对物流信息的收集、加工、存储、检索、传递和应用的全过程进行合理控制，并有效地运用人力、物力和财力等基本要素，从而使物流供应链各环节协调一致，实现信息共享和互动，减少信息冗余和错误，辅助支持决策，改善客户关系，最终实现信息流、资金流、商流、物流的高度统一，实现物流管理的总体目标。

（二）物流信息管理的原则

1. 实时性

物流信息必须根据外界环境的变化以及内部状况的变化而及时更新。随着时间的变化，原有物流信息会不断老化，新的物流信息会不断出现，因而必须及时搜集新的物流信息，并对原有物流信息不断进行更新和补充。

2. 准确性

物流信息能否真实、准确地反映物流活动是决定其使用价值大小的一个关键因素。物流信息的准确性要求对其进行准确的采集和传递，减少物流信息使用者的不确定性。

3. 可靠性

物流信息要遵循信息运动的客观规律，体现物流信息管理的科学性。物流信息管理的效能在于降低供应链中的不确定性，提高各企业把握运用机会以及降低风险损失的能力，而要做到这一点，首先必须要求获得的物流信息本身是可靠的，否则，伪信息不仅不会减少不确定性，而且有可能增加不确定性，因此，必须依据物流信息的产生和运动规律科学地对其真伪进行识别；同时，又必须用科学的方法处理和运用物流信息，即科学地进行信息判断，进行战略和决策的制定，对物流活动进行有效控制。

4. 完整性

物流信息的完整性是指到达信息使用者手中的信息应该满足其对信息的最低使用要

求，不能缺失关键细节。物流信息的完整性管理可以保证物流信息在采集和处理的过程中，不被非法授权修改和破坏，保持物流信息的准确性、有效性和相容性。

5. 连续性

物流信息管理应该确保供应链各环节信息不间断。

（三）物流信息管理的要求

1. 物流信息管理的基本要求

（1）基础信息采集。

应采集并维护基础信息，基础信息包括但不限于：

① 物品的名称、商品条码、产品序列号、型号、分类、规格、尺寸、质量、包装、贮存保管要求、运输要求、装卸搬运要求、所有者、特殊属性等；

② 仓库的地址、名称及货位的编码、位置、尺寸、负荷等；

③ 装卸搬运设备和运输车辆的型号、数量、采购或租赁合同、使用状况、维修记录、维护保养记录、作业能力等；

④ 客户的名称、联系人、联系方式、联系地址、开户行、开户许可证、税务登记号等；

⑤ 员工的编号、姓名、性别等。

（2）信息处理。

应对仓储、运输及配送等订单履行服务过程中的重要物流信息进行采集、传递、保存、分析、应用、跟踪和追溯。

（3）信息共享。

应采用与客户系统对接、向客户开放系统或直接使用客户系统等方式与客户进行物流信息的传递和共享。

（4）信息系统。

① 应满足自身物流业务所必需的基本功能。信息系统具备的功能一般包括订单管理、仓储管理、运输管理、配送管理、结算管理、客户管理、统计报表管理等。

② 应满足信息系统安全的技术要求、管理要求。

③ 应满足信息系统采集和处理物流信息的分类和编码规定。

（5）管理制度。

应制定必要的信息管理制度和规则。

（6）信息质量。

所记录或者提供的信息应准确、及时、完整，应通过实施物流信息管理制度，对信息质量进行检查、考核及持续改进，以满足为客户提供信息服务的要求。

2. 订单处理信息要求

应及时准确接受、保管客户的订单信息，确保订单的有效性、完整性和准确性，订单信息应包括订单编号、规格、型号、数量、收货人联系方式、收货地点、收货时间、有效签收模式等。

3. 仓储作业信息要求

（1）入库作业。

① 应准确及时接受客户的入库单信息。

② 应准确及时记录并向客户提供产品的入库信息，包括编码、规格、型号、批次、包装属性、存放货位、数量等。

③ 应准确记录家电产品的货损信息。

(2) 储存作业。

应及时记录产品的库位、库龄、盘点记录等库存相关信息，产品位置发生变化时应准确及时记录。

(3) 盘点作业。

盘点时，出现库存信息与产品实物不一致时，应按有关规定进行处理。

(4) 出库作业。

应准确及时接收客户的出库单等产品出库信息，应准确及时记录产品的出库信息（包括编码、规格、型号、批次、物流属性、组件套件、包装属性、数量等），当订货量大于库存量时应及时通知客户。

4. 运输及配送作业信息要求

(1) 车辆调度。

车辆调度时，应准确核对并记录客户订单、车辆规格、运营资质、司机证件、安全检查等信息。

(2) 集拼和配载。

应按客户订单批量、分布及集拼计划，准确及时记录集拼线路、参与集拼的订单等信息，应按配载计划记录车辆装载能力、配送路线、配送顺序、配送订单等信息。

(3) 装车作业。

应准确及时记录产品装车信息，包括装载产品明细、车牌号码、司机联系方式、运输或配送路径等，并形成送货清单。

(4) 在途监控。

宜实时记录产品运输或配送过程中的节点信息。运输或配送过程中遇到紧急情况或交通事故时，应准确记录并及时向客户通报车辆或家电产品损失情况、保险赔付情况及采取的补救措施等处理过程信息，记录客户的处理意见和建议。

(5) 交付情况。

应准确记录产品交付时间、交付状态、收货人牵手情况等信息，配送交付时还应提示注意事项、安装情况。应详细记录退货、换货、拒收产品的状态、数量、规格、退换货原因、拒收原因等信息，并通知客户。

5. 结算信息要求

(1) 应采集并维护仓储、运输和配送的价格信息，准确及时地向客户提供费率等信息。

(2) 应定期核实费用明细，并制作费用报表，准确及时地向客户提供费用清单和结算凭证。

(3) 应根据合同，按时进行业务对账和财务对账，并与客户确认对账结果。

(4) 应定期核对应收账款、应付账款、货损赔付等信息，并在信息系统中进行对账确认。

6. 合同管理信息要求

应准确记录客户的服务合同、服务项目及其要求等信息。如上述信息有变更，应及时记录并进行更新。应及时将合同履行情况，特别是意外和突发情况等信息告知客户。

7. 投诉管理信息要求

应及时准确记录客户的投诉并反馈处理情况。

8. 统计分析信息要求

(1) 信息系统应能定期统计分析仓储信息、运输配送信息、客户投诉等。(2) 仓储信息统计分析应包括入库出库统计、库存、库龄分析,库存周转信息通报等。(3) 运输配送信息统计分析应包括对车辆运行情况、线路使用情况配送量及运费清单等的统计和分析。(4) 信息系统应能支持客户对物流服务质量进行评价。

本章小结

1. 数据、信息与知识的区别和联系

(1) 数据、信息、知识的区别。

数据与信息的区别在于,数据是客观的,来源于客观现实世界,是对某一事物属性的描述;信息是对数据加工后的结果,取决于人们的主观需求,对人们的决策行为产生影响。总之,信息是经过加工以后对客观世界产生影响的数据。数据与信息在人们认识、改造现实世界的过程中不断地实现转换。知识与信息的区别主要在于它们回答的是不同层次的问题,信息可以由计算机处理而获取,知识则很难由计算机创造出来。信息不同于知识。信息是客观存在的,不管是否被发现或是被认识到其重要性;而知识是由信息抽象出来的产物,是具有普遍性和概括性的信息,是人们认识世界、改造世界的结果。知识存在于人们的大脑中,是信息的特殊子集。也就是说,知识就是信息,但并非所有的信息都是知识。知识是有价值及效用的信息。

(2) 数据、信息、知识的联系。

数据、信息、知识之间的关系就如同几何学上线、面、立体之间的关系。数据经过加工转化成信息,信息以数据的形式存储、传递。数据、信息通过人的思考、整理转化为知识,知识以数据的形式存储、传递。

2. 信息流与物流的区别

信息流不同于物流,它是一种非实物化的传递方式,通过计算机通信网络实现信息的交换。信息流传递的是非实物化的知识差,而物流转移的则是实物化的物质差。在两种不同的传递过程中,形成各自的传递特征。信息流和物流在传递成本、传递速度、传递载体所占据的空间、传递方式上有以下区别:

(1) 传递成本。信息流传递成本较低。物流是实现实物体的空间位移,能耗大、传递成本高。

(2) 传递速度。信息传递的速度与实物化的物流的速度远非同一数量级概念。信息流随着信息传递设施的改善以及传递介质的技术创新,其传递速度以及容量还在不断提高。物流则仅仅能以几十到近千公里每小时的速度转移物体,其速度的进一步提高已比较困难。

(3) 传递载体所占据的空间。

信息流的传递载体和中继枢纽所占空间非常之小,物流的载体和运输枢纽往往

需要占据大量的土地，建设的工程量也非常大。

(4) 传递方式。随着信息技术的发展，信息传递手段越来越多，如：光纤通讯、卫星通讯、电缆通讯、蜂窝式通讯、模拟通信或数字通信等等，并且信息传递方式还正在进一步发展。

3. 物流信息管理的原则

(1) 实时性。物流信息必须根据外界环境的变化以及内部状况的变化而及时更新。

(2) 准确性。物流信息的准确性要求对其进行准确的采集和传递，减少物流信息使用者的不确定性。

(3) 可靠性。物流信息管理的效能在于降低供应链中的不确定性，提高企业把握机会以及降低风险损失的能力，而要做到这一点，首先必须要求获得的物流信息本身是可靠的。

(4) 完整性。物流信息的完整性管理可以保证物流信息在采集和处理的过程中，不被非法授权修改和破坏，保持物流信息的准确性、有效性和相容性。

(5) 连续性。物流信息管理应该确保供应链各环节之间信息流不间断。

关键术语

数据；信息；知识；信息流；物流信息；物流信息管理

练　习　题

一、名词解释

1. 数据
2. 信息
3. 知识
4. 信息流
5. 物流信息
6. 物流信息管理

二、单项选择

1. （　　）是人们利用文字符号、数字符号以及其他规定的符号对现实世界的事物及其活动所做的描述。

A　数据　　B　知识　　C　信息　　D　技术

2. （　　）是经过加工的数据，它对接收者有用，对决策或行为有现实或潜在的价值。

A　数据　　B　知识　　C　信息　　D　技术

三、多项选择

1. 下列哪些属于信息具备的性质。（　　）

A　信息的客观性　　B　信息的价值性

C　信息的时效性　　　　　　D　信息的共享性

E　信息的可传递性

四、简答

1. 简述信息的性质。
2. 简述信息流和物流的区别。
3. 简述物流信息管理的原则。

中远网络物流信息科技有限公司建设中国航运大数据

一、企业简介

（一）应用企业介绍

中国远洋海运集团有限公司（简称中国远洋海运集团）于 2016 年 2 月 18 日在上海正式成立，由中国远洋运输（集团）总公司与中国海运（集团）总公司重组而成，是国务院国有资产监督管理委员会直接管理，涉及国计民生和国民经济命脉的特大型中央企业，总部设在上海。注册所在地在上海浦东自贸区陆家嘴金融片区内，注册资本 110 亿元。拥有总资产 6 100 亿元人民币，员工 11.8 万人。截至 2019 年 2 月 28 日，中国远洋海运集团经营船队综合运力 10 195 万载重吨/1 274 艘，排名世界第一。其中，集装箱船队规模 294 万 TEU、480 艘，居世界第三；干散货船队运力 3 919 万载重吨/418 艘，油轮船队运力 2 495 万载重吨/195 艘，杂货特种船队 457 万载重吨/166 艘，均居世界第一。

中国远洋海运集团完善的全球化服务筑就了网络服务优势与品牌优势。码头、物流、航运金融、修造船等上下游产业链形成了较为完整的产业结构体系。集团在全球投资码头 56 个，集装箱码头超 51 个，集装箱码头年吞吐能力 11 872 万 TEU，居世界第一。全球船舶燃料销量超过 2 900 万吨，居世界第一。集装箱租赁规模超过 270 万 TEU，居世界第三。海洋工程装备制造接单规模以及船舶代理业务也稳居世界前列。

（二）开发企业介绍

中远网络物流信息科技有限公司隶属于中国远洋海运集团有限公司，总部设在上海，主要从事智能交通系统，交通和航运信息化，工业自动化，安全防范工程领域的软、硬件产品科研、开发、销售、系统集成，承揽相关工程项目的设计、施工和工程承包；网络技术开发，互联网信息服务；自营技术产品的进出口业务以及技术咨询、技术开发、技术转让和技术服务。

中远网络物流信息科技有限公司作为国内智能交通和交通信息化领域的开拓者之一，在智能交通领域专注深耕二十多年，拥有省级高速公路联网管理中心系统、ETC 不停车收费系统、高速公路机电系统、特大隧道和桥梁机电系统以及城市交通管理系统等一系列解决方案，技术实力处于国内同行业领先水平。公司业务遍及全国 20 个省、自治区和直辖市，累计承担智能交通系统工程和软件项目近千项，市场占有率位居全国前列。

中远网络物流信息科技有限公司是国内航运信息化领域的领军企业，以中国远洋海运集团为强有力的依托，致力于航运业相关应用软件和解决方案的研发工作，为用户提供高质量、多方位、深层次的航运和物流行业解决方案和集成服务。目前，公司在船公司、代理、仓储、码头、船员管理等多个航运信息化领域拥有完整的系统解决方案和成功案例。

近年来，中远网络物流信息科技有限公司积极响应国家提出的“互联网＋”行动计划，大力实施“互联网＋交通”“互联网＋航运”业务模式创新，开发了“易管养”公路管理养护平台和“一海通”“四海通”航运供应链电商平台，进一步推进公司创新转型发展。

二、项目建设背景及建设方案

（一）项目建设背景

随着全球航运市场的飞速发展，中国航运产业也逐渐走向了世界舞台的中心，与发达国家相比，我国航运业的发展仍处于起步阶段，面对竞争愈演愈烈的国际航运市场，中国航运企业所面临的来自内外部环境和外部环境的压力不容忽视，主要包括全球航运市场运力严重过剩和需求不振、航运大联盟趋势造成巨大压力、国内航运市场开发带来的竞争加剧、国外贸易保护主义政策带来的压力等。

当今，在“互联网＋”的新兴革命浪潮中，汇集了“云大智物移”五项技术主体，特别是自2015年以来，我国正式步入“互联网＋”时代，同时也真正开启了大数据时代，所有的数据和信息都将汇聚云端。大数据技术是众多新兴技术中的领军技术，未来的时代必定是数据时代，数据成为各行业竞争中必争的制高点。随着大数据时代的到来，对大数据商业价值的挖掘和利用逐渐成为中国航运产业争相追逐的利润焦点。航运产业利用大数据分析，能够总结经验、发现规律、预测趋势，这些都可以为辅助决策服务。

中国航运大数据平台的建立将全面贯彻党的十八届三中全会精神，顺应海运海洋经济强国的国家战略和“一带一路”倡议，为航运产业的整体升级作出贡献。航运大数据平台的构建，将是大数据应用在航运领域的全新拓展，同时也是大数据全面助力航运产业链升级的重要起点。

（二）项目建设方案

1. 建设目标

(1) 建设航运大数据平台。为中国船队和世界船队的船舶调度、运力调度、航线调度、集装箱调度提供决策依据。

(2) 通过数据采集和抓取技术，实现全国所有港口异构航运数据的集中管理。

(3) 通过对航运数据清洗、筛选、整理，实现港口数据、船舶数据、航线数据、集装箱数据、货物数据、代理数据的及时、准确、全面展现。

(4) 平台成为中国权威的集装箱进出口统计分析数据来源。

(5) 通过航运现场操作及平台分析，为港口提高装卸效率提供依据。

(6) 实现对未来航运市场的精准预测，并将数据服务扩展至智慧港口的建设、新造船价格指数的制定、全球航线规划布局优化等多领域，全力打造可持续发展的航运供应链生态圈。

2. 建设内容

本项目主要运用“互联网＋”大数据方法论，以实现航运业同互联网的完美结合为目的，解决在大数据时代航运业的大数据管理平台的短缺问题，通过对应的管理平台对客户及公司关注的部分以直观的、简洁的、具体的表现形式呈现出来。让管理层能够更方便的做出更精确的计算，乃至调整具体业务。建设内容如下：

(1) 研究在现代互联网条件下，搭建覆盖全国、涉及全国各船公司的航运大数据平台。包括：① 平台的网络结构；② 平台服务器的虚拟化技术；③ 平台的存储技术；④ 数据推送技术 App 和微信推送。

(2) 建立数据交换平台。包括：① 研究异构数据采集技术；② 异构数据抓取技术；③ 前置机技术；④ 异构数据分析整理技术。

(3) 研究海关报文异常回执预警及分析处置技术。

(4) 分析集装箱业务特点，研究集装箱进出口指数、集装箱航线指数、集装箱装载货物分布指数。

(5) 船公司航线分析研究。通过中国各口岸航线分布指数，为船公司船舶航线调整提供依据。

三、系统简介

(一) 平台整体设计

从全国各口岸公司抓取业务数据，通过 EDI 数据交换平台，把获取的报文数据存储在数据缓存区中，再通过数据处理工具 ETL 对数据进行清洗，最后把有价值的数据储存在数据存储区中，利用 BI 平台实现数据统计分析、数据共享及业务监控功能。平台整体设计架构如图 1.8 所示。

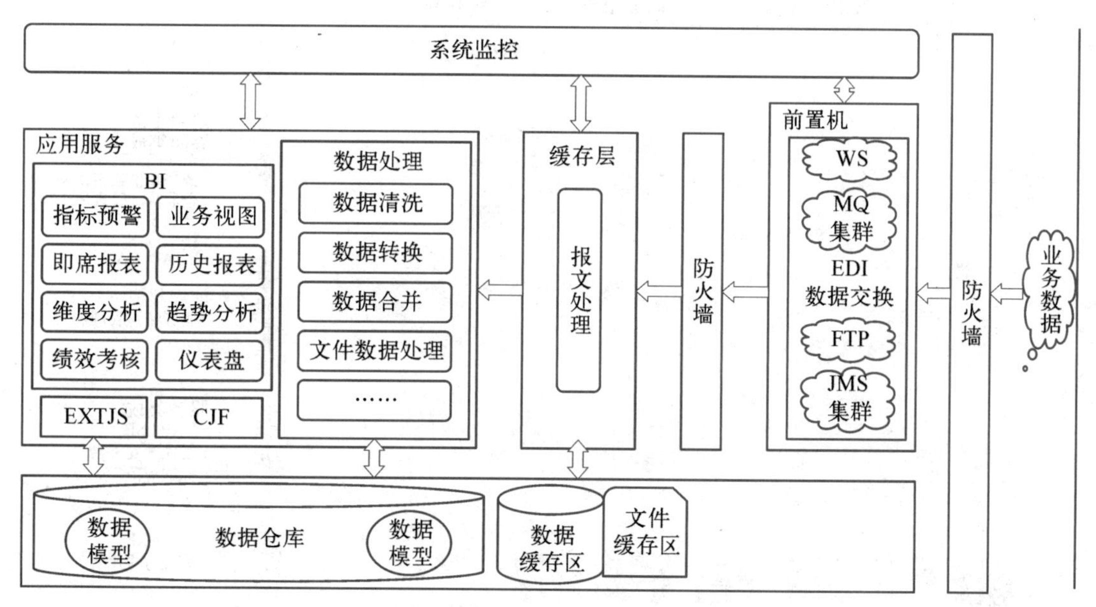

图 1.8　平台整体架构

另外，航运大数据项目融合了大数据 Hadoop 集群技术，FOCUS 系统积累的大量历史数据，需要对其进行处理和加工，项目采用 Hadoop 集群进行分布式处理与计算，并采用 R 语言，Maout 等通用机器学习与数据挖掘工具进行操作，并使用 Web 技术进行显示，提高客户满意度。系统整体构架如图 1.9 所示。

(二) 平台系统架构

平台系统架构如图 1.10 所示。

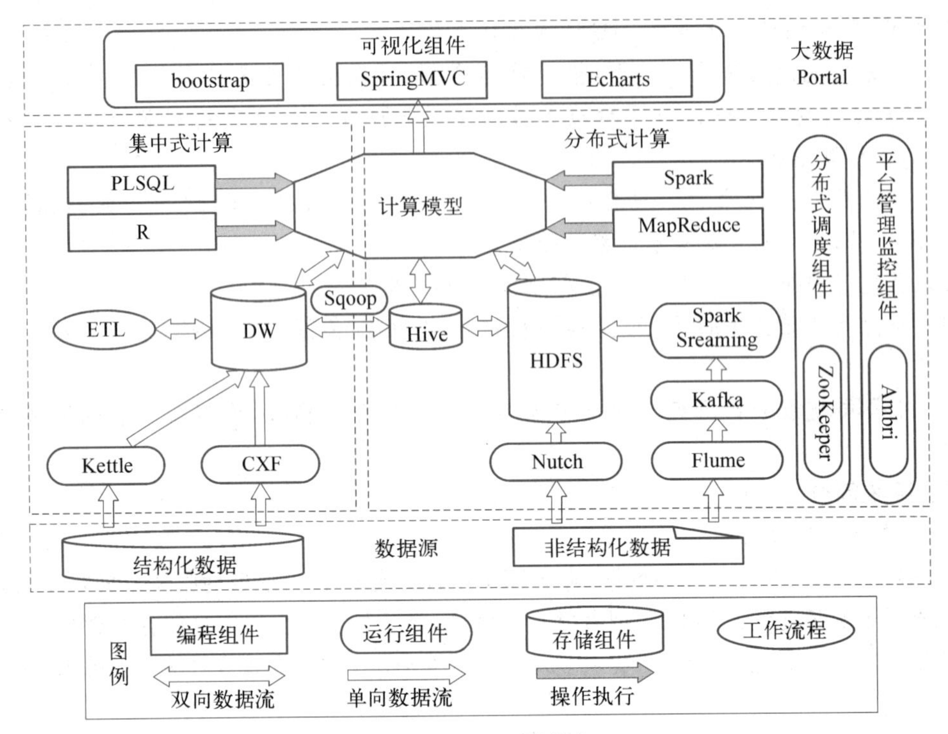

图 1.9　系统整体构架

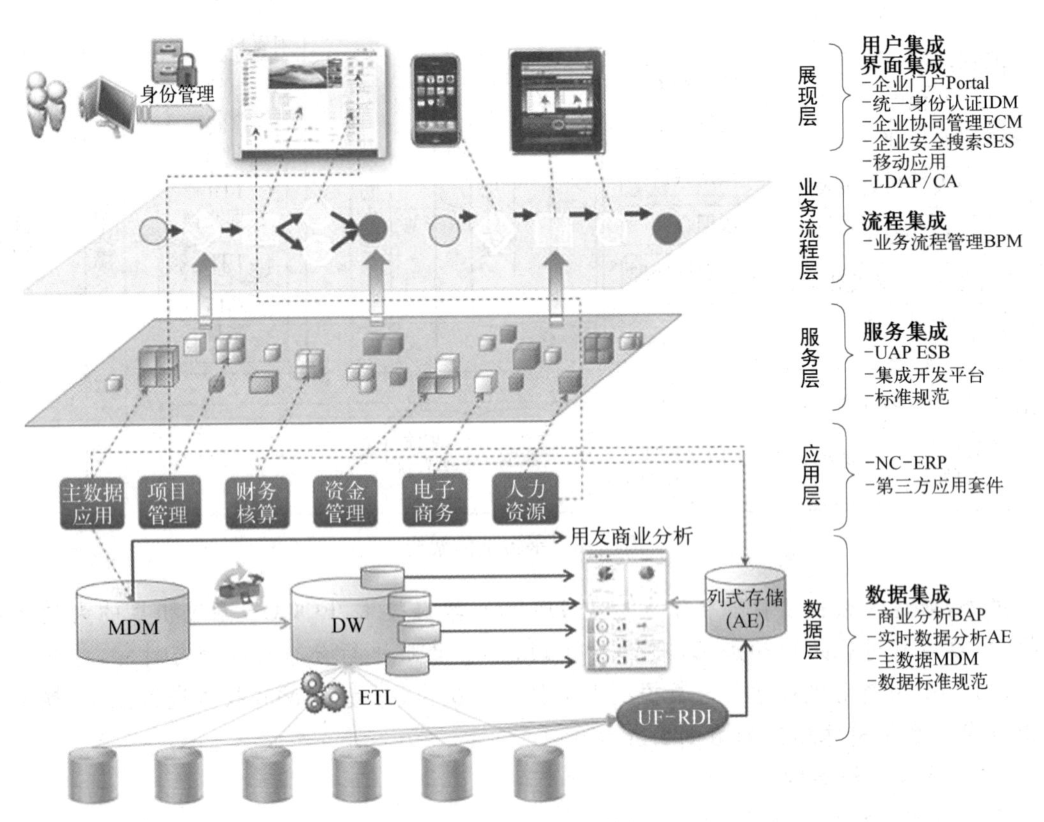

图 1.10　平台系统构架

（三）平台技术架构

根据系统现状和当前需求，平台技术架构示意如图 1.11 所示。

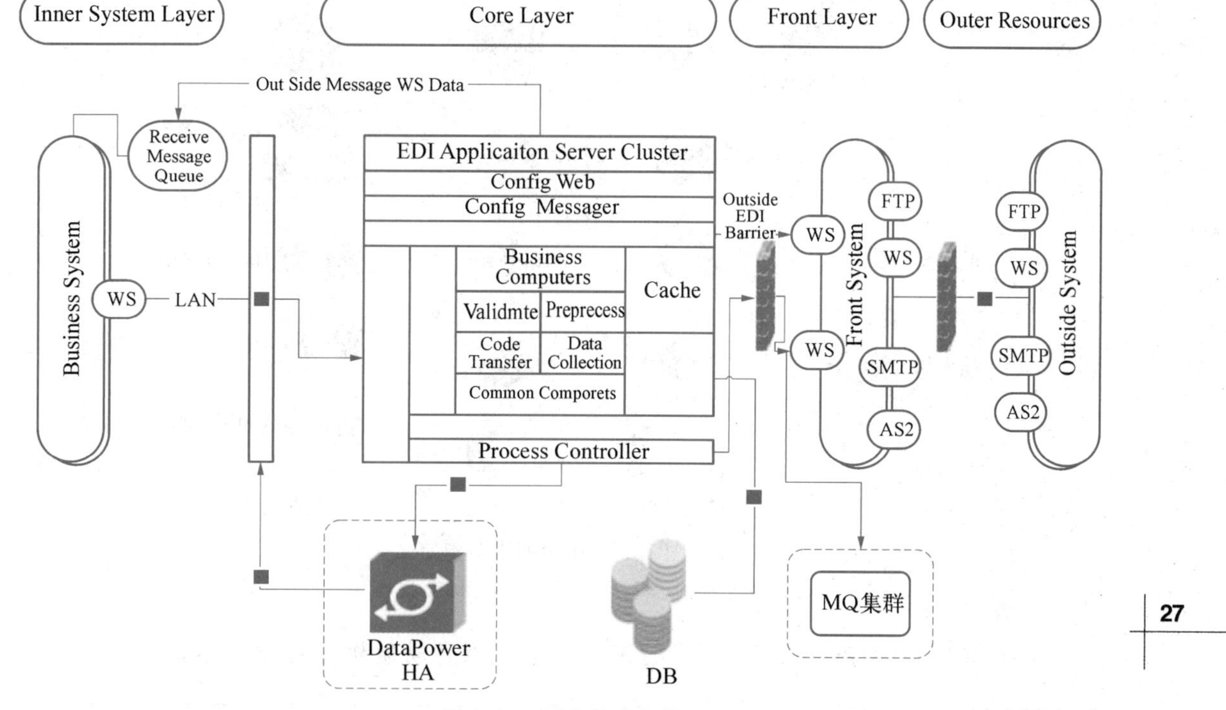

图 1.11　平台技术架构

（四）系统网络架构

航运大数据网络架构主要分为四层，分别是接入层、汇聚层、核心交换层以及服务层。接入层是数据接入的入口，即数据接口，各种数据通过埋点技术、数据挖掘技术、网络爬虫技术等进入接入层，并且在汇聚层进行汇聚，汇聚层主要包括 Hadoop Srevers、DB（DataBase，数据库）以及 CloudStorage（云存储），数据到达核心交换层后，会对数据进行共享存储，数据库会对数据进行交换处理，同时网络上的数据也会通过 Web Servers 等，通过防火墙将一些危险数据进行隔离，从而实现数据的交换以及应用。平台网络架构如图 1.12 所示。

（五）平台技术方案

1. 数据采集

通过调用 Webservice 接口、FTP、MQ 集群等方式实现数据抽取工作。

2. 数据处理

（1）数据抽取

（2）数据清洗

（3）数据转换

3. 数据存储

把转换完成的数据存储到数据仓库中，以便进行持久化操作。

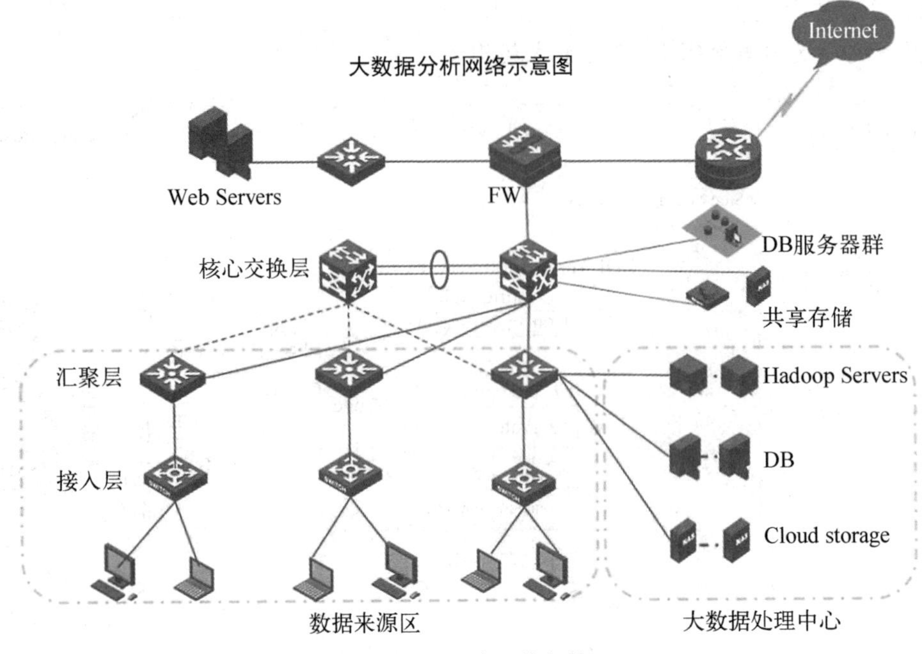

图 1.12　平台网络架构

4. 数据分析

通过 BI 平台，按照需求对数据进行统计分析，其具体功能如图 1.13 所示。

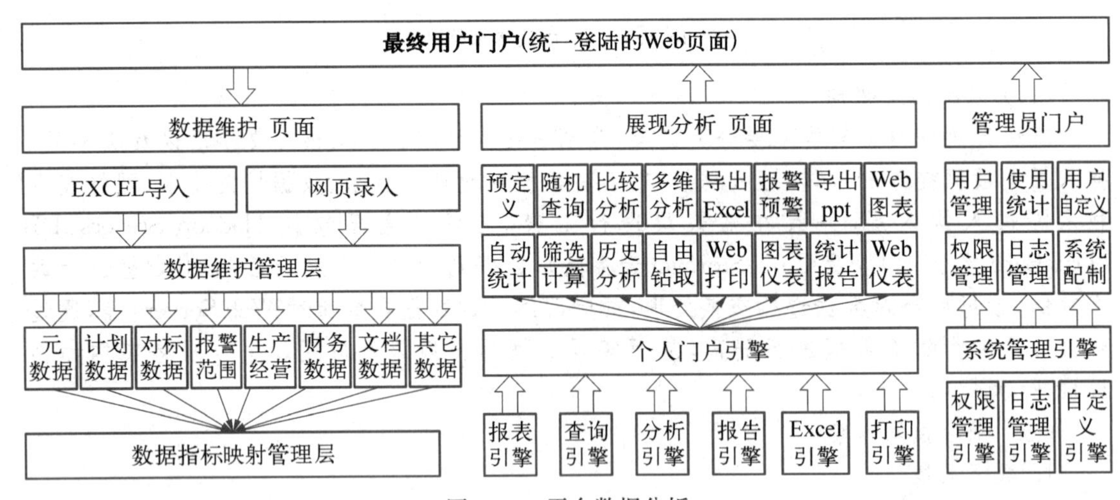

图 1.13　平台数据分析

航运大数据平台对集装箱进出口从 6 个维度提出大数据的服务理念：船舶大数据、航线大数据、港口大数据、集装箱大数据、货物大数据、代理大数据。

(1) 船舶大数据：将对全国口岸所有进入中国的船公司进行集装箱进出口总排名开始，进行市场份额、占比分析、该船公司在所有港口的市场份额和占比排名甚至在中国所有码头的市场份额和占比，以及同比环比数据分析，为船公司布局提供决策依据。

(2) 航线大数据：从全国集装箱总排名开始，通过某条航线全国口集装箱量排名，分析某航线在某港口各船公司集装箱排名，追溯到某条航线在某港口某船公司在各码头集装箱排名、占比以及市场份额。以及某航线所有船公司集装箱出口满载率、满舱率、某航线所有船公司集装箱空箱率、某航线货物船公司排名等，为船公司调整航线提供可靠依据。

(3) 港口大数据：通过全国口岸各港口集装箱进出口量排名分析，查看各港口船公司箱量、各港口航线箱量、每条航线船公司箱量，为船公司在各港口航线布局以及船舶布局提供决策依据。

(4) 集装箱大数据：统计集装箱全国港口分布排名，分析集装箱箱型分布、航线分布、吨位分布、市场占比以及空重、中转、同比、环比的数据，为船公司集装箱调运提供决策依据。

(5) 货物大数据：统计分析全国口岸货物种类、进出口数据，分析各港口、各航线货物分布，为船公司调整航线、布局船型提供决策依据。

(6) 代理大数据：代理数据的采集分析主要为船舶代理提供所代理船舶装船实时数据，海关报文审核情况，通过推送服务及时预警，避免损失。

5. 数据监控

系统以BI平台为底层基础，采用多层的结构搭建，具体如图1.14所示。

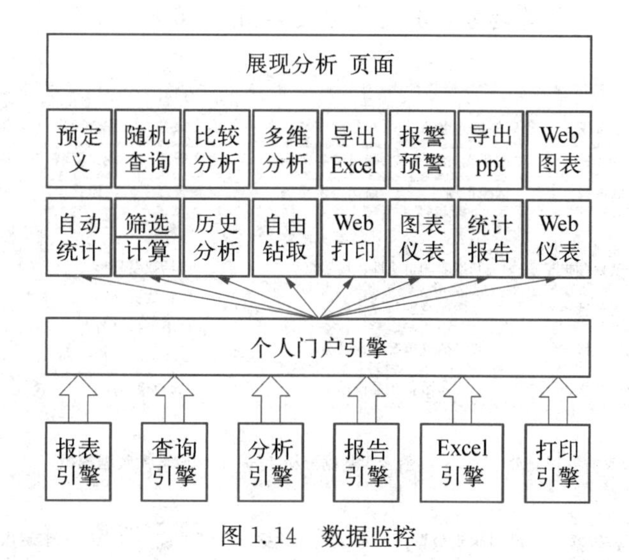

图1.14 数据监控

EDI智能监控系统重点在于实现理货报告业务传输过程的全程跟踪和监控，实现和完善预警，提供分类统计报表。

(六) 平台技术实现

服务交换：各口岸按照统一标准建设前置机，该前置机可以是实际的服务器，也可以是虚拟机服务器，码头前沿动态航运集装箱数据在传回某口岸航运系统时同时备份到前置机中，中国航运大数据平台定时到各口岸前置机中抓取备份信息送入平台，主要用于收取各口岸理清实时航运数据。平台实现技术服务交换如图1.15所示。

(七) 平台功能架构

航运大数据平台包括航运市场情报子系统、智慧港口子系统、电子海图子系统、航运气

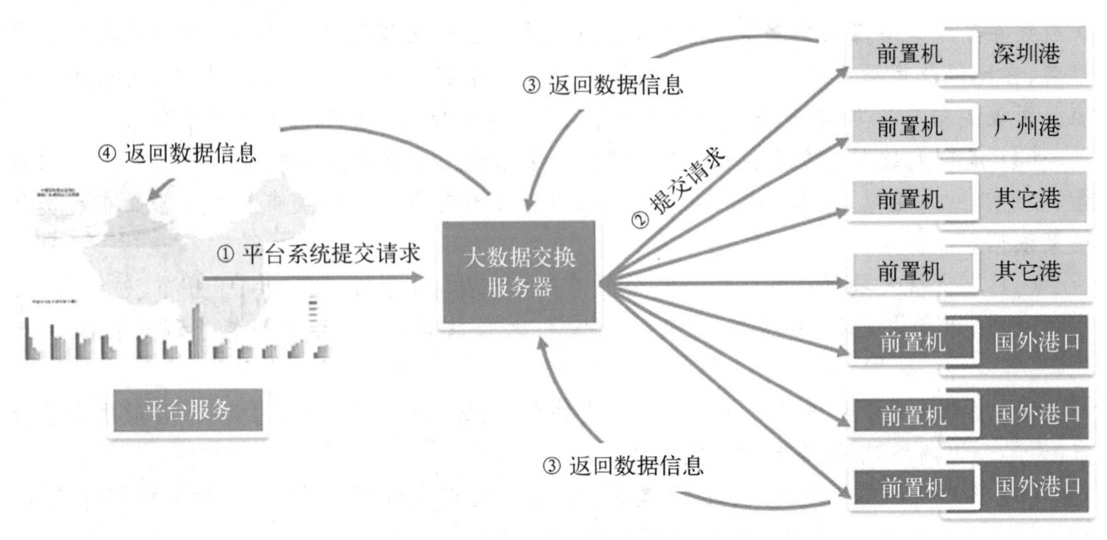

图 1.15　平台实现技术服务交换

象子系统、新造船价格指数子系统、航运客户管理子系统、航运人才管理子系统、营销分析子系统、客户价值分析子系统等功能。其功能架构如图 1.16 所示。

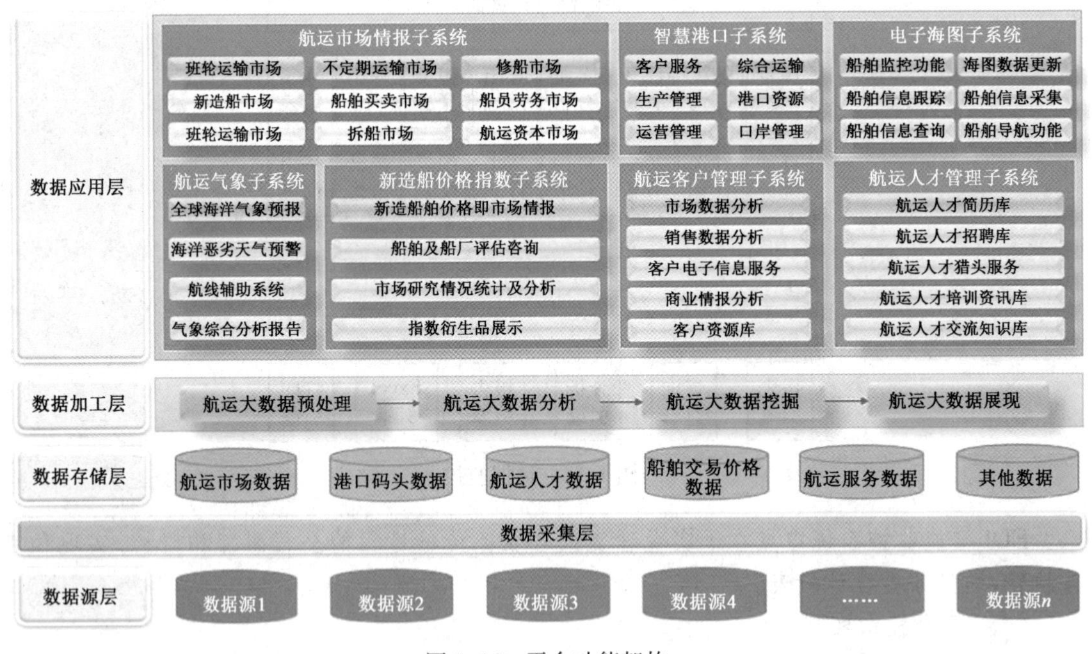

图 1.16　平台功能架构

四、效益分析

（一）经济效益

1. 客户营销效率提高

中远海运集团通过航运大数据平台的应用，实现了公司整体层面物流信息的有效整合，并采用了先进的客户管理及营销管理手段，实现了平均库存的明显下降，客户营销效率明显提高,大幅度的降低了资金占用率,带来了明显的经济效益。

2. 货品订舱量提升

航运大数据平台通过与货代FOCUS系统、船代系统系统、协同营销系统等的有效对接,实现了市场信息的采集、分析和处理,为准确、及时、有效的客户和运营服务提供了保障。中远海运物流能够根据市场的需求快速、及时地做出物流响应,在第一时间贯彻执行,并实时监控每一步物流操作和运行,提高了客户服务满意度和产品忠诚度,增强了企业产品的市场竞争能力,提升了整体订舱数量。

3. 降低风险成本

通过项目的成功实施,建立了企业级黑名单制度,并与外部的工商局、法院和检察院系统连接,及时推送信息,对航次和货代船代进行全方位的风险控制,同时通过对公司整体物流信息的有效把控,实现了整体风险控制,进一步降低了中远海运的风险发生概率。

(二) 管理效益

公司通过对航运数据的整合,并对整合后的数据项进行分析,得出了十分丰富的内容结论:包括船名、航次、装卸货港、开工、定工时间、箱号、集装箱的尺寸类型、贝位号、危险品相关信息、件杂货的货类、外表状况、提单号、残损情况、重大件尺码、吨数、完整的积载图、实装货物清单、退关信息等一系列理货人员现场采集的第一手资料,并进行全面的数据分析工作,提高服务质量,降低经营风险。

船公司、船代、港口等可根据航运大数据平台整合航运集装箱数据、船舶数据、航线数据、航次数据、码头数据、泊位数据等,从而实现对理货系统的优化升级,更好地管理理货系统的各个细节,优化管理效益。

(三) 社会效益

中远集团响应国家的号召,建立了贯穿整个航运产业并且一站式的航运大数据服务平台。其中,基于客户画像的客户群分析、BI数据的展示等都是航运大数据的重点,航运大数据的建立和实施可在理货物流行业起到带头作用。

案例思考:

本案例通过分析中远网络物流信息科技有限公司如何建设中国航运大数据,展示了未来航运信息化的发展和前进方向。请思考未来企业信息化建设应该如何实现航运行业转型升级、如何适应现代物流技术发展的飞跃。

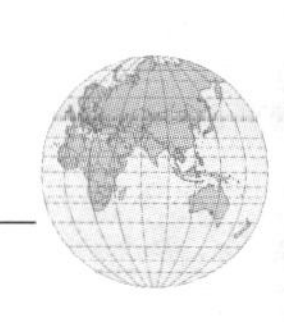

第二章 管理信息系统概论

学习目标

学习完本章，你应该能够：

1. 理解管理信息系统的概念；
2. 了解管理信息系统的演变；
3. 理解管理信息系统的维度；
4. 理解管理信息系统的结构。

开篇案例

百世快递的快递自动分拣系统

百世快递目前已在全国范围内建立起多级营运中心，配送网络覆盖全国，延深至县、乡级区域。经过几年的努力，百世规模迅速扩大，高速发展，现有七大事业部，向客户提供综合供应链、快递、快运和软件服务。截至 2017 年 3 月，百世在全国已建立了 678 个运作中心和 420 余万平方米的仓库及转运中心，拥有 9 000 多全职员工和上万个认证加盟商及合作伙伴，仓储配送网络覆盖全国，并延深至县、乡级区域。公司的核心理念是投资技术和人。

由于快递件量大、分拣的方向很多，传统的人工分拣需要根据面单的地址，匹配到对应的快递网点进行分拣。因此，分拣员需对大量的地址与快递网点对应关系进行记忆，但由于快递业的快速发展，地址与网点的对应关系常常发生变化。造成了分拣难、分拣慢、分拣错等问题，直接影响到快递公司的服务质量。

百世针对这一情况，设计开发了基于大数据分析技术、智能算法、自动化技术、计算机软件技术、图像处理技术、移动互联网技术，标准轻量自动分拣系统。该自动分拣系统以分拨运营中心的快递分拣业务操作为切入点，提供末端分拣、中转分拣、混合分拣等多模式功能的分拣。其中，末端分拣模式是指分拣小件给对应的派送站点；中转分拣模式是指经过分拨中心将快递中转分拣给其他分拨中心；混合模式是指同一自动分拣线进行双模式操作。这样可以替代原人工手持分拣的工作，具有很高的分拣效率与很高的分拣准确性，是分拨中心所必需的设施条件之一，是提高物流配送效率的一项关键因素。通过轻型自动化流水线便于建立柔性连接，生产操作更灵活，初期投入成本较低，项目风险小。

在自动分拣系统的实施过程中，遇到的主要困难，就是快递的业务数据量巨大、10.0%左右的件是没有信息、服务要面向全国、系统应用响应要及时、项目复杂度高、参与配合的人员多等一系列困难。但百世面对这些困难，以智慧和勇气尝试各种办法来攻克难关。尝试以大数据分析、智能算法等技术保证分拣数据的准确性，将之前人工分拣只有95.0%左右的准确率，提高到了99.8%，以自动化技术、前置数据解析的方法保证分拣的效率，针对部分快递系统没有地址的数据，针对性开发出补码软件，采用人工补码方式，协助完成自动分拣，提供分拣率。另外，在试点的时候，进行了多次测试，利用互联网思维，站在用户的角度，多收集用户反馈，不断优化自动分拣系统，提高操作的便利性与舒适性。同时，还开发了自动集包关联功能，将分拣与集包同时进行，大大提高了现场操作的效率。后期运作的时候，为了保障自动线稳定运作，提供了24小时全天候的运维保障服务。在总部，可以通过数据、图表、视频等多种方式了解现场的运作情况，对管理决策提供了及时准确的依据。

第一节　管理信息系统的概念

管理信息系统的发展基础是信息、管理和系统。它首先是一个系统，其次是一个信息系统，再次是一个用于管理方面的信息系统。这说明了一切用于管理方面的信息系统均可以认为是管理信息系统，同时也强调了这种信息系统是用于管理的支持。

一、管理信息系统的概念

管理信息系统是一门综合性、系统性的边缘学科。它是依赖于管理和技术科学的发展而形成的。应该说管理信息系统概念并非依赖于电子计算机的发展而出现。管理信息系统的概念最早起源于20世纪30年代，柏德在描述决策与管理的关系时候就提出了管理信息系统的概念。到了20世纪50年代，盖尔提出了管理依赖于信息和决策的概念。

管理信息系统一词最早出现在1970年，瓦尔特·肯尼万(Walter T. Kennevan)给它下了一个定义："以书面或口头的形式，在合适的时间向经理、职员及外界人员提供过去的、现在的、预测未来的有关企业内部及其环境的信息，以帮助他们进行决策。"1985年，管理信息系统创始人，明尼苏达大学卡尔森管理学院的著名教授高登·戴维斯(Gordon B. Davis)才给管理信息系统一个较完整的定义："它是一个利用计算机硬件和软件，手工作业，分析、计划、控制和决策模型，以及数据库的用户——机器系统。它能提供信息，支持企业或组织的运行、管理和决策功能。"到了20世纪90年代，有的学者提出了信息系统的定义："支持组织中决策和控制而进行信息收集、处理、存储和分配的相互关联部件的一个集合。"学术界中对于管理信息系统还有很多种提法，比如："管理信息系统是人、数据处理装置、输入/输出设备，以及通信设施的组合。它向一个企业的计划和营运部门的管理人员和非管理人员及时地提供信息。"

“管理信息系统是为了向经理们提供针对管理过程的智能性辅助而设计的系统，是一种有组织的研究。它越来越多地利用近代工具（例如电子数据处理、数据通信、缩微系统、字处理等）和近代技术（例如运筹学、系统分析）。”

管理信息系统一词在我国出现于20世纪70年代末80年代初，根据我国的特点，许多从事管理信息系统工作最早的学者给管理信息系统也下了一个定义，收录于《中国企业管理百科全书》上。该定义为：“管理信息系统是一个由人、计算机等组成的能进行信息的收集、传递、储存、加工、维护和使用的系统。管理信息系统能实测企业的各种运行情况；利用过去的数据预测未来；从企业全局出发辅助企业进行决策；利用信息控制企业的行为；帮助企业实现其规划目标。”

综上所述，可以说：管理信息系统是一个以人为主导的，以计算机硬件、软件、通信网络及其他办公设备为基本信息处理手段和传输工具，进行管理信息的收集、传递、加工、储存、使用、更新和维护，为企业高层决策、中层控制和基层运作提供信息服务的人机系统。

这个定义说明管理信息系统充分地结合了人与机器，通过对信息的处理来支持管理决策活动，较全面地覆盖了管理信息系统所涉及的学科范围。管理信息系统的总体概念如图2.1所示。管理信息系统是一个人机系统，机器包含计算机硬件及软件，软件包括业务信息系统、知识工作系统、决策支持系统和经理支持系统，各种办公机械及通信设备；人员包括高层决策人员，中层职能人员和基层业务人员，由这些人和机器组成一个和谐的人机系统。所以，管理信息系统并不是如同有些人所说是一个技术系统，或是一个社会系统，实际上管理信息系统应该是一个社会和技术综合系统，随着其应用范围的扩大、应用等级的提高，其社会性愈加凸显。因此系统设计者应当很好把握哪些工作交给计算机做比较合适，哪

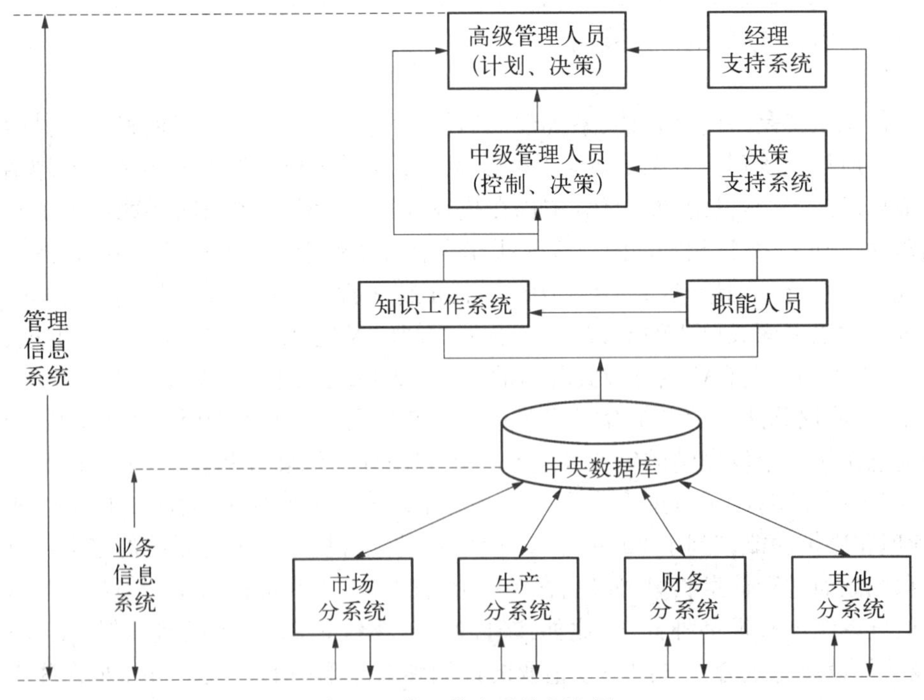

图2.1　管理信息系统概念图

些工作交给人做比较合适，人和机器又如何配合，从而充分发挥人和机器各自的特长。为了设计好这一人机系统，设计者不仅要懂得 IT 技术，而且能够对系统中的社会因素进行分析。

具有集中统一规划的数据库是现代管理信息系统的一个重要特点。数据库中分门别类地存储了各种各样的信息，同时它还具有功能完善的数据库管理系统，对数据库中的数据进行统一的组织、管理、存取等操作，使数据能够更好地为各种用户服务。数据库的应用象征着管理信息系统是经过周密设计的，系统中的信息真正成为各种用户共享的资源。

通过数学模型来分析数据，进行预测和辅助决策，是管理信息系统的另一个显著特点。对不同的管理职能，系统提供了不同的模型，比如用于帮助生产调度的调度模型，用于分析销售策略的销售模型等。这些数学模型配合运筹学的相关知识，可以对问题进行全面的分析，从中找出可行解、一般解和最优解。在实际应用中，管理者根据和系统对话的结果，组合不同的模型进行分析，为各种决策提供辅助信息。

管理信息系统作为一门新的学科，产生较晚，其理论体系尚处于发展和完善的过程中。早期的研究者从计算机科学与技术、应用数学、管理理论、决策理论和运筹学等相关学科中寻找相应的理论，构成管理信息系统的理论基础，从而形成一门有着鲜明特色的边缘学科。管理信息系统的三大要素是系统的观点、数学的方法和计算机的支撑。

二、管理信息系统的演变

（一）管理信息系统发展的阶段

如果从系统功能（也就是数据库的性质、产生的信息种类、作用的决策模型等）的角度来看，可以把管理信息系统的发展分为三个阶段。

1. 电子数据处理系统阶段

1954 年，美国的通用电气公司安装了第一台电子计算机，主要用于商业数据的处理。这一事件标志着最原始的电子数据处理系统（electronic data processing systems，EDPS）的诞生，因此将其称为初级电子数据处理阶段，此阶段大约经历了 10 年的时间。此时，企业所运用的管理信息系统大部分是一些处理单项事务的系统，主要是用计算机代替人工劳动，承担某一方面的数据处理任务，比如核算工资、管理库存、编制报表等。

随着各种单项处理功能的增多，开始将数据处理的任务综合集成起来。计算机所处理的对象已经不仅仅像原先那样单一了而是可以处理两个以上的数据文件，当然这些文件的内容仍是一些业务数据。此时的系统已经开始使用一些决策模型，但是经计算机处理所产生的报表主要还是提供给基层使用。显然，此时管理信息系统的主要效用在于提高基层业务人员的工作效率。

2. 管理信息系统阶段

20 世纪 60 年代中期，由于电子计算机数据处理系统的广泛应用，工资计算、应收账款统计、库存控制等管理都已经实现了自动化。因此人们开始不满足于计算机对数据的简单处理，试图依靠计算机的强大功能对管理过程中的大量信息进行综合处理，管理信息系统

(management information systems,MIS)应运而生。管理信息系统仍是以电子计算机为中心，采用分散管理和集中服务的形式。和电子数据处理系统最大的不同之处在于，它具有系统的功能和数据库技术，从以事务处理为主逐渐转向以管理控制为主。系统中普通采用了决策模型，但是一般只作为程序的一部分，并没有完全分离出来成为一个独立的部分。管理信息系统可以向企业的中、高层定期提供经过处理的报表，也可以为某一管理专题提供汇总报表。从 20 世纪 60 年代中期到 70 年代中期，管理信息系统在商业和企业事务管理中大行其道，应用十分广泛。然而，由于人们对管理信息系统寄予了过高的期望，无形中夸大了它的实际功能。甚至单纯地认为，只要通过简单的键盘操作，就能够了解企业运营情况、制定生产计划、指挥当天工作等。其实则不然，虽然管理者从 MIS 中得到了许多数据，却没有办法将其转变成为有价值的信息，更谈不上用于指导决策了。此时管理信息系统的效用体现在提高管理人员的工作效能。

3. 决策支持系统阶段

进入 20 世纪 80 年代以后，人们开始清醒地认识到之前的管理信息系统不能用于辅助决策的弊端。为了弥补这方面的不足，充分地利用信息来提高人的管理能力，人们开发出了决策支持系统(decision support systems,DSS)。和传统的管理信息系统相比，决策支持系统综合利用了内部和外部数据，能够全面提供符合各种决策需要的信息。它应用数学方法和各种模型来辅助决策。将计算机所提供的信息和主管人员的判断有机地结合在一起，便于人们做出有效的决定。它具有一定的预测能力，可以帮助管理人员掌握事物发展的未来动态；它具有实时性，能够根据条件的变化迅速做出反应，及时地为组织的决策提供信息支持。同时，DSS 系统本身还具有学习进化的能力，随着管理人员对工作认识的不断加深，系统本身也会做出相应的调整以适应管理者的需要。此时管理信息系统的效用主要在于提高企业高层管理者的决策效果。

（二）管理信息系统的新变化

管理信息系统的前进脚步并未停止，随着计算机技术的发展和实际运用经验的丰富，人们对管理信息系统又有了新的认识。使管理信息系统成为商业中最振奋人心话题的是技术的持续革新、技术的管理应用以及企业成功的影响。新的企业和行业出现了，老的衰退了，而成功的公司是那些学习了如何应用新技术的公司。表 2.1 总结了信息系统在企业应用中新的重要主题。

表 2.1　管理信息系统中的变化

变　化	企　业　影　响
技术	
云计算平台成为一个主要的创新商业领域	互联网上灵活的计算机群开始代替传统的公司计算机执行任务。软件即服务(SaaS)作为一种互联网服务模式，使大部分商业应用转移到互联网上
大数据	企业需要新的数据管理工具获取、存储和分析海量数据，并从中洞悉业务规律。这些海量数据来源于网络流量、电子邮件、社会化媒体内容以及机器(传感器)

（续表）

变　化	企 业 影 响
作为企业系统，移动数字平台开始与 PC 平台竞争	苹果手机和安卓移动设备能下载海量的应用程序来支持协作、基于本地的服务以及与同事间的沟通。小型的平板电脑如 iPad、Google Nexus 和 Kindle Fire，威胁着传统的笔记本电脑在个人和企业计算中的地位
管理	
管理者采用在线协作技术和社会化网络软件改进协调、协作和知识共享	Google Apps、Google Sites、Microsoft Windows SharePoint Services 和 IBM Lotus Connections 被全球 1 亿多商务人士用于支持博客、项目管理、在线会议、个人资料、社会化书签和网络社区
商务智能应用加速	更强大的数据分析和交互界面提供实时的绩效信息给管理者，用于提高管理决策水平
虚拟会议猛增	管理者采用电话视频会议和网络会议技术，减少出差时间和成本，并改善合作与决策
组织	
社会化商务	企业利用社会化网络平台（包括脸谱网、推特和企业内部社交工具）加强与员工、客户和供应商的联系。员工在网络社区上，通过博客、维基、电子邮件和即时消息工具沟通
远程办公普及化	互联网、天线便携机、智能手机和平板电脑使更多的人远离传统的办公室工作。55％的美国企业拥有远程办公软件
共同创造企业价值	企业价值的来源从产品转向解决方案和经验，从内部资源转向供应商网络以及和客户的协作。供应链和产品开发呈现出更多的全球化和协作性特点，客户互动帮助公司定义新产品和服务

技术领域出现的三个相关变化是：移动数字平台的出现，“大数据”行业应用的出现，“云计算”的发展，这些使越来越多的商业软件在互联网上运行。

第二节　管理信息系统的维度

为了全面了解管理信息系统，必须更广泛地了解管理信息系统的组织、管理和信息技术维度，以及其解决商业环境中的挑战和问题的能力。

一、组织

（一）组织的定义

所谓组织，是指一个稳定的、正式的社会结构，从环境中获取资源并进行处理，然后输出产品。组织的这种技术视角定义侧重于组织的三个要素：资本和劳动力是环境所提供的基本生产要素；组织（即企业）通过生产功能将资本和劳动转化为产品和服务；产品和服务又被环境所消费。反过来提供更多的输入，如图 2.2 所示。

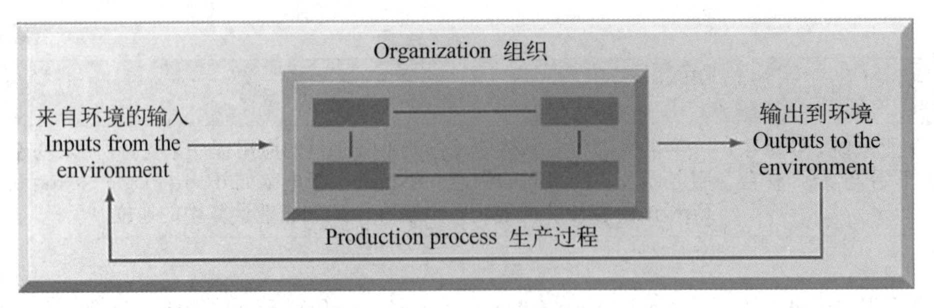

图 2.2　组织的微观经济学定义

从寿命和规范性角度讲，组织比非正式团体（例如一群每周五共进午餐的朋友们）更加稳定。组织是一个正规的法律实体，其内部的规则和程序必须遵守法律法规，组织同时也是一种社会结构，因为它是一系列社会元素的组合，就像机器有自己的结构，由阀门、凸轮、轴和其他部件按特定的方式组合在一起。组织的这个技术定义有效且简单，但对于现实世界中的组织来说不具有描述性和预测性。一个更接近组织真实行为的定义是这样的：组织是一段时间内经由冲突与解决冲突而形成的一系列权利、特权、义务和责任的平衡体，如图 2.3 所示。

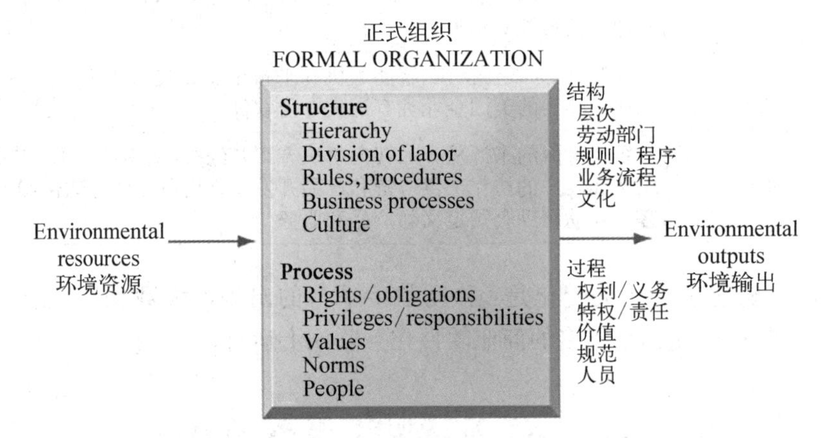

图 2.3　行为视角下的组织

从企业的行为视角来看，在组织中工作的人们形成了自己习惯的工作方式，并依附于现有的关系；他们和上司下属们就如何完成工作、工作量以及工作完成的条件等进行洽商，而这些安排及由此产生的感情大部分都不会在正式的规则手册中讨论。

技术视角的组织定义鼓励我们关注在技术变化引入企业中时，如何组合输入、创造输出。通过资本和劳动力的简单的相互替换，企业可以具备无穷的延展性。但更具现实意义的行为视角的组织定义认为，建立新的信息系统或重建老的信息系统涉及的远远不止设备或者工作人员的简单重组，信息系统将打破长时间内组织的权利、特权、业务、责任和感情的平衡。

这些要素的变化将持续很长时间，具有破坏性，并且需要投入更多的资源支持后续的培训和学习。例如，有效实施一个新的信息系统所需要的时间往往比预期的要长得多，运用一个系统与培训员工、管理人员使用系统之间存在巨大的鸿沟。

技术上的改变通常需要重新安排拥有和控制信息的人、有权利访问并更新信息的人以及对于“谁、什么时候、怎样”这些问题做决策的人。这个更加复杂的视角迫使人们关注设计的工作方法和获得输出的过程。

技术视角和行为视角的组织定义并不矛盾，实际上它们是互相补充的：技术的定义告诉我们在竞争的市场中，成千上万的企业是怎样整合资本、劳动力和信息技术的，而行为模型则阐述在单个企业中，技术是如何影响组织内部的工作的。

（二）组织的特性

所有现代组织都有一些共同特征。组织是分工明确的劳动力和企业部门组成的层级机构。在组织中，专业人员被安排在某个权利层级内。在这个层级内，每个人都要向某个人负责，并且这种权力仅限于抽象的规章制度或程序所规定的某种特定的行为。这些规章制度构成了组织的公平、普遍的决策关系。组织都希望基于员工的技术能力和专业技能（而不是个人关系）管理招聘与升迁。组织以效率为准则，即用有限的输入使输出最大化。组织的其他特性还包括其工作规范和业务流程、组织政治、组织文化、组织环境、组织结构、目标、选民和领导风格。所有这些特性都将影响组织采用什么样的信息系统。

1. 工作规范和业务流程

包括公司在内的所有组织，随着时间的推移将变得很有效率，因为公司的员工在不断地完善生产商品和提供服务的工作规范。工作规范有时候被称为标准操作程序，是应对工作中几乎所有可能情况而建立起来的明确的规则、程序和惯例。当员工学会这些工作规范以后，他们就变得高产、高效，随着效率的提升，公司就会降低成本。

2. 组织政治

组织内不同的人拥有不同的职位、专长，关心不同的事，有不同的视角，因此他们对于组织的资源怎样分配、奖励和惩罚自然存在分歧。这些分歧对管理者和员工都很重要，也引起了每个组织内与资源、竞争及冲突有关的政治问题。政治阻力通常是组织变革（特别是引入新的信息系统）所面临的最大困难之一。实际上，所有大型信息系统的投资都会给公司带来战略、业务目标、业务流程及程序方面的巨大变革，都会引发政治冲突。知道如何在组织内处理这类政治问题的管理者，往往会比那些不了解的管理者在实施新的信息系统时更容易获得成功。

3. 组织文化

每个组织都有一系列基本的、被员工完全确信的、不容置疑的基本假设，这些假设决定了组织的目标和产品。组织文化就是指这一系列假设，包括组织应该生产什么产品、怎样生产、在哪里生产、为谁生产等。通常来说，这些假设是理所当然存在的，很少公开地宣扬讨论。作为公司真正产生价值的业务流程往往隐藏在组织文化中。

观察一下你所在的大学或学院，就能看到组织文化的存在。在大学中，最基本的假设是教授应该知道的比学生多，学生到大学里来的理由是学习，上课需要遵循有规律的时间安排。组织文化具有强大的凝聚力，可以规避一些政治冲突，促进组织内对工作程序和具体实践的理解。如果我们都能共享最基本的文化假设，那么在其他事情上也就更容易达成一致。

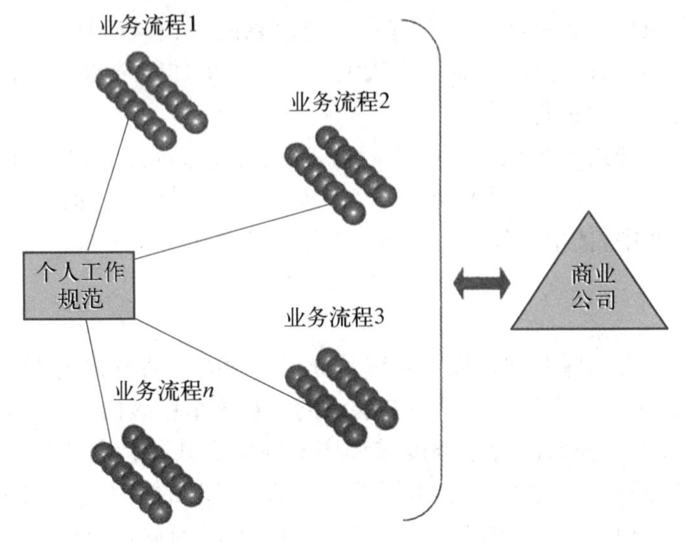

备注：所有的组织都由个人工作规范和行为组成。一系列的个人工作规范形成业务流程，一系列的业务流程形成公司。新的信息系统应用要求个人工作规范和业务流程发生改变，从而支持组织达到高水平的绩效。

图 2.4　公司工作规范、业务流程

同时，组织文化对变革，特别是技术变革来说，是一种强大的约束力。大部分组织都会尽力避免这些基本假设的变动，任何威胁到组织普遍认同的基本假设的技术变革往往会遭遇巨大的阻力。然而，有些时候对于一家公司来说，要取得进步，唯一明智的选择是采纳一项与现有组织文化不相容的新技术。这时，组织可以适当放缓技术的实施步伐，让组织文化与之逐渐适应。

4. 组织环境

组织会从环境中获取资源，并向环境提供产品和服务。组织和环境之间具有双向的关系。一方面，组织向其周围的社会和自然环境开放，并依赖这些环境。人们愿意忠诚而持续地工作是因为可以从客户那里获得收入，如果没有财务资源和人力资源，组织将不可能存在。组织除了要应对客户和竞争者以外，还必须遵守政府制定的法律法规和其他要求。另一方面，组织也能对周围的环境产生影响。例如，企业与其他企业组成联盟可以影响政策制订的过程；企业通过广告影响客户对其产品的接受程度。

图 2.5 描述了信息系统帮助组织察觉到环境的变化，并帮助组织采取应对措施。信息系统是感知环境变化的重要工具，能够帮助管理者及时发现需要组织应对的外部变化。

环境决定组织能做什么，但组织也能影响和改变周围的环境。信息技术在帮助组织察觉到环境中的变化，并助组织采取应对措施中发挥着重要的作用。

环境通常比组织变化快。新技术、新产品、大众品位和价值观的变化（其中很多会导致新的法律法规）都会给组织的文化、政治和人员带来压力。大部分组织不能及时适应快速变化的环境。组织标准操作流程中的惰性、现有秩序调整所带来的政治斗争以及对文化价值观的威胁，都会抑制组织做出重大变革。而年轻的公司往往缺少资源帮助它们度过即便是短暂的混乱期。

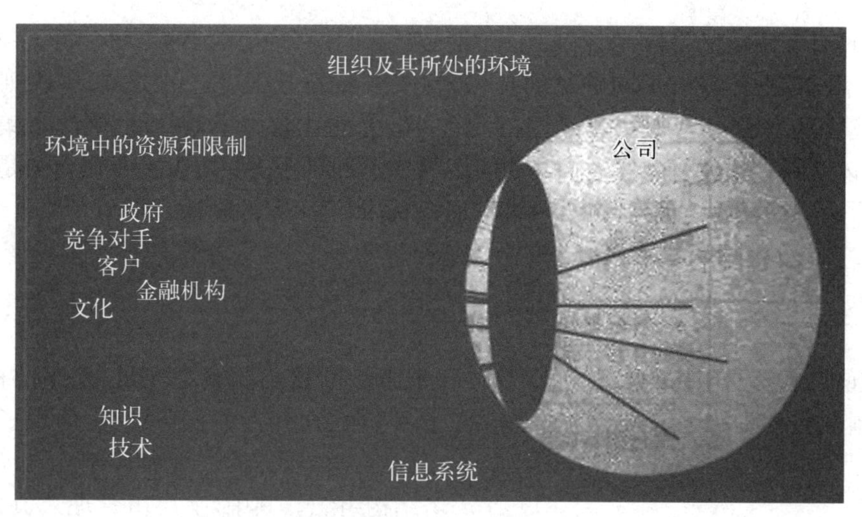

图 2.5　环境和组织的双向关系

5. 组织结构

所有的组织都有一个结构或形式。明茨伯格把组织分为五种基本类型(Mintzberg, 1971),如表 2.2 所示。

表 2.2　组织结构

组 织 类 型	描　　述	示　　例
创业型机构	快速变化环境中的年轻的小组织,结构简单,由一个企业来领导	小的创业型企业
机械官僚机构	变化较慢的环境中的大企业,生产标准的产品。由一个集中式的管理团队掌控,实行集中决策	中等规模的制造企业
事业部制官僚机构	多个官僚机构的组合,由一个中央总部领导。生产或提供不同的产品或服务	财富 500 强企业,如通用汽车公司
专家型官僚机构	基于知识的组织,产品和服务取决于专家的经验和知识。由部门领导掌控,中央集权很弱	律师事务所、学校系统、医院
专案型组织	任务型组织,能适应快速变化的环境。由大量专家组成短期的跨学科团队,中央集权很弱	顾问公司,如兰德(Rand)公司

一家企业中信息系统的类型,以及这些信息系统的问题本质,往往能够反映这个组织结构的类型。例如,在一个像医院这样的专家型官僚机构中,你常会发现同时存在医院行政使用的、医生使用的、护士和社会工作者等其他专业人员使用的病人记录系统。在小的创业型公司里,你常常会发现一些因设计匆忙而并不适合长期使用的、糟糕的信息系统。在一家拥有几百个地方运营的多事业部的大型公司里,你通常很难发现一个集成的信息系统,更多的是每个地方或每个事业部都有自己的一套信息系统。

6. 组织的其他特征

组织都有目标,并用不同的方法达成这些目标。有的组织具有强制性目标(如监狱);

有的组织具有实用主义目标（如企业）；还有一些组织具有规范的目标（如学校、宗教团体）组织服务于不同的群体或有不同的赞助者，如有些组织服务于自己的成员，有些则服务于客户、股东或公众。不同组织的领导形式大不一样，有的比较民主，而有的则比较集权。组织的不同还体现在它们执行的任务不同和使用的技术不同。一些组织主要执行的是日常性任务，可以形成一些正式的规则，很少要求主观判断（如汽车零件制造），而另一些组织（如顾问公司）主要执行的是非结构化的任务。

（三）组织的结构

管理信息系统是组织整体的一部分。一个组织的核心要素是人员、组织结构、业务流程、规章制度和企业文化。组织是有结构的，由不同层次和专业任务组成，体现了清晰的部门分工。企业中的权利和责任按层级或者金字塔结构组织。其中，上层由管理人员、专业人员和技术人员组成，下层由操作人员组成。

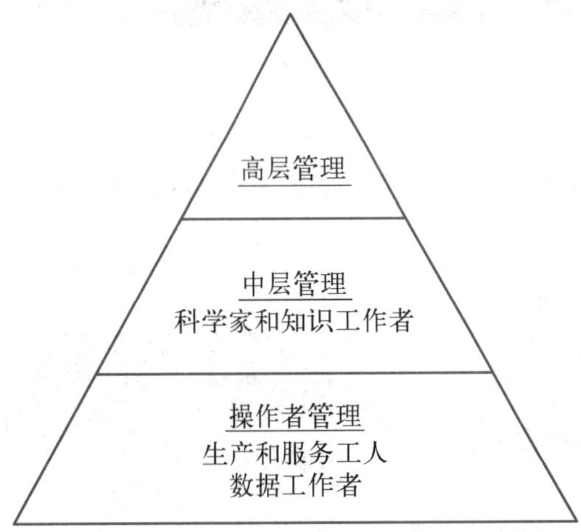

商业组织的管理层级结构包含三个基本层次：高层管理、中层管理和操作者管理。信息系统服务于每个层级的工作。科学家和知识工作者通常与中层管理者一起工作。

图 2.6　公司的管理层次

高层管理不但要确保公司的财务绩效，而且要制定关于企业产品、服务的长期战略决策。中层管理执行高层管理制定的目标和计划。操作层管理负责监控业日常业务活动。工程师、科学家或架构师等知识工作者设计产品或服务、为企业创造新的知识；秘书或文员等数据工作者辅助完成所有层级的日程安排和沟通工作；生产或服务工人则生产产品和提供服务，如图 2.6 所示。

企业不同的业务职能部门聘用和培训了很多专家。企业主要的业务职能由企业组织执行完成，包括销售和营销部、制造和生产部、财务和会计部以及人力资源部，如表 2.3 所示。

表 2.3　主要业务职能

业务职能	目　　标	业务职能	目　　标
销售和营销	销售产品和服务	财务和会计	管理财务资产和保持财务记录
制造和生产	生产和配送产品和服务	人力资源	吸引、开发和维护组织劳动力，保存雇员记录

一个组织通过其管理层级和业务流程协调工作。绝大多数组织的业务流程包括通过长期工作积累而形成的用于完成任务的一些正式的规则，这些规则包含一系列各种各样的操作程序，用于指导员工处理各种任务，比如从开发票到回应顾客投诉。其中有一些业务流程被正式地记录下来，也有一些其他业务流程则是非正式的工作经验，例如作为一项要求要给合作者或顾客回电，这些就没有正式的文件。信息系统使得许多业务流程自动化。例如，客户如何授信或如何付款，通常由一个信息系统完成，并固化在一系列正式的业务流程中。

每个组织都有被其绝大多数员工所接受的独特的文化，或者是该企业的基本价值观和做事的方式。你观察你周围的大学或学院，就能感受到组织文化在起作用。大学校园里最基本的假设是教授要比学生知道得多，这个假设是学生来读大学、按照规范的课程计划上课的理由。

一个组织的文化总能在信息系统中部分展现出来。例如，UPS把客户服务放在第一位，这一点作为UPS公司文化的一部分可以在公司的包裹跟踪系统中体现出来。

一个组织中不同层次和专业的人员具有不同的利益与观点。这些不同的观点通常使公司在关于如何运作、如何配置资源和如何分配奖励等方面产生冲突。冲突是组织政治的基础。这些不同的观点、冲突、妥协和共识是所有组织天生的组成部分，信息系统就诞生于这些不同观点、冲突、妥协和共识交织而成的“大锅”中。

二、管理

管理岗位的工作在于分析、理解组织所面临的各种情境、做出决策并制定行动方案以解决问题。管理者要洞察环境所带来的商业挑战，制定组织战略以应对这些挑战，分配人力和财务资源协调工作，并争取获得成功。管理者自始至终必须行使负责任的领导力。企业的管理信息系统反映了实际工作中管理者的希望、梦想和现实。

然而，除了管理现有事务管理者还必须做更多的事情。他们也应该创造新产品和服务，甚至还要时不时地再造组织。管理的很大一部分责任在于进行由新知识和信息驱动的创造性工作。在帮助管理者设计、提供新产品和服务，对组织再定位和再设计方面，信息技术可以发挥强有力的作用。

（一）企业的决策

企业决策以往常常被限于管理层，但在今天，随着信息系统的应用，处于企业较低层次的员工也可以获得信息，并且可以负责企业决策中的一些任务。事实上，企业的某些决策是常见的、日常性的，并且数量众多。虽然改善任何单个决策产生的价值可能很小，但改善成百上千个“小”决策将会给企业带来很大的商业价值。

1. 决策类型

任何一个组织均有不同的组织层次。每个层次的决策有不同的信息需求，对其他不同类型的决策负有不同的责任，如图2.7所示。决策可分为结构化、半结构化和非结构化三种类型。

非结构化决策是决策者基于对问题进行判断、评价和洞察的类决策。每一个非结构化决策都是新颖的、重要的且是非常规性的。在进行这类决策时，不存在容易理解的或者能达成共识的决策程序。

相比之下，结构化决策是重复的、常规性的，决策者遵循明确的程序处理它们，而不必每次采用新程序进行处理。很多决策同时具备这两种决策类型中的要素，其中只有一部分问题能由确定的程序给出明确的答案。总之，结构化决策普遍存在于较低的组织层次中，而非结构化问题通常在公司的高层更普遍。

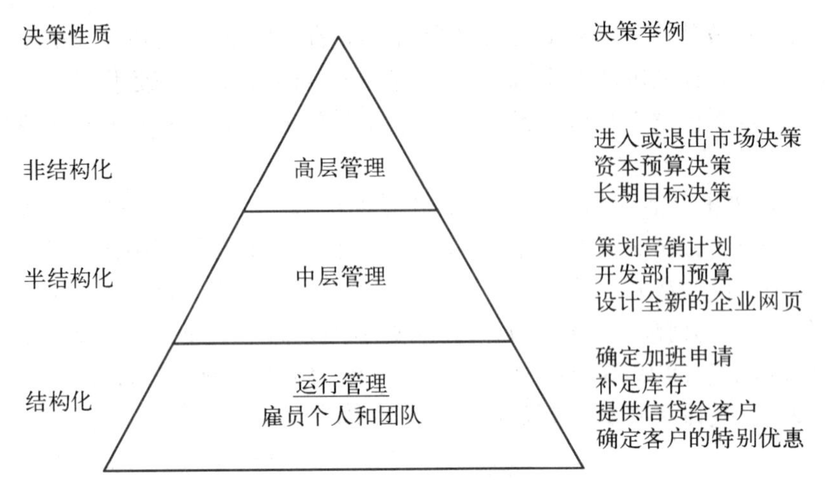

图 2.7　公司中主要决策组的信息需求

高层管理者面临许多非结构化决策的情形，如确定公司 5－10 年的目标，或决定是否进入新的市场。在回答如“是否应当进入新市场”的问题时，他们需要了解新闻、政府报告、行业评论的信息，以及有关公司业绩的综合性报告等信息。同时，这要求高层管理者做出自己的最佳判断，并征询其他管理人员的意见。

中层管理人员面临着更结构化的决策情形，但他们的决策也可能包含非结构化的决策。一个典型的中层管理的问题可能是：“为什么这个配送中心的订单完成报告显示近 6 个月呈下降趋势?”为了解决这个问题，这个中层经理将会从公司的企业系统或分销管理信息系统中获取有关配送中心订单活动和运行效率的报告，这是决策的结构化部分。但在得到真正的答案之前，这个中层经理还必须对员工进行访谈，并从外部收集更多关于当地经济状况或销售趋势的非结构化信息。

基层管理人员和普通员工通常做的是结构化决策，如装配线上的主管要决定某个计时工人是否能获得加班工资。如果员工在某一天工作超过 8 个小时，主管就要按常规标准给予 8 个小时之外的加班工资。

销售客户代表通常要查询包含客户信用信息的公司客户数据库，决定是否延长客户的信贷。只有客户符合公司预先设定的授信标准，客户代表才可以给客户相应的购买信贷。在这些情境中，决策是高度结构化且常规性的，大多数大型公司每天要做几千次这样的决策，答案已经预先编入公司的支付及应收账款系统中了。

2. 决策过程

决策是一个包含多个步骤的过程。西蒙（Simon，1960）描述了决策过程的四个不同阶段：情报、设计、选择和执行，如图 2.8 所示。

（1）情报阶段。情报指的是发现、识别和理解组织中存在的问题：为什么存在问题？问题在哪里？它对公司有什么影响？

（2）设计阶段。设计包括识别和探寻问题的各种可能的解决方案。

（3）选择阶段。选择包括在各种可能的解决方案中做出选择。

（4）执行阶段。执行包括将所选择的方案付诸实践，并继续监测方案执行的情况。

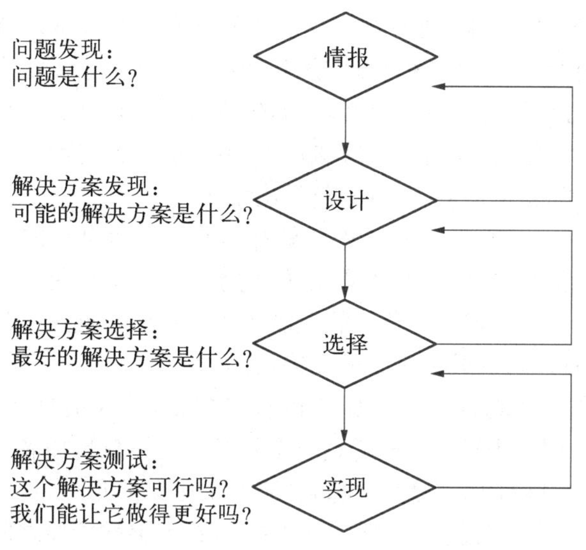

图 2.8　决策过程的四个阶段

如果选择的解决方案不起作用怎么办？如图 2.8 所示，可以返回到决策过程的早期阶段，并在必要时重复这些阶段的工作。例如，面对销售下滑时，销售管理团队可能做出支付销售人员更高佣金的决策，以刺激销售人员投入更大的努力带动销售。如果较高的销售佣金并未带来销售增加，那么管理人员需要调查，弄清问题产生的原因是产品设计差强人意、客户服务不足，还是其他影响因素。

（二）信息系统与管理决策

决策支持系统能够帮助管理者和员工做出更好的决策，有助于提高公司的平均收益，并最终提高公司的盈利能力。然而，信息系统并不能改善组织中的每一个决策。

1. 管理者的角色

管理者在组的中起着关键的作用，他们的职责包括决策、写报告、参加会议等。学习经典的和现代的管理者行为模型，有利于更好地理解管理者的职能和角色。

经典的管理模型描述了管理者应该做什么。自 20 世纪 20 年代起，该模型基本上没有受到过质疑。亨利·法约尔和其他早期学者首次提出了管理者的五个典型职能，即计划、组织、协调、决策和控制。这种对管理活动的描述一直以来长期主导着管理思想，至今仍然很流行。经典模型描述了管理者正式的职能，但没有明确说明当管理者计划、决策和控制他人工作时该干些什么。为此，我们必须把目光转到当代行为科学家的工作上，因为他们研究了管理者的日常活动。行为模型认为，管理者的实际行为似乎不像传统模型所认为的那样具有系统性，大多是非正式的、缺乏思考的、被动的、没有条理性的。

有观察者发现，管理者的行为确实在五个方面与经典模型有很大的不同。(1) 管理者完成的大多数工作是在不宽松的环境中进行的。研究发现，管理者平均每年参加 600 个不同的活动，中间没有停歇。(2) 管理活动是碎片化的，大多数活动持续不超过 9 分钟，只有 10%的活动持续时间超过 1 个小时。(3) 管理者喜欢眼前的、具体的工作和特别的信息(书面信息往往太迟、太旧)。(4) 相对于书面形式，他们更偏爱口头沟通方式，因为口头沟通更灵

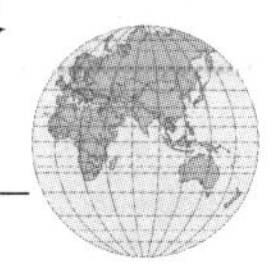

活、不费劲、响应快。(5) 管理者高度重视维护一个复杂多样的联络人网络。这个网络可以起到非正式信息系统的作用，并可以帮助管理者完成他们的日程安排，实现短期和长期目标。

亨利·明茨伯格分析了管理者的日常行为，发现可以把这些行为归类为10个管理者角色。管理者角色是指对管理者在组织中应该从事的行为活动的期望。明茨伯格把这些管理者角色分为3类，即人际关系角色、信息角色和决策角色。

(1) 人际关系角色。当管理者代表公司向外部世界展示自己的公司形象，并履行象征性的职责时，比如给员工发奖励，这时管理者扮演的是人际关系角色。当管理者激励、指导和支持下属时，扮演的是领导者的角色。管理者也可以扮演不同组织层次之间的联络员、以及同组织层次中不同管理团队成员之间的联络员的角色。

(2) 信息角色。管理者扮演着一个组织的神经中枢，接收最具体的、最新的信息，再分发给最需要这些信息的人。因此，管理者是一个组织中的信息传播者。

(3) 决策角色。管理者做出决策。他们扮演着企业家的角色，他们排除组织中的干扰；他们把资源分配给需要的员工；他们协调、解决冲突，在冲突的群体之间进行调解。

根据明茨伯格的角色分类，表2.4列出了系统在哪些层面能够帮助管理者，在哪些层面不能帮助管理者。从表中可以看出，信息系统现在能够支持大多数领域，但不是所有的管理领域。

表 2.4　管理角色和相应的信息支持系统

角　色	行　为	支持系统
人际关系角色		
形象首领	人际	网真系统
领导者	人际	网真系统、社交网络
联络者	人际	智能手机、社交网络
信息角色		
神经中枢	信息处理	管理信息系统(MIS)、经理支持系统(ESS)
信息传播者	信息处理	电子邮件、社交网络
发言人	信息处理	网络研讨会、网真系统
决策角色		
企业家	决策处理	不存在
干扰处理者	决策处理	不存在
资源分配者	决策处理	商务智能、决策支持系统(DSS)
谈判者	决策处理	不存在

2. 现实世界中的决策

由上可知信息系统并不是对所有的管理者角色均有帮助。在信息系统能帮助改善决策的那些管理者角色中，信息技术投资并不总是产生正面的效果。主要有三个原因，即信息质量、管理过滤器以及组织惯性和政治。

(1) 信息质量。高质量的决策需要高质量的信息。表 2.5 描述了影响决策质量的信息质量维度。如果信息系统的输出不符合这些质量标准,决策将会受到影响。

表 2.5 信息质量维度

质 量 维 度	描 述
正确性(accuracy)	数据是否代表现实
完整性(integrity)	数据结构与实体和属性之间的关系一致吗
一致性(consistency)	数据元素的定义是否一致
完备性(completeness)	所有需要的数据是否齐备
有效性(validity)	数据取值是否在定义的范围里
及时性(timeliness)	当需要数据时是否能够获得
可获取性(accessibility)	数据是否可访问、可理解、可使用

(2) 管理过滤器。即使有准确、及时的信息,有些管理人员也会做出错误的决策。管理人员(像所有人一样)通过一系列过滤器"吸收"信息,了解他们周围的世界。认知科学家、行为经济学家和最近的神经经济学家已经发现,管理者和其他人一样不擅长评估风险,喜欢规避风险,没有一定的认知模式,同时往往根据直觉、感受和问题框架而不是实证数据做决策。

例如,像贝尔斯登和雷曼兄弟这样的华尔街公司之所以在 2008 年宣布破产,是因为它们低估了复杂抵押贷款证券(其中许多是更有可能违约的次级货款)的投资风险。何况他们知道这些数据有可能会出错呢? 管理层希望确保他们公司的资本不被高风险违约的投资所束缚,阻碍他们的投资创造利润。因此,这些风险管理系统的设计者被鼓励以最小化风险的方式评估风险,一些交易部门也过于简化抵押货款证券的信息收集,使它们看起来像是具有更高评级的简单债券。评级公司顺应客户的意愿,为低质量的债券做出了高质量的评级。

(3) 组织惯性和政治。组织是一个具有层级架构的官僚机构,在果断行动方面的能力是有限的。当环境变化企业需要采用新的商业模式以便生存下去时,组织内就会有强大的力量反对进行重要变革的决策。公司所做的决策往往是基于公司内部各种利益团体平衡的结果,而不是基于问题的最好解决方案。

关于企业重构方面的研究发现,企业在受到外部收购的威胁之前,往往会忽略差强人意的业绩表现,它们还经常把糟糕的业绩归因于它们无法控制的外部因素,如经济条件(宏观经济)、外国竞争者的竞争和价格上涨等,而不是去追究高层或中层管理者差劲的商业判断。当外部商业环境比较好、企业绩效提高时,管理者通常会认为绩效好是他们的功劳,而不是好的环境所促成的。

3. 高速自动化决策

如今,组织中的许多决策既不是由管理人员做出的,也不是由其他什么人做出的。例如,当你在谷歌搜索引擎中输入一个词查询时,谷歌平均在半秒内(500 毫秒)就已经决定显示哪些链接。高频交易员通过电子证券交易系统完成一笔交易的时间低于 30 毫秒。

高度结构化和自动化的决策增长迅速,使这类自动化的、高速的决策成为可能的是计算

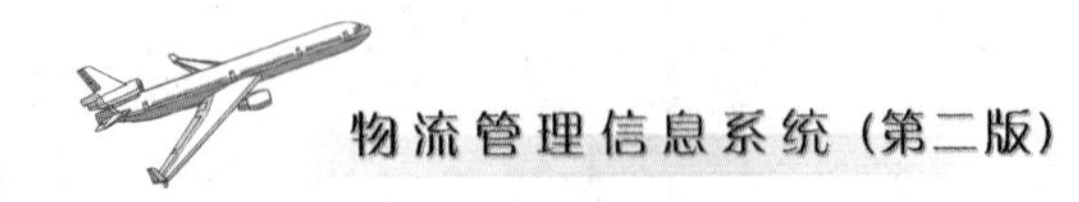

机算法、庞大的数据库、高速处理器以及对任务进行优化的软件。其中计算机算法能精确定义需要遵循的决策步骤。在这些情况下，人（包括管理人员）将从决策链中被淘汰，因为他们决策的速度太慢。

这也意味着这些领域的组织正在做出比管理者可以监督或控制的更快的决策。在过去的几年里，计算机交易系统出现了一系列故障，其中就包括2012年8月1日发生的一起软件故障，导致骑士资本公司在不到1个小时的时间内进行了数百万笔错误的交易。那天的交易故障导致近150只股票暴跌，给骑士资本公司造成了4.4亿美元的损失。在高速决策的环节中，决策过程的情报、设计、选择和执行四个阶段的任务是由软件算法执行的。编写软件的人已经定义好了问题，设计了解决方案，显而易见，随着人类退出决策过程的展开，我们更加需要非常小心地确保这些决策系统正确运行，以防重大事件的发生。

三、信息技术

信息技术是管理者应对变化的众多工具之一。计算机硬件是指在信息系统中进行输入、处理和输出的物理设备，包括各种尺寸和外形的计算机（包括移动手持终端），各类输入、输出和存储设备以及连接计算机的通信设备。

计算机软件是指在信息系统中控制和协调计算机硬件设备的一系列精细复杂的、预先编写的指令。

数据管理技术是指管理存储在物理存储媒介里的数据组织的软件。

网络和通信技术由物理设备和软件组成，连接各类硬件，把数据从一个物理地点传输到另一个地点。许多计算机和通信设备能连接成网络共享声音、数据、图像、音频和影像。一个网络连接两台或多台计算机以共享数据。

世界上最大和最广泛使用的网络是互联网。互联网是全球范围的“网中网”，通过采用统一标准把数以百万计的不同网络和全世界超过230个国家的近23亿用户连接起来。

互联网创造了一种全新的“统一”技术平台，基于这个平台可创建新产品、新服务、新战略和商业模式。同样的技术平台可在企业内部使用、把企业内部不同的系统和网络连接起来。基于互联网技术的企业内部网络称为内联网，企业内联网延伸到组织外部的授权用户的专用网络称为外联网，企业利用外联网可以协调与其他企业之间的业务活动，如采购、设计协作及其他跨组织的业务工作。对当今绝大多数企业而言，使用互联网技术既是企业所必需的，又是一种竞争优势。

万维网是基于互联网的一项服务业务，使用公认的存储、检索、格式化以及以网页方式显示互联网信息的标准。网页包含文字、图形、动画、声音、视频，并和其他网页相链接。通过点击网页上高亮显示的文字或按钮，你可以链接到相关的网页查找信息，也可以链接到网页上的其他地址。

所有这些技术，连同那些运行和管理它们的员工，代表了整个组织能共享的资源，组成了企业的信息技术基础设施。信息技术基础设施为企业提供了基础或平台，使得企业能由此建立自己的信息系统。组织必须认真地设计和管理其信息技术基础设施，以保证满足组织利用信息系统完成工作所需要的技术服务。

第三节　管理信息系统的结构

管理信息系统的结构是指系统中各个组成部分之间相互关系的总和。由于人们对管理信息系统的部件存在着不同的理解，所以就构成了管理信息系统不同的结构方式，其中最重要的是基本结构、层次结构和职能结构。

一、管理信息系统的基本结构

从概念上看，管理信息系统的基本组成部件有 4 个，即信息源、信息处理器、信息使用者和信息管理者（如图 2.9 所示）。信息源是指原始数据的产生地。信息处理器的功能是对原始数据进行收集、加工、整理和存储，把它转化为有用的信息，再将信息传输给信息使用者。

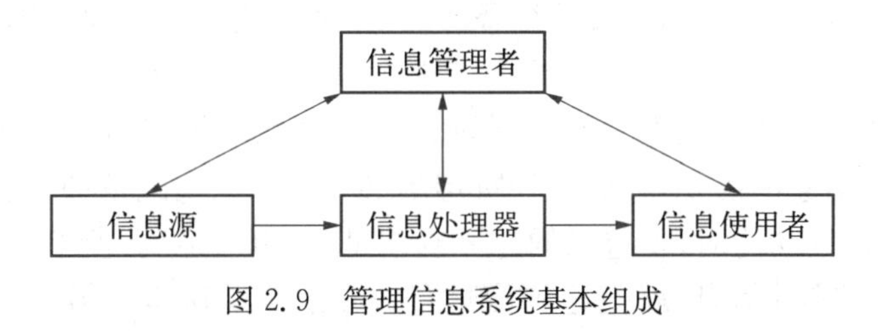

图 2.9　管理信息系统基本组成

信息使用者是信息的用户，不同层次的信息使用者依据收到的信息进行管理决策。信息管理者负责管理信息系统的设计和维护工作，在管理信息系统工作以后，还要负责协调信息系统的各个组成部分，保证信息系统的正常运行。信息系统越复杂，信息管理者的作用就越重要。

这些部件还可以进一步细分。比如根据原始数据的产生地不同，可以把信息源分为内信息源和外信息源。内信息源主要指组织内部管理活动所产生的数据，例如生产、财务、销售和人事等方面的信息；而外信息源则是指来自企业外部环境的数据，如国家的政策、经济形势、市场状况等。信息处理器也可以细分为数据采集、数据变换、数据传输和数据存储等装置。在实际的管理信息系统中，由于各个企业都具有不同的组织形式和信息处理规则，因此结构也不尽相同，但是最终都可以归结为如图 2.10 所示的基本结构模型。

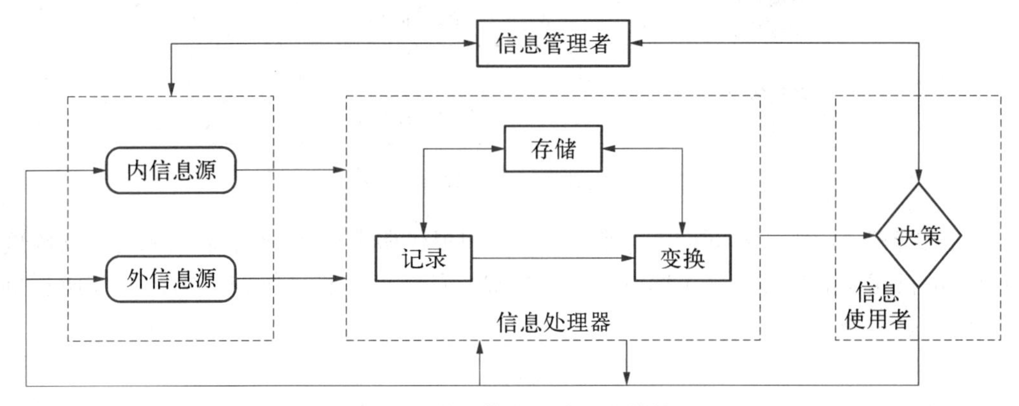

图 2.10　管理信息系统基本结构图

二、管理信息系统的层次结构

有些管理信息系统的规模比较大，必然会显现出某种层次结构，每个层次负责一种信息处理的功能。层次结构的出现给管理信息系统带来了两个新的问题。

首先要解决的问题就是应该怎样合理划分层次。由管理学知识可知，有两种极端的层次结构都不利于组织的管理工作。一种是层次结构过于“扁平”，即管理幅度过宽，这种状况势必会给高层的管理工作带来极大的不便，高层管理者无法对下层实施有效的控制，导致下层机构各自为政；另一种是层次结构过于“陡峭”，即管理幅度过窄，层次过多。在这种状况下，信息在各个层次之间的传递往往比较缓慢，大大降低了管理的效率，结果使机构僵化，反应迟钝。因此，在对企业管理信息系统进行层次划分时，需要分析系统的实际业务状况，从而确定管理幅度与层次。一般来说，如果系统强调的是严格的控制，则每一层次的管理幅度不宜太大。如果系统需要充分发挥下层自主性，则可适当放宽管理幅度。

其次，我们还要考虑各个层次之间怎样进行功能分配。所谓功能分配主要指的是在各层次上，按照其服务对象的需要，存储某种特定的必要的信息及配备加工和显示这种信息的功能。在分配各层次的功能时，要遵循的总原则就是“一事一地”。所谓“一事一地”，是指系统的哪个层次需要用哪种信息，就把这种信息存放在这个层次里。另外，还要注意，如果系统需要的是汇总的信息或加工的结果，就不要传递原始信息。加工信息时，能在一个地方一次加工好的，就不要分散到各处去重复同样的加工。

在实际应用中，一般根据处理的内容及决策的层次把企业管理活动分为三个不同的层次：战略计划层、管理控制层和运行控制层。一般来说，下层系统的处理量比较大，上层系统的处理量相对小一些，所以就形成了一个金字塔式的结构，如图 2.11 所示。

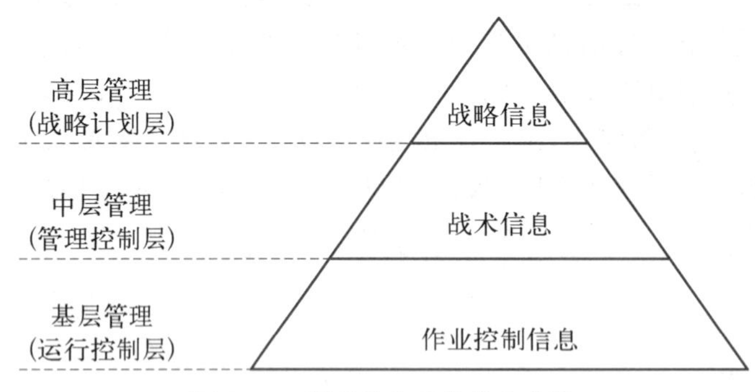

图 2.11　管理信息系统的金字塔

不同的管理层次需要不同的信息服务，为它们提供服务的管理信息系统就可以按这些管理层次进行相应的划分。为不同管理层次所设计的管理信息系统在数据来源和所提供的信息方面都是完全不同的。

1. 战略计划级管理信息系统

战略计划级的管理活动所涉及的是企业的总体目标和长远发展规划，例如企业长期开发战略的制定、组织机构和人事政策的确定等。因此，为战略计划级管理活动服务的信息系统，需要比较广泛的数据来源。其中除了内部数据，还要包括相当数量的外部数据。例如，当前的政治形势、经济发展趋势和国家的政策，企业自身在国内外市场上所处的位置和竞争能力，新的投资机会和竞争对手状况等。此外，由于战略级管理信息系统所提供的信息是为企业制定战略计划服务的，所以要有高度的概括性和综合性。例如，对企业当前能力的评价和对未来能力的预测，对市场需求和竞争对手的分析等。这些信息对企业制定战略计划都有很大的参考价值。

2. 管理控制级管理信息系统

管理控制级的管理活动属于企业的中层管理，它的主要工作是根据高层管理所确定的总目标，对组织内所拥有的各种资源，制定出资源分配计划及实施进度表，并组织基层单位实现总目标。这个层次的管理活动包括各个部门工作计划的制定、监控和完成情况的评价等。因此，可以说，管理控制级的管理信息系统主要是面向各个部门的负责人，为他们提供所需要的信息服务，支持他们在管理控制活动中正确地制定各项计划和了解计划的完成情况。它所需要的数据来源主要有三个渠道，一方面是控制企业活动的预算、标准和计划等。另一方面，是作业处理所提供的数据，还有一些是其他数据。管理控制级的管理信息系统所提供的信息主要包括决策所需要的模型，对各部门的工作计划和预测，对计划执行情况的定期和不定期的监测报告，对问题的分析评价，对各项查询的响应等。

3. 运行控制级管理信息系统

运行控制级的管理活动是为有效利用现有资源和设备所展开的各项活动，属于企业的基层管理，基层管理活动包括作业控制和业务处理。它按照中层管理所制定的计划与进度表，具体组织人力、物力去完成指定的任务。因此，运行控制级的管理信息系统处理过程都是比较稳定的，可以按预先设计好的程序和规则进行相应的信息处理。在这一级别上的管理信息系统一般由三种处理方式组成：事务处理、报告处理和查询处理。这三种处理方式的工作过程十分相似。首先将处理请求输入处理系统中，系统自动从文件中搜寻相关的信息，进行分析处理，最后输出处理结果或报告。

三、管理信息系统的职能结构

通常可以按照一定的职能将企业的管理组织机构划分成若干个部门，按这些部门的不同职能建立起来的管理信息系统结构，就是管理信息系统的职能结构。

一个管理信息系统的职能结构通常可以用一个职能系统/管理层次矩阵来表示，如图2.12所示。

图中每一列代表一个子系统，对应着一种管理功能。其实这种功能没有标准划分，因组织不同而异。显而易见，图中所表示的企业管理信息系统按照职能的不同分成7个子系统，而行分别代表战略计划、管理控制、运行控制和业务处理等不同的管理层次。因此，图中行与列相交的地方就代表着适用于不同管理层次的职能子系统。各个职能子系统的主要职能分别如下所述。

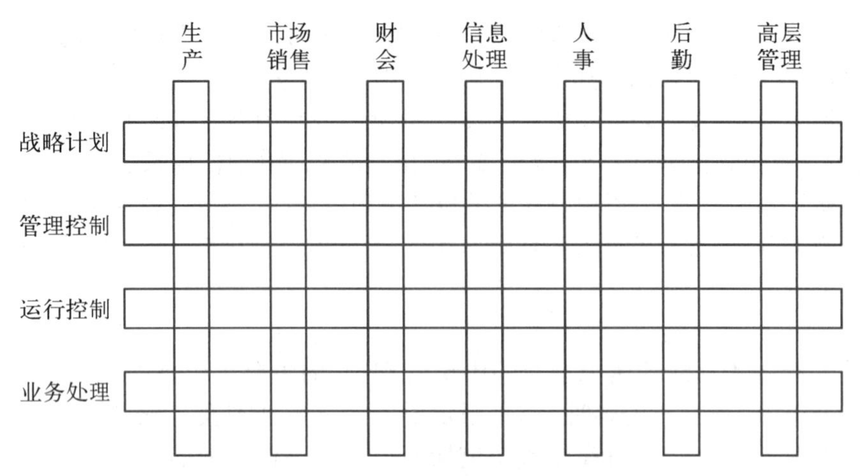

图 2.12　职能系统管理层次矩阵

1. 生产子系统

生产子系统的功能主要包括产品设计、工艺改进、生产计划安排、生产设备的调度和运行、质量控制和检查等。战略计划方面主要是对改进工艺过程的各种方案进行评价，选定最优的加工和自动化生产的方法。管理控制要求对生产过程的总进度、单位成本、单位工时消耗及各类物资的消耗情况进行分析比较。运行控制要求把实际生产进度与计划相比较，及时发现生产的瓶颈环节，并且予以解决。生产子系统的典型业务处理是对生产订货单、装配订货单、成品票、废品票和工时票等原始数据的处理。

2. 市场销售子系统

市场销售子系统包括企业进行销售和营销的全部管理活动。战略计划的功能是根据人口、购买力、技术发展等因素，应用顾客分析、竞争者分析、收入预测、人口预测和技术预测等方法获取信息，从而对开发新市场和新市场销售的战略进行分析和研究。在管理控制方面，根据顾客、竞争者、竞争产品和销售能力要求等信息，对销售成果、销售市场和竞争对手等方面的情况进行分析和评价，确保销售计划的完成。在运行控制方面包括日常销售和营销活动的调度和安排，还要按区域、产品、顾客对销售情况进行定期分析。业务处理则主要是指对销售订单的处理。

3. 财会子系统

从原理上说，财务和会计有着本质的区别，二者的目标不同。财务的目标是保证企业在资金使用方面的财务要求，并尽可能地减少其成本。会计的目标则是把财务方面的业务进行分类、总结、然后填入标准的财务报告，并制定预算、对成本数据进行核算分析与分类等。在战略计划方面，人们关心的是财务保证的长远计划、资金筹措计划、减少税收影响的长期计划，成本会计和预算系统的计划，并且还要制定财会政策。管理控制主要是对预算和成本数据的计划执行情况进行分析和比较，处理会计数据的成本和差错率等。运行控制和业务处理主要是分类、汇总每天的单据，提出差错和异常情况的报告、延迟处理的报告和未处理业务的报告等。

4. 信息处理子系统

信息处理子系统主要负责与其他子系统的沟通联系，保证企业对各种信息的需求得到满足。它的战略计划关心的是组织功能的集散度、信息系统的总体规划、硬件软件系统的总体结构等内容。管理控制主要将计划和实际执行情况进行比较分析，如设备成本、开发人员水平、新项目的进度和计划的对比等。运行控制的内容包括日常工作任务的调度、分析差错率、设备利用率和设备故障、控制新项目的开发进度和调试时间。业务处理是处理请求、收集整理数据、对数据和程序的修改变动提出申请、对硬件和软件的故障提出报告及规划建议等。

5. 人事子系统

人事子系统的主要工作包括对人员的雇用、培训、考核、工资和解聘等方面的管理。战略计划方面主要包括对招聘、工资、培训、福利及留用人员的战略和方案的评价分析。管理控制关心的是人员的录用和解聘、招募费用、培训费用、工资率的变动等情况。运行控制主要涉及对录用人员数量、应支付的工资、培训费用等情况的分析处理。典型的业务处理有雇用标准说明、工作岗位责任说明、培训考核记录、人员情况档案处理、工资变化情况处理、工作时间和离职说明等。

6. 后勤子系统

后勤子系统主要负责对采购、收货、发货和库存控制等方面进行管理。战略计划主要涉及制定采购战略、制定对买主的新政策、评价物资分配方案等内容。管理控制的工作主要是将库存水平、采购成本、供应计划执行和库存等各种后勤工作的实际情况与计划进行比较。运行控制包括对多余和短缺物资的项目、数量和原因等情况进行分析。具体的业务处理包括对采购订货、收货报告、各种进出库单据、脱库和超库项目、库存、购货申请单等数据的分析处理。

7. 高层管理子系统

高层管理子系统主要是为每个组织的最高领导层(如公司总经理和各职能区域的副总经理等)提供服务。它的战略计划层主要关心的是公司的发展方向和长远规划，并且为其他职能部门的战略计划制定总目标。因此高层战略计划的决策必须依靠来源广泛的、综合性高的内部和外部信息的支持。管理控制层主要是将各功能子系统的执行情况和计划进行比较，并做出分析和评价。运行控制层的内容主要包括提供会议时间表、控制会议进展、管理各类文件等。典型的业务处理是为决策提供信息咨询、编写文件、向公司其他部门的子系统发送指令等。

本章小结

1. 组织的特性

(1) 工作规范和业务流程。工作规范有时候被称为标准操作程序，是应对工作中几乎所有可能情况而建立起来的明确的规则、程序和惯例。

(2) 组织政治。组织内不同的人拥有不同的职位、专长，关心不同的事，有不同的视角。

(3) 组织文化。组织文化就是指一系列假设，包括组织应该生产什么产品、怎样生产、在哪里生产、为谁生产等。这些假设是理所当然存在的，很少公开地宣扬讨论。

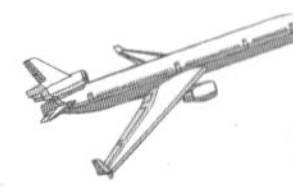

(4) 组织环境。一个组织会从环境中获取资源，并向环境提供产品和服务。组织和环境之间具有双向的关系。

(5) 组织结构。所有的组织都有一个结构或形式。明茨伯格把组织分为五种基本类型，即创业型机构、机械官僚机构、事业部制官僚机构、专家型官僚机构、专案型组织。

(6) 组织的其他特征。组织都有目标，并用不同的方法达成这些目标。不同组织的领导形式大不一样，有的比较民主，而有的则比较集权。

2. 管理者的角色

(1) 人际关系角色。当管理者代表公司向外部世界展示自己的公司，并履行象征性的职责时，比如给员工发奖励，这时管理者扮演的是人际关系角色。当管理者激励、指导和支持下属时，扮演的是领导者的角色。管理者也可以扮演不同组织层次之间的联络员，以及同组织层次中不同管理团队成员之间的联络员的角色。

(2) 信息角色。在信息角色上，管理者扮演着一个组织的神经中枢，接收最具体的、最新的信息，再分发给最需要这些信息的人。因此，管理者是一个组织中的信息传播者和发言人。

(3) 决策角色。管理者做出决策。他们扮演着企业家的角色，他们排除组织中的干扰；他们把资源分配给需要的员工；他们协商、解决冲突。

3. 管理信息系统的层次结构

(1) 战略计划级管理信息系统。战略计划级的管理活动所涉及的是企业的总体目标和长远发展规划，例如企业长期开发战略的制定、组织机构和人事政策的确定等。因此，为战略计划级管理活动服务的信息系统，需要比较广泛的数据来源。除了内部数据，还要包括相当数量的外部数据。

(2) 管理控制级管理信息系统。管理控制级的管理信息系统主要是面向各个部门的负责人，为他们提供所需要的信息服务，支持他们在管理控制活动中正确地制定各项计划和了解计划的完成情况。

(3) 运行控制级管理信息系统。运行控制级的管理信息系统处理过程都是比较稳定的，可以按预先设计好的程序和规则进行相应的信息处理。

关键术语

组织；管理；信息技术；管理信息系统

练 习 题

一、名词解释

1. 组织

2. 管理信息系统

二、单项选择

1. 所谓(　　),是指一个稳定的、正式的社会结构,从环境中获取资源并进行处理,然后输出产品。

A　组织　　B　管理　　C　技术　　D　系统

2. (　　)是指管理存储在物理存储媒介里的数据组织的软件。

A　计算机硬件　　B　计算机软件　　C　互联网技术　　D　数据管理技术

三、多项选择

1. 决策是一个包含多个步骤的过程。西蒙描述了决策过程的四个不同阶段,分别包括(　　)。

A　情报　　B　设计　　C　选择　　D　执行

E　管理

四、简答

1. 简述组织的特征。
2. 简述管理者的角色。
3. 简述决策过程。

招商局物流集团有限公司的供应链管理信息系统建设

一、企业简介

招商局物流集团有限公司(简称招商物流)是国家A级央企、香港四大中资企业之一,是招商局集团有限公司旗下现代物流业的核心企业,于2000年正式组建,总部位于深圳,注册资本12.5亿元。招商物流聚焦泛快速消费品合同物流细分市场,发展迅速,实现了年复合增长率30%以上的高速发展。目前,招商物流已经在华东、华北、东北、西南、西北、华中、华南7大经营区域拥有全国性物流网络实体,在全国153个城市设立了物流运作网点815个,物流配送可及时送达全国700多个城市,全国性物流网络布局初具规模。

早在2001年招商物流就引进了世界领先的SAP系统,成功构建了以SAP为基础的物流信息执行系统,实现了“数据集中化、系统集成化、操作统一化、业务财务一体化的四化模式”。招商物流信息建设与全国网络化布局保持一致,对外与大型客户系统实现了无缝对接,对内打造了先进的可视化运营监控技术平台,能够为客户提供全面的物流信息化服务。通过标准化运作流程、标准化效率成本、标准化服务质量实现了全网的标准化服务,提升了招商物流的核心竞争力,获得了宝洁、可口可乐、BP、青岛啤酒、埃克森美孚、苏酒集团、梅花生物等全国性企业的青睐。2016年,招商物流还完成了运输、仓储等核心系统的业务流程再造,借助“互联网+”重点打造供应链管理信息系统,进行数字化转型,现已完成供应链管

理系统蓝图的确认及系统配置开发，并积极推广基于“互联网+”的供应链管理系统及运力组织新平台，通过整合社会资源，增强核心竞争优势，助力招商物流成为中国领先的全供应链物流服务商。

近几年，招商物流一方面聚焦泛快速消费品物流细分市场，强调客户维护与深度开发，追求客户服务领域延伸，为客户提供物流策划与供应链的管理咨询服务、物流与供应链解决方案的设计、物流与供应链实施与控制、物流与供应链的运作与管理、全球化的网络服务、物流信息化及信息网络服务、供应链上多个环节的资源整合服务、物流的特殊服务等；另一方面积极开拓、新运力组织、跨境电商等新业务、新模式，并依托标准化、集约化的管理集成优势，积极寻求并购，开发公路快运网络平台的公共物流服务，逐步实现了合同物流与平台物流的融合，推进全供应链服务设计、操作能力。

二、项目建设背景及建设方案

（一）项目建设背景

随着物流市场发展逐渐成熟、物流市场进一步细分、物流价格进一步透明，客户在关注物流服务质量提升的同时更加关注物流服务价格，物流市场竞争逐渐白热化。招商物流运输业态营收占主营收入70%，在此市场竞争环境下，占收入、利润绝对比重的外协公路运输业务如果想继续做大做强，就必须紧贴市场、及时变革。

在新的第三方物流市场竞争态势下，信息系统的应用程度正逐渐成为物流企业成败的关键。为了在新常态中进一步巩固市场地位，提升企业竞争力，招商物流计划打造一个全新的供应链管理信息系统。该系统以仓储和运输业务的新形态为主体，整合运力组织平台，辅以移动应用、物联网技术等，为招商物流的发展提供有力的保证。

建设全面的供应链管理信息系统。提升管理效率，整合社会资源，增强竞争优势，朝着“成为中国领先的全供应链物流服务商”的方向努力。

1. 符合招商物流“1544战略”的需求

招商物流供应链管理信息系统项目的实施，满足公司“1544战略”需求，将全面提升招商物流的全国性、网络化物流管理水平，直接提升信息化技术应用与科学管理水平，既有内部管理性，又具备外部扩展性。

2. 全面提升招商物流管理水平和市场竞争力

供应链管理信息系统的推广应用，将极大提升招商物流信息化及数据分析与应用能力，增强管理过程的科学性、前瞻性与有效性，也将进一步提升公司物流运作效率，增强成本控制能力及资源高效使用能力，进而全面提升公司市场竞争力。

3. 有利于提升行业信息技术水平

招商物流作为全国网络化大型物流企业，在合约物流领域位于全国前列，供应链管理信息系统的应用，将推动物流行业信息化发展集成，带动物流产业向信息化、标准化方向快速发展。

4. 有利于打造招商物流品牌

基于招商物流现有的业务规模，通过信息化、大数据分析等信息技术手段，快速在物流服务、运营管理及成本效率等方面形成竞争优势，借此增强客户聚集能力，进一步扩大市场份额。

（二）项目建设方案

供应链管理信息系统项目将以招商物流为主导，利用SAP公司强大的软件产品开发能力，结合物流运作的实际情况，将实体运作与信息系统有机结合，最终实现物流运作效率的提升、成本的降低、技术的创新。

此项目在招商物流原有信息系统基础上设计并实现新的供应链管理信息系统，将原有系统的业务流程全面重新梳理，建立了新的信息系统体系；并通过与周边系统的全面整合，进一步提升了系统的应用水平。系统通过核心业务子系统完成业务执行并实现业务财务一体化；通过基于"互联网+"的运力组织平台和资源管理系统实现社会运力的组织和整合；通过客户关系管理系统和呼叫中心实现对客户的支持服务；通过移动应用平台实现业务的跨平台处理；通过和 GPS/GIS 系统的整合实现业务的过程跟踪；通过和政府机构应用的对接实现信用体系的初步建设；通过和客户系统的流程对接实现跨行业的系统整合应用。

供应链管理信息系统项目的主要目标是：完成业务执行并实现业务财务一体化、实现社会运力的组织和整合、实现对客户的支持服务、实现业务的跨平台处理、实现业务的过程跟踪、实现信用体系的初步建设、实现跨行业的系统整合应用。此次实施的供应链系统项目是针对整个招商物流的物流运营环节，建立一个完善的信息化管理系统。这个系统已在招商物流北京公司进行试点，后续将覆盖全国的所有分公司。

三、系统简介

（一）系统整体架构

供应链管理信息系统是一套包括资源管理、业务执行管理、仓储管理、运输管理、融资结算、风险管控和客户关系管理的大型综合性运营管理系统。系统用 4 种资源，通过 7 套核心系统，为 3 类客户进行服务，周边有 4 套应用平台协助完善系统的功能实现。供应链管理信息系统的整体架构如图 2.13 所示。

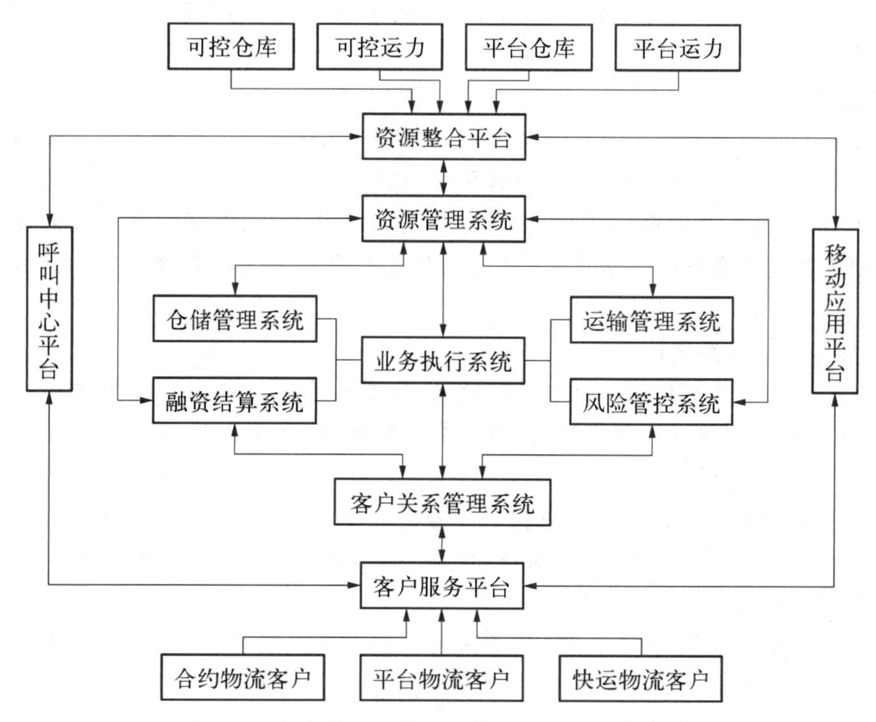

图 2.13　招商物流的供应链管理信息系统整体架构

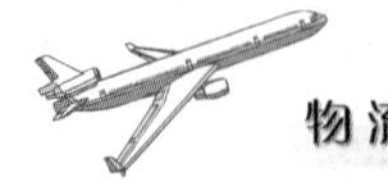

1. 业务执行系统

业务执行系统是一个在现有系统功能上实现的集业务下达、业务执行、状态跟踪等多种功能于一体的业务事件处理系统。

2. 仓储、运输系统

仓储、运输系统是主要的业务系统，其中仓储系统是在目前的SAP/EWM系统上进行扩展，集成更多仓储管理功能，通过业务流程再造实现新的仓储系统功能规划，并着重实现大数据、物联网方面的应用；运输系统以SAP/TM系统为基础建立，在招商平台的实施基础上进行功能改进和实施能力的完善，系统建设以运输资源优化、订单分拆和整合、运输过程状态跟踪为重点，兼顾车辆配载、路径规划和优化等功能。

3. 融资结算系统

融资结算系统将以SAP财务系统为基础，结合业务系统的结算功能，实现财务管控、业务结算、信息共享等相关功能。

4. 风险管控系统

在现有的财务系统体系上建立风险管控系统，结合业务与财务数据进行风险的识别、评估和应对。同时结合大数据应用，进行风险预警。风险管控系统结合资源管理系统和客户关系管理系统可为物流资源和客户的质量评估提供有效依据。与资源管理系统、客户关系管理系统交互风险识别、评估和应对信息。

5. 客户关系管理系统

客户关系管理系统包括对市场营销、销售管理的支持，更能够通过客户服务子系统进行订单的下达和跟踪。结合来自业务执行系统和融资结算系统的数据，可望实现客户的信用管理和商融通业务。同时，通过移动应用平台和呼叫中心平台，可以拓展业务范围，吸收更多的社会货源。

6. 资源管理系统

资源管理系统用于管理自有和社会资源，包括仓库、运力等。系统对资源进行分类分级管理，并建立了资质审核和准入机制，同时要求按时间周期进行审核与评定。系统可以提供社会资源入口，进行订单管理和投标，并可结合业务执行系统、融资结算系统的数据提供商融通业务服务。对资源进行绩效管理，并与信用体系互动。同时对绩效指标优秀的资源给予不同形式的激励。

（二）核心系统蓝图设计

供应链管理信息系统的核心系统架构的设计更加关注7套核心系统与周边系统的集成，同时引入了与互联网运力组织平台、移动应用的整合，如图2.14所示。

（三）标准业务流程

梳理出标准业务流程有利于将来招商物流的分支机构在同一标准下进行运作，并通过个性化功能开发来满足客户需求，以保证70%—80%的业务集中于一套标准业务流程中，提高运作效率，降低人工成本。

(1) 将车辆资源储备、订单分配、运力采集、过程监控、回单管理、费用结算、运力评价、发票开具等运作全过程实现了信息平台的规范化、标准化管理。

(2) 减少了承运商、货运部等中间环节的利润盘剥，有效降低了物流运作成本，提高了

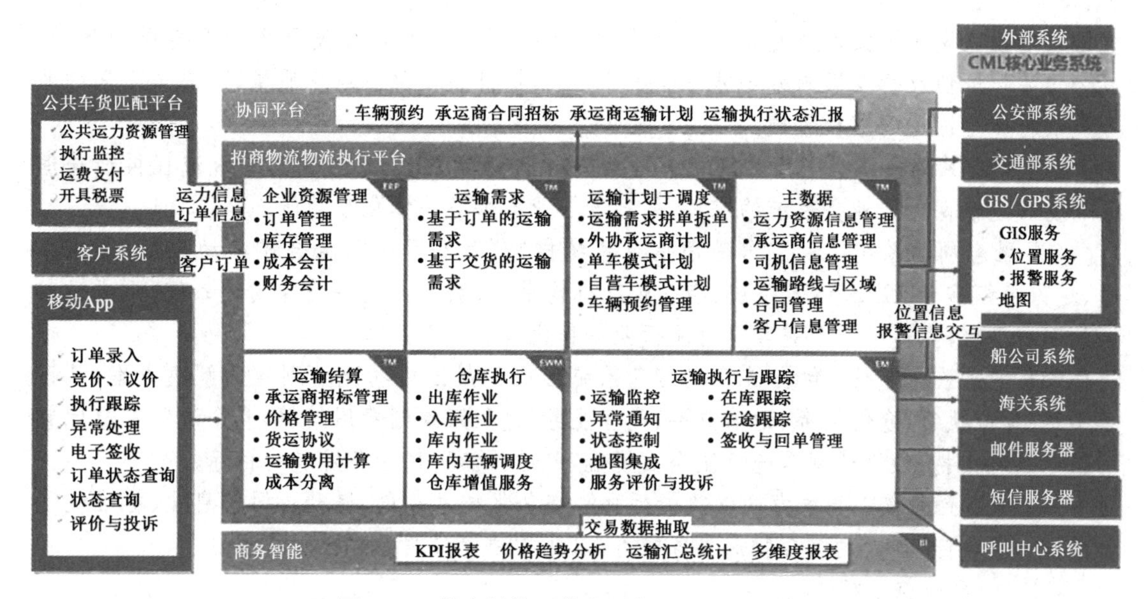

图 2.14 供应链管理信息系统的核心系统架构

公司盈利能力和市场竞争能力。

(3) 通过该信息平台的应用,服务质量、车主响应均有大幅提升,增强了公司与客户、车主的合作黏度。

标准业务流程如图 2.15 所示。

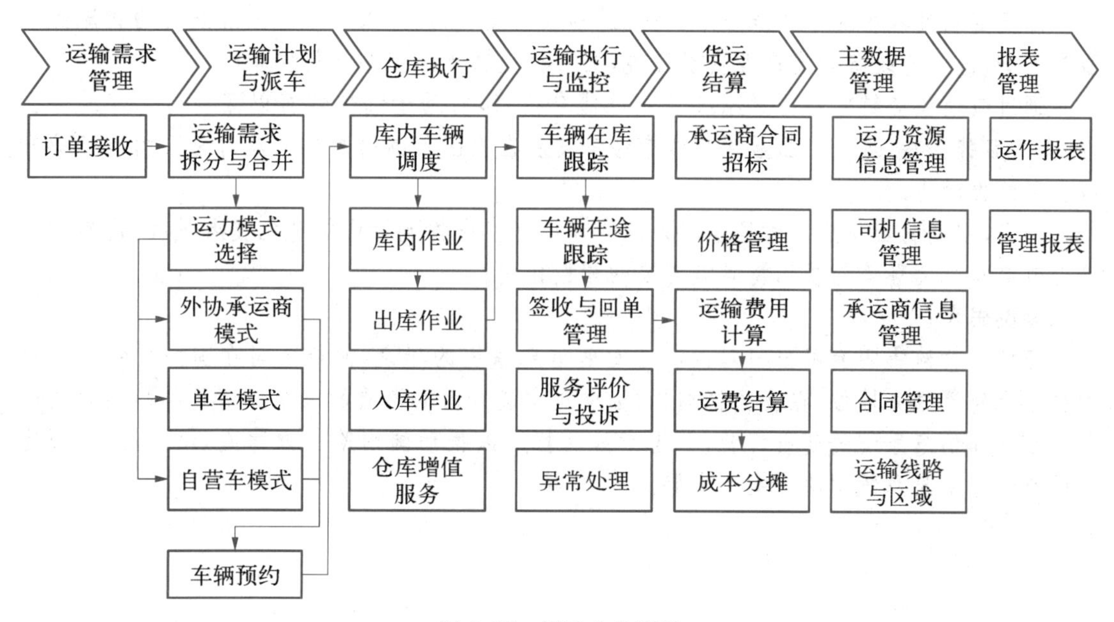

图 2.15 标准业务流程

四、效益分析

(一) 企业效益分析

招商物流在原有信息系统应用的基础上,提升系统应用,整合周边系统,这将使得公司

在国内的物联网应用技术上处于领先地位，在物流精细化、标准化发展方面取得质的飞跃，其公司品牌价值及行业影响力将进一步提升，不断提升公司整体运作质量，对公司未来的业务发展将产生深远的积极影响。

(1) 提升系统应用。全面升级了基础的业务和财务系统，通过信息系统流程再造梳理了仓储和运输两大子业务系统的流程，并融合了业务财务一体化等功能。

(2) 融合周边系统。供应链管理信息系统借助“互联网＋”，融合了移动应用、呼叫中心、运力组织平台、GPS/GIS系统、相关政府机构系统、船公司及海关等周边系统，形成了整合的系统平台，塑造了一个完整的物流行业信息化解决方案。

(3) 完善系统流程。供应链管理信息系统形成了第三方物流端到端的解决方案，从订单下达、物流执行、仓储业务、运输业务、代理业务、过程跟踪到费用结算，整个流程都有完整的信息系统支持，最终达到系统功能全面覆盖，并进一步引领业务发展的目标。

(4) 增强企业核心竞争力。以领先行业的信息化技术手段，提升公司信息化、标准化运作管理水平，打造强大的综合物流服务能力，以此构建优势明显的核心竞争力。

（二）社会效益分析

招商物流建设供应链管理信息系统，在带来经济效益的同时，也将产生深远的行业影响力及社会服务价值。

通过建设全面的供应链管理信息系统，将推动国内第三方物流公司真正实现完整的端到端信息系统解决方案的发展，在市场拓展、运作支持、财务结算、业务创新等方面赢得先机。

深度定制的各物流子系统应用，将推进物联网发展，提升深圳地区经济发展的物流配套服务水平，进一步改善物流产业发展环境，更好推进城市经济的智慧发展；

通过应用供应链管理信息系统等先进信息技术，有助于加快培育以深圳为总部的全国性、龙头品牌企业，进一步凸显深圳城市经济发展在全国范围的影响力及对全国物流产业升级发展的推动力。

总之，招商物流供应链管理信息系统的建设将推进物流行业信息化发展进程，这对整个产业升级及社会环境保护均将具有重要的积极作用。

案例思考：

招商局物流集团有限公司对供应链管理信息系统的建设，使得公司在国内的物联网应用技术上处于领先地位，在物流精细化、标准化发展方面取得质的飞跃。请总结招商物流的供应链管理信息系统的建设经验，并思考如何推广以推动国内第三方物流公司真正实现完整的端到端信息系统解决方案的发展。

第三章 物流管理信息系统概论

学习目标

学习完本章,你应该能够:

1. 理解系统的概念和系统的特征;
2. 理解物流系统的概念和特征;
3. 熟悉物流系统的组成要素和层次结构;
4. 理解物流信息系统的定义和组成;
5. 理解物流管理信息系统的概念和特征;
6. 理解物流管理信息系统的目标和体系结构;
7. 理解物流管理信息系统与物流信息系统之间的关系。

开篇案例

宝供物流园区可视化管理系统

宝供物流企业集团有限公司成立于1994年,是我国第一家经国家工商总局批准以物流名称注册的企业集团。目前宝供集团在全国110多个城市建立了物流中心和运作平台,在广州、上海、北京、沈阳、成都等16个中心城市投资兴建了22个大型现代化物流基地,形成覆盖全国的业务运作网络和信息网络,与世界500强及国内大型企业包括中石油、美孚、联合利华、三星、安利、强生、红牛、玫琳凯、飞利浦、蓝月亮、阿克苏诺贝尔、菜鸟等结成战略联盟,为客户创造价值。宝供主要经营业务为:装卸、运输全套服务代理、物流代理服务、仓储代理服务、交通运输咨询服务、道路货物运输代理、危险化学品运输、国际货代业务、网络技术的研究及开发、信息技术咨询服务、商品信息咨询服务、信息电子技术服务及数据处理和存储服务等。

宝供物流已建成国内具有示范作用的第三方物流供应链信息管理系统。基于第三方物流和供应链管理理念,采用JAVA技术、组件技术和Web技术等,研制了以全面订单管理、仓储管理、运输管理和财务管理为主要内容的供应链信息集成架构,实现了物流、信息流和

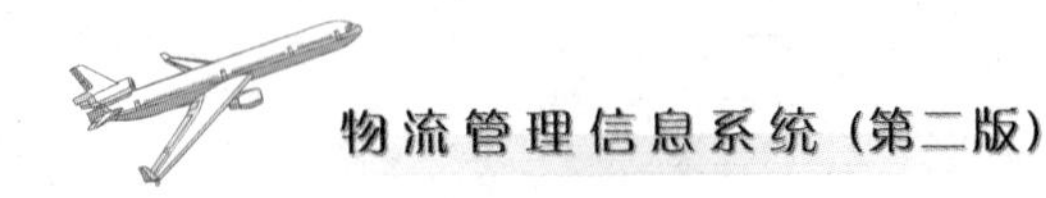

资金流的有效集成；通过 EDI 等技术，实现了与客户信息系统的有效信息交换与共享，已成功应用于宝供和客户企业物流业务运作和管理，带动了宝供的快速发展和客户企业的信息化进程，形成了宝供的核心竞争力，是物流行业信息化带动工业化的典范。在系统推广应用过程中又形成了有效的知识管理体系，总结积累了宝供家电、食品、饮料、日化、石化、汽车、服装、电子商务等行业信息化解决方案。宝供物流对不同行业客户的业务支持能力和水平在国内同行业中一直处于先进水平。

物流园区是物流作业集中的地区，作为仓储、运输和配送衔接地，将多种物流设施和不同类型的物流企业在空间上集中布局的场所，也是一个有一定规模的和具有多种服务功能的物流企业的集结点。正是在这个集结点和衔接地上，目前缺乏有效的信息化和衔接工具，带动"车仓货"的有机协同，现阶段在这一方面的信息化基本处于空白。宝供在运营层面主要为填补仓储物流园区"仓库四面墙以外"的系统盲区，解决目前仓储物流园区管理上存在的协同问题，如司机和订单指令的信息传递协同、车辆到门和装卸资源的协同、装货进度和备货进度的协同等、订单分派、拼车操作分散及数据不集中、车辆报到随意及影响后端作业安排、车辆入园无序及司机满意度低、人工指挥现场车辆运作和装卸作业、现场作业进度很难实时掌握且有安全隐患、码头叉车等资源利用率低等。宝供的物流园区可视化管理系统项目从 2016 年 3 月 1 日启动，2016 年主要完成项目需求调研和系统分析设计以及系统基础功能模块研发。2017 年上半年完成系统优化设计与集成开发，2017 年下半年完成系统硬件安装、测试培训和上线工作。该项目填补了企业在园区管理方面的系统应用空白，系统设计、研发和实施帮助企业成功获得某跨国公司合肥大仓项目竞标业务，2017 年第二季度业务正式运营后，实现月均完成订单量超过 6 000 单，出库量达 19 000 吨。该项目通过研发基于 NFC 物联网技术、智能门禁技术、视频监控技术、移动互联网技术等为基础的物流园区可视化管理系统。实现了通过信息化手段，以"园区运营"为中心构建智慧园区一体化解决方案，从园区管理、园区服务质量、司机体验等方面，打造智慧园区的典范。方案通过资源精准推荐、过程精细管控、精准推送信息等服务，实现车辆数据完整收集、园区动态实时掌握、园区管理有据可依，轻松为客户提供全面园区管理者服务，提升园区运营效率。

第一节 物流系统

一、系统

（一）系统的概念

在自然界和人类社会中，可以说任何事物都是以系统的形式存在的，每个要研究的问题对象都可以被看成是一个系统。人们在认识和改造客观事物的过程中，用综合分析的思维方式看待事物，根据事物内在的、本质的、必然的联系，从整体的角度进行分析和研究，这类事物就被看成为一个系统。

系统一词最早出现于古希腊语中，原义是指事物中共性部分和每一事物应占据的位置，也就是部分组成的整体的意思。中文字面意思是联系和统一。

系统概念同其他认识范畴一样，描述的是一种理想的客体，而这一客体在形式上表现为诸多要素的集合。为此，许多学者给出了不同形式的定义，如我国系统科学界对系统通用的定义是：系统是由相互作用和相互依赖的若干组成部分（要素）结合而成的、具有特定功能的有机整体。

从上述定义可以看出，系统必须具备三个条件：第一是系统必须由两个以上的要素（部分、元素）所组成，要素是构成系统的最基本单位，因而也是系统存在的基础和实际载体，系统离开了要素就不能称其为系统；第二是要素与要素之间存在着一定的有机联系，从而在系统的内部和外部形成一定的结构或秩序，任一系统又是它所从属的一个更大系统的组成部分（要素），这样，系统整体与要素、要素与要素、整体与环境之间，存在着相互作用和相互联系的机制；第三是任何系统都有特定的功能，这使整体具有不同于各个组成要素的新功能，这种新功能是由系统内部的有机联系和结构所决定的。

任何事物都是系统与要素的对立统一体，系统与要素的对立统一是客观事物的本质属性和存在方式，它们相互依存、互为条件，在事物的运动和变化中，系统和要素总是相互伴随而产生，相互作用而变化，它们的相互作用有如下三方面：

1. 系统通过整体作用支配和控制要素

当系统处于平衡稳定条件时，系统通过其整体作用来控制和决定各个要素在系统中的地位、排列顺序、作用的性质和范围的大小，统率着各个要素的特性和功能，协调着各个要素之间的数量比例关系等，在系统整体中，每个要素以及要素之间的相互关系都由系统所决定。

系统整体稳定，要素也稳定。当系统整体的特性和功能发生变化时，要素以及要素之间的关系也随之产生变化。例如，一个企业管理组织系统的整体功能，决定和支配着作为要素的生产、销售、财务、人事、科技开发等各分系统的地位、作用和它们之间的关系。为使管理组织的整体效益最佳，要求各分系统必须充分发挥各自的功能，要对各分系统之间的关系进行控制与协调，并要求各分系统充分发挥各自的功能。

2. 要素通过相互作用决定系统的特性和功能

一般来说，要素对系统的作用有两种可能趋势，一种是如果要素的组成成分和数量具有一种协调、适应的比例关系，就能够维持系统的动态平衡和稳定，并促使系统走向组织化、有序化；另一种是如果两者的比例发生变化，使要素相互之间出现不协调、不适应的比例关系，就会破坏系统的平衡和稳定，甚至使系统衰退、崩溃和消亡。

3. 系统和要素的概念是相对的

由于事物生成和发展的无限性，系统和要素的区别是相对的。由要素组成的系统，又是较高一级系统的组成部分，在这个更大的系统中是一个要素，同时它本身又是较低一级组成要素的系统。例如，某企业（总厂）是由几个分厂的要素组成的系统，而此总厂又是更大系统企业集团的一个组成要素。正是由于系统和要素地位与性质关系的相互转化，构成了物质世界的层次性。

（二）系统的特征

明确系统的特征，是人们认识系统、研究系统、掌握系统的关键，系统应当具备整体性、

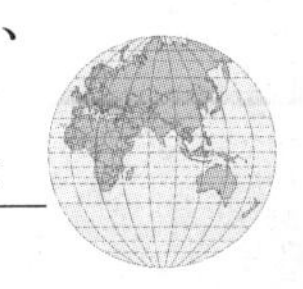

相关性、目的性、环境适应性、动态性、有序性等几个特征。

1. 整体性

系统的整体性主要表现为系统的整体功能，系统的功能不是由各组成要素功能简单叠加而成的，也不是由组成要素简单拼凑的，而是呈现出各组成要素所没有的新功能，可概括地表达为“系统整体不等于其组成部分之和”，而是“整体大于部分之和”，即

$$F_N > \sum_{i=1}^{n} F_i$$

式中：F_N 为系统的整体功能；F_i 为各要素的功能，i=1，2，…，n。

由于这种整体功能不是各要素所单独具有的，因此对于各要素来说，整体功能的产生不仅是一种数量上的增加，更表现为一种质变，系统整体的质不同于各要素的质。之所以如此，是因为在系统整体的各个组成部分之间，相互联系和相互作用形成一种协同作用，只有通过协同作用，系统的整体功能才能显现。

系统的整体原则对现代化管理工作具有重要的指导意义，其主要作用有以下三个方面：

（1）依据确定的管理目标，从管理的整体出发，把管理要素组成为一个有机的系统，协调并统一管理诸要素的功能，使系统功能产生放大效应，发挥出管理系统的整体优化功能。

（2）把不断提高管理要素的功能，作为改善管理系统整体功能的基础。一般是从提高组成要素的基本素质入手，按照系统整体目标的要求，不断提高各个部门，特别是关键部门或薄弱部门的功能素质，并强调局部服从整体，从而实现管理系统的最佳整体功能。

（3）改善和提高管理系统的整体功能，不仅要注重发挥各个组成要素的功能，更重要的是要调整要素的组织形式，建立合理的结构，促使管理系统整体功能优化。

2. 相关性

系统内的各要素是相互联系而又相互作用的。整体性确定系统的组成要素，相关性则说明这些组成要素之间的关系。系统中任一要素与存在于该系统中的其他要素是互相关联又互相制约的，某一要素如果发生了变化，则其他相关联的要素也要相应地改变和调整，从而保持系统整体的最佳状态。

系统的相关性原则对现代化管理工作的指导意义表现在以下三个方面：

（1）在实际管理工作中，若想改变某些不合要求的要素，必须注意考察相关要素的影响，使这些相关要素得以相应变化。通过各要素发展变化的同步，可以使各要素之间相互协调与匹配，从而增强协同效应，提高管理系统的整体功能。

（2）管理系统内部诸要素之间的相关性不是静态的，而是动态的。要素之间的相关作用是随时间变化的，因此必须把管理系统视为动态系统，在动态中认识和把握系统的整体性，在动态中协调要素与要素、要素与整体的关系。现代化管理的实质就是把管理要素的运动变化情况，有效地进行组织调节和控制，以实现最佳效益的过程。

（3）管理系统的组成要素，既包括系统层次间的纵向相关，也包括各组成要素的横向相关。协调好各要素的纵向层次相关和要素之间的横向相关，才能实现系统的整体功能最优。

3. 目的性

目的是指人们在行动中所要达到的结果。人工系统和复合系统都有一定的目的性，要

达到既定的目的，系统必须具有一定功能。没有目的的系统不属于系统工程的研究对象，自然系统不存在目的，但有功能，目的性只是人工系统和复合系统所有的，而功能是所有系统都有的。例如企业的经营管理系统，在限定的资源和现有职能机构的配合下，它的目的就是为了完成或超额完成生产经营计划，实现规定的质量、品种、成本、利润等指标。

系统的目的性原则是要求人们正确地确定系统的目标，从而用各种调节手段把系统导向预定的目标，达到系统整体最优的目的。现代企业管理中的目标管理就是在系统目的性原则指导下，使企业适应市场变化，将经营目标的各项管理工作协调起来，完善经济责任制，体现现代企业管理的系统化、科学化、标准化和制度化。

4. 环境适应性

环境是存在于系统以外事物（包含物质、能量、信息）的总称，也可以说系统的所有外部事物就是环境。所以，系统时刻处于环境之中，环境是一种更高级的、更复杂的系统，在某些情况下环境会限制系统功能的发挥。

环境的变化对系统有很大的影响，系统与环境是相互依存的，系统必然要与外部环境产生物质、能量和信息的交换，因此，系统必须适应外部环境的变化。能够经常与外部环境保持最佳适应状态的系统才是理想的系统，不能适应环境变化的系统是难以存在的，企业必须经常了解同行业企业的发展动向、用户和市场需求等环境信息，并从许多经营方案中选取最佳方案，否则它就不能生存。系统所处的环境又是系统的限制条件，或者称为约束条件。

现实存在的系统大都是开放的，与外部环境相互联系、相互作用、相互影响。外部环境向系统输入资源、能源、信息等，系统以其特定的功能对外部环境的输入进行处理，转化成对外部环境产生影响的输出。外部环境的变化会对系统产生限制或干扰；同时，系统的输出反馈对输入进行调整或修正输出与系统目标的偏差。系统的一般模式可用图 3.1 表示。

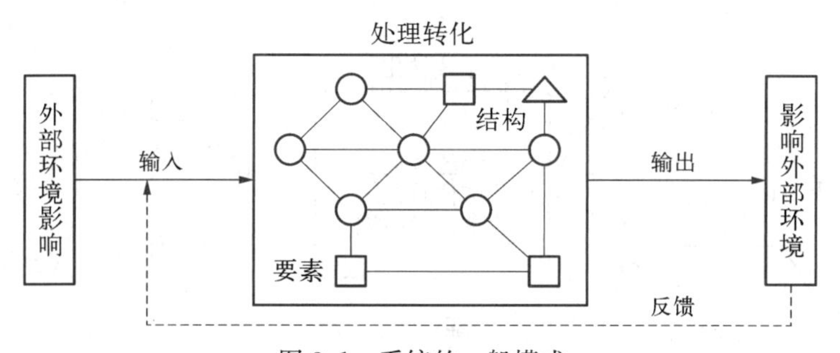

图 3.1　系统的一般模式

5. 动态性

物质与运动是密不可分的，各种物质的特性、形态、结构、功能及其规律性，都是通过运动表现出来的，要认识物质首先要研究物质的运动，系统的动态性使其具有生命周期。开放系统和外界环境有物质、能量和信息的交换，系统内部结构也可以随时间变化。系统的发展是一个有方向的运动过程。

6. 有序性

由于系统的结构、功能和层次的动态演变有某种方向性，因而系统具有有序性，系统的有序性可以表述为，系统是由较低级的子系统组成的，而该系统又是更大系统的一个子系

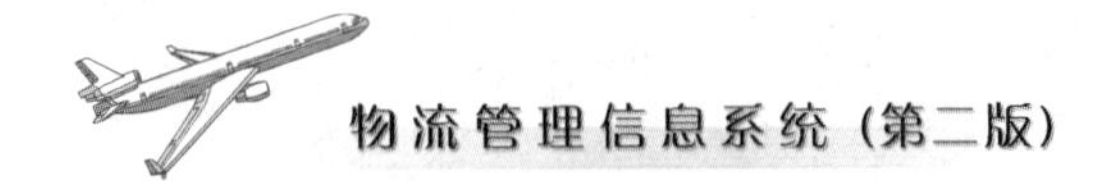

统。系统的有序性揭示了系统与系统之间存在着包含、隶属、支配、服从的关系，系统的有序性也说明了其具有传递性。依据有序性可以将一个系统划分到最小的单元。

二、物流系统

（一）物流系统的概念

物流贯穿于社会物质的生产、分配、交换、流通一直到消费、废弃的全过程，具有运输、储存、包装、搬运装卸、流通加工、配送、信息处理等诸环节，也称为物流的各个子系统。物流是由这些子系统构成的物流大系统。物流系统完全具备一般系统的条件，有自己的运动规律和发展阶段。因此，物流系统（Logistics Systems，LS）是为实现既定物流活动目标，由物流固定设施、移动设施、通信方式、组织结构及运行机制等要素形成多层次人工经济系统。物流系统属于有人参与决策的大系统。是“物”得以“流”所必须依存的软硬件环境。这一定义无论对宏观物流还是微观物流都是合适的。所不同的是企业物流系统以企业各项生产要素为核心，以降低企业物流成本，提高企业服务水平为目标，依托于社会物流系统；而社会物流系统以各项相关设施（物流平台、基础设施平台、信息平台和政策平台）为核心，以物流畅通为目标，服务于企业物流系统。

物流系统的正常活动需要投入一定的人力、物力、资金、信息，通过物流管理、信息处理、物流技术措施等转化处理活动，产生一定的经济效益和提供一定的物流服务，同时把对环境的影响反馈给物流系统的输入以便能够调整和修正物流系统的活动，如图 3.2 所示。

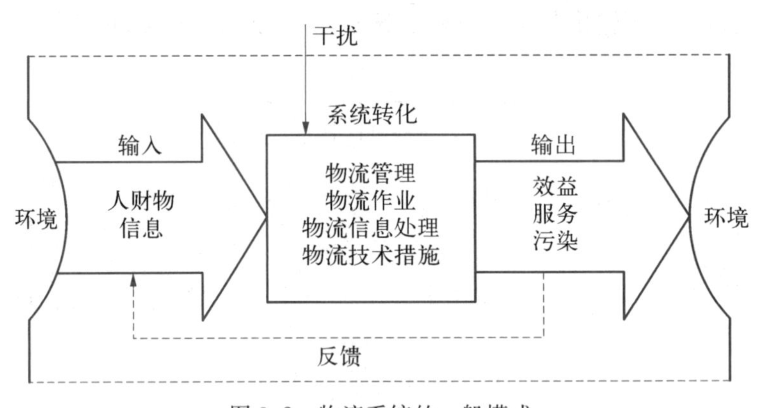

图 3.2　物流系统的一般模式

物流系统同样具有一般人工系统的基本特征，如集合性、目标性、相关性、层次性和环境适应性等。

（1）集合性。物流系统是由货运枢纽站场（物流中心）、城市集配中心、仓库、线路（道路、铁路、航道、管道等）等固定设施，运输车辆、船舶、装卸设备、承载器具等可移动设备，通信设备、计算机网络等物流信息管理手段，以及劳动力、资金、政策等要素组成。这些要素的有机结合构成了物流系统，这一系统中包括了运输、配送、装卸、包装、仓储、流通加工和信息处理等物流作业环节。

(2) 目标性。物流系统具有明确的目标性，这些目标既具有多样性，又具有层次性，其本质都是适应和满足用户或特定的用户需要所形成的。对于不同范围、不同性质的物流系统其目标价值、结构和排序是不同的，但就物流系统追求目标的一致性分析，其重点仍是提高物流服务水平和节约物流总费用。

(3) 相关性。物流系统中各部分的环节是相互关联的，需要通过相关部门的协作取得协同效果。物流系统需要专业化来提高单项物流作业效率，同时也需要提高物流链协作运行的集成效果。所以，在规划物流系统时，既要考虑物流系统运行技术方面的客观因素，又要考虑物流系统运行组织方面的主观因素，如物流合理化的动力机制，以体现技术、组织和管理综合集成的效果。

(4) 层次性。物流系统可以是多层系统的结构（如图 3.3 所示），研究和设计物流系统时，确定物流系统的边界十分重要，要使所研究的对象在经营组织、物流技术、通信能力的实际控制范围内。显然，技术基础不同、控制能力不同，系统组织设计的规模、运营范围也有较大差别。

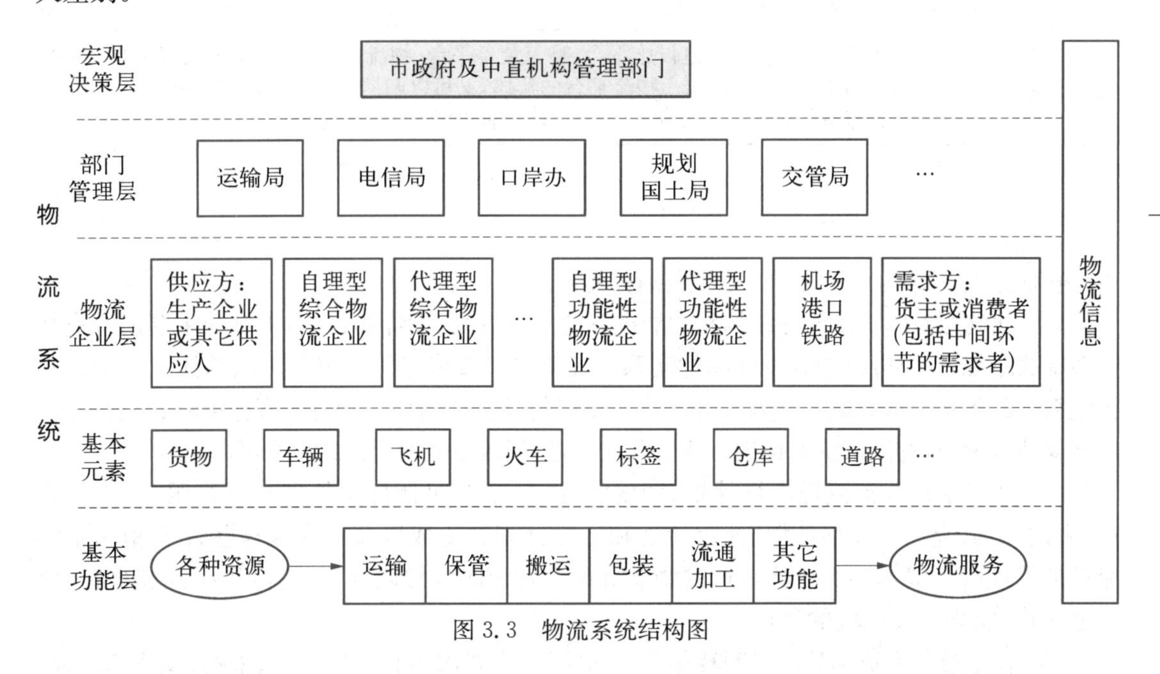

图 3.3　物流系统结构图

(5) 环境适应性。凡处于研究对象物流系统边界外部的因素及关系，均可看成该系统的外界环境。物流系统只有适应外界环境，尤其是用户的需求，才能生存和发展。尽管物流高级化理论的方法选择了较高的视点来研究物流系统的规划、设计、运行与控制，但这些理论、方法也必须与现实的应用技术环境、物流设施环境、组织运营机制紧密结合起来。

（二）物流系统的组成要素

根据系统的定义，物流系统是由两个以上相互依赖和相互制约的要素结合起来，以完成物流活动为目的的有机整体。

根据系统理论，物流系统具有一定的整体目的，物流系统的要素之间存在相互作用，需

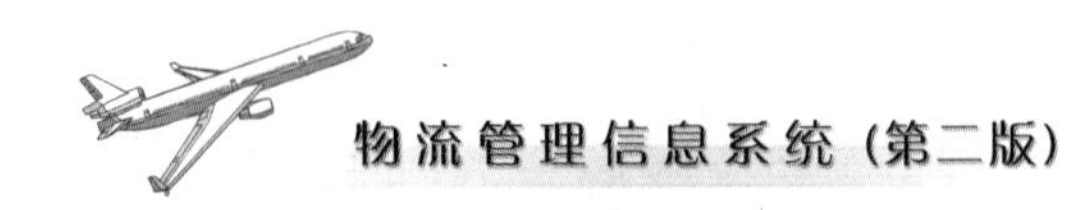

要通过信息的反馈加以控制。物流系统化是将一定范围的物流活动视为一个大系统，运用系统学原理进行规划、设计、组织、实施，从而能以最佳的结构、最好的配合，充分发挥系统功效，逐步实现物流合理化的过程。也就是说，物流系统要调节各个子系统之间的矛盾，把它们有机地联系起来，使之成为一个整体，从而实现总成本最小和综合效益最佳。

物流系统的组成要素可分为物质基础要素、功能要素、结构要素等三类，内容如表3.1所示。

表3.1　物流系统的组成要素

要素类别	内　　容
物质基础要素	① 物流设施：物流站、场、港、物流中心、仓库，物流线路等 ② 物流装备：仓库货架、进出库设备、加工设备、运输设备、装卸机械等 ③ 物流工具：包装工具、维护保养工具、办公设备等 ④ 信息基础设施：通信设备及线路、计算机及网络等
功能要素	物流系统所具有的功能包括：运输、储存保管、包装、装卸搬运、流通加工、配送、物流信息服务等
结构要素	① 物流平台：包括物流设施平台、物流装备平台、物流信息平台、物流政策平台，都是物流系统的基本支撑结构。物流平台的实体，又可以归纳成线路、节点两部分 ② 物流运作企业：在物流平台上运作的各种类型的物流企业

（三）物流系统的层次结构

物流系统可分为三个层次：战略层、战术层、作业层。

（1）战略层对物流系统的结构和功能进行统一的规划、设计和评估，工作的主要内容有物流系统战略规划、供应链物流设计和物流系统评价等。战略层的作用是对从总体上长期影响物流系统服务水平和总成本的因素进行计划和控制，包括物流网络拓扑、库存策略、补货模式、计划周期等，并对物流系统运行进行评估和改进，以形成有效的反馈约束和激励机制。

（2）战术层对物流流程进行计划、调度和控制，主要包括订货处理和顾客服务、用料管理、采购计划、仓储和库存计划、补货计划和运输计划的生成以及与完成这些计划相联系的流程的管理等。战术层的目标是通过物流资源和费用的日常调度，使物流系统低成本、高效率地运作，实现物流系统的目标。

（3）作业层是完成物品的时间转移和空间转移，主要内容有订单处理、采购、发货和储存、运输、装卸搬运、包装、流通加工、配送中的作业操作、质量控制及相应的信息采集、传输和存储等。作业层的目标是通过运作的规范化和系统化达到降低每一环节的运作费用的目的。

第二节　物流信息系统

一、物流信息系统的定义

在发展物流业务的过程中，如何降低整个“物流”系统的成本、提高系统的经济效益和服务质量已成为竞争的焦点,高效的物流管理成为物流服务提供商的必然追求。控制集中化是物流管理的核心问题,即经营主体对其所受理的物流业务实现全过程物流链管理,无论经营主体直接负责或委托他人(经营者)完成物流的部分业务或全部业务,经营主体都必须了解、掌握并能控制物流的实时状态和未来情况。

物流信息的流通是物流管理中控制集中化成功与否的关键。随着 Internet 技术的广泛应用,目前,基于 Internet 的物流信息系统正成为发展物流业务的基本物理条件。也就是说,基于 Internet 网络的物流信息系统为物流服务商和厂家提供了一个信息交换平台,是支撑全过程物流管理的最重要的基础之一。

物流信息系统(logistics information systems,LIS),是由人员、计算机硬件、软件、网络通信设备及其他办公设备组成的用于物流活动的人机交互系统,其主要功能是进行物流信息的收集、存储、传输、加工整理、维护和输出,为物流管理者及其他组织管理人员提供战略、战术及运作决策的支持,以达到组织的战略竞争优势,提供物流运作的效率和效益。

二、物流信息系统的组成

1. 硬件

硬件包括计算机、必要的通信设施和安全设施等,例如计算机主机、外存、打印机、服务器、通信电缆、通信设施。它们是物流信息系统的物理设备、硬件资源,是实现物流信息系统的基础,构成了系统运行的硬件平台。物流信息系统的物理结构示意如图 3.4 所示。

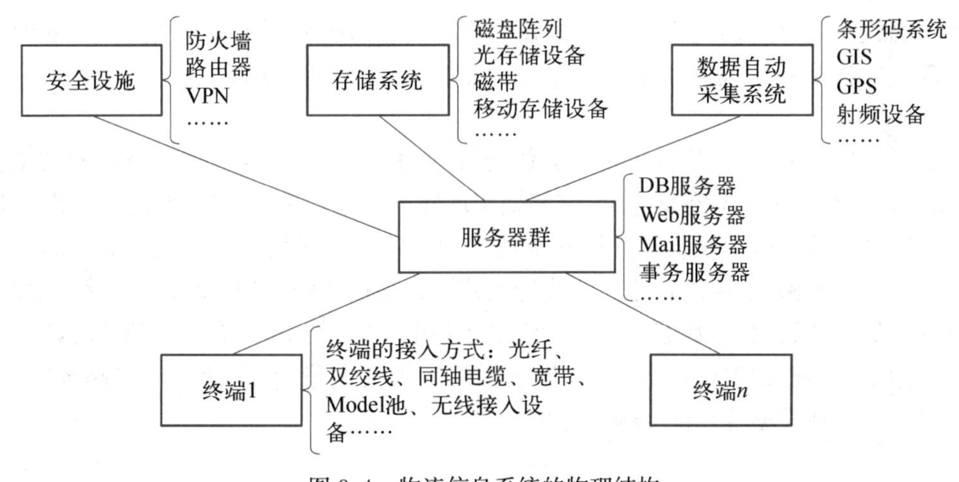

图 3.4 物流信息系统的物理结构

2. 软件

物流信息系统的软件层包含操作系统、通信协议、业务处理系统等,运行于底层的网络硬件设施与各种物流工具之上。其中,物流信息系统的软件层又可分为物流企业子系统、运输工具子系统、现场子系统、用户子系统、行业管理子系统等多个子系统,这些子系统分别拥有各自的专用数据库,同时也有一些共用数据运行于一个公用数据库之上,构成共用的信息平台。具体如图 3.5 所示。

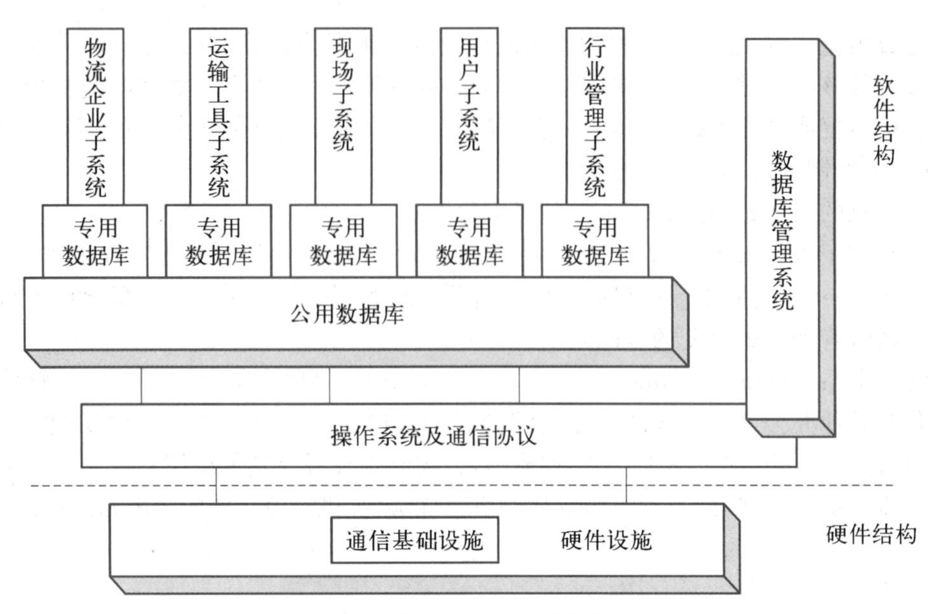

图 3.5　物流信息系统的软件层

物流信息系统强调从系统的角度来处理企业物流活动中的问题，把局部问题置于整体之中，以求整体物流活动最优化，并能使信息及时、准确、迅速地传送到管理者手中，从而提高管理水平。

物流信息系统把大量的事务性工作即工作流的问题交由计算机来完成，使人们从繁琐的事务中解放出来，有利于管理效率的提高。物流信息系统在解决复杂的管理问题时，可广泛应用现代数学成果，建立多种数学模型，对管理问题进行定量分析。

3. 信息资源

数据、信息、知识、模型是物流企业运作与管理的无形资源，属于物流企业的信息资源。数据、信息存放在数据库与数据仓库，它们是实现辅助企业管理和支持决策的数据基础。随着国际因特网的深入应用以及计算机安全技术、网络技术、通信技术等的发展，以及市场专业化分工与协作的深入，物流企业封闭式的经营模式将被不断打破，企业与其客户之间将更密切地共享信息，因此企业数据库的设计将采取集中、部分集中、分布式管理的决策。

物流知识存储于知识库中，而大量用于辅助决策的定量模型，例如运输路径的优化模型、库存模型、配载模型等存储在模型库中。

4. 相关人员

物流信息系统的开发涉及多方面的人员，有专业人员，有领导，还有终端用户。例如企业高层的领导(chief executive officer，CEO)、信息主管(chief information officer，CIO)、中层管理人员、业务主管、业务人员，而系统分析员、系统设计员、程序设计员、系统维护人员等是从事企业物流信息资源管理的专业人员。不同的人员在物流信息系统开发过程中起着不同的作用。对一个物流企业来说，应该配备什么样的专业队伍，取决于企业对 LIS 的认识，取决于企业对 LIS 开发的管理模式，例如系统的开发方式等。

随着数据库存储越来越多的企业运作相关的内部、外部数据，为满足企业决策的需要，信息分析人员将成为企业急需的人才。

5. 物流管理思想和理念、管理制度与规范

在物流行业，新的管理思想和理念不断产生和付诸实践，例如供应链管理理念、第三方物流、供应商管理库存(vendor management inventory，VMI)等。物流企业本身的决策者和管理者以及其客户所能接受和贯穿的管理思想和理念的程度决定物流信息系统的结构，是物流信息系统的灵魂。

物流企业管理制度与规范通常包括组织机构、部门职责、业务规范和流程、岗位制度等，它是物流信息系统成功开发和运行的管理基础和保障，它是构造物流信息系统模型的主要参考依据，制约着系统硬件平台的结构、系统的计算模式、应用软件的功能。

表 3.2 描述了物流信息系统的总体结构。不同的物流企业，应当采取不同的管理理念，其物流信息系统的应用软件也会不同。例如，供应商管理库存是生产厂家(或者上游企业)对零售商(或下游企业)的流通库存进行管理和控制。具体地说，上游企业基于零售商的销售信息，判断零售商的库存是否需要补充，如果需要补充的话，自动地发出发货指令，补充零售商的库存。此时，物流企业的库存管理软件主要功能就是对零售商的商品库存进行决策，并根据决策及时安排补货。

表 3.2　物流信息系统的总体结构

应用软件(支持物流系统活动、管理、决策实现的软件)
实用软件
系统软件
信息资源(数据、信息、知识、模型)
管理思想与理念、管理制度及规范
硬件

第三节　物流管理信息系统

一、物流管理信息系统的概念

物流管理信息系统是企业物流信息系统的基础，也是企业信息化的基础。物流管理信息系统(logistics management information system，LMIS)是运用信息技术，结合管理思想和决策方法，系统化地采集、加工、传送、存储、交换企业内外部的物流信息，从而达到对商流、物流、信息流和资金流的有效管理和控制。广义上说，物流管理信息系统应包括物流过程的各个领域(行业的信息系统，由计算机、应用软件以及图文传输、全球定位等高科技通信设备，通过全球通信网络连接起来的纵横交叉、立体的动态互动的系统。狭义上说，物流管理信息系统只是管理信息系统在某一涉及物流的企业中的应用，即某一企业(物流企业或非

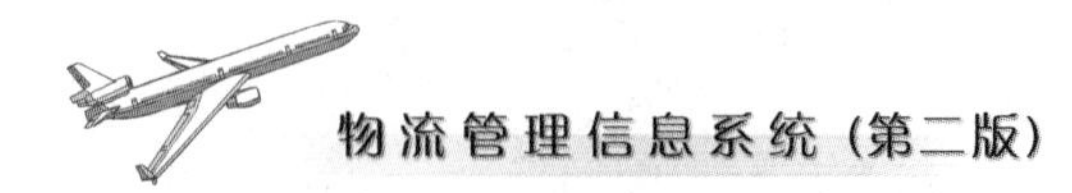

物流企业）用于管理物流的系统。

物流管理信息系统实质上是信息技术发展到一定阶段并与物流管理软件相结合的产物，其主要功能是对物流信息进行收集、储存、传输、加工、整理、维护以及输出，能够为物流管理人员及组织中其他管理人员的战略、战术和运作提供决策支持，达到优化组织决策、提高物流运行效率及效益的效果。

在一个企业中，物流管理信息系统虽是一种特殊类别的信息系统，但它并不是孤立存在的，而是作为整个企业信息系统的一个类别或者企业信息系统的一部分，可以理解为通过与物流相关信息的处理时限对物流、资金流的有效监控，也可以为其他类别的信息系统提供一些应用模板，能够促进各类信息系统的相互融合。物流管理信息系统具有如下三个特征：

（1）跨企业联接。物流信息系统不仅包括企业内部的生产、仓储、运输等环节，而且与供应商、仓储企业、运输企业等外部企业有着密切关系，物流管理信息系统可以使这些企业内外的相关信息实现共享。

（2）信息的时效性。一方面，物流现场作业通过实时的信息传递与物流管理信息系统紧密联系，从而高效运转。另一方面，物流管理信息系统通过将搜集到的大量信息进行快速分类、储存，使之成为系统化及规范化的真实有效信息。

（3）跨地域联接。物流管理信息系统集合了大量活动，通常位于不同地区的上下游企业活动通过异地间的数据实时高效的传递能够在各个环节之间实现无缝集成。

二、物流管理信息系统的目标

物流管理信息系统的总体目标就在于从企业的商流中和由商流引发的物流中提取与物流相关的信息，进行存储、处理、汇总、分析和流程控制，从而得到经过提炼的、物流企业所需要的信息，一方面服务于物流企业自身的经营管理需要，另一方面服务于客户的需要。要达到这一目的，物流管理信息系统就必须要做到以下三点：

1. 实现对企业资源的管理

对物流企业自有或租用的房屋、物料、设备、人员进行管理，包括物流网点、仓库、货物、运输资源、加工设备、操作人员等，并能实时报告资源状态，随业务流程跟踪物流服务资源的使用情况。

2. 实现对内外业务的支持

对订单、仓储、配货、运输、流通加工、货代等物流业务的服务提供全过程支持，同时也对采购、结算、客户关系等经营管理行为进行支持，还要支持与外部的资源租用、单据传输等合作业务。对其中产生的信息进行存储、处理、汇总和分析，并对业务流程进行控制，对彼此关联的业务活动进行协同。

3. 提供部分决策支持

在对资源的管理和对业务的支持过程中，LMIS 要收集和整理相关的原始信息，以便为决策提供完备的信息支持，供 LDSS、LES 等系统做进一步的综合、分析和决策。同时，LMIS 也要对信息进行初步的汇总和分析，形成统计和比较报表，并提供一定的算法模型，支持作业层和战术层的决策，如订货周期、运输配载、路线选择等。

三、物流管理信息系统的体系结构

物流管理信息系统的体系结构，包括供应链长期规划、供应链计划和供应链运作三个层次的“金字塔模型”，如图 3.6 所示，即：

① 供应链模型设计规划：物流体系的设计和评估；

② 预测及计划：物流体系的控制和调度；

③ 物流运作：管理具体的物流运作过程。

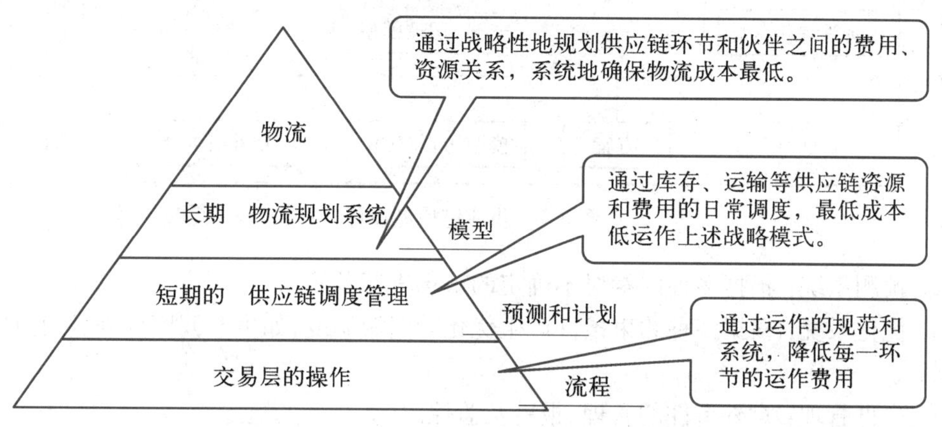

图 3.6 物流管理信息系统的三个层次

图 3.6 的金字塔模型可以帮助企业判断自己在每个层次上的问题，并确认物流管理信息系统提供了相应层次的解决方案。从图 3.6 可以看出，物流战略、供应链规划必须得到运作层系统、预测及计划系统的支持，没有下层提供的规范性数据和操作，再好的物流战略或者供应链规划也不能落实为实际运转中的现代物流系统。事实上，金字塔模型中，三个层次系统的互动构成了完整的物流管理信息系统体系。

1. 物流规划：供应链模型设计

对于大型企业的复杂物流系统，库存策略、补货模式、预测方式、计划周期、网络拓扑等各种因素均将严重影响物流体系最终的服务水平和总成本，供应链模型仿真及设计软件是设计、优化企业物流体系的专业工具。这样的专业工具一方面需要企业各方面的运作基础数据的支撑，另一方面，建立模型、仿真和优化都需要专业人员的经验和知识，并非普通用户可以自己操作的软件系统。供应链模型设计如图 3.7 所示。

2. 供应链调度计划系统

计划系统管理整个供应链的计划调度过程，包括采购计划、生产计划、库存计划、补货计划、运输计划的生成以及与这些计划相联系的流程控制的管理。企业的计划系统包括如下一些基本的功能：

(1) 协作平台：物流计划和执行的过程是一个企业内部各部门之间，乃至与供应链上下游合作伙伴之间的流程协作过程，因而，需要建立起一个供应链环节和伙伴之间各方信息共享的流程平台，使补货、运输、采购、订单处理等流程能够同步进行。

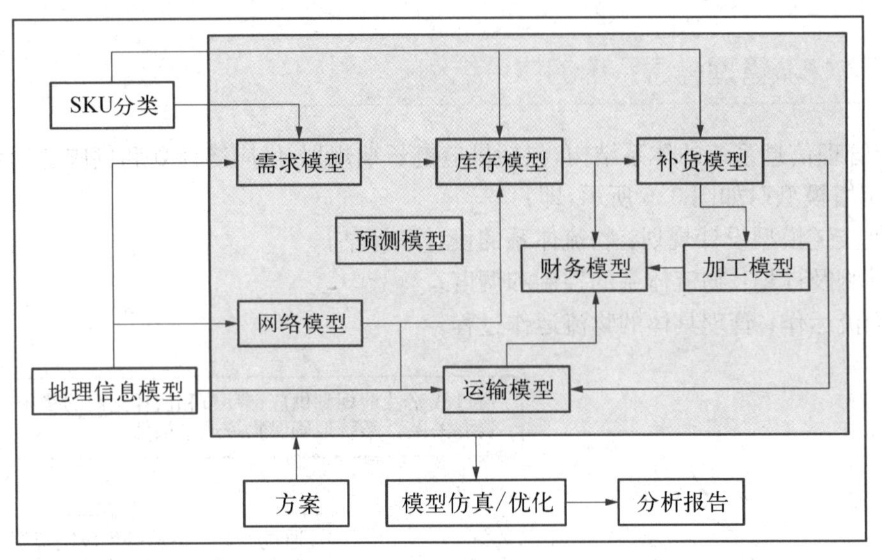

图 3.7　供应链模型设计

(2) 预测系统：根据多种因素对不确定的市场进行预测。

(3) 优化系统：根据多种约束条件产生优化的资源调度，如生产调度计划、库存计划、补货计划等。

(4) 事件管理：意外事件的管理、报警及监控。

(5) 计划系统：主要应用在两个方面，一方面，面向销售，实现需求和供给之间的最优化平衡，在确保恰当的服务水平的基础上实现库存水平、物流费用最低；另一方面，面向复杂的生产环境，通过优化的生产及采购安排和调度，实现生产线、外包、原材料采购等多因素的综合成本最低并缩短前置时间。

3. 物流运作

物流运作层次包括仓储管理系统、库存管理系统、运输管理系统、POD 系统和电子数据交换等。简述如下：

(1) 仓储管理系统。支持核心物流运作的仓储管理系统（warehouse management system，WMS）能够对多个逻辑库和物理库、多货品所有者（客户）进行到库位的动态实时货品管理，如图 3.8 所示。

从物流模式的角度，WMS 是实现快速订单响应所必需的运作系统，没有 WMS，就不可能实现“配送”模式；从物流技术的角度，WMS 是支持现代化配送中心及相应自动化设施运行的基本环境；从财务的角度，WMS 能够实现基于活动的计费，使得企业能够实现单品的成本全程跟踪。

(2) 库存管理系统，即“进销存”，完成订单录入、单据打印及库存查询等最基本的物流运作控制功能。

(3) 运输管理系统 TMS（transport management system）。面对复杂的运输和配送业务，TMS 软件实现运输调度、执行及相应的结算功能。TMS 不仅仅实现运输业务流程的全程控制和路径优化，更重要的是在各种变化的运作约束条件下，根据既定的运输服务响应水

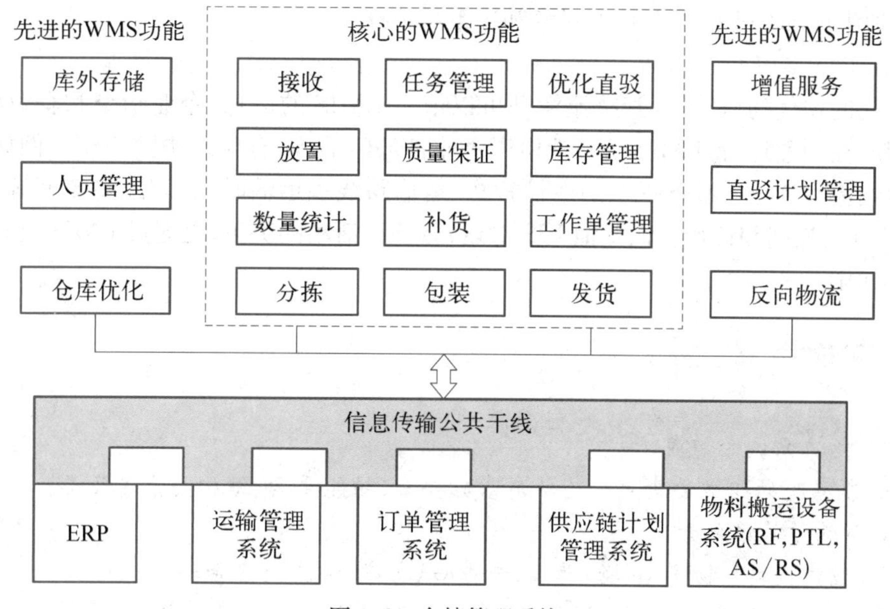

图 3.8　仓储管理系统

平，以成本最低为目的，实现动态的运输计划。

(4) POD 系统，即 Prove of Delivery，配合 WMS、TMS 工作，通过这个系统，每一件货物在流通过程中的送达状态能即时在信息系统中体现出来。

(5) 电子数据交换(EDI/XDI)，其目的是为了协同运作系统更电子化地工作。传统的电话、传真、人工传递手段正在成为企业间高效协同运作的瓶颈，在不同物理地点，特别是不同企业的系统之间，需要有效的电子资料交换手段，比如运输管理系统、仓储管理系统与客户的 ERP 系统之间、异地的物流设施之间，除了简单、不可靠的手段如 E-Mail、软盘运送外，专业的电子资料交换服务包括增值网络商的 EDI 服务、基于 Internet 的 XDI 等。

四、物流管理信息系统与物流信息系统之间的关系

从物流企业内部来说，物流信息系统通常由物流管理信息系统、决策支持系统、专家系统、企业内部网、办公自动化系统等一系列的信息系统所组成。物流管理信息系统(LMIS)是物流信息系统(LIS)中与企业业务层关系最为密切的一个基础组成部分，它是 LIS 的基础。

1. LMIS 是 LIS 的主要数据源

它收集了企业日常运作产生的各种业务信息，如客户信息、订单信息、配送信息、运输信息、仓储信息、采购信息、结算信息等，既有反映当前状态的时点信息，也有时期数据。它还对业务信息做了一定程度的整理、汇总和分析，形成价值更高的各种信息，如客户总数及分布情况、每月的订单总数和总金额、订单履行的平均准确率、平均递送时间、平均递送成本、平均缺货率、资金周转率等。它既按企业制定的运作规则、向下信息流(计划)、水平信息流，完成各种操作层的流程实施，还反映了企业的运作现状，以及企业的经营业绩。这些都为

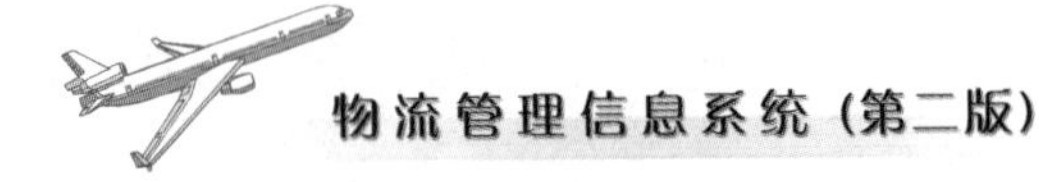

LIS 的其他组成部分提供了分析的对象和决策的依据。

2. LMIS 也是 LIS 对企业内部运营决策和资源调配的最终体现和执行

信息化的现代物流企业，其物流活动可以依靠 LMIS 的信息（企业指令和企业状态）来触发、跟踪、控制和评价，LMIS 统一地协调企业各部门准确、有序地协同工作。例如企业的每一次运输流程遵循 LMIS 提供的运输货物、运输路线和运输时间，调配物流资源，并接受 LMIS 的跟踪、控制和评价。而其他 LIS 对运营流程、活动的决策，也通过 LMIS 反映到具体的业务操作中。

本章小结

1. 物流系统的组成

物流系统的组成要素可分为物质基础要素、功能要素、结构要素等几类：

(1) 物质基础要素

① 物流设施：物流站、场、港、物流中心、仓库，物流线路等；

② 物流装备：仓库货架、进出库设备、加工设备、运输设备、装卸机械等；

③ 物流工具：包装工具、维护保养工具、办公设备等；

④ 信息基础设施：通信设备及线路、计算机及网络等。

(2) 功能要素

物流系统所具有的功能包括：运输、储存保管、包装、装卸搬运、流通加工、配送、物流信息服务等。

(3) 结构要素

① 物流平台：包括物流设施平台、物流装备平台、物流信息平台、物流政策平台几部分，都是物流系统的基本支撑结构。物流平台的实体，又可以归纳成线路、节点两部分；

② 物流运作企业：在物流平台上运作的各种类型的物流企业。

2. 物流信息系统的组成

(1) 硬件。硬件包括计算机、必要的通信设施和安全设施等，例如计算机主机、外存、打印机、服务器、通信电缆、通信设施。

(2) 软件。物流信息系统的软件层包含操作系统、通信协议、业务处理系统等，运行于底层的网络硬件设施与各种物流工具之上。

(3) 信息资源。数据、信息、知识、模型是物流企业运作与管理的无形资源，属于物流企业的信息资源。

(4) 相关人员。物流信息系统的开发涉及多方面的人员，有专业人员，有领导，还有终端用户。

(5) 物流管理思想和理念、管理制度与规范。

3. 物流管理信息系统的体系结构

物流管理信息系统的体系结构，包括供应链长期规划、供应链计划和供应链运作三个层次的“金字塔模型”，即：

（1）供应链模型设计规划：物流体系的设计和评估；

（2）预测及计划：物流体系的控制和调度；

（3）物流运作：管理具体的物流运作过程。

关键术语

系统；物流系统；物流信息系统；物流管理信息系统

练 习 题

一、名词解释

1. 系统
2. 物流系统
3. 物流信息系统
4. 物流管理信息系统

二、单项选择

1. （　　）是为实现既定物流活动目标，由物流固定设施、移动设施、通信方式、组织结构及运行机制等要素形成的多层次人工经济系统。
   A　系统　　B　物流系统
   C　物流信息系统　　D　物流管理信息系统
2. （　　）是由人员、计算机硬件、软件、网络通信设备及其他办公设备组成的用于物流活动的人机交互系统，其主要功能是进行物流信息的收集、存储、传输、加工整理、维护和输出，为物流管理者及其他组织管理人员提供战略、战术及运作决策的支持，以达到组织的战略竞争优势，提供物流运作的效率和效益。
   A　系统　　B　物流系统
   C　物流信息系统　　D　物流管理信息系统

三、多项选择

1. 物流系统具有一般人工系统的基本特征，包括（　　）。
   A　集合性　　B　目标性　　C　相关性　　D　层次性
   E　环境适应性

四、简答

1. 简述物流系统的组成。
2. 简述物流信息系统的组成。
3. 简述物流管理信息系统的体系结构。

杭州金毅科技有限公司的新安物流运输管理系统

一、企业简介

（一）应用企业简介

浙江新安物流有限公司是上市公司浙江新安化工集团股份有限公司的全资子公司。新安物流成立于1996年，坐落于浙江省杭州市建德有机硅工业园区，占地45 000平方米。经过10余年的快速发展，新安物流就成为集国内、国际公路、铁路、海运及多式联运、采购、仓储、配送、汽修、物流方案设计策划、信息咨询等物流服务为一体的国家AAAA级综合服务型物流企业。公司具有剧毒品运输资质，运量位居浙江省前列。公司依托长三角和珠三角，拓展辐射全国的联运网络，以良好的设备及物流基础设施，先进的信息管理系统为客户提供安全、高效、先进、科学的综合物流服务。

浙江新安物流有限公司是一家重发展、重质量的企业，一直秉持着"夯实基础、提升管理、强化安全、稳健经营"的管理理念，紧随市场发展趋势，不断地开发新产品，凭借稳定可靠的产品质量和良好的经营信誉，满足广大客户最新需求，取得了广大客户的信任。公司设有多个部门，坚持科学发展、绿色发展、和谐发展，以创先工作为载体，不断深化改革，开拓创新，锐意进取，企业综合实力大幅提升。自成立以来，新安物流一直坚持传承新安文化，以"安全严谨、责任关怀"为理念，专业致力于化学品及煤炭的经营、仓储、运输等全资质的供应链服务，做最强的现代专业物流企业。面对复杂的外部形势和艰巨的生产经营任务，新安物流凝聚全员智慧，奋力攻坚克难，取得了令人骄傲和值得赞颂的成绩。新安物流将秉承大新安、大物流理念，成长为富有国际视野，深具社会责任感的现代企业。

（二）开发公司简介

杭州金毅科技有限公司是一家致力于集道路运输行业信息化相关领域软/硬件研发、系统集成及信息平台运营服务为一体的专业服务提供商，已通过软件企业认定、高新技术企业认定、CMMI3评估、ISO9001认证。

金毅自成立以来，始终秉承"信为金，抱诚守真；毅为贵，志骋千里"的经营理念，专注于道路运输行业领域，特别是道路运输安全解决方案的信息系统建设和第三方运营服务，拥有一支经验丰富的管理咨询与技术研发团队，三十多项自主知识产权的软硬件产品，和丰富的项目实施经验，技术水平处于国内领先地位。

金毅本着"诚信正直，客户第一"的服务理念，十多年来已为浙江、河北、安徽、江苏等地的物流运输/仓储行业提供了几十个应用项目的开发和运营服务，帮助用户创造价值，赢得了行业管理部门和运输仓储企业的一致认同和赞誉。

金毅将继续加大道路运输行业的管理研究和研发投入，不断增强产品的自主研发能力与核心竞争力，为推进道路运输行业的科学管理、保障运输安全、提高运输效率、提升服务水平等方面做出更大的贡献。

二、面临问题

项目执行前,新安物流有限公司面临如下几个主要问题:

1. 订单处理效率低下,错误率高

企业通过手工开单,每笔运单信息都是手工录入,易出错,从而影响工作效率。

2. 调度工作严重依赖经验积累

企业录入订单之后,进行运单调度,操作员大多根据以往的经验进行调度,并没有准确的数据依据,从而使订单运输不能得到合理规划,影响了订单的到达及时率,而且很难做出准确的拼单计划来降低成本。

3. 承运商考核难

承运商在订单的发货、订单跟踪等物流服务作业方面不够规范,新安物流使用传统的电话跟踪,效率低下,迫切需要建立对承运商的跟踪与考核体系,以督促其提升物流物流服务水平和服务质量。

4. 订单跟踪困难

由于运输过程不透明,订单物流跟踪管理存在盲点,承运商通过QQ或电话记录这样被动的方式,完成对每日货物运输情况、位置和跟踪记录的上报,数据的准确性和及时性都有待考证,且由于部分运输货物属于危化品,企业对于货物在途跟踪信息获取需求急迫。

5. 财务核算效率低

企业每月进行财务核算时,数据汇总困难,财务数据统计周期长,影响效率,影响企业财务人员对于公司业务成本的把控。

三、解决方案

(一) 方案概述

针对上述问题,杭州金毅科技有限公司为新安物流有限公司量身打造了一套信息化解决方案,实现上下游系统数据从托运方一直到承运商的贯通,实现信息的互联共享和实时传递:

1. 将上游新安物流的物流管理系统与ERP系统进行对接

新安物流运输管理系统与ERP系统进行对接后,系统将直接读取ERP中的销售单数据并将其转化为运单,相对于之前的手工开单,不仅省去了手工开单的工作量,还大大降低了错误率,提高了及时性,从而提高了订单处理的效率。

2. 内部业务流程对接,自动并单,智能计算最优费率

针对之前调度订单出现的问题,系统对接之后,企业可自定义设置计费规则,根据不同品种的货物,综合考虑里程数、吨位等因素设定不同的计费规则,处理需要运输的订单时,可以划分最优费率,根据最优费率进行自动并单,极大优化了订单的调度操作流程。

3. 将上游系统与下游承运商系统对接,时效KPI考核与系统协同操作

物流运输管理系统与下游承运商系统对接后,企业可对承运商进行服务质量评价进行评价统计,从而对承运商的服务起到监督的作用。

4. 移动技术的应用

司机APP,微信竞价,智能跟踪,基站定位等技术的合理应用,不仅可以对订单时效和运

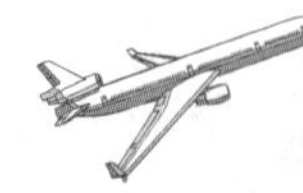

单轨迹即时跟踪，更是提高了服务质量和客户满意度。

5. 财务结算数据即时生成

财务管理模块的设置，可即时将运费、油耗、成本等快速结算，自动生成报表数据；在承运商结算方面，通过系统进行“预结算”，通过后再上门办理，提高财务人员工作效率和对成本的把控。

（二）方案内容

新安物流运输管理系统如图 3.9 所示。

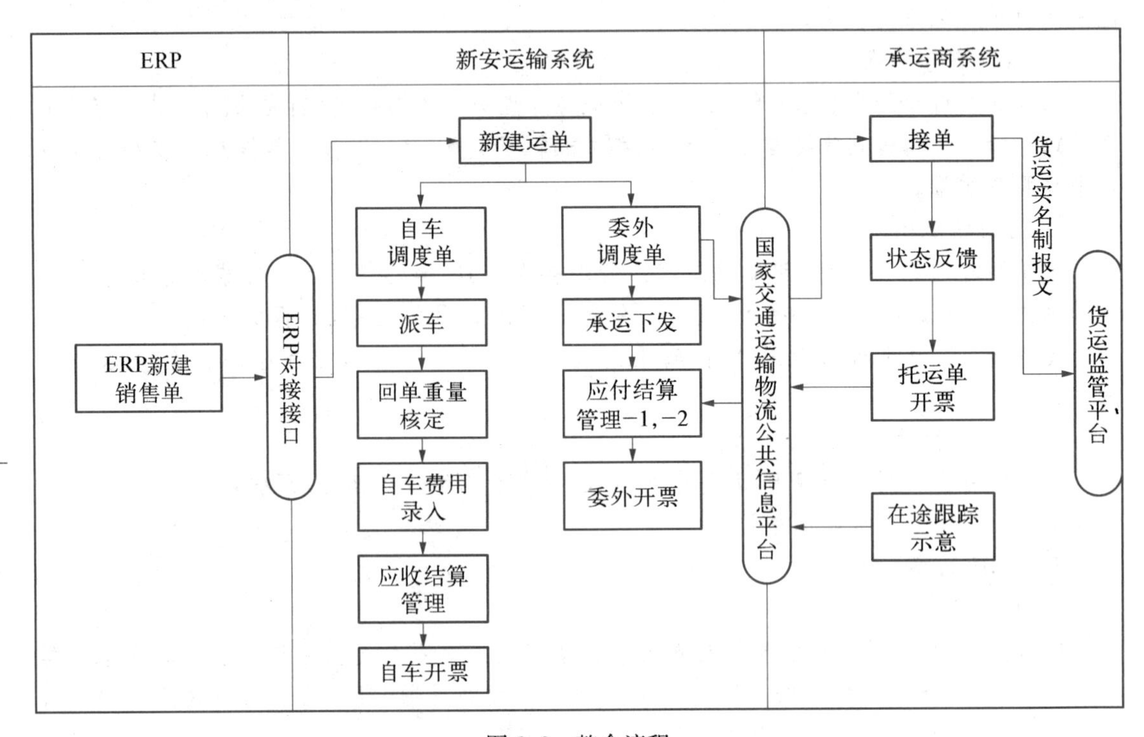

图 3.9　整合流程

(1) 信息科人员将销售订单录入 ERP 系统中；

(2) 新安物流运输管理系统读取 ERP 系统中的订单信息；

(3) 物流运作部操作员在新安物流运输管理系统中把运单分类为自车和委外运单；

(4) 操作员将运单分类为自车调度单和委外调度单；

(5) 若运单为自车调度单的，将运单下发派车、回单重量核定、自车费用录入、应收结算管理、自车开票等；

(6) 若运单为委外调度单的，将运单下发给承运商，承运商接受任务之后，进行状态反馈，针对托运单开票的运单进行申请上报，委外开票等；

(7) 承运商接单后，会自动生成货运实名制报文并上报至货运监管平台。

（三）功能描述

(1) 快捷菜单：主要是对一些常用界面的自定义快捷键，包括定义快捷菜单、新建委外运单、运单查询等。

(2) 公共服务：可对通知公告、留言情况、短信发送、提醒等进行查看，从而实现企业内部业务流程信息的及时传递。

(3) 系统管理：主要是实现了系统数据和用户的管理，包括数据系统的维护设置、用户及角色权限管理等，来支撑系统用户对系统的操作权限。

(4) 基础数据管理：包括基础设置、单据打印设置、车辆司机管理、承运商管理、客户管理等模块，基础数据的设置是整个操作系统的基础，对于整个系统的协同操作起到重要作用。

(5) 业务管理：包括托运单管理、调度管理、跟踪信息管理等模块，对运单进行管理设置，使整个业务操作流程更加规范化，尤其是运单运输管理过程中，可对货物的时效和运单轨迹实时查询和跟踪，提高了货物的发货率和及时率，从而支撑整个运输过程中业务的管理。

(6) 财务管理：包括托运方结算管理、自车成本管理、承运方结算管理、财务报表等，可以将成本、运费快速结算，自动生成车辆油耗状况表、收入费用表、车辆状况表等财务报表，从而减少了人工核算成本的时间，降低了财务数据核算的错误率，从而使成本最小化、利润最大化。

(7) 司机 App：可显示订单号、车牌号、送货日期、提货日期、通过司机 App 的使用，可以对订单进行实时跟踪，使订单跟踪更加智能化、信息化。

四、项目的实施难点与推进办法

(一) 实施难点

实施与推进过程中，遇到了如下问题：

(1) 操作员人数配备不足，对很多系统功能模块不能熟练操作使用；

(2) 下游承运商信息化水平低，推广工作不能有效开展。

(二) 推进办法

针对以上问题，作为信息系统开发商的杭州金毅科技有限公司采取了如下措施：

(1) 配合新安物流优化人员配置，强化对系统各个模块的熟练与使用；

(2) 增加培训次数，设定相关考核和奖惩措施，不定期对系统软件使用的效果进行抽查。

五、效益分析

1. 加速了企业信息化进程

新安物流运输系统的使用加速了企业信息化系统的深化应用，提高了企业信息化的应用水平，提高了企业的整体经营水平。

2. 物流运输业务流程更加规范

从开单、接单、派单、发车的一系列流程，无论是运单还是财务数据统计，通过在系统上的使用，更加方便快捷，大数据智能化发展使订单的到达率和发货的及时率得到有效提高。

3. 货物信息查询、管控便利

司机 App，跟踪系统的应用，更方便企业对于订单货物信息的查询，使货物信息的准确性和及时性得到提升，提高了客户满意度和服务质量。

案例思考：

本案例通过分析杭州金毅科技有限公司新安物流运输管理系统建设项目，说明信息化建设对于物流企业的管理和运转起着重要的作用。请思考本项目如何通过信息化建设实现业务协同流转和信息共享、降低成本和提高服务水平。

第二篇

物流管理信息系统

信息技术篇

第四章 物流信息管理硬件设施

学习目标

学习完本章,你应该能够:

1. 理解IT基础设施的定义;
2. 理解IT基础设施的构成要素;
3. 了解条码技术与设施;
4. 了解射频识别技术与设施;
5. 理解电子数据交换;
6. 理解全球定位系统;
7. 理解地理信息系统。

开篇案例

RFID帮助梅西百货追求全渠道战略

梅西百货是一家在美国、波多黎各、关岛和迪拜拥有850家百货公司(包括布鲁明戴尔)的著名零售连锁店,它也有自己的网上销售电子商务网站。梅西百货的连锁店以其流行的服饰、鞋类、家具和家居用品品牌的多样性而闻名。

为了保持竞争力,在其他竞争对手的零售连锁店使用互联网之后,梅西百货也决定采取全渠道的零售战略。全渠道的方法是指用户无论是采用电脑或移动设备通过网络、电话还是在实体店里购买,都能为用户提供无缝的购物体验。梅西百货希望用户能随时随地选择任何方式购买。梅西百货的销售人员可以从其他商店或在线配送中心选择本店销售可能缺货的商品。这就意味着梅西百货的零售商店为所有来源的订单提供履订单的服务。如果用户在网上看到一条男孩穿的短裤在印第安纳州的Southlake购物中心出售,那么这意味着这条短裤在这个地方有存货。

做出这种程序并不那么容易。零售商通常不会在网络购物中列出特定的商品最后一件在哪里有库存,因为他们对库存的准确性没有足够的信心,无法确保该商品实际在那个地方

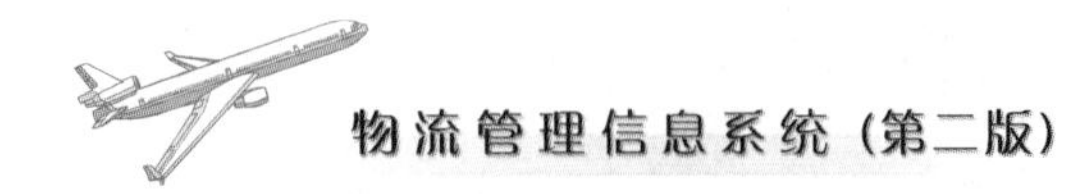

确实有库存。这些最后剩余的商品通常被标记或不被出售，它们占库存的15%—20%，极大地提高了成本，减少了利润。

为了解决这个问题，并从全渠道销售中获得最大的收益，梅西百货基于Tyco公司的TrueVUE RFID可见库存平台，实施了一个名为“最后一件商品”(Pick to the Last Unit，P2LU)的无线射识(RFID)系统。P2LU可以确保任何商店中的最后一件商品都能轻松地被找到，并被出售。在所有美国的梅西百货里出售的各种常规性补货产品(如男士衬衫、内衣和女鞋)，供应商都在里面贴了超高频RFID标签。梅西百货的销售人员使用Zebra科技生产的MC3190-Z手持RFID阅读器激活每个RFID标签，读取标签里面内含的数据。然后RFID阅读器又将RFID数据传输到梅西百货的库存系统中。使用RFID阅读器，梅西百货的员工可以扫描堆叠在衣架上的每一条李维斯牛仔裤，并确定它存放在哪个销售楼层的后台。来自扫描的数据会被自动更新到梅西百货的库存系统中，并用于生成补货订单。

在梅西百货实施该系统之前，由于盗窃或登记错误，库存量以每月2%—3%的速度减少。在11月旺季开始时，店内库存盘点的准确率仅为60%—70%。如此不准确的库存信息导致铺量的损失非常大。

如今，梅西百货对库存的准确性有足够的信心，即使库存里只剩下一件商品，也可以利用每家商店的每一件商品完成订单。部署RFID系统降低了临时库存需求的三分之一，从而降低了成本，消除了梅西百货10亿美元的库存占用款。当然，如果客户需要更多的产品，也会有更多的产品可供销售。

除了扩展其无源EPC超高频(UHF)RFID标签外，梅西百货还在所有商店的多个部门部署了Shopkick蓝牙低功耗(BLE)信标。如果客户有Shopkick应用，例如在走进商店的手提包部门时，该购物者的移动设备就会收到一些特定手提包折扣的促销信息。

第一节 信息技术基础设施

信息技术(Information Technology，IT)是指在信息科学的基本原理和方法的指导下扩展人类信息功能的技术。一般来说，信息技术是以电子计算机和现代通信为主要手段，实现信息的获取、加工、传递和利用等功能的技术总和。信息技术包括信息传递过程中的各个方面，即信息的产生、收集、交换、存储、传输、显示识别、提取、控制、加工和利用等技术，是这些技术的总和。

一、IT基础设施的定义

在信息技术和因特网中，基础设施(infrastructure)是指用于连接计算机和用户的硬件。基础设施包括传送媒介，如电话线、有线电视线、人造卫星和天线，还有路由器、阅读器、中继器和其他控制传输途径的设备。基础设施还包括用于传送、接收和管理所发信号的软件。

IT基础设施是指为企业特定的信息系统应用提供平台的共享技术资源，包括运营整个企业必需的一系列物理设备和应用软件的集合，也包括由管理层预算所决定的企业范围内的人和技术能力的服务集合。这些服务包括：

(1) 用于提供计算服务的计算平台，该平台将员工、客户和供应商连接到一个密切关联的数字环境中，包括大型主机、中型主机、台式机、便携电脑、移动便携设备和远程云计算服务。

(2) 为员工、客户和供应商提供数据、音频、视频连接的通信服务。

(3) 存储、管理和分析企业数据的数据管理服务。

(4) 提供企业范围内各业务部门共享的企业资源规划、客户关系管理、供应链管理、知识管理等方面的应用软件服务，包括在线软件服务。

(5) 计算、通信和数据管理服务所需的物理设施的安装与管理服务。

(6) IT 管理服务，包括规划与开发基础设施、与业务部门协调 IT 服务、管理 IT 支出的账目以及提供项目管理服务等。

(7) IT 教育服务，包括为员工提供如何使用系统的培训、为管理者提供如何规划和管理 IT 投资的培训。

(8) IT 研究与开发服务，包括研究未来可能帮助企业建立竞争优势的 IT 项目和投资。

二、IT 基础设施的构成要素

如今的 IT 基础设施的构成要素主要有七类。图 4.1 给出了这七类构成要素，并列出了主要的供应商。

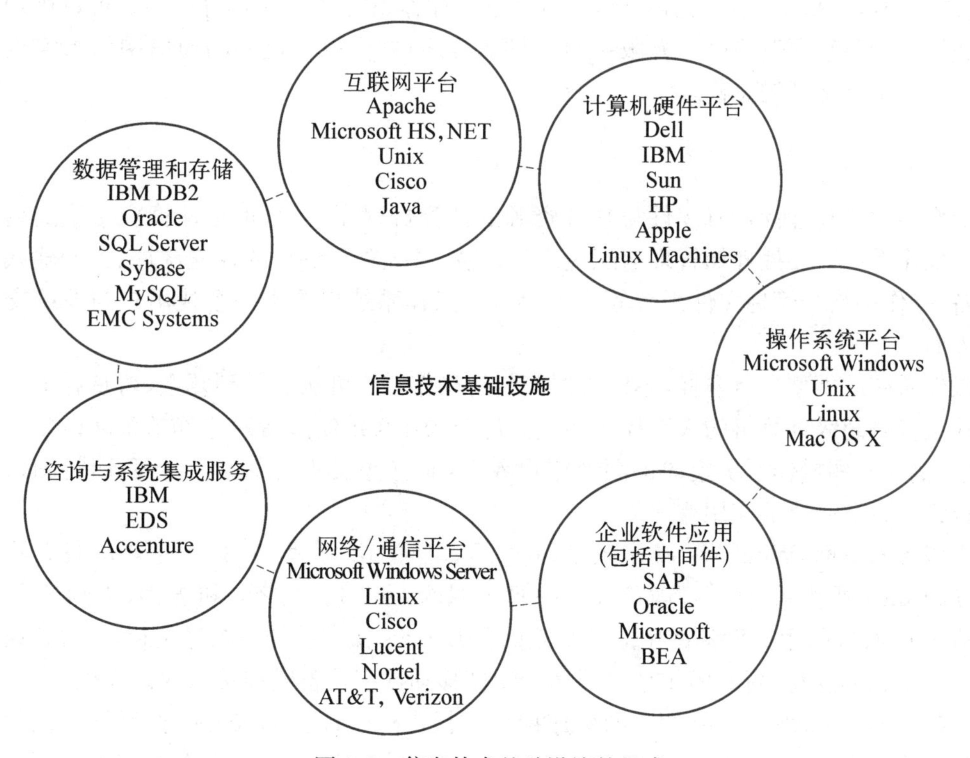

图 4.1 信息技术基础设施的组成

（一）计算机硬件平台

计算机硬件平台包括主机、服务器、个人计算机、平板电脑和智能手机等设备。

主机是指计算机除去输入输出设备以外的主要机体部分，是用于放置主板及其他主要部件的控制箱体，通常包括CPU、内存、硬盘、光驱、电源、以及其他输入输出控制器和接口。

服务器，是提供计算服务的设备。由于服务器需要响应服务请求，并进行处理，因此一般来说服务器应具备承担服务并且保障服务的能力。服务器的构成包括处理器、硬盘、内存、系统总线等，和通用的计算机架构类似，但是由于需要提供高度可靠的服务，因此在处理能力、稳定性、可靠性、安全性、可扩展性、可管理性等方面要求较高。在网络环境下，根据服务器提供的服务类型不同，分为文件服务器、数据库服务器、应用程序服务器、WEB服务器等。

个人计算机，由硬件系统和软件系统组成，是一种能独立运行，完成特定功能的设备。个人计算机不需要共享其他计算机的处理、磁盘和打印机等资源也可以独立工作。从台式机（或称台式计算机、桌面电脑）、笔记本电脑到上网本和平板电脑以及超级本等都属于个人计算机的范畴。

平板电脑也叫便携式电脑，是一种小型、方便携带的个人电脑，以触摸屏作为基本的输入设备。它拥有的触摸屏（也称为数位板技术）允许用户通过触控笔或数字笔来进行作业而不是传统的键盘或鼠标。用户可以通过内建的手写识别、屏幕上的软键盘、语音识别或者一个真正的键盘（如果该机型配备的话）实现输入。

智能手机，是指像个人电脑一样，具有独立的操作系统，独立的运行空间，可以由用户自行安装软件、游戏、导航等第三方服务商提供的程序，并可以通过移动通信网络来实现无线网络接入的手机类型的总称。

（二）操作系统平台

操作系统是管理计算机硬件与软件资源的计算机程序，同时也是计算机系统的内核与基石。操作系统需要处理如管理与配置内存、决定系统资源供需的优先次序、控制输入与输出设备、操作网络与管理文件系统等基本事务。操作系统也提供一个让用户与系统交互的操作界面。

操作系统的类型非常多样，不同机器安装的操作系统可从简单到复杂，可从移动电话的嵌入式系统到超级计算机的大型操作系统。许多操作系统制造者对它涵盖范畴的定义也不尽一致，例如有些操作系统集成了图形用户界面，而有些仅使用命令行界面，而将图形用户界面视为一种非必要的应用程序。

在服务器方面，Windows操作系统占据了70%的市场，另外30%的公司服务器采用Unix或Linux操作系统（一种廉价稳定并且开源的Unix）。在客户机方面，大约81%的个人计算机和45%的手持设备使用的是微软的Windows操作系统。与过去相比，客户机操作系统有了很大的变化，新的操作系统可用于便携移动数字设备或连接云的计算机。

谷歌Chrome OS是一款用于网络连接计算机进行云计算的轻便操作系统。该程序不是存储在用户端的个人计算机上，而是通过互联网访问Chrome网页浏览器来使用。用户的数据存储在互联网的服务器上。安卓(Android)系统是一款开源操作系统,用于谷歌旗下的开放便携机联盟开发的移动设备(如智能手机和平板电脑),是全球最流行的智能手机平台。与其竞争的产品是苹果的iOS,这是一款为iPhone、iPad和iPod Touch开发的移动操作系统。安卓系统已安装在一半以上的全球平板电脑、智能手机和便携式电脑中。

传统的客户机操作系统软件是围绕鼠标和键盘设计的,然而运用触摸技术则会更加自然和直观。iOS是非常流行的iPad、iPhone和iPod Touch等苹果公司产品中使用的操作系统,以多重触控界面为特征。用户可以使用一个或多个手指,而无须用鼠标或键盘操作屏幕上的对象。微软的Windows10和Windows8这两个版本可用于平板电脑和PC机,也有多重触控的功能,可用于很多安卓系统的设备中。

(三) 企业应用软件

企业应用软件是指可以在系统软件之外的所有应用软件上运行的为企业开发的应用,为满足企业应用需求而提供的软件。在企业信息化的过程中,管理者会根据企业的发展需要为企业引进相应的软件。目前被使用较多的软件有:财务软件、办公自动化软件、企业资源计划系统、客户关系管理软件、人力资源管理软件、连锁分销商铺管理软件、远程接入等软件。

最大的企业应用软件供应商是SAP和甲骨文。企业应用软件还包括中间件。中间件由IBM和甲骨文这样的供应商提供,用来连接企业现有的各种应用系统,实现企业内系统的全面集成。微软试图进入该产品的低端市场,专门为尚未实施企业应用的中小企业提供服务。

(四) 数据管理和存储

数据管理是利用计算机硬件和软件技术对数据进行有效的收集、存储、处理和应用的过程,其目的在于充分有效地发挥数据的作用,实现数据有效管理的关键是数据组织。

数据存储对象包括数据流在加工过程中产生的临时文件或加工过程中需要查找的信息。数据以某种格式记录在计算机内部或外部存储介质上。数据存储要命名,这种命名要反映信息特征的组成含义。数据流反映了系统中流动的数据,表现出动态数据的特征;数据存储反映系统中静止的数据,表现出静态数据的特征。

企业数据库管理软件负责组织和管理企业的数据,使其能够得到有效的使用。IBM(DB2)、甲骨文(Oracle)、微软(SQL Server)和赛贝斯(Sybase Adaptive Server Enterprise)是数据库管理软件供应商中的主导者。MySQL是一种Linux环境下的开源关系型数据库产品,目前由甲骨文公司所拥有。Apache Hadoop是一种用来管理大规模数据集的开源软件架构。大规模系统的物理数据存储市场主要由EMC公司控制。

(五) 网络、通信平台

网络是由节点和连线构成,表示诸多对象及其相互联系。在计算机领域中,网络是信息传输、接收、共享的虚拟平台,通过它把各个点、面、体的信息联系到一起,从而实现这些资源的共享。

通信是人与人之间通过某种媒体进行的信息交流与传递。通信网络是指将各个孤立的设备进行物理连接，实现人与人，人与计算机，计算机与计算机之间进行信息交换的链路，从而达到资源共享和通信的目的。

Windows Server 是占据主导地位的局域网操作系统，Linux 和 Unix 紧随其后。大型企业广域网主要使用各种版本的 Unix 操作系统。几乎所有的局域网和广域企业网络都将 TCP/IP 协议作为网络，思科和瞪博(Juniper)是主要的网络硬件供应商。通信平台主要由提供语音和数据接入、广域网、无线网服务和互联网接入服务的电信、电话服务公司提供。

（六）互联网平台

互联网，是网络与网络之间所串连成的庞大网络，这些网络以一组通用的协议相连，形成逻辑上的单一巨大国际网络。通常 internet 泛指互联网，而 Internet 则特指因特网。这种将计算机网络互相联接在一起的方法可称作“网络互联”，在此基础上发展出覆盖全世界的全球性互联网络称互联网，即互相联接一起的网络结构。

互联网平台涵盖硬件、软件和管理服务以支持企业的 Web 网站，包括网页寄存服务、路由器和有线、无线设备。网页寄存服务要维护一个大型网站服务器或一组服务器，并为付费用户提供维护其网站主页的存储空间。

互联网革命使服务器型计算机发生了名副其实的变化，许多公司集中了成千上万的小型服务器运行其互联网应用。此后，它们通过增强服务器的功能、增大其型号以及运用能够使单台服务器运行更多应用的软件工具，不断巩固了服务器的地位。互联网硬件服务器市场越来越集中到 IBM、戴尔、甲骨文和惠普等几家公司，其价格大幅下降。

Web 软件应用开发工具和组件市场则主要由微软(微软的 Visual Studio 和微软 NET 系列开发工具)、Oracle-sun(Sun 公司的 Java 是应用最广泛的服务器和客户机端交互式 Web 应用开发工具)，以及其他一些独立软件开发商，包括 Adobe(Creative Suite)所控制。

（七）咨询与系统集成服务

所谓系统集成(system integration，SI)，就是通过结构化的综合布线系统和计算机网络技术，采用技术整合、功能整合、数据整合、模式整合、业务整合等技术手段，将各个分离的设备、软件和信息数据等要素集成到相互关联的、统一和协调的系统之中，使系统整体的功能、性能符合使用要求，使资源达到充分共享，实现集中、高效、便利的管理。系统集成实现的关键在于解决系统之间的互联和互操作性问题，它是一个多厂商、多协议和面向各种应用的体系结构。

当今，即便是一家大型企业，也可能没有人员、技能、预算，甚至是部署和维护其整个 IT 基础设施的必要经验。建立起新的 IT 基础设施需要在业务流程和业务过程、培训教育以及软件集成等方面进行重大改进。领先的咨询公司能够提供这些方面的专门知识服务，如埃森哲、IBM Global Business Services、惠普、Infosys 和 WiproTechnologies 等。

软件集成是指将企业的“老”的遗留下来的系统与新的基础设施相融合，确保基础设施的各个组成部分之间相互协调。遗留系统一般指为计算机主机建立的那些“老的”事务处理系统。为了避免因更换和重新设计而产生更高的成本，企业会继续使用这些系统。如果企业可以将这些老的系统和当前的基础设施整合，从成本上考虑就没必要更换。

第二节 物流信息识别与采集设施

在现代物流管理领域中，信息流和实物流是分离的，但信息流终究要为实物流服务，而实现信息流、实物流的“互联”，主要依靠自动识别和采集技术（automatic identification and data capture，AIDC，它是用来描述对计算机系统、可编程逻辑控制或其他的微处理设备，进行非键盘输入的数据方法，包括条码技术、射频识别技术、磁识别技术、声音识别技术、图形识别技术、光字符识别技术、生物识别技术等）。在物流领域主要是指条码技术和射频识别技术，它们的应用，显著地提高了物流管理的效率。

一、条码技术与设施

（一）条码技术的概念

条码是一种可印刷机器语言，是由一组按特定编码规则排列的条、空组成的图形符号，可表示一定的信息内容。条码自动识别系统由条码标签、条码生成设备、条码识读器和计算机组成。条码标签绝大多数是纸质基材，由信息系统控制打印生成，具有经济、抗电磁干扰能力强等特点。在物流过程中，识读器根据条、空对光的反射率不同，利用光电转换器件，获取条码所示信息，并自动转换成计算机数据格式，传输给计算机信息系统。

条码技术具有以下几个方面的优点：

（1）录入速度快。条码技术主要是为消除数据录入的“瓶颈”问题而产生的。与键盘录入相比，条码录入的速度快，能实现数据的实时录入。

（2）可靠性高。键盘输入数据出错率为三百分之一，利用光学字符识别技术出错率为万分之一，而采用条码技术误码率低于百万分之一。

（3）采集信息量大而广。利用一维条码一次可采集几十位字符的信息，二维条码可以携带数千个字符的信息。条码技术能够对数字化的多种形式信息进行编码。

（4）实用性强。条码标签易于制作，对设备和材料没有特殊要求，识别设备操作简单。另外，条码标识既可以作为一种识别手段单独使用，也可以与相关识别设备一起组成一个自动识别系统，还可以与其他控制设备连接起来实现自动化管理。

但条码也有缺点，如脏污后不容易读取、记录数据的密度低等。其最大的缺点是不能够修改和替换。不过，作为以计算机技术和光电技术的发展为基础的一项综合性科学技术，条码技术目前还是物流数据自动识别和采集的经济而实用的方法和手段，是物流信息系统重要的技术支撑。

在物流过程中，条码技术是通过标准化来实现数据共享的。条码技术的标准化是指在条码技术的社会实践中，对重复性事物和概念，制定、发布和实施统一的标准。通过推行条码技术标准化，有利于充分发挥条码在国际贸易中的通用语言效能。在标准化实践中，条码的码制是指条码符号的类型，每种类型的条码符号都是由符合特定编码规则的条和空组合

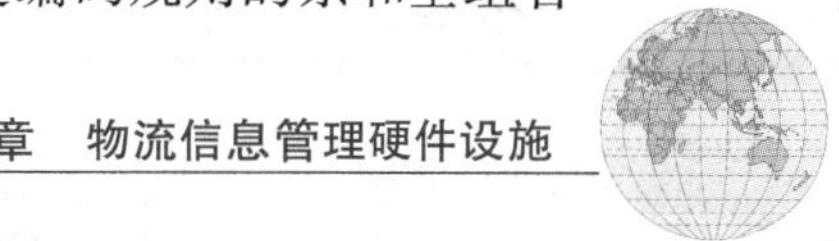

而成，都有固定的编码容量和条码字符集。条码技术从产生到现在，条码种类有几百种之多，但常用的只有十几种，而国际上公认的只有三种，即 EAN 码、交插二五码和 UCC / EAN—128 码。这三种码制基本上能够满足物流应用的要求。此外，还有许多应用标准，如位置码、商品条码、中国标准书号条码、中国标准刊号条码、储运单元条码、条码应用标识等，应用标准大多采用以上三种码制。

（二）一维条码和二维条码

一维条码是由一个接一个的“条”和“空”排列组成的，条码信息靠条和空的不同宽度和位置来传递，信息量的大小是由条码的宽度和印刷的精度决定的，条码越宽，包容的条和空越多，信息量越大；条码印刷的精度越高，单位长度内可以容纳的条和空越多，传递的信息量也就越大。这种条码技术只能在一维方向上通过“条”与“空”的排列组合来存储信息，所以叫一维条码。

一维条码自出现以来，发展速度很快，极大地提高了数据录入和采集的效率。但是，一维条码所携带的信息量有限，在应用中，更多的是对“物品”进行标识，而不是对“物品”进行描述。一维条码必须依赖数据库的支持才能表达更多的信息，这在一定程度上限制了它的应用。现代高新技术的发展，迫切要求用条码在有限的几何空间内表示更多的信息以满足各种需求，二维条码正是在这种形势下产生的。二维条码（简称为“二维码”），是一个近几年来移动设备上超流行的一种编码方式，它比传统的条形码（Bar Code）能存更多的信息，也能表示更多的数据类型。二维条码（二维码）是用某种特定的几何图形按一定规律在平面（二维方向上）分布的黑白相间的图形记录数据符号信息的；在代码编制上巧妙地利用构成计算机内部逻辑基础的“0”“1”比特流的概念，使用若干个与二进制相对应的几何形体来表示文字数值信息，通过图象输入设备或光电扫描设备自动识读以实现信息自动处理：它具有条码技术的一些共性：每种码制有其特定的字符集；每个字符占有一定的宽度；具有一定的校验功能等。同时还具有对不同行的信息自动识别功能及处理图形旋转变化点。目前二维码已经广泛地应用于各行各业，譬如信息获取（名片、地图、WIFI 密码、资料）、网站跳转（跳转到微博、手机网站、网站）、广告推送（用户扫码，直接浏览商家推送的视频、音频广告）、手机电商（用户扫码、手机直接购物下单）、防伪溯源（用户扫码、即可查看生产地；同时后台可以获取最终消费地）、优惠促销（用户扫码下载电子优惠券，抽奖）、会员管理（用户用手机获取电子会员信息、VIP 服务）、手机支付（扫描商品二维码，通过银行或第三方支付提供的手机端通道完成支付）等。

（三）条码识读器

条码自动识别系统一般由条形码扫描器、放大整形电路、译码接口电路和计算机系统等部分组成（如图 4.2 所示）。条码自动识别软件通常包括扫描器输出信号的测量、条码码制及扫描方向的识别、逻辑值的判断，以及识读器与计算机之间的数据通信等。

根据操作方式的不同，可将条码识读器划分为以下两类：

（1）在线式识读器。这类识读器一般直接由交流电源供电，在识读器与计算机或通信装置之间由电缆连接，直接将识别的数据传递到计算机。

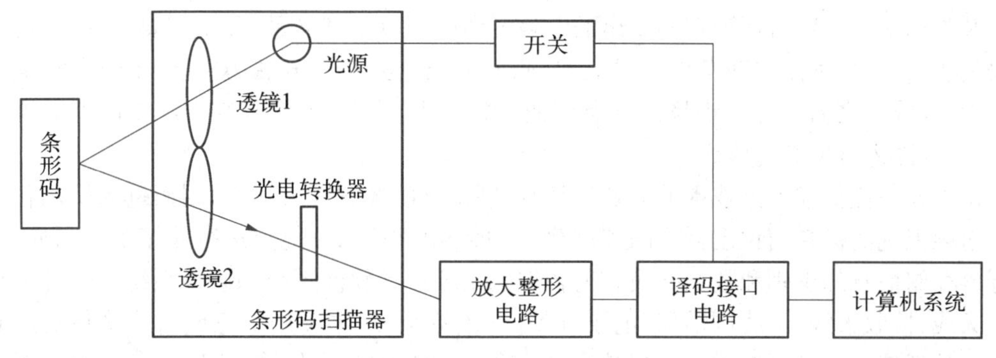

图 4.2　条码识别系统原理示意图

(2) 便携式识读器。这类识读器本身就是一台专用计算机或通用微型计算机，配备有数据存储器，通常由电池供电，适用于脱机使用的场合。当数据采集后，先把数据储存起来，然后再转存到主机。可广泛地应用于流动性数据采集环境，如运输管理、仓库管理等作业范围较大的领域。

扫描器是条码识读器的输入装置，其性能直接影响到识读器数据采集的准确性和速度。扫描器可分为以下几类：

(1) 光笔扫描器，是一种类似笔形的手持小型扫描器，在光笔内部有扫描光束发生器及反射光接收器。不同的光笔扫描器在发光的波长、光学系统结构、电子电路结构、分辨率、操作方式等方面存在不同，但它们的识读距离都极短。

(2) 台式扫描器，是一种固定的扫描装置，手持带有条码的卡片或证件在扫描器上移动，完成扫描。

(3) 手持式扫描器，是一种能手持使用和移动使用的较大的扫描器，识读距离最大可达约 500 毫米。

(4) 激光扫描器，激光扫描器景深区域大、扫描速度高、扫描范围宽。激光全角度扫描器能够高速扫描识读任意方向通过的条码符号，被大量使用在各种自动化程度高、物流量大的领域。激光扫描器由激光源、光学扫描、光学接收、光电转换、信号放大、整形等部分组成。

二、射频识别技术与设施

如今，在大多数商品上都印有条形码。而在国外，一些百货店和药店里出售的商品，如刮胡刀片、药片等包装上已附有针尖大小的计算机芯片和微型天线，这种微型天线能将极为丰富的产品及消费者信息发送到零售商和制造者手中。据专家预测，在今后 20 年内，这种微型信号发射装置将取代大家所熟悉的条形码。

(一) RFID 的概念

射频识别(RFID)是一种无线通信技术，可以通过无线电信号识别特定目标并读写相关数据，而无需在识别系统与特定目标之间建立机械或者光学接触。无线电的信号是通过调成无线电频率的电磁场，把数据从附着在物品上的标签上传送出去，以自动辨识与追踪该物

品。某些标签在识别时从识别器发出的电磁场中就可以得到能量，并不需要电池；也有标签本身拥有电源，并可以主动发出无线电波（调成无线电频率的电磁场）。标签包含了电子存储的信息，数米之内都可以识别。与条形码不同的是，射频标签不需要处在识别器视线之内，也可以嵌入被追踪物体之内。

由于大规模集成电路技术的成熟，射频识别系统的体积大大缩小，因而进入实用化的阶段。射频识别的标签与识读器之间利用感应、无线电波或微波能量进行非接触双向通信，实现标签存储信息的识别和数据交换。射频识别系统包括软件系统和硬件系统。硬件系统由发射天线、接收天线、天线调谐器、电子标签、识读器组成，主要用于完成信号采集功能和快速可靠的通信。软件系统用于完成信息的采集、识别、加工和传输，软件支撑着整个系统的运行，并演绎出各种不同的应用系统。

RFID突出的特点是：① 可以非接触识读（识读距离可以从十厘米至几十米），可识别高速运动物体；② 识别无“盲区”，信号穿透力强，可以穿透墙壁、地面、人体、衣服等，可任意调整识别范围；③ 抗恶劣环境能力强，一般污垢覆盖在标签上不影响标签信息的识读；④ 抗干扰能力强，保密性强；⑤ 对人体无害，环境适应性强；⑥ 可同时识别多个对象等。

射频识别识读器与标签之间的耦合方式有三种，即静电耦合、感应耦合和微波。静电耦合系统的识读距离在2毫米以下，常见的“信息钮”就是以静电耦合方式获取信息的，可用于固定货物的巡检。感应耦合系统的识读器天线发射的磁场无方向性，可以不考虑货物上射频标签的位置和方向，常用于移动物品的识别、分拣。微波射频识别系统的识读微波方向性很强，一般用于高速移动物体，如运输车辆的识别等。在物流管理领域，感应耦合系统应用较多。其工作流程是：射频识读器的天线在其作用区域内发射能量形成电磁场，载有射频标签的物品在经过这个区域时被识读器发出的信号激发，将储存的数据发送给识读器，识读器接收射频标签发送的信号，解码获得数据，达到识别目的。

（二）RFID的组成

在具体的应用过程中，根据不同的应用目的和应用环境RFID系统的组成会有所不同，但从RFID系统的工作原理来看，系统一般由信号发射机、信号接收机、发射接收天线几部分组成。下面分别加以说明。

1. 信号发射机

在RFID系统中，信号发射机为了不同的应用目的，会以不同的形式存在，典型的形式是标签（Tag）。标签相当于条码技术中的条码符号，用来存储需要识别传输的信息。但是，与条码不同的是，标签必须能够自动或在外力的作用下，把存储的信息主动发射出去。标签一般是带有线圈、天线、存储器与控制系统的低电集成电路。

按照不同的标准，标签有许多不同的分类。按照标签获取电能的方式不同，可以把标签分成主动式标签与被动式标签；根据内部使用存储器类型的不同，标签可以分为只读标签与可读写标签；根据标签中存储器数据存储能力的不同，可以把标签分为仅用于标识目的的标识标签与便携式数据文件两种。

2. 信号接收机

在RFID系统中，信号接收机一般叫作阅读器。根据支持的标签类型不同与完成的功能不同，阅读器的复杂程度有显著的不同。阅读器基本的功能就是提供与标签进行数据传输的途径。另外，阅读器还提供相当复杂的信号状态控制、奇偶错误校验与更正功能等。标签中除了存储需要传输的信息外，还必须含有一定的附加信息，如错误校验信息等。识别数据信息和附加信息按照一定的结构编制在一起，并按照特定的顺序向外发送。阅读器通过接收到的附加信息来控制数据流的发送。一旦到达阅读器的信息被正确绝接收和译解后，阅读器通过特定的算法决定是否需要发射机对发送的信号重发一次，或者指导发射器停止发信号，这就是“命令响应协议”。使用这种协议，即便在很短的时间、很小的空间阅读多个标签，也可以有效地防止“欺骗问题”的产生。

3. 编程器

只有可读写标签系统才需要编程器。编程器是向标签写入数据的装置。编程器写入数据一般来说是离线(Off-line)完成的，也就是预先在标签中写入数据，等到开始应用时直接把标签黏附在被标识项目上。也有一些 RFID 应用系统，写数据是在线(On-line)完成的，尤其是在生产环境中处理交互式便携数据文件时。

4. 天线

天线是标签与阅读器之间传输数据的发射、接收装置。在实际应用中，除了系统功率外，天线的形状和相对位置也会影响数据的发射和接收，需要专业人员对系统的天线进行设计和安装。

（三）RFID 系统的分类

根据 RFID 系统完成的功能不同，可以粗略地把 RFID 系统分成 4 种类型：EAS 系统、便携式数据采集系统、物流控制系统、定位系统。

1. EAS 技术

EAS(electronic article surveillance)是一种设置在需要控制物品出入口的 RFID 技术。这种技术的典型应用场合是商店、图书馆、数据中心等。当未被授权的人从这些地方非法取走物品时，EAS 系统会发出警告。在应用 EAS 技术时，首先在物品上粘附 EAS 标签，当物品被正常购买或者合法移出时，在结算处通过一定的装置使 EAS 标签失效，物品就可以取走。物品经过装有 EAS 系统的门口时，EAS 装置能自动检测标签的活动性，发现活动性标签，EAS 系统会发出警告。EAS 技术的应用可以有效地防止物品被盗，不管是大件的商品，还是很小的物品。应用 EAS 技术，物品不用再锁在玻璃橱柜里，可以让顾客自由地观看、选择商品，这在自选日益流行的今天有着非常重要的现实意义。

典型的 EAS 系统一般由 3 部分组成：

(1) 附着在商品上的电子标签，电子传感器；

(2) 电子标签灭活装置，以便授权商品能正常出入；

(3) 监视器，在出口造成一定区域的监视空间。

EAS 系统的工作原理是：在监视区，发射器以一定的频率向接收器发射信号。发射器与接收器一般安装在零售店、图书馆的出入口，形成一定的监视空间。当具有特殊特征的标签进入该区域时，会对发射器发出的信号产生干扰，这种干扰信号也会被接收器接收，再经过微处理器的分析判断，就会控制警报器的鸣响。根据发射器所发出的信号不同及标签对

信号干扰原理不同，EAS可以分成许多种类型。关于EAS技术最新的研究方向是标签的制作，人们正在讨论EAS标签能不能像条码一样，在产品的制作或包装过程中加进产品，成为产品的一部分。

2. 便携式数据采集系统

便携式数据采集系统是使用带有RFID阅读器的手持式数据采集器采集RFID标签上的数据。这种系统具有比较大的灵活性，适用于不宜安装固定式RFID系统的应用环境。手持式阅读器（数据输入终端）可以在读取数据的同时，通过无线电波数据传输方式（RFDC）实时地向主计算机系统传输数据，也可以暂时将数据存储在阅读器中，再成批地向主计算机系统传输数据。

3. 物流控制系统

在物流控制系统中，固定布置的RFID阅读器分散布置在指定的区域，并且阅读器直接与数据管理信息系统相连，信号发射机是移动的，一般安装在移动的物体、人上面。当物体、人经过阅读器时，阅读器会自动扫描标签上的信息并把数据信息输入数据管理信息系统存储、分析、处理，达到控制物流的目的。

4. 定位系统

定位系统用于自动化加工系统中的定位以及对车辆、轮船等进行运行定位支持。阅读器放置在移动的车辆、轮船或者自动化流水线中移动的物料、半成品、成品上，信号发射机嵌入到操作环境的地表下面。信号发射机上存储有位置识别信息，阅读器一般通过无线的方式或者有线的方式连接到主信息管理系统。

第三节　物流信息传输技术与设施

一、电子数据交换

（一）电子数据交换的概念

在商业贸易活动中，每个贸易伙伴每天都要与供应商、生产商、批发商、零售商以及其他商业组织进行通信、交换数据，每天都会产生大量的纸张文献，包括订购单、发票、产品目录和销售报告等。纸张文献是商业贸易中至关重要的信息流，信息流一旦中断，供应链将流通不畅，从而导致重大的经济损失。

电子数据交换（electronic data interchange，EDI），按照统一规定的一套通用标准格式，将标准的经济信息，通过通信网络传输，在贸易伙伴的电子计算机系统之间进行数据交换和自动处理。由于使用EDI能有效地减少直到最终消除贸易过程中的纸面单证，因而EDI也被俗称为“无纸贸易”。

国际标准化组织（ISO）将EDI定义为“将商业或行政事务处理按照一个公认的标准，形成结构化的事务处理或信息数据格式，从计算机到计算机的数据传输”。

EDI是信息进行交换和处理的网络化、智能化、自动化系统，是将远程通信、计算机及数据库三者有机结合在一个系统中，实现数据交换、数据资源共享的一种信息系统。这个系统也可以作为管理信息系统(MIS)和决策支持系统(DSS)的重要组成部分。

EDI是一种计算机应用技术，商业伙伴们根据事先达成的协议，对经济信息按照一定的标准进行处理，并把这些格式化数据，通过计算机通信网络，在它们的电子计算机系统之间进行交换和自动处理。这是现代高科技和经济管理相结合的一个例子，它极大地改变了传统的贸易和管理手段，不仅使商业业务的操作方式根本改观，而且也影响了企业的行为和效率，使市场结构、国民经济的运行等等都发生了根本性的变化。

EDI是一套报文通信工具，它利用计算机的数据处理与通信功能，将交易双方彼此往来的商业文档(如询价单或订货单等)转成标准格式，并通过通信网络传输给对方。

商业EDI最大的特点就是利用计算机与通信网络来完成标准格式的数据传输，不需要人为的数据重复输入。由于报文结构与报文含义有公共的标准，交易双方所往来的数据能够由对方的计算机系统识别与处理，因此大幅度提高了数据传输与交易的效率。

(二) 电子数据交换技术的实施

1. EDI的构成及标准

构成EDI系统的三个要素是EDI软件和硬件，通信网络以及数据标准化。实现EDI需要相应的硬件和软件，EDI软件将用户数据库系统中的信息翻译成EDI的标准格式，以供传输和交换。通信网络是实现传输和交换的必要条件，同时EDI需要标准的数据格式。

(1) EDI数据标准化。

交易双方传递的文件是特定的格式，采用的是报文标准，因此文件结构、格式、语法规则等方面的标准化是实现EDI的关键。现在较通用的是联合国的UN/EDIFACT。

(2) EDI软件及硬件。

双方的计算机(或计算机系统)能发送、接收并处理符合约定标准的交易文件的数据信息。EDI不是简单地通过计算机网络传送标准数据文件，它还要求对接收和发送的文件进行自动识别和处理。因此，EDI的用户必须具有完善的计算机处理系统。从EDI的角度看，一个用户的计算机系统可以划分为两大部分：一部分是与EDI密切相关的EDI的子系统，包括报文处理、通信接口等功能；另一部分则是企业内部的计算机信息处理系统，一船称之为EDP(electronic data process)。

从技术的角度讲，EDP系统提供EDI系统交换的内容，EDP系统可以看作EDI系统的数据库手段，EDI系统可以看作EDP系统的通信手段。EDI系统要发送、接收的报文由EDP系统提交、处理。EDI系统一股具备对EDP系统数据格式定义的功能，通过应用定义，通用的EDI系统可以适应不同的EDP系统。应用单位一般先开发内部的EDP系统，然后与其他单位间实现EDI连接，EDP显然是EDI的前提，但对于那些原有信息应用不成熟的单位来说，为了与实现EDI的公司相连，可先开发一个简单的数据采集和通信系统，而后发展自己的EDP系统和MIS系统。

(3) 通信网络。

为了实现信息传输，必须有一个覆盖面广、高效安全的数据通信网作为基本技术支撑环境。由于EDI传输的是具有标准格式的商业或行政有价文件信息，因此除了要求通信网具

有一般的数据传输和交换功能之外，还必须具有格式校验、确认、跟踪、电子签名、文件归档等一系列安全保密功能，并且在用户间出现法律纠纷时，能够提供证据。

实现EDI通信主要有以下三种方式：① 早期采用的点对点方式(PTP)；② 利用已有的通信设备上采用的增值网方式(VAN)；③ 国际间电子邮件服务系统方式(MHS)。目前国际上主要采用这种消息处理系统。

一般地说，EDI系统由以下四个方面构成：关于信息传送方式的规定、关于信息表示方式的规定、关于系统动作操作的规定和全球交易业务的规定。这些规定或称为议定书，是利用EDI系统的各方达成的共识，这些规定实际上是对这四个方面涉及的内容进行标准化工作，其中最重要的标准化是信息传送方式的标准化和信息表示方式的标准化。信息传送方式标准化是指为了在不同的计算机之间传送信息而对通信线路的类型以及传送控制方式等方面进行决策，具体的内容包括通信速度、数据格式、数据长度、检查方法等方面的标准化，信息传送方式标准化工作还包括应用系统界面与数据格式之间相互转换方式的标准化。信息表示方式的标准化是指对应EDI网络传送的业务类型，确定对该业务信息内容的表示方式并使之标准化。具体内容包括数据代码、信息的格式等方面的标准化。

2. EDI标准体系的基本构架

从目前我国EDI应用的实际情况，以及未来一段时期的发展情况来看，我国的EDI标准的需求将大致体现在如下七个方面：

(1) EDI报文标准体系；

(2) EDI管理和规则标准体系；

(3) EDI单证标准体系；

(4) EDI报文标准体系；

(5) EDI代码标准体系；

(6) EDI其他标准体系；

(7) EDI相关标准体系。

这七个方面标准的每个方面又是由一些子方面组成的，由此构成一个完整的EDI标准体系构架。EDI标准体系结构表是为未来将要制定EDI标准的工作者提供近期和远期EDI标准制定规则。随着时间的推移，这一体系中涉及的领域也将拓展，标准的数量也会随之增加，从而使其得到不断的发展和完善，使整个EDI标准化工作进入一种不断补充的状态。

3. 实行EDI的工作流程

EDI是指以约定的标准编排有关数据，通过计算机向计算机传送业务往来信息。其实质是通过约定的商业数据表示方法，实现数据经由网络在贸易伙伴所拥有的计算机应用系统之间进行交换和自动处理，达到迅捷和可靠的目的。物流EDI的应用模型如图4.3所示。

EDI的工作流程可以划分为三个部分：

(1) 文件的结构化和标准化处理。用户首先将原始的纸质商业和行政文件，经计算机处理，形成符合EDI标准的，具有标准格式的EDI数据文件。

(2) 传输和交换。用户用自己的本地计算机系统将形成的标准数据文件，经由EDI数据通信和交换网，传送到登录的EDI服务中心，继而转发到相关的用户的计算机系统。

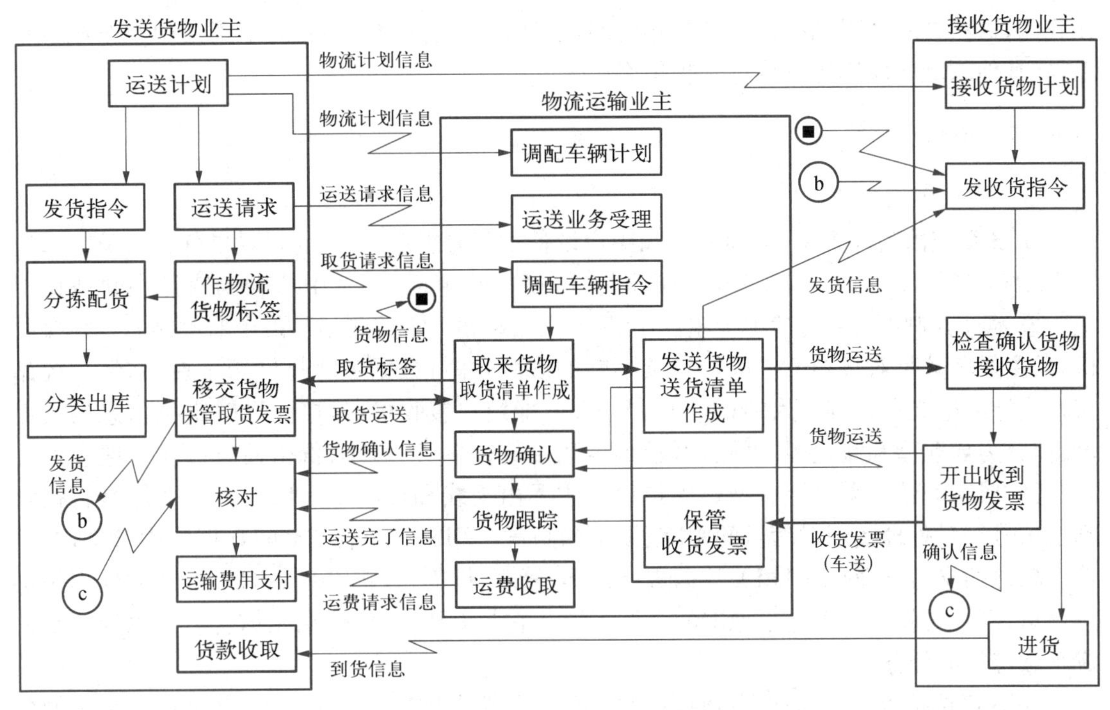

图 4.3　物流 EDI 的应用模型

(3) 文件的接收和自动处理。对方用户计算机系统收到由 EDI 服务中心发来的报文后,立即按照特定的程序自动进行处理。自动化程度越高的系统,人的干预就越少。如有必要,则输出纸质文件。

二、全球定位系统

(一) 全球定位系统的定义

全球定位系统(GPS),是利用分布在约 2 万公里高空的多颗卫星对地面目标的状况进行精确测定以进行定位、导航的系统,它主要用于船舶和飞机导航、对地面目标的精确定时和精密定位、地面及空中交通管制、空间与地面灾害监测等。

GPS 车载定位系统是以计算机快速处理信息为基础,接收和处理信息,查询 GIS 数据库,并显示车辆在电子地图上的精确位置。利用这些信息选择路径或者在总控端对车辆进行监控调度。这套系统主要由控制中心和车载单元构成。

控制中心主要由 GPS 接收机、数据处理系统控制 PC 机、数据传输系统单元(可以选择不同的传输方式,如无线电台、SMS/GPRS)和显示单元构成。其中最重要的部分是数据处理系统控制 PC 机,它负责 GPS 信息的实时处理,在地图上显示精确位置发送调度命令,响应下端用户的查询。车载单元由 GPS 接收机、信号处理微控制器、显示屏、查询呼叫单元构成,实现实时接收调度信号,查询车辆具体位置,选择路径等功能。

车载定位监控系统在国外已经得到了高速发展,在各个领域都有了很好的应用模型。

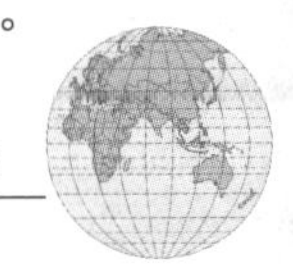

在我国，这项技术从无到有仅用了几年时间，虽然发展迅速，但 80%的应用集中在车载定位上，在其他领域的应用还有待进一步拓展。

（二）全球定位系统的组成和功能

1. GPS 的组成

GPS 系统由空间卫星、地面控制和用户设备三部分组成。① 空间卫星部分：GPS 系统由 24 颗卫星组成，均匀分布在 6 个倾角为 55 度的轨道面上，其中 3 颗为有源在轨备用卫星；② 地面控制部分：包括 1 个主控站、3 个注入站和 5 个监测站。每个监测站有一台接收机，其主要任务是对每颗卫星进行连续不断的观测，并将数据定时提供给主控站，经主控站编辑成导航电文再传到注入站；③ 用户设备：即用户接收机，是接收导航定位信息的关键设备，分为导航型和测地型。导航型较测地型结构简单、体积小、价格便宜。在一般应用场合，考虑成本问题多采用导航型。用户设备主要由天线和接收单元组成。其功能是将接收到的信号经过处理实现对信号的跟踪、锁定和测量。GIS 是以地理空间数据库为基础，在计算机软件的支持下，对空间相关数据进行采集、管理、操作、分析、模拟和显示，适时地提供动态信息，简言之就是一个电子地图的查询系统。它与 GPS 定位信息相结合就可以很好地完成车载定位的任务。

GPS 定位接收机目前达到的性能已能较好地满足大多数普通 GPS 定位管理系统的各方面要求。大多数厂家提供的产品都具有定位性能好，产品性能稳定、体积小、耗电省、使用方便等优良性能。其次，由于计算机和多媒体技术的迅速发展，普通的计算机就可以完全满足绝大多数控制中心对中心处理机的技术要求，网络技术使监控中心与分监控中心的联系毫无困难，GIS 系统和大屏幕显示等方面的技术和设备也能令人满意地工作，如图 4.4 所示。

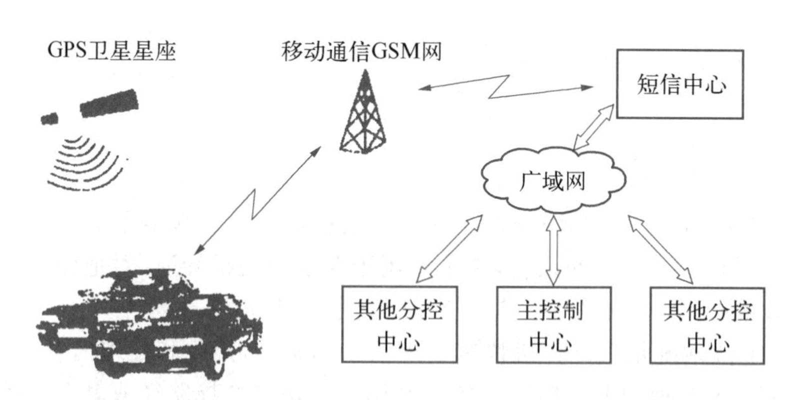

图 4.4　GPS 系统示意图

2. GPS 的功能

由于网络 GPS 融合了目前国际上最先进的信息技术和各类高科技成果，因此安装了网络 GPS 的车辆将会实现许多功能。

(1) 实时监控功能。包括：① 能够在任意时刻发出指令查询运输车辆所在的地理位置(经度、纬度、速度等信息)，并在电子地图上直观地显示出来；② 车辆出车后就可立即掌握其行踪。若有不正常的偏离、停滞与超速等异常现象发生，网络 GPS 工作站显示屏能立即显示并发出警告信号，并可迅速查询纠正，避免危及人、车、货安全的情况发生；③ 货主可登录查询货物运送状况，实时了解货物的动态信息，真正做到让客户放心；④ 长途运输由于信息闭塞，渠道狭窄，回程配货成了最大的困扰。而 GPS 监控系统正是建立在互联网这一开放式公共平台上的，可以提前在线预告车辆的实时信息及精确的抵达时间，根据具体情况合理安排回程配货。

(2) 双向通信功能。GPS 的用户可使用 GSM 的语音功能与司机进行通话或使用安装在车辆上的移动设备的汉字液晶显示终端进行汉字消息收发对话。

(3) 动态调度功能。包括：① 调度人员能在任意时刻通过调度中心发出文字调度指令，并得到确认信息。实现就近调度，动态调度，提前调度；② 可实时掌握车辆动态、发车时间、到货时间、卸货时间、返回时间等等。以达到争取时间、节约运输成本的目的；③ 科学调度，提高实载率，尽量减少空车时间和空车距离，充分利用运输车辆的运能。

(4) 数据存储、分析功能。包括：① 可事先规划车辆的运行路线、运行区域，何时应该到达什么地方等，并将该信息记录在数据库中，以备以后查询、分析使用；② 收集、积累、分析数据，进一步优化路线。依据地理信息 GIS 制定更为合理的行车路线及整个运输过程中的燃料、维修、过路(桥)等费用，确定更为精确的成本费用，制定更加合理的运费标准；③ 依据数据库储存的信息，可随时调阅每辆车的历史工作资料，并可根据各管理部门的不同要求制作各种不同形式的报表，使各管理部门能更快速、更准确地作出判断。

(三) 全球定位系统卫星定位的基本原理

GPS 的应用流程如图 4.5 所示。

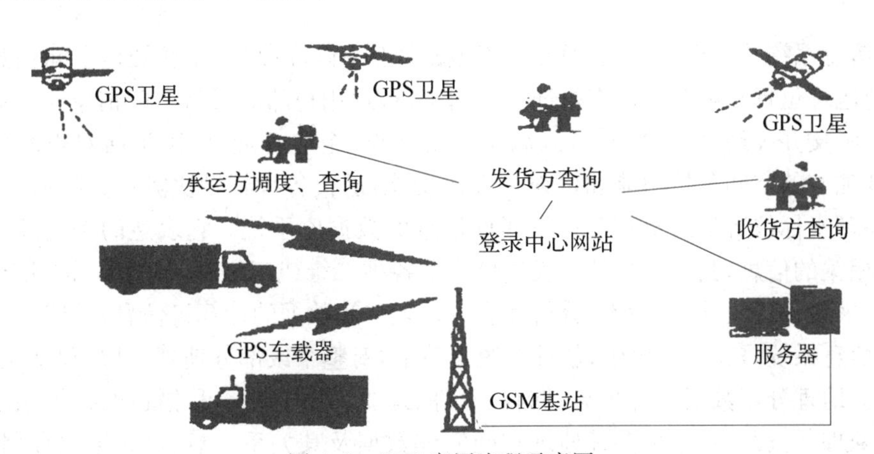

图 4.5 GPS 应用流程示意图

当 GPS 接收机接收到 GPS 卫星定位数据后，自动计算出自身所处的地理位置的坐标，由 GPS 传输设备将计算出来的位置坐标数据连同传感器信息由车载控制单元处理后经 GSM 通信机发送到 GSM 公用数字移动通信网，短信息服务中心通过与信息中心连接的专线将数据传送到监控平台上，中心处理器将收到的坐标数据、其他数据还原后，与 GIS 系统的电子地图相匹配，并在电子地图上直观地显示车辆的实时坐标，用户可在网上进行自有车辆信息的收发、查询等工作，在电子地图上清楚而直观地掌握车辆的动态信息(位置、状态、

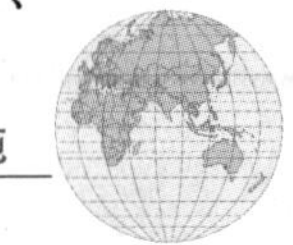

行驶速度等）。同时还可以在车辆遇险或出现意外事故时进行种种必要的遥控操作。

如图 4.6 所示，GPS 车辆动态信息监控平台同时融合了 GPS 卫星定位技术、GSM 数字移动通信技术、GIS 地理信息系统技术以及 Internet 技术等多种目前世界上先进的科技成果。各物流企业可进入网络 GPS 监控界面对车辆进行监控、调度、及时定位等多项操作，从而实现车辆实时动态信息的全程管理和其他功能。

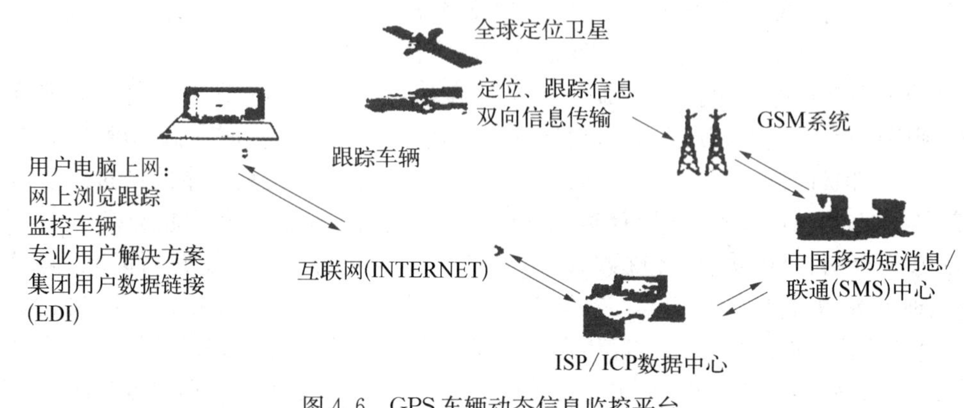

图 4.6　GPS 车辆动态信息监控平台

三、地理信息系统

（一）地理信息系统的定义

地理信息系统是融合计算机图形学和数据库于一体，用来存储和处理空间信息的高新技术，它把地理位置和相关属性有机地结合起来，根据用户的需要将空间信息及其属性信息准确真实、图文并茂地输出给用户，以满足城市建设、企业管理、居民生活对空间信息的要求，借助其独有的空间分析功能和可视化表达功能，进行各种辅助决策。其核心是管理、计算、分析地理坐标位置信息及相关位置属性信息的数据库系统。它表达的是空间位置及所有与位置相关的信息，其信息的基本表达形式是各种二维或三维电子地图。因此，GIS 可定义为"用于采集、模拟、处理、检索、分析和表达地理空间数据的计算机信息系统"。

地理信息系统是在计算机硬、软件系统支持下，对整个或部分地球表层（包括大气层）空间中的有关地理分布数据进行采集、储存、管理、运算、分析、显示和描述的技术系统。地理信息系统处理、管理的对象是多种地理空间实体数据及其关系，包括空间定位数据、图形数据、遥感图像数据、属性数据等，用于分析和处理在一定地理区域内分布的各种现象和过程，解决复杂的规划、决策和管理问题。

地理信息系统是一种特定的十分重要的空间信息系统。

(1) GIS 的物理外壳是计算机化的技术系统，它又由若干个相互关联的子系统构成，如数据采集子系统、数据管理子系统、数据处理和分析子系统、图像处理子系统、数据产品输出子系统等，这些子系统的优劣、结构直接影响着 GIS 的硬件平台、功能、效率、数据处理的方式和产品输出的类型。

(2) GIS的操作对象是空间数据,即点、线、面、体这类有三维要素的地理实体。空间数据的最根本特点是每一个数据都按统一的地理坐标进行编码,实现对其定位、定性和定量的描述。这是GIS区别于其他类型信息系统的根本标志,也是其技术难点之所在。

(3) GIS的技术优势在于它的数据综合、模拟与分析评价能力,可以得到常规方法或普通信息系统难以得到的重要信息,实现地理空间过程演化的模拟和预测。

(4) GIS与测绘学和地理学有着密切的关系。大地测量、工程测量、矿山测量、地籍测量、航空摄影测量和遥感技术为GIS的空间实体提供各种不同比例尺和精度的定位数;电子速测仪、GPS全球定位技术、解析或数字摄影测量工作站、遥感图像处理系统等现代测绘技术的使用,可直接、快速和自动地获取空间目标的数字信息产品,为GIS提供丰富和更为实时的信息源,并促使GIS向更高层次发展。

在全球协作的商业时代,85%以上的企业决策数据与空间位置相关,例如客户的分布、市场的地域分布、跨国生产与跨国销售、原料运输等。GIS能够帮助人们将电子表格和数据库中无法看到的数据之间的模式和发展趋势以图形的形式直观地表现出来,进行空间可视化分析,实现数据可视化、地理分析与主流商业应用的有机集成,从而满足企业决策多维化的需求。GIS可以将抽象的数据表格变为清晰简明的直观地图,帮助企业进行商业选址,确定潜在市场的分布、销售和服务范围;寻找商业地域分布规律、时空变化的趋势和轨迹;此外,还可以优化运输线路,进行资产管理和资源优化调度。

GIS最明显的吸引力是通过地图来表现数据。它是通过把空间要素和相应的属性信息关联起来来实现的。在GIS中,空间信息和属性信息是不可分割的整体,它们分别描述地理实体的不同特征,因而GIS能够支持传统的关系数据库所不能支持的空间查询和空间分析,它们是制定规划和决策的基础。

(二) 地理信息系统的特征

地理信息系统是以地理空间数据为基础,利用地理模型分析方法适时提供空间和动态的地理信息,为地理研究和地理决策服务的计算机系统。GIS具有以下三个方面的特征:

(1) 可用于采集、管理、分析处理和输出多种地理空间信息,具有空间性和动态性;

(2) 以地学研究和地理决策为目的,以地学空间模型分析为手段,具有区域宏观分析、多要素综合处理和动态预测能力,可用于产生高层次的地理决策信息;

(3) 由计算机系统支持进行地学空间数据管理,并由计算机程序模拟地理专家思维方法,作用于地学空间数据,产生规划决策信息,用以完成人力难以完成的工作. 计算机系统的支持是GIS的重要特征,使GIS得以快速、准确、综合地对复杂的地理信息进行空间定位和过程动态模拟。

地理信息系统的外观表现为计算机软、硬件系统,其内涵却是由计算机程序和地理数据组织而成的地理空间信息模型,是一个在逻辑上缩小的、高度信息化的计算机系统。GIS可用于从视觉、计量和逻辑上对地学系统进行模拟,地理信息的流动及其结果都可由计算机程序运行和数据变换来仿真。地理专家可在GIS支持下提取地理系统各个侧面、不同层次的空间和时间特性,也可快速地模拟自然过程的演变或地学专家思维过程的演绎,从而获得地理预测或实验的结果,选择优化方案,用以避免错误的决策带来的损失。

（三）地理信息系统的组成

地理信息系统的结构如图 4.7 所示。

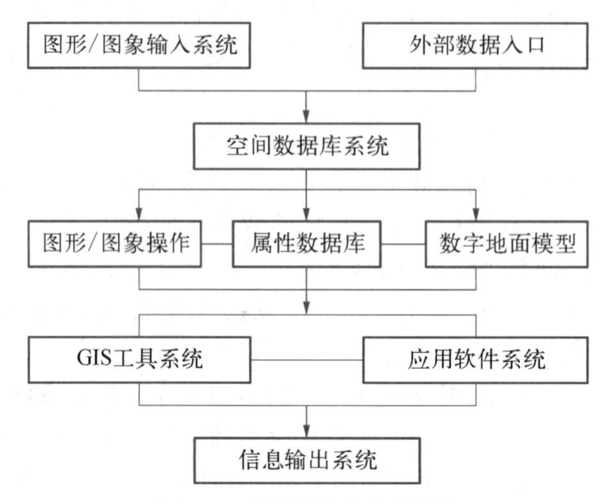

图 4.7　地理信息系统的结构

1. 图形/图像输入系统

该系统的功能包括地学专题图件的数字化输入和遥感图像的扫描输入两部分。对于地学专题图件，用数字化仪跟踪数字化多边形边界的弧段和节点，形成矢量结构的数据文件；屏幕与数字化仪结合对矢量文件进行编辑修改；计算多边形的面积和线段的长度；将矢量数据结构转换成网格数据结构并进行压缩编码，点、线、面状图的逻辑叠合等运算。对于遥感图像，主要有磁带输入和摄像扫描输入两种方法。磁带输入用来输入资源卫星或航空遥感磁带数据；摄像扫描输入可输入各种遥感图像资料，经过模/数转换变成数字图像资料。这些图像资料均存入图像数据库，可随时恢复显示或作进一步的分析处理。

2. 空间数据库系统

(1) 图像数据库。

图像数据库用于存储经过特征编码的地学专题图和遥感图像数据，进行图形/图像数据的各种逻辑操作，其主要功能为：① 将图形数据的矢量记录格式转换成网格记录格式，并以游程长度编码(run length coding，RLC)方式存储图形、图像数据；② 对图像数据进行缩放、平移、开窗口、边缘提取、函数变换、图像叠合等操作；③ 进行图像数据的各种统计分析，如方差、直方图、均值运算，各种分级和极值计算等；④ 根据系统模型产生各种数字地形因子参数；⑤ 直接访问属性数据库，将图像的各种属性调入内存，供图像查询使用。

(2) 属性数据库。

属性数据库存放与图像数据相关的属性数据，如多边形的面积、类型、名称、几何属性、空间特性及点、线、弧段的空间属性及其自然与社会属性。

(3) 数字地面模型。

对由地形图数字化输入的离散高程数据进行插值拟合运算，产生数字高程模型(digital

elevation model，DEM）。再根据 DEM 产生各种数字地形模型（digital terrain model，DTM），如坡度、坡向、沟谷密度、地面粗糙度等数字地形模型。

3. GIS 工具系统

GIS 工具系统是一组高效率系统化的具有图形/图像数字化编辑、空间数据存贮管理、查询检索、分析运算和信息输出等多种功能的计算机软件系统，可为用户提供基础的地理信息管理与分析的基本功能。GIS 工具系统作用于特定区域、待定专题的地理空间数据，与相应的地学分析模型相结合，就可产生各种实用的专题地理信息系统。地理信息系统的软件设计主要是指 GIS 工具软件系统的开发研制，使用户免去底层软件设计的繁重工作，集中精力于应用软件的开发。

4. 应用软件系统

该系统是软件开发人员或用户根据地理专题或区域分析模型编制的用于某种特定应用任务的软件，是系统功能的扩充与延伸。在 GIS 工具系统的支持下，应用软件的设计与开发是透明的和动态的。应用软件系统的开发与系统的物理存储结构无关，而随着系统应用水平的提高不断优化和扩充。应用软件作用于地理专题数据或区域分析数据，就构成了 GIS 的具体内容，这是用户最为关心的真正用于地理信息分析的主要内容，也是从空间数据中提取地理专题信息的关键。用户进行系统开发大部分工作是应用软件开发，而应用软件开发的水平在很大程度上决定了系统的实用性优劣和成败。

5. 信息输出系统

信息输出系统完成 GIS 空间数据的硬拷贝输出，包括屏幕拷贝输出及绘图输出。可以数据、表格、图形及图像的形式提供用户所需的各种数据。

（四）地理信息系统的功能

目前，不同 GIS 平台的功能不尽相同，下面以国产 GIS 软件 MAPGIS 为例来说明 GIS 的功能。

（1）数据输入。MAPGIS 提供了多种数据输入方式，如扫描矢量化输入、数字化仪输入、全站仪输入、GPS 输入以及其他格式数据的转换输入等。

（2）数据处理。MAPGIS 通过图形编辑、投影变换、误差校正和地图符号设计等模块来完成对数据的处理。

（3）MAPGIS 数据库管理。它包括地图库管理子系统、属性库管理子系统、系统具有影像图库管理功能，能实现 10 倍以上高压缩比的图像压缩存储功能，具有分块存储管理、调度、快速定位功能等。

（4）空间分析。包括矢量空间分析、数字高程模型（DTM）、网络分析、图像分析、电子沙盘五个子系统。

（5）数据的输出。MAPGIS 的数据输出可通过输出子系统、电子表定义输出系统来实现文本、图形、图像、报表等的输出。

（6）数据转换。MAPGIS 平台可提供强大的数据转换功能，以达到跨平台的数据共享。输入输出交换接口可将多种数据文件转换成本系统内部矢量文件结构，同时能够实现反向转换。

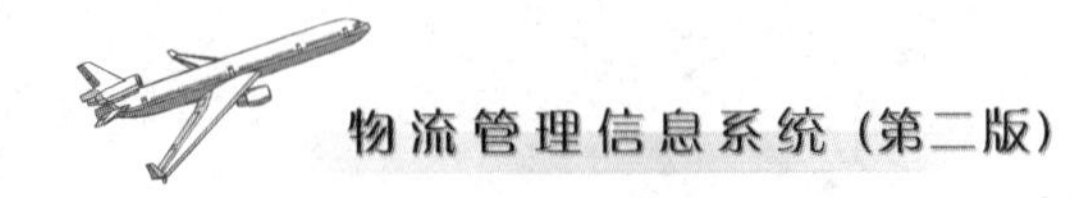

（7）图像处理。图像处理模块包括图像分析、镶嵌配准、电子沙盘系统等功能子系统。

总之，GIS的基本功能是将表格型数据（无论它来自数据库、电子表格文件或直接在程序中输入）转换为地理图形显示，然后对显示结果浏览、操纵和分析。其显示范围可以从洲际地图到非常详细的街区地图，显示对象包括人口、销售情况、运输线路以及其他内容。

GIS应用于物流分析，主要是指利用GIS强大的地理数据功能来完善物流分析技术。国外公司已经开发出利用GIS为物流分析提供专门分析的工具软件。完整的GIS物流分析软件集成了车辆路线模型、最短路径模型、网络物流模型、分配集合模型和设施定位模型等：

（1）车辆路线模型。用于解决在一个起始点、多个终点的货物运输中，如何降低物流作业费用，并保证服务质量的问题。包括决定使用多少辆车，每辆车的行驶路线等。

（2）网络物流模型。用于解决寻求最有效的分配货物路径问题，也就是物流网点布局问题。如将货物从N个仓库运往到M个商店，每个商店都有固定的需求量，因此需要确定由哪个仓库提货送给那个商店，使得运输代价最小。

（3）分配集合模型。可以根据各个要素的相似点把同一层上的所有或部分要素分为几个组，用以解决确定服务范围和销售市场范围等问题。如某一公司要设立X个分销点，要求这些分销点覆盖某一地区，而且要使每个分销点的顾客数目大致相等。

（4）设施定位模型。用于确定一个或多个设施的位置。在物流系统中，仓库和运输线共同组成了物流网络，仓库处于网络的节点上，节点决定着线路，如何根据供求的实际需要并结合经济效益等原则，在既定区域内设立多少个仓库，每个仓库的位置，每个仓库的规模，以及仓库之间的物流关系等，运用此模型均能很容易地得到解决。

本章小结

1. IT基础设施的构成要素

（1）计算机硬件平台。计算机硬件平台包括主机、服务器、个人计算机、平板电脑和智能手机等设备。

（2）操作系统平台。操作系统是管理计算机硬件与软件资源的计算机程序，同时也是计算机系统的内核与基石。

（3）企业应用软件。企业应用软件是指可以在系统软件之外的所有应用软件上运行的为企业开发的应用，为满足企业应用需求而提供的软件。

（4）数据管理和存储。数据管理是利用计算机硬件和软件技术对数据进行有效的收集、存储、处理和应用的过程，其目的在于充分有效地发挥数据的作用，实现数据有效管理的关键是数据组织。

（5）网络/通信平台。网络是由节点和连线构成，表示诸多对象及其相互联系。通信是人与人之间通过某种媒体进行的信息交流与传递。通信网络是指将各个孤立的设备进行物理连接，实现人与人、人与计算机、计算机与计算机之间进行信息交换的链路，从而达到资源共享和通信的目的。

（6）互联网平台。互联网，是网络与网络之间所串连成的庞大网络，这些网络以一组通用的协议相连，形成逻辑上的单一巨大国际网络。互联网平台涵盖硬件、软件和管理服务以支持企业的Web网站，包括网页寄存服务、路由器和有限/无线设备。

(7) 咨询与系统集成服务。所谓系统集成(System Integration，SI)，就是通过结构化的综合布线系统和计算机网络技术，采用技术整合、功能整合、数据整合、模式整合、业务整合等技术手段，将各个分离的设备、软件和信息数据等要素集成到相互关联的、统一和协调的系统之中，使系统整体的功能、性能符合使用要求，使资源达到充分共享，实现集中、高效、便利的管理。系统集成实现的关键在于解决系统之间的互连和互操作性问题，它是一个多厂商、多协议和面向各种应用的体系结构。

2. RFID的特点

(1) 可以非接触识读(识读距离可以从十厘米至几十米)，可识别高速运动物体；

(2) 识别无"盲区"，信号穿透力强，可以穿透墙壁、地面、人员、衣服等物体，可任意调整识别范围；

(3) 抗恶劣环境能力强，一般污垢覆盖在标签上不影响标签信息的识读；

(4) 抗干扰能力强，保密性强；

(5) 对人体无害，环境适应性强；

(6) 可同时识别多个识别对象等。

3. 全球定位系统

全球定位系统(GPS)，是利用分布在约2万公里高空的多颗卫星对地面目标的状况进行精确测定以进行定位、导航的系统，它主要用于船舶和飞机导航、对地面目标的精确定时和精密定位、地面及空中交通管制、空间与地面灾害监测等。

4. 地理信息系统

地理信息系统是在计算机硬、软件系统支持下，对整个或部分地球表层(包括大气层)空间中的有关地理分布数据进行采集、储存、管理、运算、分析、显示和描述的技术系统。

关键术语

条码技术；射频识别技术；电子数据交换；全球定位系统；地理信息系统

练　习　题

一、名词解释

1. 电子数据交换

2. 全球定位系统

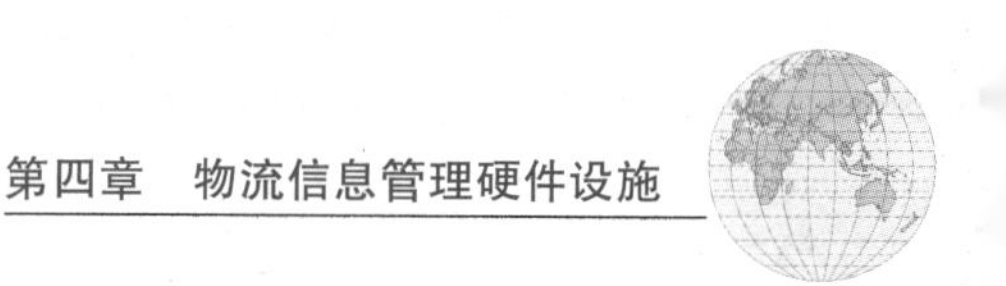

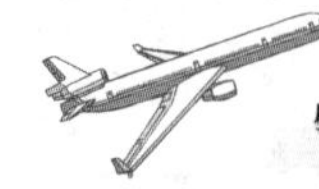

3. 地理信息系统

二、单项选择

1.（　　）是指计算机除输入输出设备以外的主要机体部分，是用于放置主板及其他主要部件的控制箱体，通常包括CPU、内存、硬盘、光驱、电源、以及其他输入输出控制器和接口。

A　主机　　B　服务器　　C　个人计算机　　D　平板电脑

2.（　　）按照统一规定的一套通用标准格式，将标准的经济信息，通过通信网络传输，在贸易伙伴的电子计算机系统之间进行数据交换和自动处理。

A　射频识别技术　　B　全球定位系统

C　地理信息系统　　D　电子数据交换

三、多项选择

1. 以下属于IT基础设施构成要素的有（　　）。

A　计算机硬件平台　　B　操作系统平台

C　企业应用软件　　D　数据管理和存储

E　网络/通信平台

四、简答

1. 简述IT基础设施的构成要素。

2. 简述条码技术的优点。

3. 简述RFID的特点。

案例分析

苏宁云商集团股份有限公司建设苏宁云仓

一、企业简介

苏宁1990年创立于南京，是中国商业领先者，中国最大的商业零售企业。截至目前，苏宁连锁网络已覆盖海内外600多个城市，销售规模达3 500亿元，位列中国民营企业前三强。苏宁以商业为主业，顺势切入综合地产开发，同步带动酒店服务等行业发展，形成了商业零售、综合地产、酒店服务、投资多产业协同发展的格局。苏宁物流集团，作为苏宁控股旗下重要的业务版块之一，是苏宁互联网转型的主要聚焦点。

二、面临的战略挑战

随着苏宁业务的增长，线上线下O2O融合，现有仓库网络和能力已经无法满足苏宁业务需求，为此，苏宁需要建设多个超大型仓储配送中心同时还要快速响应满足顾客极高的需求。

国内物流行业劳动密集型的现状下，人效低下，电商物流的生产效率和整体产能并没有有效的提升手段。苏宁云商集团是中国最大的互联网零售企业，也是“互联网＋”的提倡与推动者。集团在建设互联网零售的过程中对于物流运营模式提出了更高的要求。集团将物流建设作为战略核心之一，目的是要寻求改变当前物流产业劳动密集型状态的有效途径。以作业效率为抓手，聚焦仓库之间的作业能力协同、聚焦配送中心的自动化作业能力、聚焦新技术在仓库作业方面的应用和实践；快速实现能力的建设和拓展，为物流集团提升向社会开放服务能力打好基础。

三、应对策略

(一) 建设拥有自主知识产权的智能仓库控制系统，突破物流行业困境

近10年来，苏宁一直在自动化仓库建设方面进行探索和创新，不断地尝试更加切实有效的自动化仓储运营解决方案。

苏宁的自动化仓库建设始于2008年，是以第三方集成的方式开始的。第三方集成具有很大限制性，不能充分的理解苏宁的业务，业务发生调整时其响应时效又无法跟上。自主研发仓库控制系统(warehouse control system，WCS)成为首个自主研发并成功实施的电商企业。如图4.8所示，苏宁逐步从外部集成走向自主集成之路。

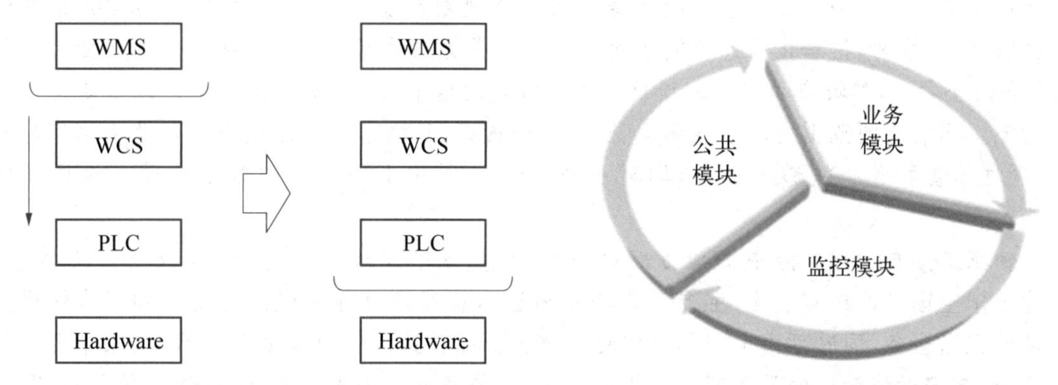

图4.8 苏宁从外部集成走向自主集成　　图4.9 苏宁“指南针系统”模块化(第一级)

苏宁WCS“指南针系统”创新性地采用了模块化的设计及部署方案，可根据自动化仓库实际情况灵活选择适配的模块，同时模块间保持独立，不仅充分保障整个系统的安全，更能充分利用系统的后台资源，如图4.9所示。

另外，WCS系统因其对设备通信的特殊性要求，必须要进行本地化部署，如图4.10所示。苏宁打破行业规律，实施平台化架构，架设云端中心服务集中监控所有本地化部署(含运营或测试)的“指南针系统”。云端中心服务可以随时接管本地化系统，结合监控模块的机制可以将运营风险降到最低。

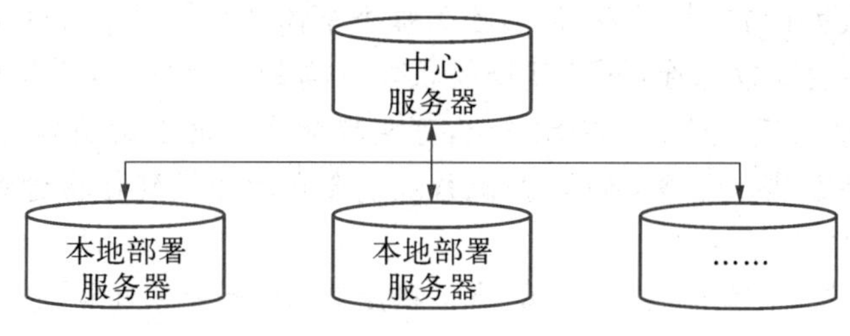

图4.10 苏宁“指南针系统”平台化

“指南针系统”在广州、南京等仓库实施以来，无论是系统的整体性能还是对仓库作业支撑能力，都实现了质的提升，表现出了新平台、新架构的巨大优势。“指南针系统”的研发突破了行业自动化仓库建设目前重硬件轻软件的合作模式，改写了行业中甲方依赖购买WCS系统的既定规则。自研WCS系统一方面使苏宁摆脱了对集成商的依赖，更重要的是能够灵活自主地进行软硬件协同设计和匹配苏宁的物流业务，并可快速完成国内乃至国际领先设备与技术的不断导入和集成。

国内物流正处于高速发展期，电商物流的发展态势尤为迅猛，但同时其运作模式也处于动荡期。各大电商都在不断地调整自己的运作模式，试图找到一个平衡。苏宁在电商物流领域集成各个方面的知识和技术，与自身业务结合，通过实践的方式探索对行业生产水平起指导性作用的信息化解决方案。电商物流与已经发展成熟的制造业物流有极大的差别，其综合性更强，差异性更大。苏宁通过自身的信息化探索，已经为未来物流行业的发展找到了方向，苏宁也将坚持探索，未来苏宁将会对社会提供服务，助力国内物流的升级变革。

（二）建设日发货量200万的新一代配送中心作为示范基地

南京雨花小件仓库物流中心项目是集团重点规划建设项目，建成后将成为国内最先进的物联网、互联网、信息化的包含电子商务性质的多功能示范基地。该项目作为集团确定的8个全国仓之一，建设自动化物流项目。承担城市配送中心、区域配送中心及B2C配送中心的功能。辐射全国范围内的干线调拨、江苏省境内二、三级市场长途调拨业务及南京门店短拨、同城零售配送和快递等业务，同时也将承担起网购小件商品的集中存储与全国调拨功能。

南京二期自动化物流中心项目建筑面积20多万平方米，占地面积15万平方米左右。作为苏宁全国性的中心仓库，主要负责华东地区零售客户及各区域配送中心和门店快递点商品的配送服务，同时可向全国其他中心仓进行商品调拨。针对未来业务增长、未来业务模式改变，苏宁对设计中的灵活度给予极高的重视，使得五种物流业务功能（退货给供应商、零售订单出库、调拨、中转、快递）之间和四大市场业务（电商B2C、门店B2B、平台C2C、快递）之间的比例分配足够灵活，苏宁未来业务增长与发展将不会被设计所局限，而会被系统的强大性能所驱动！

苏宁这一新配送中心从规模、解决方案和采用的技术以及能力水平方面，将属于全球领先的配送中心。它将使苏宁在电商B2C及平台C2C领域以及线上、线下融合业务（O2O）方面实现大跨步的飞跃。

1. SCS旋转库系统用于高速拣选

SCS是一种高度动态而且完全自动的仓储系统，带有分离的自动储存和取回装置。通过SCS旋转货架作为库内存拣设备，能够达到每个单体250箱每小时的出入库效率，配合货到人拣选工作站，实现高效拣选，SCS可以提供非常高的储存密度，几乎能够处理所有类型的小件物品。配合供应商先进的WCS系统，可实现对产品的自动追踪、监控，WMS系统只需要给WCS下传拣货需求指令，WCS控制系统就会自动寻找到货物送到拣选人员面前，完全实现设备自动操作。

SCS旋转货架特性：高存储密度、自动化程度高、准确管理和检查范围广泛的物品、监控到期日、批次追踪。

SCS 旋转货架货到人系统是整个系统的核心之一，南京二期第一阶段包含 7 组 SCS 货到人拣选旋转库系统(每组 6 个旋转库单体)共 65 520 存储位，配合 14 个拣选工位，拣选效率高达 15 000 件每小时。按照一天两个班次，只需要 28 个人，即可处理 30 万每天的拣选作业量；如果使用传统人工库，同样的工作量，每天需要 300 个人进行作业。假设人员年薪 5 万，相当于节省了 1 360 万每年的成本。

图 4.11　SCS 旋转库系统

2. AS/RS 自动托盘堆垛系统

南京二期利用高架库的高密度存储特性，作为中件整拖以及小件大批量商品的主要存储系统，配合先进的 WCS 控制系统，利用自动堆垛机进行托盘出入库操作，从而实现整托盘、大批量商品的自动化存储、出库以及商品管理，具有高可靠性、高灵活性、最短的运送和完成时间，节能、高效的空间利用率的特点。

南京二期自动托盘堆垛系统包含 3 个巷道共 10 608 个存储位，3 台高速自动托盘堆垛机，含双深位载货台，高度为 22 米的双深位存储位，技术能力可达到双循环 90 个托盘每小

图 4.12　AS/RS 自动托盘堆垛系统

时（单循环可达到150托盘每小时左右）。传统仓库主要利用横梁托盘货架配合高位叉车，效率低下，ASRS托盘堆垛系统中每一台堆垛机的效率是传统仓库高位叉车的4—5倍，而且不需要人员操作，准确率高，人员成本接近于零。

3. Miniload高密度自动箱式堆垛机

类似AS/RS自动托盘堆垛系统，Miniload自动箱式堆垛系统也是一个高密度自动存储系统，主要用于小件料箱和硬纸箱的存储、补货。配合WCS控制系统，实现Miniload系统内商品的自动化存取，整个系统不需要人工操作，完全由系统进行控制，极大地降低了人工成本且减少了商品出错率。

南京二期第一阶段包括12台自动化箱式堆垛机，338 400个料箱存储位，整个货架高22米，能够实现双循环1 400箱每小时的能力（单循环1 800箱每小时左右），能够实现每天60万件商品的补货出库功能。相比传统仓库横梁托盘货架配合高位叉车，Miniload系统极大提高了货物存取的准确率，且不需要人工操作。高叉每次存取货物效率大约10托，假如每托只有一箱货物符合要求，该情况下Miniload堆垛机单台效率能达到高叉的15倍。

图4.13 Miniload高密度自动箱式堆垛机

4. A-frame自动拣选设备

A-frame是一种自动拣货系统，具有高速的物品处理能力（每小时能够拣选1 600箱小件商品）。A-frame设有通道，通道安装在收集皮带的左侧和右侧，A-frame通道采用串行控制，即每层（左侧或右侧）只有一个分配器可以在一次操作中被激活。当需分配产品时，相应的通道将被激活，从而使产品掉落到集料皮带上。南京二期项目内A-frame会配置两个自动化填充点，集料皮带上的产品会自动输送到填充点位置预先自动补给好的带订单周转箱，并掉落到料箱内，料箱自动输送到其他区域进行下一步处理。

A-frame的整个过程为自动化系统控制处理，由于消除了耗时的人工拣选活动从而获得高收益，并且持续的高质量和可靠性使得它即使在峰值时也能确保高产量。

5. 包裹分拣机

可理解为快递点分拣，用于快递揽件来的包裹以及二楼顾客包装工作站做好顾客包裹

图 4.14　A-frame 自动拣选设备

的小件拆零产品(特指运输料箱装载率不高的)的分拣。通过 12 个人工供件台,将包裹投放到分拣机上,分拣机自动扫描包裹上的条码识别目的地,并自动在相应目的地道口弹出,进行运输料箱装箱操作后,通过输送线送到下一个区域进行下一步操作。

南京二期包裹分拣机能够实现 1.8 万包裹每小时的分拣能力,利用分拣机系统取代传统的人工投快递点操作,极大地降低人工成本并提升了分拣效率,可以根据每个人的工作效率,合理安排其装箱负责区域,有助于提高人员灵活性和作业积极性;另外,包裹分拣机配备了 600 个道口,未来可根据业务量合理安排道口数量,甚至对于业务量大的快递点,可以按照快递员分配道口,有助于提升末端快递点的作业效率。

图 4.15　包裹分拣机

6. AGV 机器人

苏宁在全面自动化仓库进程中,不断探索和创新仓储运营解决方案。在解决小件仓储空间利用效率方面,积极采用高密度存储的方式;在提高人员拣选效率方面,积极变革流程推行实时优化拣选路径和订单结构优化作业;在仓库投资成本及回收效率提高方面,积极应用先进设备设施。综上三方面应用及解决,苏宁积极探索基于 AGV 智能设备的仓储应用,

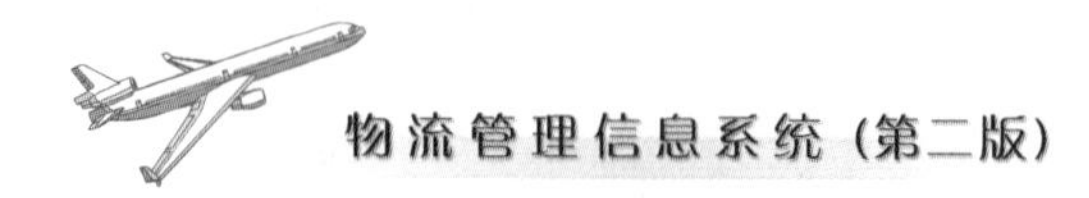

AGV可实现货到人，自动化分拣等多种高效运作模式。

可调可移动可多楼层多场地的布局的货架结构及机器部署方式，实现大型高密度型设备空间解决方案，同时又降低仓储投资成本并提高回收时效。基于大数据和算法的支撑，AGV智能机器人能够高效移动货架或包裹到指定位置，取代人力搬运工作，能够大幅提高作业人员单位效率及节约人力成本。苏宁应用AGV的仓库综合人效比传统仓库提高4倍以上。

图4.16　AGV机器人

四、核心收益

核心收益主要体现以下几个方面：

(1) 应对电商物流行业层出不同的创新，可以快速进行调整和设计，比原有依赖集成商进行调整的工期时间平均缩短60%，例如因仓库运营品类变化，需要调整包裹运行路径。未实施指南针系统的仓库需要从商务谈判开始，评估实施完成需要45天，而实施指南针的自动化仓库仅需12天。

(2) 为了保障顾客体验，确保发货，仓库作业对系统有极高的可靠性要求，针对偶发事件的处理从原有12小时响应处理时间，提高到目前的30分钟，在很大程度上确保了仓库的生产运作。

(3) 每个自动化仓库售后运营阶段，平均支付给集成商的软件维护费用约80万，目前有8个自动化仓库，采用自研发则可直接节省费用640万。同时也解决了集成商软件人员能力不足问题。

(4) 通过自动化仓库建设，整体发货及时率提高到99.98%；拣选平均效率提高到254件每人每小时。2016年的双11单个自动化物流仓库作业能力突破100万件每天；同时仓库单件成本下降0.30元每件，按年发货1.15亿件计算，总共节省3 450万元。

案例思考：

本案例通过分析苏宁云商集团股份有限公司的苏宁云仓建设项目，寻求解决当前物流产业劳动密集型状态的有效途径。请思考本项目是如何建设拥有自主知识产权的智能仓库控制系统，以突破物流行业困境的。

第五章 物流信息管理信息资源

学习目标

学习完本章,你应该能够:

1. 理解数据模型的概念,了解数据模型的要素;
2. 理解数据库的定义,了解数据库的分类;
3. 理解数据库系统的定义,了解数据库系统的组成;
4. 理解数据库管理系统的定义,了解数据库管理系统的功能;
5. 理解数据仓库的概念,了解数据仓库的组成;
6. 了解 MapReduce 技术,了解 Hadoop 框架的体系结构;
7. 理解数据挖掘的概念,了解数据挖掘的作用;
8. 理解通信的基本概念,了解通信系统的组成;
9. 理解计算机网络的定义,了解计算机网络的组成;
10. 理解无线通信的定义,了解移动通信系统。

开篇案例

亚马逊如何借助大数据给物流“降本增效”

电商物流的开创者亚马逊,不仅仅是电商平台,还是一家科技公司,其在业内率先使用了大数据,利用人工智能和云技术进行仓储物流的管理,创新推出了预测性调拨、跨区域配送、跨国境配送等服务,并由此建立了全球跨境云仓。可以说,大数据应用技术是亚马逊提升物流效率、应对供应链挑战的关键。

亚马逊物流运营体系的强大之处在于,它已把仓储中心打造成了全世界最灵活的商品运输网络,通过强大的智能系统和云技术,将全球所有仓库联系在一起,以此做到快速响应,并能确保精细化的运营。智能预约系统通过供应商预约送货,能提前获知供应商送货的物品,并相应调配好到货时间、人员支持及存储空间。入库收货是亚马逊大数据采集的第一步,为之后的存储管理、库存调拨、拣货、包装、发货等每一步操作提供了数据支持。这些数

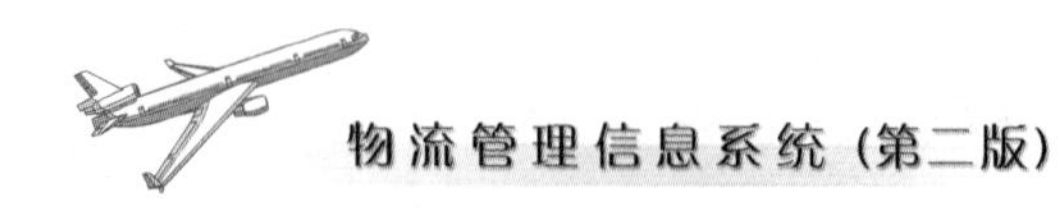

据可在全国范围内共享，系统将基于这些数据在商品上架、存储区域规划、包装推荐等方面提供指引，提高整个流程的运营效率和质量。

探讨电商物流能力的强弱，就不得不提及其应对高峰的策略。亚马逊是多年来美国“黑色星期五”购物节中的主力，不仅在全球物流体系布局上早有建树，而且在物流供应链的准备方面也早已领先一步。亚马逊智能系统就像一个超强大脑，可以洞察到每小时、每一个品类，甚至每一件商品的单量变化，让单量预测的数据细分到全国各个运营中心、每一条运输线路和每一个配送站点，提前进行合理的人力、车辆和产能的安排。同时，系统预测还可以随时更新，并对备货方案进行实时调整。亚马逊供应链系统基于历史销售数据进行运算和分析，从管理、系统等方面严谨地分析仓储物流的每一个环节，让单量预测的数据细分到全国各个运营中心、每一条运输线路和每一个配送站点，提前进行合理的人力、车辆和产能的安排。

近年来，亚马逊一直致力于在提升发货配送速度的同时，降低运输成本。为了将物流速度提到最快，减少中转环节，保障商品安全，亚马逊跨境物流主要在于六大核心优势：四通八达的境外运营网络、1 小时订单处理发货、优先发运不等待、24 小时入境清关、国内网络无缝对接、跨境全程可追踪。截至目前，亚马逊已在中国建立了 13 个运营中心，其中“海外购”直邮的订单主要通过亚马逊天津、上海、广州的运营中心入境，之后通过亚马逊全国 300 多条干线网络快速运往全国各地，为近 3 000 个城市区县的消费者提供优质的配送服务，其中在 1 400 多个区县提供当日达、次日达配送服务。对于亚马逊 Prime 会员的跨境包裹，亚马逊北京、天津、上海和广州四地的运营中心为其设立了单独交接区域和快速处理通道，将其优先发往各地的亚马逊配送站点，送达消费者手中。对消费者而言，跨境物流链条长，流程透明和商品安全是他们最关心的。亚马逊国际物流与国内物流体系可以直接对接，减少中间转手环节，也意味着更低的商品破损和遗失风险。而亚马逊智能系统记录着每一辆载满包裹的卡车应该在几点几分到达，几点几分取货离开，如果卡车在某个区域中不该停留的位置停了十分钟，系统会立刻发出警报提示，并了解发生了什么问题。

第一节 数据库系统

一、数据模型

（一）数据

数据是数据库存储的基本对象，是描述客观事物及其状态的符号。在现代计算机系统中，凡是能为计算机所接收和处理的各种字符、数字、图形、图像及声音等都可称为数据。因此，数据泛指一切可被计算机接收和处理的符号。数据可分为数值型数据（如工作、成绩等）和非数值型数据（如姓名、日期、声音、图形、图像等）。数据可以被收集、存储、处理（加工、分类、计算等）、传播和使用，并能从中挖掘出更深层的信息。

（二）数据模型

数据模型（data model）是对数据特征的抽象。数据是描述事物的符号记录，模型是现实世界的抽象。数据模型从抽象层次上描述了系统的静态特征、动态行为和约束条件，为数据库系统的信息表示与操作提供了一个抽象的框架。数据模型通常由数据结构、数据操作和完整性约束三要素组成。

1．数据结构

数据结构描述的是系统的静态特性，是所研究对象的类型的集合。由于数据结构反映了数据模型最基本的特征，因此，人们通常都按照数据结构的类型来命名数据模型，传统的数据模型有层次模型、网状模型和关系模型。近年来，面向对象模型得到广泛应用。

2．数据操作

数据操作描述的是系统的动态特性，是对各种对象实例允许执行的操作的集合。数据操作主要分为更新和检索两大类，更新包括插入、删除、修改。两类统称增、改、查。

3．数据约束

完整性约束的目的是保证数据的准确性、有效性和相容性。例如，在关系模型中，任何关系都必须满足实体完整性和引用完整性这两个条件。

二、数据库

（一）数据库的定义

数据库技术是计算机软件的一个重要分支，从开始的层次数据库、网状数据库到关系数据库，以至目前的分布式数据库，数据库技术不断地取得突破性的进展，已成为一门相对成熟的技术。

数据库（data base，DB）是存放在计算机存储设备中的以一种合理的方法组织起来的，与公司或组织的业务活动和组织结构相对应的各种相关数据的集合，该集合中的数据可以为公司或组织的各级经过授权的人员或应用程序以不同的权限所共享。

（二）数据库中数据的特征

数据库中的数据具有如下特征：

（1）共享性。数据库中的数据将在多用户或应用之间共享。

（2）持久性。数据库中的数据将永久存在，意味着数据的生存周期将超越数据产生程序的运行周期。

（3）有效性。数据库中的数据必须与其在现实世界中对应的事物保持一致。

（4）安全性。访问数据库中的数据需要有相应的授权。

（5）一致性。如果数据库中的多个数据项用以描述现实世界中的关联事物，那么这些数据项的取值必须保持一致。

（6）无冗余性。现实世界中的事物在数据库中最多有一份数据与之对应。

（三）数据库的分类

随着数据库技术的发展和用户对数据需求的多元化，目前有各种各样的特色数据库系统，其目的是解决各种工程、应用问题。数据库的种类很多，可从数据库结构、应用对象、应用范图等几个方面分类。

（1）按照数据结构分类：关系数据库、层次数据库、网状数据库和面向对象数据库。

（2）按照应用对象分类：以管理字符数据为主的传统数据库、以管理多媒体数据为主的多媒体数据库、以提供信息共享为主的浏览器/服务器网络数据库、以解决网络数据共享为主的分布式数据库等。

（3）按应用范围分类：主要有空间数据库、工程数据库等。

（4）按工作方式分类：主要有主动数据库、并行数据库、实时数据库等。

三、数据库系统

（一）数据库系统的定义

数据库系统（data base system，DBS）是采用数据库技术的计算机系统，是可运行的以数据库方式存储、维护和向应用系统提供数据或信息支持的系统。它由计算机硬件、软件（数据库、数据库管理系统、操作系统和应用程序等）、数据库管理人员（data base administrator，DBA）及其他人员所组成。数据库系统可以用图 5.1 表示。

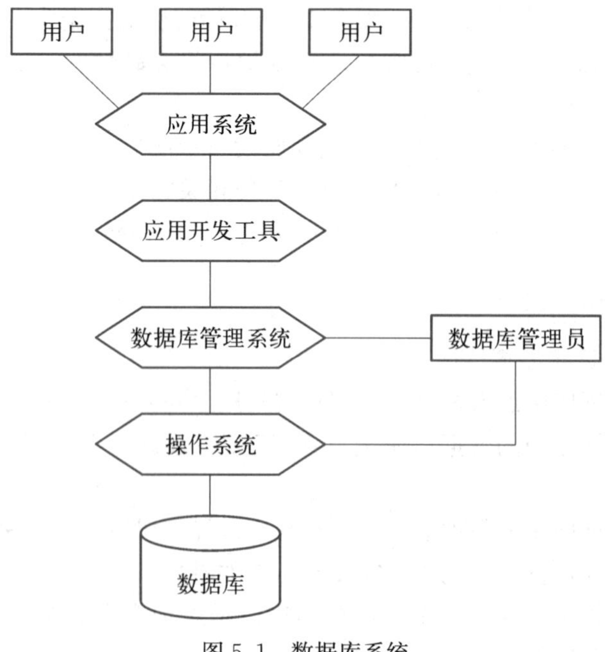

图 5.1　数据库系统

(二) 数据库系统的组成

数据库系统中各部分之间的关系如图 5.2 所示。

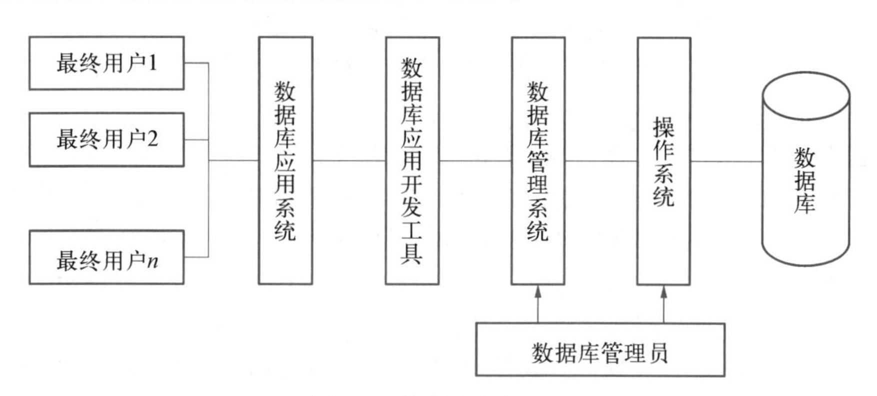

图 5.2　数据库系统组成

1. 数据库及其硬件支持系统

数据库需要有包括 CPU、内存、外存、输入/输出设备等在内的硬件设备支持。外存空间应足够大,以存放规模越来越大的数据库、操作系统、数据库管理系统及应用程序系统;还应有足够大的内存,以存放操作系统及数据库管理系统的核心模块、数据缓冲区和应用程序等。

2. 数据库管理系统

数据库管理系统(database management system,DBMS)是基于某种数据结构模型,以统一的方式管理和维护数据库并提供访问数据库接口的软件,是数据库系统的核心。

3. 操作系统

操作系统主要负责计算机系统的进程管理、作业管理、存储器管理、设备管理和文件管理等,因此,可以给 DBMS 的数据组织、管理和存取提供支持。例如,当 DBMS 需要读取存放在磁盘上的数据库物理记录时,就必须调用操作系统读取磁盘块的操作,由操作系统从磁盘取出相应的物理块,而对物理块的解释则是由 DBMS 来完成的。

4. 数据库应用系统

数据库应用系统是指包含数据库的各种应用系统,如管理信息系统、决策支持系统等都属于数据库应用系统。有了数据库应用系统,即使不具备数据库知识的用户也可以通过其用户界面使用数据库中的数据完成各种应用任务。

5. 数据库应用开发工具

数据库应用开发工具用于支持数据库应用系统的开发。目前,流行的开发工具有 PowerBuild、Delphi、Informix 等,它们都提供了图形化的界面工具、应用程序建立工具、调试工具、强有力的数据库访问能力和数据库浏览工具等。

另外,也可以直接利用 DBMS 产品,如 Access、FoxPro 和 Oracle 等开发数据库应用系统,或者利用具有数据库接口的高级语言及其编译工具(如 C 语言)开发数据库应用系统。未来的数据库语言应该是将数据库语言与通用的程序设计语言相结合,除能对传统的数据

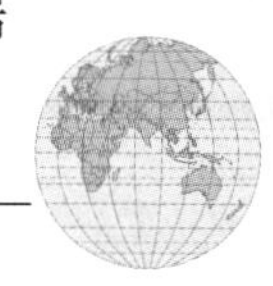

库功能提供透明访问外，也应能支持面向对象的程序设计方法。

6. 数据库管理员及其他人员

为保证一个企业或组织的数据库正常运转，必须配备专门的管理人员对数据库进行管理和控制，这类人员称为数据库管理员（DBA）。DBA的主要职责包括：

（1）根据数据库设计的结果，建立整个数据库的模式。对关系数据库而言，就是在数据库中建立一系列的关系模式。

（2）定义数据库数据的存储结构和存取方法，即内模式。例如，为关系模式建立索引。

（3）定义外模式，并根据用户的不同权限给用户授权，使各用户既可以使用自己业务范围内的数据，又无法窃取其他不在其权限范围内的数据。

（4）根据需要，修改数据库的模式、外模式和内模式，并将所有的修改操作记录下来以备今后查看。

（5）监控数据库的运行和使用，及时处理数据库运行过程中可能出现的任何问题，保证数据库数据的完整性。

数据库系统的用户除了DBA外，还有系统分析和设计人员、应用程序员和最终用户。其中系统分析和设计人员主要负责数据库应用系统的需求分析和文档书写，确定系统的软、硬件配置，参与数据库各级模式的设计；应用程序员主要负责数据库应用系统的开发；而最终用户则通过数据库应用系统提供的用户界面使用数据库数据，完成各项应用任务。

以上各类人员可以是一个人或由多个人组成的。例如，DBA的角色可以由一个人承担，也可以由多个人承担，而系统分析员、应用程序员、最终用户也可以有多个。另外，如果某个数据库系统涉及的应用较简单的话，DBA、系统分析员和应用程序员的角色也可以由同一个人来承担。

（三）数据库系统的三级模式结构

模式（schema）是对数据库中全体数据的逻辑结构和特征的描述，通常也称为“模型”，如“学生”模式包括学号、姓名、性别等。模式的一个具体值称为模式的一个实例，同一个模式可以有大量的实例。模式是相对稳定的，而实例是相对变动的，因为数据库中的数据是在不断更新的。模式反映的是数据的结构及其联系，而实例反映的是数据库某一时刻的状态。

数据库系统的体系结构是数据库系统的一个总的框架。尽管实际的数据库系统软件产品多种多样，它们支持不同的数据模型，使用不同的数据库语言，建立在不同的操作系统之上，数据的存储结构也各不相同，但是绝大多数数据库系统在总的体系结构上都具有三级模式的结构特征。当然有些微机上的小型数据库系统不具有这种特征，或者是不支持这一结构的所有方面，这也不影响其数据库的构成。本节分析的框架结构对于理解数据库系统的完整概念和解释特定数据库系统都是非常有价值的。

数据库系统的三级模式结构由外模式、模式和内模式组成，如图5.3所示。

1. 模式

模式，也称为逻辑模式，是对数据库中全体数据的逻辑结构和特性的描述，是所有用户

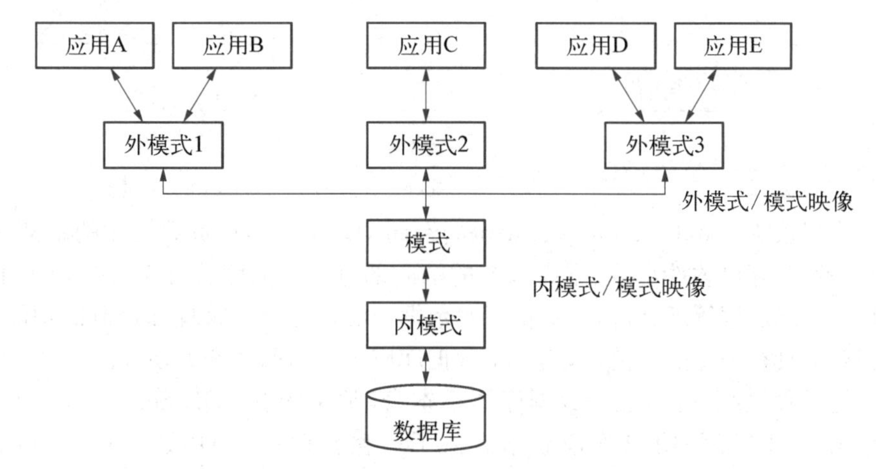

图 5.3　数据库系统的三级模式结构

的公共数据视图。

模式通常以某一种数据类型为基础，它不仅仅是数据逻辑结构的定义，而且要定义与数据有关的安全性、完整性要求，不仅要定义数据记录内部的结构，而且要定义这些数据项之间的联系，以及不同记录之间的联系。

数据库系统提供模式描述语言(模式 DDL)来严格地表示这些内容。用模式 DDL 写出的一个数据库逻辑定义的全部语句，称为该数据库的模式。模式是对数据库结构的一种描述，而不是数据库本身，它是装配数据的一个框架。

DBMS 提供模式描述语言(模式 DDL)来严格地定义模式。

2. 外模式

外模式(external schema)也称子模式(subschema)或用户模式，它是数据库用户(包括应用程序员和最终用户)能够看见和使用的局部数据的逻辑结构和特征的描述，是数据库用户的数据视图，是与某一应用有关的数据的逻辑表示。

外模式通常是模式的子集。一个数据库可以有多个外模式。由于它是各个用户的数据视图，如果不同的用户在应用需求、看待数据的方式、对数据保密的要求等方面存在差异，则其外模式描述就是不同的。即使模式中同一数据，在外模式中的结构、类型、长度、保密级别等都可以不同。另一方面，同一外模式也可以为某用户的多应用系统所使用，但一个应用程序只能使用一个外模式。

外模式是保证数据库安全性的一个有力措施。每个用户只能看见和访问所对应的外模式中的数据，数据库中的其余数据是不可见的。

DBMS 提供子模式描述语言(子模式 DDL)来严格地定义子模式。

3. 内模式

内模式(internal schema)也称存储模式(storage schema)，一个数据库只有一个内模式。它是数据物理结构和存储方式的描述，是数据在数据库内部的表示方式。例如，记录的存储方式是顺序存储、按照 B 树结构存储还是按 Hash 方法存储；索引按照什么方式组织；数据是否压缩存储、是否加密；数据的存储记录结构有何规定等。

DBMS 提供内模式描述语言(内模式 DDL，或者存储模式 DDL)来严格地定义内模式。

四、数据库管理系统

（一）数据库管理系统的定义

数据库管理系统(database management system，DBMS)是负责数据库的定义、操纵、管理和维护的一种计算机软件，是数据库系统的核心部分。数据库管理系统是位于用户与操作系统之间的一层数据管理软件，它提供了对数据资源进行统一管理和控制的功能，使数据结构和数据存储具有一定的规范性，提高了数据库应用的简明性和方便性。

DBMS是一种系统软件，也是数据库语言本身，常用的有SQL Server、Oracle、MySQL等数据库语言。DBMS为用户管理数据提供了一整套命令，利用这些命令可以实现对数据库的各种操作，如数据结构的定义，数据的输入、输出、编辑、删除、更新、统计和浏览等。

DBMS的工作模式如图5.4所示，具体过程如下：

(1) 接收应用程序的数据请求和处理请求；

(2) 将用户的数据请求(高级指令)转换成复杂的机器代码(底层指令)；

(3) 实现对数据库的操作；

(4) 从数据库的操作中接收查询结果；

(5) 对查询结果进行处理(格式转换)；

(6) 将处理结果返回给用户。

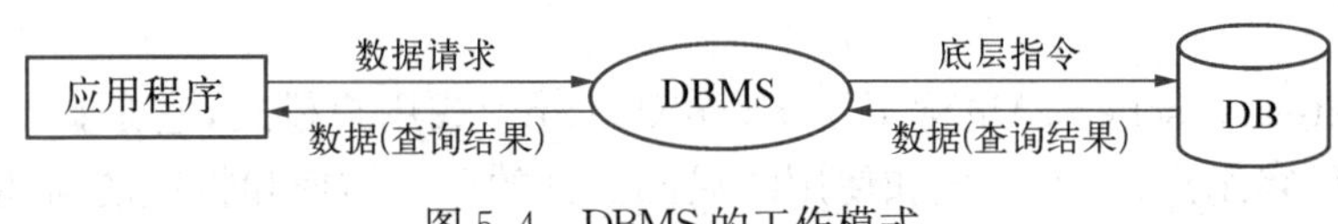

图5.4　DBMS的工作模式

（二）数据库管理系统的功能

1. 数据定义

DBMS提供数据定义语言DDL(data definition language)，供用户定义数据库的三级模式结构、两级映像以及完整性约束和保密限制等约束。DDL主要用于建立、修改数据库的库结构。DDL所描述的库结构仅仅给出了数据库的框架，数据库的框架信息被存放在数据词典(data dictionary)中。

2. 数据操作

DBMS提供数据操作语言DML(data manipulation language)，供用户实现对数据的追加、删除、更新、查询等操作。

3. 数据库的运行管理

数据库的运行管理功能是DBMS的运行控制、管理功能，包括多用户环境下的并发控制、安全性检查和存取限制控制、完整性检查和执行、运行日志的组织管理、事务的管理和自动恢复，即保证事务的原子性。这些功能保证了数据库系统的正常运行。

4. 数据组织、存储与管理

DBMS 要分类组织、存储和管理各种数据，包括数据词典、用户数据、存取路径等，需确定以何种文件结构和存取方式在存储级上组织这些数据，如何实现数据之间的联系。数据组织和存储的基本目标是提高存储空间利用率，选择合适的存取方法提高存取效率。

5. 数据库的保护

数据库中的数据是信息社会的战略资源，所以数据的保护至关重要。DBMS 对数据库的保护通过 4 个方面来实现：数据库的恢复、数据库的并发控制、数据库的完整性控制、数据库的安全性控制。DBMS 的其他保护功能还有系统缓冲区的管理以及数据存储的某些自适应调节机制等。

6. 数据库的维护

这一部分包括数据库的数据载入、转换、转储、数据库的重组和重构以及性能监控等功能，这些功能分别由各个使用程序来完成。

7. 通信

DBMS 具有与操作系统的联机处理、分时系统及远程作业输入的相关接口，负责处理数据的传送。对网络环境下的数据库系统，还应该包括 DBMS 与网络中其他软件系统的通信功能以及数据库之间的互操作功能。

（三）数据库管理系统的优点

数据库管理系统具有以下优点。

1. 将相互关联的数据集成在一起

在数据库管理系统中，所有相关的应用数据都存储在一个称为数据库的环境中，应用程序可通过 DBMS 访问数据库中的所有数据。

2. 减少冗余度

由于数据库中的数据是统一管理的，因此可以从全局着眼，合理地组织数据。在关系数据库中，可以将每一类信息存储在一个表中(关系数据库的概念将在后面介绍)，重复的信息只存储一份。过去在文件管理系统中，这个工作是由开发者编程实现的，而有了数据库管理系统后，这些烦琐的工作就完全交给了数据库管理系统来完成。因此，在数据库管理系统中，减少了数据冗余和开发者的负担。

3. 程序与数据相互独立

在数据库中，数据所包含的所有数据项以及数据的存储格式都与数据一起存储在数据库中，它们通过 DBMS 而不是应用程序来访问和管理，应用程序不再需要包含要处理的文件和记录格式。程序与数据相互独立有两方面的含义。一方面是指当数据的存储方式发生变化(这里包括逻辑存储方式和物理存储方式)时，比如从链表结构改为哈希结构，或者从顺序存储转换为非顺序存储，应用程序不必进行任何修改。另一方面是指当数据的结构发生变化时，比如增加或减少了一些数据项，如果应用程序与这些修改的数据项无关，则应用程序就不用进行修改。这些变化都由 DBMS 负责维护。大多数情况下，应用程序并不知道数据存储方式或数据项已经发生了变化。

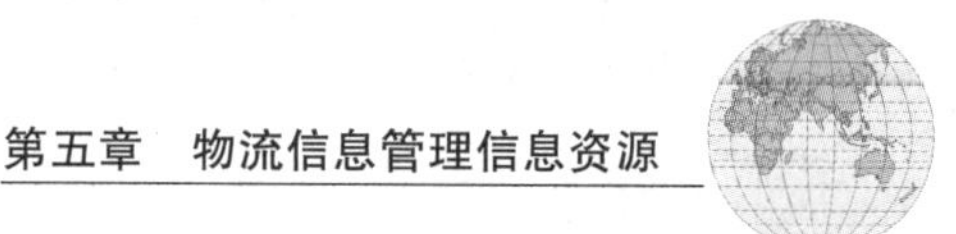

4. 保证数据的安全可靠

数据库技术能够保证数据库中的数据是安全可靠的。它有一套安全控制机制，可以有效防止数据库中的数据被非法使用或非法修改。数据库中还有一套完整的备份和恢复机制，当数据遭到破坏时（由软件或硬件故障引起的），能够很快地将数据库恢复到正确的状态，并使数据不丢失或只有很少的丢失，从而保证系统能够连续、可靠地运行。

5. 最大限度地保证数据的正确性

保证数据的准确性是指存放到数据库中的数据必须符合实际情况，比如人的性别只能是“男”和“女”，人的年龄应该在0—150岁（假设没有年龄超过150岁的人）。如果在“性别”中输入了其他的值，或者将一个负数输入“年龄”中，显然是不符合实际情况的。数据库管理系统能够保证进入数据库中的数据都是准确的，这就是数据的准确性。数据的准确性是通过在数据库中建立约束来实现的。当建立好保证数据准确性的约束之后，如果有不符合约束条件的数据进入数据库中，数据库就能主动拒绝这些数据。

6. 数据可以共享并能保证数据的一致性

数据库中的数据可以被多个用户共享，共享是指允许多个用户同时操作相同的数据。当然这个特性是针对大型的多用户数据库系统而言的，对于单用户系统，在任何时候最多只有一个用户访问数据库，因此不存在共享的问题。多用户系统的问题是数据库管理系统在内部解决的问题，它对用户是不可见的。这就要求数据库能够对多个用户进行协调，保证多个用户对数据进行的操作不发生矛盾和冲突，即在多个用户同时使用数据库时，能够保证数据的一致性和正确性。可以设想一下，在飞机订票系统中，如果多个订票点同时对一架航班订票，那么必须保证不同订票点订出票的座位不能重复。数据集成与数据共享是大型环境中数据库管理系统的主要优点。

数据库技术发展到今天已经是一门比较成熟的技术，经过上面的讨论，可以概括出数据库具备如下特征：数据库是相互关联的数据的集合，它用综合的方法组织数据，具有较小的数据冗余，可供多个用户共享，具有较高的数据独立性，具有安全控制机制，能够保证数据的安全性，允许并发地使用数据库，能有效、及时地处理数据集，并能保证数据的一致性和完整性。需要再次强调的是，所有这些特征并不是数据库中的数据所固有的，而是由数据库管理系统提供和保证的。

第二节　商务智能基础设施

一、数据仓库

（一）数据仓库的概念

数据仓库（data warehouse，DW）的概念最初是由比尔（Bill Inmon）提出的，由于在数据仓库方面的建树，比尔被尊称为“数据仓库之父”。他在*Building Data Warehouse*一书中将数据仓库定义为：“面向主题的、集成的、不可更新的、随时间变化的数据集合，用以支持企业或组织的决策分析过程。”

数据仓库是一个环境，而不是一件产品，提供用户用于决策支持的当前和历史数据，这些数据在传统的操作型数据库中很难或不能得到。数据仓库技术是为了有效地把操作型数据集成到统一的环境中以提供决策型数据访问的各种技术和模块的总称，所做的一切都是为了让用户更快更方便地查询所需要的信息，提供决策支持。

（二）数据仓库的关键技术

1. 数据抽取、转换及加载

数据抽取、转换及加载（extract-transform-load，ETL）是数据仓库体系结构中数据处理层的一项关键技术。用户从数据源抽取出所需的数据，经过数据清洗、转换，最终按照预先定义好的数据仓库模型，将数据加载到数据仓库中去，成为联机分析处理、数据挖掘的基础。

2. 联机分析处理

联机分析处理（on-line analysis processing，OLAP）是数据仓库体系结构中数据分析层的一项关键技术。OLAP 是在多维数据结构上进行数据分析的，支持决策人员从不同的角度，迅速、灵活地对数据仓库中的数据进行复杂查询和多维分析，并且以直观、容易理解的形式将查询和分析结果提供给各种决策人员。

（三）数据仓库的组成

数据仓库的体系结构如图 5.5 所示。

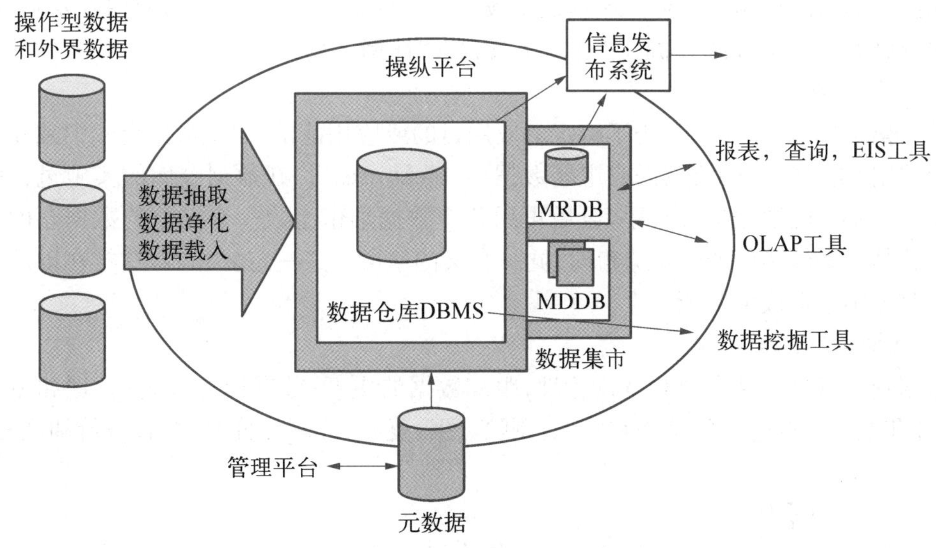

图 5.5　数据仓库体系结构

1. 数据仓库数据库

数据仓库数据库是整个数据仓库环境的核心，是数据存放的地方，它提供对数据检索的支持。相对于操作型数据库来说，其突出的特点是对海量数据的支持和快速的检索技术。

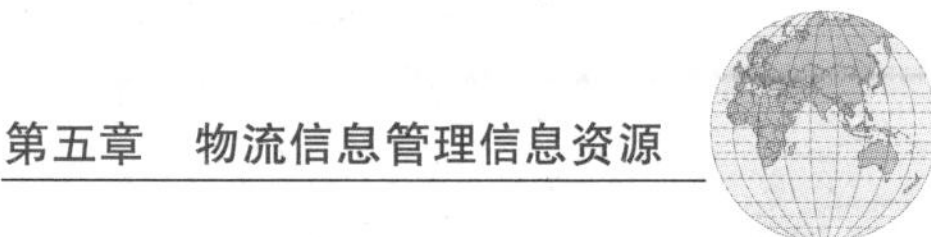

2. 数据抽取工具

数据抽取工具把数据从各种各样的存储方式中拿出来，进行必要的转化、整理，再存放到数据仓库内。对各种不同数据存储方式的访问能力是数据抽取工具的关键，应能生成COBOL程序、MVS作业控制语言(JCL)、UNIX脚本和SQL语句等，以访问不同的数据。数据转换包括：删除对决策应用没有意义的数据段；转换到统一的数据名称和定义；计算统计和衍生数据；给缺值数据赋予缺省值；把不同的数据定义方式统一。

3. 元数据

元数据是描述数据仓库内数据的结构和建立方法的数据。可将其按用途的不同分为两类，技术元数据和商业元数据。

技术元数据是数据仓库的设计和管理人员用于开发和日常管理数据仓库时用的数据。包括：数据源信息；数据转换的描述；数据仓库内对象和数据结构的定义；数据清理和数据更新时用的规则；源数据到目的数据的映射；用户访问权限，数据备份历史记录，数据导入历史记录，信息发布历史记录等。

商业元数据从商业业务的角度描述了数据仓库中的数据。包括：业务主题的描述，包含的数据、查询、报表。

元数据为访问数据仓库提供了一个信息目录(information directory)，这个目录全面描述了数据仓库中都有什么数据、这些数据怎么得到的以及怎么访问这些数据。它是数据仓库运行和维护的中心，数据仓库服务器利用它来存储和更新数据，用户通过它来了解和访问数据。

4. 访问工具

访问工具为用户访问数据仓库提供手段。有数据查询和报表工具；应用开发工具；管理信息系统(EIS)工具；在线分析(OLAP)工具；数据挖掘工具。

5. 数据集市

数据集市(data marts)是为了特定的应用目的或应用范围，而从数据仓库中独立出来的一部分数据，也可称为部门数据或主题数据(subject area)。在数据仓库的实施过程中往往可以从一个部门的数据集市着手，以后再用几个数据集市组成一个完整的数据仓库。需要注意的就是在实施不同的数据集市时，同一含义的字段定义一定要相容，这样在以后实施数据仓库时才不会造成大麻烦。

6. 数据仓库管理

数据仓库管理包括安全和特权管理；跟踪数据的更新；数据质量检查；管理和更新元数据；审计和报告数据仓库的使用和状态；删除数据；复制、分割和分发数据；备份和恢复；存储管理。

7. 信息发布系统

信息发布系统把数据仓库中的数据或其他相关的数据发送给不同的地点或用户。基于Web的信息发布系统是应对多用户访问的最有效方法。

二、MapReduce技术

Google提出一种实现分布式计算任务的并行框架MapReduce，它简化了通用机器组成的超大集群上的数据处理任务，可以实现应用程序和底层分布式处理机制的隔离，用户只需考虑如何实现 Map 和 Reduce 过程以满足业务需求，数据切割、任务调度、节点通信和系统容错等功能均由 MapReduce 框架自动完成，通过它可以容易地加工和生成海量数据，是一种非常有效的分布式处理方式。

（一）MapReduce 编程模式

MapReduce 把一组键值的集合对作为输入，输出则是另外一组键值对。MapReduce 用两种函数来表达这样的运算：Map(映射)与 Reduce(规约)。

Map 函数由用户来定义，它接受一个输入对，然后产生一个中间的 key/value 值对集。MapReduce 函数库把所有具有相同中间 key 的中间 value 聚合在一起，然后把它们传递给 Reduce 函数。

同样 Reduce 函数也是由用户自己来定义，它接受一个中间 key 和与之相关的一个 value 的值集合。通过一个迭代器把中间 value 提供给用户自定义的 Reduce 函数。这样就可以处理超过内存容量的值列表。Reduce 函数合并这些 value，形成一个比较小的 value 集。一般地，每次 Reduce 调用只产生 0 或 1 个输出值。Map 函数产生每个词和这个词的出现次数，Reduce 函数把产生的每一个特定的词的记数加在一起。

（二）MapReduce 框架的实现

MapReduce 接口可以有很多种不同的实现方式。应当根据不同的环境选择不同的实现方式。比如，适用于小型共享内存的实现，基于大型 NUMA 多处理器系统的实现，还有基于大规模计算机集群的实现。

1. 执行预览

Map 操作是通过把输入自动分割成 M 个分区而分布到不同的机器上去执行的。输入可以在不同的节点上被并行地处理。而对于 Reduce 操作，通过用分割函数分割中间结果的键值，来形成 R 个片。Reduce 调用被分布到多台机器上，分割数量 R 和分割函数由用户来指定。

图 5.6 所示为 MapReduce 操作执行的全部流程。当用户的程序调用 MapReduce 函数的时候，将发生下面的一系列动作：

(1) MapReduce 库首先将输入文件分割成 M 个片，每个片的大小一般为 16—64 MB (用户可以通过可选的参数来控制)。然后在集群的不同机器上执行程序的拷贝。

(2) 在所有进程中有一个比较特殊，那就是主控程序 Master。其余的执行任务都是由主控程序分配的。主控程序分别分配了 M 个 Map 任务与 R 个 Reduce 任务。主控程序选择空闲的工作节点去执行这些任务。

(3) 一个被分配了 Map 任务的 Worker 节点读取被切分的文件作为输入，它从输入数据中分析出 key/value 对，然后把 key/value 对传递给用户自定义的 Map 函数，由 Map 函数产生的中间 key/value 对暂时被缓存到内存中。

(4) 缓存在内存中的 key/value 对被周期性地写入到本地磁盘上，这些数据通过分割函数分成 R 个区。这些中间结果在本地硬盘的位置信息将被发送给 Master，然后 Master 负

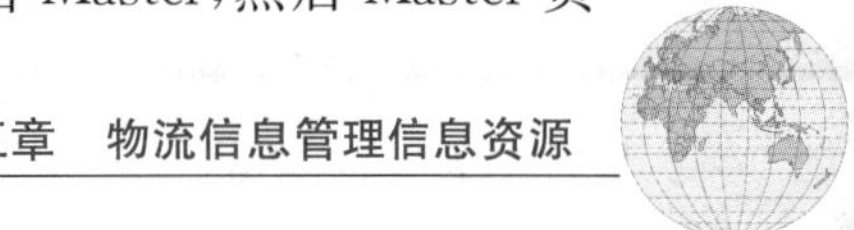

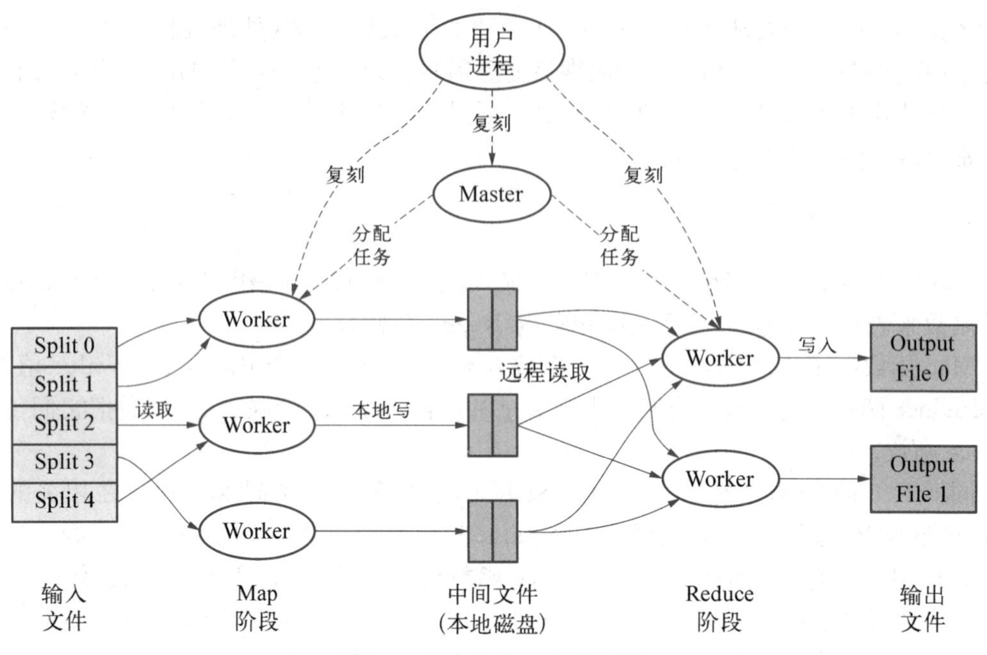

图 5.6　MapReduce 执行预览

责把这些位置信息传送给 Reduce 工作节点。

(5) 当主控节点通知 Reduce 工作节点中间结果的位置时，它通过远程调用从 Map 工作节点所在的本地硬盘上读取中间数据。当 Reduce 工作节点读取了所有的中间数据，它就使用中间结果的键进行排序，这样可以使得具有相同键对的都在一起。通常情况下，会有许多不同键被映射到相同的 Reduce 任务，所以排序是必要的。如果中间结果集太大了，那么就需要使用外部排序。

(6) Reduce 节点根据每个唯一的中间键来遍历所有排序后的中间数据，且相关的中间结果集合传递给用户定义的 Reduce 函数。对于本 Reduce 区块，将输出到一个最终的输出文件。

(7) 当所有的 Map 任务和 Reduce 任务都已经完成了的时候，主控程序激活用户程序。这时 MapReduce 返回到用户程序的调用点。

当这些成功结束以后，MapReduce 的结果数据存放在总计 R 个输出文件中。通常，用户不需要合并这 R 个输出文件到一个文件，通常把这些文件作为输入传送到另一个 MapReduce 调用，或者用另一个分布式应用来处理这些文件，并且这些分布式应用能处理被分区的输入数据。

2. MapReduce 的容错机制

因为 MapReduce 库被设计用来使用成百上千的机器来帮助处理非常大规模的数据，所以这个库必须很好地处理机器故障。

(1) Worker 故障。

主控节点会定期 ping 每一个工作节点机器。如果在一定时间内没有工作节点的响应，主控节点就认为这个工作节点失效了。所有这台工作节点完成的 Map 任务都被设置成为它们的初始空闲状态，并且因此可以被其他工作节点重新调度执行。类似地，所有这个机器上正在处理的 Map 任务或者 Reduce 任务都被设置成为空闲状态，可以被其他工作节点重新执行。

在失效节点上的已经完成的 Map 任务还需要再次重新执行，这是因为中间结果存放在这个失效的机器上，导致中间结果无法访问；已经完成的 Reduce 任务无须再次执行，因为它们的结果已经保存在全局文件系统中了。

当一个在节点 A 上执行的 Map 任务由于 A 节点失效，切换到 B 节点执行时，所有执行 Reduce 操作的节点都被告知这一情况。这样的话，那些尚未从节点 A 上读取结果的 Reduce 节点将从 B 上获得数据。

MapReduce 可以有效地支持很大范围的节点失效的情况。比如，在一次 MapReduce 操作中，网络例行维护可能会导致大约有几十台机器在几分钟之内不能访问。MapReduce 的主控节点简单地把这些不能访问的节点上的工作再执行一次，并且继续调度进程，最后完成 MapReduce 操作。

(2) Master 失败。

通常为 MapReduce 主控节点的数据结构设置周期性的检查点。这样当主控节点失效的时候，可以从最后一次检查点重新开始。不过，由于只有一个主控节点在运行，所以如果主控节点失效就比较麻烦。因此在 MapReduce 架构当前的实现上，如果主控节点失效了，就终止 MapReduce 运算的执行。客户端可以检测这种失效并且根据需要重新尝试 MapReduce 操作。

（三）Hadoop

Hadoop 是 Lucene 旗下的子项目，原是 Nutch 项目的组成部分，于 2006 年初从 Nutch 中分离出来成为一个独立的项目。Hadoop 并非一个单纯用于存储的分布式文件系统，而是一个被设计用来在由普通硬件设备组成的大型集群上执行分布式应用的框架。Hadoop 框架最核心的设计包含两个部分：一个分布式文件系统 HDFS(Hadoop Distributed File System，HDFS)和一个 MapReduce。

图 5.7 显示了 Hadoop 框架的体系结构图。在 Hadoop 系统中，一般会有台 Master，主

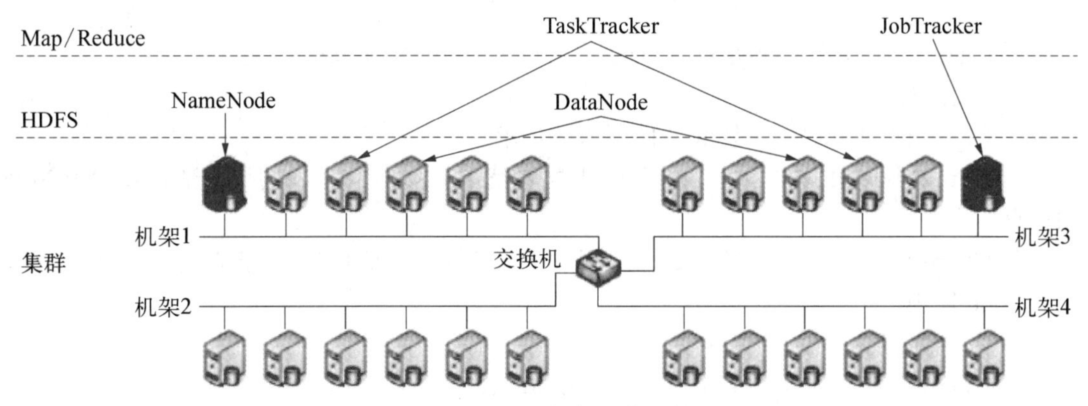

图 5.7　Hadoop 框架的体系结构

要负责名字节点(namenode)的工作以及 JobTracker 的工作。JobTracker 的主要职责就是启动、跟踪和调度各个 Slave 的任务执行。还会有多台 Slave，每一台 Slave 通常具有数据节点(datanode)的功能并负责 TaskTracker 的工作。TaskTracker 根据应用要求来结合本地数据执行 Map 任务以及 Reduce 任务。

1. HDFS

Hadoop 分布式文件系统 HDFS 是建立在大型集群上可靠存储大数据集的文件系统，是分布式计算的存储基石。

HDFS 的体系结构如图 5.8 所示，图中展现了整个 HDFS 的三个重要角色：Name Node、DataNode 和 Client。NameNode 可以看作分布式文件系统中的管理者，主要负责管理文件系统的命名空间、集群配置信息和存储块的复制等。NameNode 会将文件系统的 Metadata 存储在内存中，这些信息主要包括了文件信息、每一个文件对应的文件块的信息和每一个文件块在 DataNode 的信息等。DataNode 是文件存储的基本单元，它将 Block 存储在本地文件系统中，并保存了 Block 的 Metadata 信息，同时周期性地将所有存在 Block 中的信息发送给 NameNode。Client 就是需要获取分布式文件系统文件的应用程序。

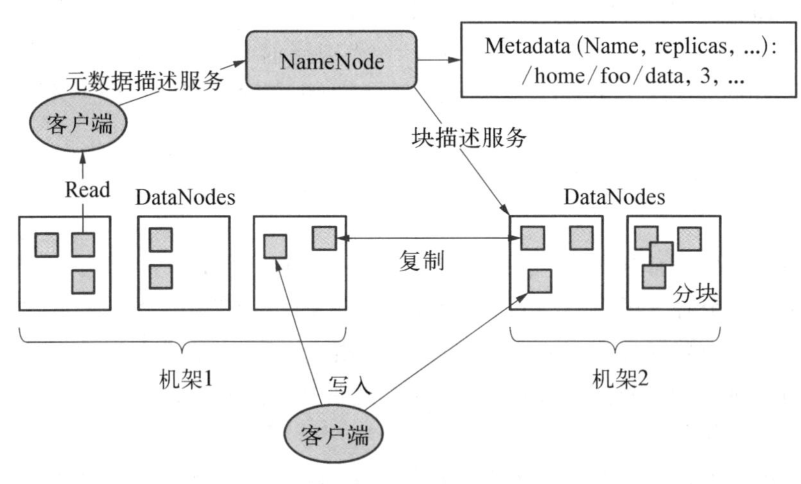

图 5.8　HDFS 的体系结构

下面通过三个操作来说明 HDFS 的三个角色之间的交互关系。

(1) 文件写入。

① Client 向 NameNode 发起文件写入的请求；

② NameNode 根据文件大小和文件块配置情况，返回给 Client 所管理部分 DataNode 的信息；

③ Client 将文件划分为多个 Block，根据 DataNode 的地址信息，按顺序写入到每一个 DataNode 块中。

(2) 文件读取。

① Client 向 NameNode 发起文件读取的请求；

② NameNode 返回文件存储的 DataNode 的信息；

③ Client 读取文件信息。

(3) 文件 Block 复制。

① NameNode 发现部分文件的 Block 不符合最小复制数或部分 DataNode 失效;

② 通知 DataNode 相互复制 Block;

③ DataNode 开始直接相互复制。

2. Hadoop 的 MapReduce

Hadoop 中的 MapReduce 是一个使用简易的软件框架,基于它写出来的应用程序能够运行在由上千个商用机器组成的大型集群上,并以一种可靠容错的方式并行处理 TB 级别的数据集。

一个 MapReduce 作业(job)通常会把输入的数据集切分为若干独立的数据块,由 Map 任务(task)以完全并行的方式处理它们。框架会对 Map 任务的输出先进行排序,然后把结果输入给 Reduce 任务。通常作业的输入和输出都会被存储在文件系统中。整个框架负责任务的调度和监控,以及重新执行已经失败的任务。

MapReduce 框架由一个单独的 Master 负责 JobTracker 角色和每个集群节点一个 Slave 负责 TaskTracker 角色共同组成。Master 负责调度构成一个作业的所有任务,这些任务分布在不同的 Slave 上,Master 监控它们的执行,重新执行已经失败的任务。而 Slave 仅负责执行由 Master 指派的任务。

应用程序至少应该指明输入/输出的位置(路径),并通过实现合适的接口或抽象类提供 Map 和 Reduce 函数。再加上作业的其他参数,就构成了作业配置(job configuration)。然后,Hadoop 的 Job Client 提交作业(jar 包/可执行程序等)和配置信息给 JobTracker,后者负责分发这些软件和配置信息给 Slave、调度任务并监控它们的执行,同时提供状态和诊断信息给 Job Client。

三、数据挖掘

(一) 数据挖掘的概念

数据挖掘(data mining,DM)就是从大量数据中挖掘出隐含的、未知的、对决策有潜在价值的关系、模式和趋势,并用这些知识和规则建立用于决策支持的模型,提供预测性决策支持的方法、工具和过程。简言之,数据挖掘就是一种深层次的数据分析方法,是要在数据中发现知识,是从超大型数据库(VLDB)或数据仓库中搜索有用的商业信息的过程。这与从矿山挖掘矿石过程是类似的,都需要对巨大数量的材料进行筛选或用智能去探查价值的真正所在。给定足够大小和数量的数据库,数据挖掘技术可以使用一组算法浏览数据,自动地发现模型、趋势和相关性,帮助用户发现在其他时候可能发现不了的、隐藏在内部的信息,从而可以帮助企业发现新的商业机会。

(二) 数据挖掘任务

数据挖掘一般有以下四类主要任务:

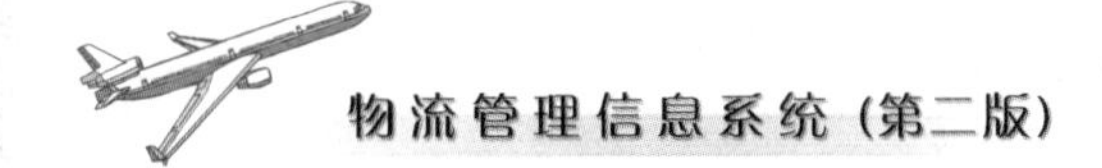

1. 广义知识

广义知识反映同类事物的共同性质，是对数据的概括、精炼和抽象。

广义知识的发现方法和实现技术有很多，如数据立方体、面向属性的归约等。数据立方体还有其他一些别名，如“多维数据库”“实现视图”“OLAP”等。该方法的基本思想是实现某些常用的代价较高的聚集函数的计算，诸如计数、求和、平均最大值等，并将这些实现视图储存在多维数据库中。

2. 分类和预测

分类和预测是两种数据分析形式，可以用来提取描述重要数据类的模型和预测未来的数据趋势，即分析数据的各种属性，找出数据的属性模型，确定数据属于哪些组，可以利用该模型来分析已有数据并预测新数据。分类和预测具有广泛的应用，包括信誉证实、医疗诊断、性能预测和选择购物。如可以建立一个分类模型对银行贷款的安全性和风险进行分类；同时可以建立预测模型，例如给定潜在顾客的收入和职业，预测他们在计算机设备上的花费。

3. 关联分析

数据库中的数据一般都存在着关联关系，它反映一个事件和其他事件之间的依赖或关联。

这种关联关系有简单关联和时序关联两种。简单关联，例如：购买面包的顾客中有90%的人同时购买牛奶。时序关联，例如：若 AT&T 股票连续上涨两天且 DEC 股票不下跌，则第三天 IBM 股票上涨的可能性为 75%，它在简单关联中增加了时间属性。最为著名的关联规则发现方法是 R. Agrawal 提出的 Apriori 算法。

4. 聚类分析

当要分析的数据缺乏描述信息，或者是无法组织成任何分类模式时，可以采用聚类分析。聚类分析是按照某种相近程度度量方法，将用户数据分成一系列有意义的子集合。

（三）数据挖掘的作用

随着数据库技术的迅速发展以及数据库管理系统的广泛应用，人们积累的数据越来越多。激增的数据背后隐藏着许多重要的信息，人们希望能够对其进行更高层次的分析，以便更好地利用这些数据。目前的数据库系统可以高效地实现数据的录入、查询、统计等功能，但无法发现数据中存在的关系和规则，无法根据现有的数据预测未来的发展趋势，缺乏挖掘数据背后隐藏的知识手段，导致了“数据爆炸但知识贫乏”的现象。数据挖掘技术是人们长期对数据库技术进行研究和开发的结果。数据挖掘具有以下作用：

1. 数据挖掘可以让杂乱无序的数据清晰化、可用度高

传统生产销售型企业的业务系统数据是隔离、分裂的，有销售的、生产的、财务的、客户的等，不同方面其实都是为自己负责的业务目标和输出构建自己的 IT 系统的，甚至是外包不同的 IT 集成商或者软件开发商做的，因而系统都是相对独立的，这种独立的结果不只是隔离，而且从数据的结构、数据的记录与存储、教件系统负载等产品技术层面都不尽相同。数据挖掘需要根据目标构建挖掘模型，建立起多个数据系统的关联。

2. 让数据和数据之间发生关系

著名的酒与尿布、口香糖与避孕套的例子就是典型的数据之间隐性关系的发现，通过对

消费行为数据进行建模和分析，能够发现两个原本不相干的东西，在用户采购时发生了关系，那么针对这一发现优化你的货架物品摆放就能够提高销售量。用过亚马逊的朋友可能都看到过，买个手机马上推荐相关产品，这种推荐能节省用户的成本。

3. 对数据产生状态进行监控，发现异常，预警纠错

通过对系统产生的数据按照时间建模，记录每个时间点、时间周期内的均值和上下区间，如果某个节点出现超乎寻常的状况，系统能很快发现问题并进行预警和排查。当然这只是技术系统的价值。

从业务系统上，这种数据异常将会给企业的经营状况给出警示，帮助企业从历史时间维度进行对比，判断事情变化的缘由，提供决策分析必要的时间、数据和关联信息参考。

4. 通过数据挖掘建立知识模型，提供决策支持信息

信息系统发挥更大的价值在于能通过信息的整合，为企业提供决策参考信息。以前有一个提法叫作知识发现，随着互联网信息内容的丰富、UGC分众智慧的发挥，网络信息的价值效用也越来越大。通过信息存在的信息特征提取，建立起不同信息之间的关联，并能通过语义分析、情感分析，提炼出信息本身的价值倾向、态度、消费效用等，这将为决策提供更系统、数据化的分析和参考。

5. 强大的数据处理和分析能够建立以数据驱动的垂直商业生态

数据挖掘的技术系统将负责将所有数据，按照目标重新梳理和建立眼模型对应的数据索引。这个重新构建数据的秩序将大大增加数据的可用性。从垂直行业切入，针对该行业信息服务的需求，建立模型，并不断优化各个细节和子节点的输出，使得行业参与的各角色能在生态上获取自己的利益和价值，那么这将建立起针对这个细分行业的垂直业务生态。实际上，目前已经有很多大规模数据的应用，比如电商购物为用户做推荐，基于用户群和用户行为的分类做精准的广告投放等，亦或计算气象预报，计算地质数据做石油探测、矿产探测，还有金融行业对投资、货款等的风险预估。跟大规模数据挖掘相关的主要技术有数据存储、数据挖掘的分布式计算平台，结构化存储，计算任务管理和调度等，所以一般性的大数据挖掘项目都跟云计算、云存储和自动运维系统密切相关，需要一定投入才能完成。

第三节　通信、网络和无线技术

一、通信

（一）通信的基本概念

通信(communication)就是信息的传递，是指由一地向另一地进行信息的传输与交换，其目的是传输信息。通信是人与人之间通过某种媒介进行的信息的交流与传播，从广义上说，无论采用何种方法，使用何种媒介，只要将信息从一地传送到另一地，均可称为通信。在当今高度信息化的社会，信息和通信已经成为现代社会的"命脉"。信息作为一种资源，随着社会的发展，人们对传递信息的要求也越来越高，只有通过广泛的传播与交流，信息才能产

生利用价值，促进社会成员之间的合作。

通信的目的就是传输消息中所包含的信息，消息是物质或者精神状态的一种反映，在不同时期具有不同的表现形式，例如，语音、音乐、文字、数字和图片等都是消息，人们接收消息，关心的是消息中所包含的内容，即信息。通信就是完成信息的时空转移，即把消息从一方传输到另一方，基于这种认识，“通信”就是“信息传输”，或者是“消息传输”。

通信的方式很多，如古代的烽火台、击鼓、驿站快马接力、信鸽、旗语等，现代的电话电报、电子邮件(E-mail)、手机等。古代的通信对远距离来说，最快也要几天的时间，而现代通信以电信号方式传输，如电报、电话、短信、E-mail、微信等，实现了即时通信，美国《联邦通信法》对通信的定义是：通信包括电信和广播电视。世贸组织(WTO)，国际电联(ITU)和中国的《电信条例》对电信的定义是：电信包括公共电信和广播电视，这都是消息传输方式和信息交流的手段。

(二) 通信系统的组成

1. 通信系统的一般模型

通信的目的就是传输信息。通信系统的作用就是将信息从信息源发送到一个或者多个目的地，对于通信来说，首先要把消息转换为电信号，然后经过发送设备，将信号送入信道，在接收端利用接收设备对接收信号进行相应的处理后，将其传送给受信者(或称为信宿)，再转换为原来的消息。通信系统的一般模型，如图 5.9 所示。

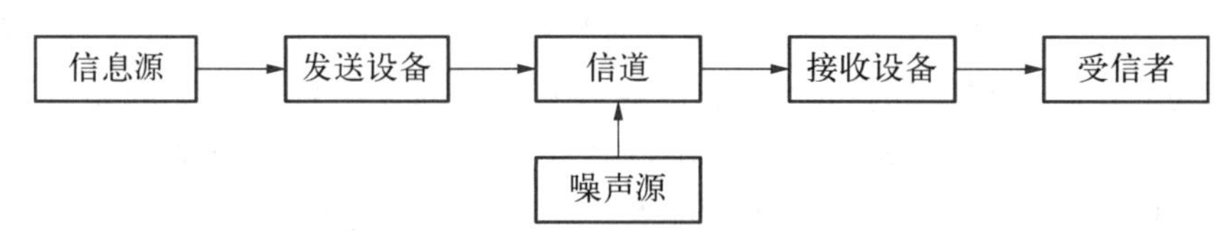

图 5.9　通信系统的一般模型

(1) 信息源。

信息源(简称信源)的作用就是把各种消息转换为原始电信号。如电话系统中电话机可看成信源。信源输出的信号称为基带信号。所谓基带信号，是指没有经过制(进行须语搬移和变换)的原始电信号，其特点是信号谱从零频附近开始，具有低通形式。根据原始电信号的特征，基带信号可分为数字基带信号和模拟基带信号，相应地，信源也分为数字信源和模拟信源。模拟信源输出连续的模拟信号，如话音(声音→音信号)、摄像机(图像→视信号)；而数字信源则输出离散的数字信号，如电传机、计算机等各种数字终端。并且，模拟信源送出的模拟信号经过数字化处理以后也可以转换为数字信号。

(2) 发送设备。

发送设备的作用就是产生适合于在信道中传输的信号，也就是说，使发送信号的特性和信道的特性相配，减小损耗，具有抗干扰的能力，同时具有足够大的功率以满足远距离传输的需要。因此，发送设备涵盖的内容很广，包括变换、放大、编码、调制等过程。

(3) 信道。

信道又被称为通道或频道，是信号在通信系统中传输的通道。信道由信号从发射端传输到接收端所经过的传输媒质所构成。在无线信道中，信道可以是自由空间；在有线信道中，信道可以是明线、电缆和光纤。有线信道和无线信道均有多种物理媒质。信道既是传输信号的通道，同时也对信号产生多种干扰和噪声，广义的信道定义除了包括传输媒质，还包括传输信号的相关设备。信道固有的特性及其引入的干扰和噪声直接关系到通信的质量。

图 5.9 中的噪声源表示信道中的噪声及分散在通信系统其他各处的噪声。噪声，从广义上讲是指通信系统中有用信号以外的有害干扰信号的总称，习惯上把周期性的、规律的有害信号称为干扰，而把其他有害的信号称为噪声。

(4) 接收设备。

在接收端，接收设备的功能与发送设备相反，即接收设备的功能是进行解调、译码、解码等。它的任务是从带有干扰的接收信号中恢复出相应的原始电信号。此外，它还尽量地减小在传输过程中噪声与干扰所带来的影响。

(5) 受信者。

受信者简称信宿或接收终端，它可将复原的原始电信号转换成相应的消息，如电话机将对方传来的电信号还原成了声音。

2. 模拟通信系统的模型

如前所述，通信传输的消息是多种多样的，可以是文字、图像、话音、数据等，消息的种类很多，可以分为两大类：一类是连续消息；另一类是离散消息。连续消息的连续是指消息状态是连续变化或不可数的，如连续变化的话音、图像等；而离散消息的离散指的是消息状态是可数的或离散的，如符号、数据等。

模拟通信系统是利用模拟信号来传输信息的通信系统。图 5.10 为模拟通信系统的一般模型，它主要包含两种重要的变换。第一种变换是，在发送端把连续消息变换为原始电信号，在接收端完成相反的变换，这种变换由信源和信道完成，这里所说的原始电信号通常称为基带信号，基带的含义是指信号道从零附近开始，如话音信号的范围为 300—3 400 Hz，图像信号的频率范围为 0—6 MHz。有些信道可以直接传输基带信号，而以自由空间为信道的无线电传输却无法直接传输这些信号。因此，模拟通信系统中通常需要进行第二种变换：把基带信号变换为适合在信道中传输的信号，并在接收端进行反变换，完成这种变换和反变换的通常是调制器和解调器。经过调制以后的信号称为已调信号，它具有两个特性：一是携带有信息；二是适合在信道中传输，由于已调信号的顺谱通常具有带通形式，因此已调信号又称为带通信号，也称为频带信号。

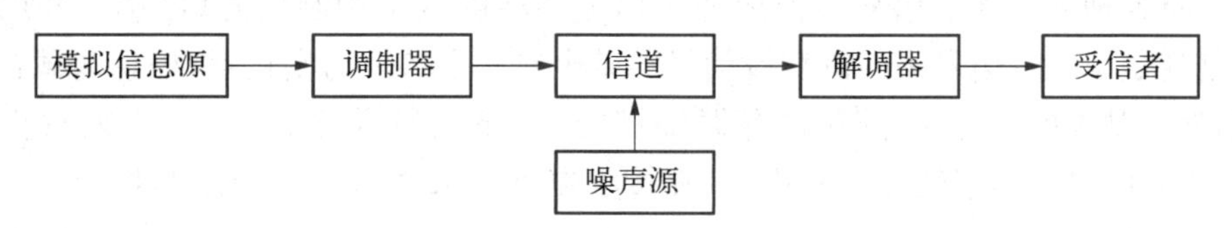

图 5.10 模拟通信系统的一般模型

应该指出，除了上面两种变换，实际的通信系统中可能还有滤波、放大、无线辐射等过程，由于上述两种变换起主要作用，其他过程不会使信号发生质的变化，它们只是对信号进

行放大或更改信号特性等，在通信系统中一般认为是理想的环境，所以不需要考虑其他过程，因此，模拟通信系统主要研究的是调制解调原理以及噪声对信号传输的影响。

3. 数字通信系统的模型

数字通信系统是利用数字信号来传输信息的通信系统，图5.11为点对点数字通信系统的一般模型。数字通信涉及的技术问题很多，主要有信源编码与译码、信道编码与译码、加密与解密、数字调制与解调以及同步等。

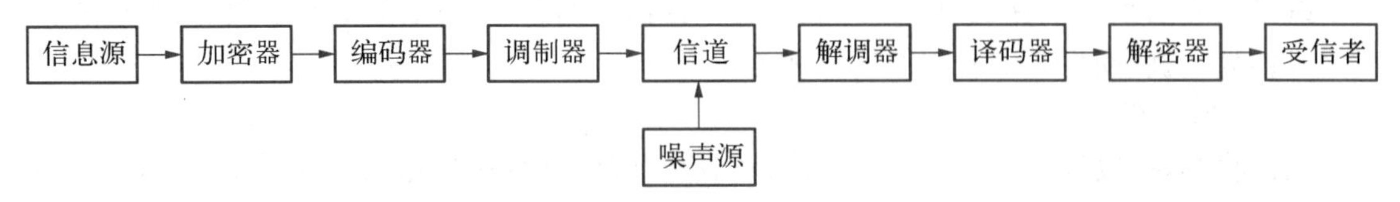

图5.11 点对点数字通信系统的一般模型

（1）信源编码与译码。

信源编码有两个基本功能：一是提高信息传输的有效性，即通过某种数据压缩技术设法减小码元数目和降低码元速率。码元速率决定传输所占用的带宽，而传输带宽反映了通信的有效性。二是完成模/数(AD)转换，即当信息源输出的是模拟信号时，信源编码器将其转换为数字信号，以实现模拟信号的数字化传输。信源译码是信源编码的逆过程。

（2）信道编码与译码。

数字信号在传输中往往由于各种原因，使得在传送的数据流中产生误码，例如，在图像通信中，误码会使接收端产生图像跳跃、不连续及出现马赛克等现象，影响通信质量。通过信道编码这一环节，对数码流进行相应的处理，对传输的信息码元按一定的规则加入保护成分(监督码元)，组成所谓的“抗干扰编码”。接收端的信道译码器按照相应的逆规则进行解码，从中发现错误或纠正错误，使系统具有一定的识错能力和抗干扰能力，可极大地避免码流传送中误码的发生。

（3）加密与解密。

在需要实现保密通信的场合，为了保证所传输信息的安全性，人为地将被传输的数字序列扰乱，即加上密码，这种处理过程叫加密，在接收端利用与发送端相同的密码对收到的数字序列进行解密，恢复原来的信息。

（4）数字调制与解调。

数字调制解调技术是使所传输的数字信号的特性与信道特性相匹配的一种数字信号处理技术，它将各种数字基带信号转换成适于信道传输的数字调制信号(已调信号或基带信号)。调制就是用基带信号去控制载波信号的某个或几个参量的变化，将信息荷载在其上形成已调信号。基本的数字调制方式有振幅键控(ASK)、频移键控(FSK)、绝对相移键控(PSK)和相对(差分)相移键控(DPSK)。在接收端可以采用相干解调或非相干解调还原数字基带信号。

（5）同步。

同步是数字通信系统中一个重要的实际问题。在数字通信系统中，同步具有相当重要的地位。通信系统能否有效地、可靠地工作，很大程度上依赖于有无良好的同步系统。通信系统中的同步又可分为载波同步、位同步、帧(群)同步、网同步等几大类。

需要说明的是,图 5.11 是点对点数字通信系统的一般模型,通信系统不一定包括图中所有的模块,例如数字基带传输系统中不需要调制和解调;有的模块,由于分散在各处,图 5.11 中也没有画出来,例如同步。

此外,模拟信号经过数字编码后可以在数字通信系统中传输,数字电话系统就是以数字方式传编模拟话音信号的例子。当然,数字信号也可以通过传统的模拟电话网来传输,但需要使用调制解调器。

(三) 数字通信的特点

由于不断增长的对数据通信的需求,还由于数字传输能够提供模拟传输所无法达到的数据处理种类及灵活性,数字通信系统正受到越来越广泛的重视。与模拟通信相比,数字通信具有以下一些优点:

(1) 抗干扰能力强,且噪声不积累。数字通信系统中传输的是离散取值的数字波形,接收端的目标不是精确地还原被传输的波形,而是从受到噪声干扰的信号中判断出发送端所发送的是哪一个波形。以二进制为例,信号的取值只有两个,这时要求在接收端能正确判定发送的是两个状态中的哪一个即可。在远距离传输时,如微波中断通信,各中组站可利用数字通信特有的抽样决定再生的接收方式,使数字信号再生且噪声不积累。而模拟通信系统中传输的是连续变化的模拟信号,它要求接收机能够高度保真地重现原信号波形,一旦信号叠加上噪声后,即使噪声很小,也很难消除它。

(2) 传输差错可控。在数字通信系统中,可通过信道编码技术进行检错与纠错,降低误码率,提高传输质量。

(3) 易于与各种数字终端接口,用现代数字信号处理技术对数字信息进行处理、变换、存储。这种数字处理的灵活性表现为可以将来自不同信源的信号综合到一起传输。

(4) 易于集成,使通信设备微型化,重量轻。

(5) 易于加密处理,且保密性好。

不过,数字通信系统也有以下不足:

(1) 一般地说,数字通信系统比模拟通信系统要求更宽的带宽。

(2) 需要同步。

但是,数字通信系统的优点比其缺点多。因此,数字通信系统的应用越来越广泛。

二、计算机网络

(一) 计算机网络的定义

计算机网络是指将地理位置不同的具有独立功能的多台计算机及其外部设备,通过通信线路连接起来,在网络操作系统、网络管理软件及网络通信协议的管理和协调下,实现资源共享和信息传递的系统。

计算机网络的定义包含以下 3 种主要含义:

（1）计算机网络是指自主计算机的互联集合。网络中的每台计算机可以独立工作，计算机之间通过通信介质连接，可以相互通信。

（2）计算机的互联必须遵循约定的通信协议，并通过软硬件实现。

（3）计算机网络可以实现交互通信、资源共享、信息交换、协同工作及在线处理等功能。

从用户角度看，计算机网络可以理解为：由一个能为用户自动管理的网络操作系统调用，完成用户所调用的资源，使得整个网络像一个大型计算机系统一样，其具体实现过程对用户是透明的。

以 Internet 为代表的计算机网络是近年来发展最迅速、应用最广泛的技术，它对当今社会的政治、经济、文化均产生了深远的影响，改变着人们的生活方式、工作方式和思维方式。

（二）计算机网络的组成

计算机网络通俗地讲，就是由多台计算机及网络设备通过传输介质连接在一起在网络软件管理下工作的系统。总体上说，计算机由硬件、传输介质和网络软件 3 部分组成，如图 5.12 所示。

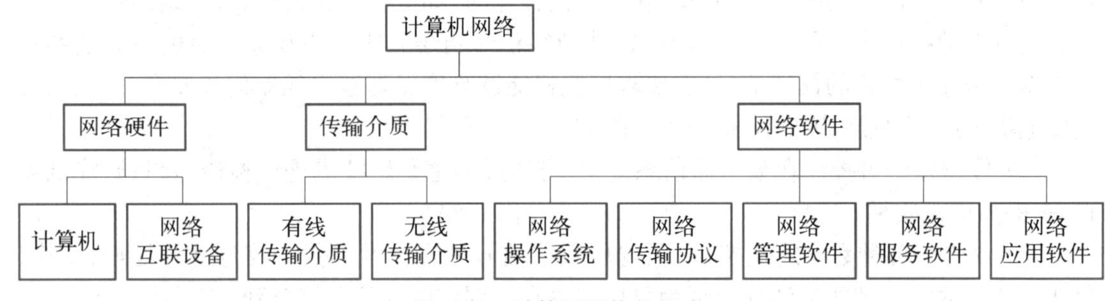

图 5.12　计算机网络的组成

1. 网络硬件

网络硬件指构成网络的节点，包括计算机和网络互联设备。计算机可以是服务器，也可以是工作站，网络互联设备包括集线器、交换机、路由器等。

2. 传输介质

传输介质指把网络节点连接起来的数据传输通道，包括有线传输介质和无线传输介质，传输介质是网络通道的物理基础，也是网络数据传输的通道，所有的网络数据都要经过传输介质进行传输。

3. 网络软件

网络软件是计算机网络中必不可少的资源，包括以下几类：

（1）网络操作系统：用于管理本地和网络资源及相互通信的操作系统。

（2）网络传输协议：连入网络的计算机必须共同遵守的一组规则和约定，用以保证数据传输和资源共享能顺利完成。

（3）网络管理软件：对网络节点进行管理以保证网络正常运行的管理软件。

（4）网络服务软件：用于特定的操作系统，提供网络服务的软件。

(5) 网络应用软件：能够与服务器通信、在网络环境下直接面向用户提供服务的软件。

（三）计算机网络的功能

计算机网络的基本功能可以归纳为数据通信、资源共享、分布式处理和综合信息服务四个方面，这四个方面的功能并不是各自独立存在的，它们之间是相辅相成的关系。以这些功能为基础，更多的网络应用得到了开发和普及。

1. 数据通信

数据通信功能即数据传输功能，这是计算机网络最基本的功能，主要完成计算机网络中各个节点（客户机、服务器、交换机、路由器等）两设备之间的通信。通过 Internet 收发电子邮件，可以很方便地实现异地交流。计算机网络最初期的主要用途之一就是在分散的计算机之间实现无差错的数据传输。

2. 资源共享

资源是指构成网络的所有要素，包括软硬件资源，如计算处理能力、大容量磁盘、高速打印机、绘图仪、通信线路、数据库、文件和其他计算机上的有关信息。由于受经济因素或其他因素的制约，这些资源不可能由某一台单机独立拥有，网络上的计算机不仅可以使用自身的资源，也可以共享网络上的资源，从而增强计算机的处理能力，有效提高了计算机软硬件的利用率。

计算机网络建立的初期目的就是为了实现对分散的计算机系统的资源共享，以此提高各种设备的利用率，减少重复投资和劳动，进而实现分布式计算目标。

3. 分布式处理

通过计算机网络，可以将不同地点的或具有不同功能的或拥有不同数据的多台计算机用通信网络连接起来，在控制系统的统一管理控制下，协调地完成信息处理任务。对于许多综合性重大科研项目的计算和信息处理，可以利用计算机网络的分布式处理能力，将任务分散到不同计算机中进行处理，由这些计算机协同完成。

同时，计算机网络中的计算机可以互为备份，当一台计算机出现故障时，可以调用其他计算机实施替代任务，从而提高系统的可靠性。

4. 综合信息服务

网络的一大发展趋势是多元化。利用计算机网络，可以在信息化社会里实现对各种经济信息、技术情报和咨询服务的信息处理。计算机网络可以对文字、声音、图像、视频等多种信息进行传输、收集和处理。综合信息服务和通信服务一样，都是计算机网络的基本服务功能。

（四）计算机网络的作用

计算机网络已经渗透到了社会生活的方方面面，主要作用包括以下几方面。

1. 电子商务

电子商务通常是指在全球各地广泛的商业贸易活动中，在因特网开放的网络环境下，基于浏览器/服务器(Browser/Server，B/S)模式，买卖双方通过网络进行各种商贸活动，实现

消费者的网上购物、商户之间的网上交易和在线电子支付，以及各种商务活动、交易活动、金融活动和相关综合服务活动的一种新型的商业运营模式。B/S 模式是 Web 兴起后的一种网络结构模式，其中 Web 浏览器是客户端主要的应用软件。这种模式统一了客户端，将实现系统功能的核心部分集中到服务器上，服务器通常为在计算与存储等方面有着强大性能的计算机。B/S 模式如图 5.13 所示。

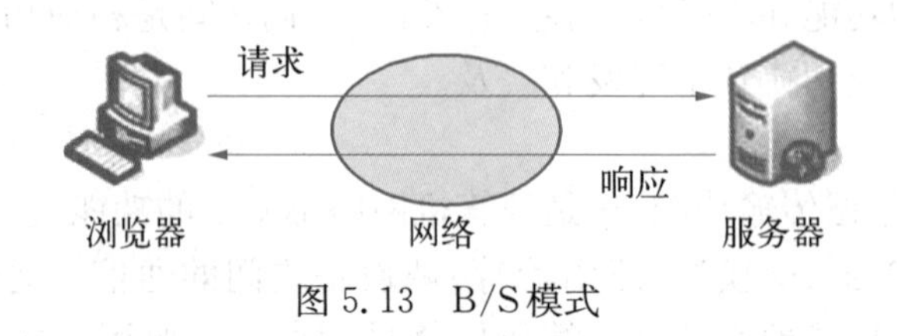

图 5.13　B/S 模式

2. 移动互联网

目前，移动互联网正呈现井喷式发展，移动互联网成为学术界和产业界关注的热点。移动互联网是以美国国防部高级研究计划资助的卫星网络和分组无线网络（PRNET）为雏形，继而发展出移动自组织网络，再进一步提出无线传感器网络与无线 Mesh 网络而逐步形成的，如图 5.14 所示。移动互联网是一种通过智能移动终端，采用移动无线通信方式获取业务和服务的新型网络。终端层包括智能手机、平板计算机等。智能手机结合了移动电话和便携式计算机两方面的功能，它们连接的 3G 和 4G 网络可同时提供因特网的快速数据服务与电话业务。随着 5G 大规模组网逐步实现，预计 5G 手机、5G 平板电脑将陆续投放市场，很快将推出 5G 商用服务。

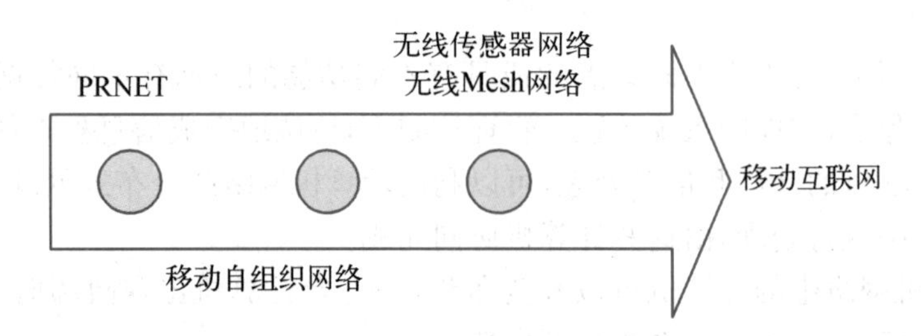

图 5.14　移动互联网的演进

现代的智能手机还能连接到无线热点，随着移动终端价格的下降及 Wi-Fi 的广泛铺设，移动网民呈现爆发趋势。移动互联网正逐渐渗透到人们生活、工作的各个领域，短信、图像、移动音乐、手机游戏、视频应用、手机支付、位置服务等丰富多彩的移动互联网应用迅猛发展，正在深刻改变信息时代的社会生活。

3. 即时通信

即时通信（instant message，IM）是在网络技术飞速发展过程中出现的一项非常流行的通信技术，能够提供即时发送和接收互联网消息等服务。自 1998 年面世以来，特别是近几年的迅速发展，即时通信的功能日益丰富，逐渐集成了电子邮件、博客、音乐、电视、游戏和搜索等多种功能。即时通信不再仅是一个单纯的聊天工具，它已经发展成集交流、资讯、娱乐、搜索、电子商务、办公协作和企业客户服务等于一体的综合化信息平台。流行的即时通信工具包括 QQ、微信、飞信、阿里旺旺、百度、美国在线的 ICQ 等。即时通信大都基于相同的技术原理，主要包括客户机服务器(Client /Server，C /S)通信模式和对等通信(Peer-Peer，P2P)模式。

C /S 模式，如图 5.15 所示，将网络中的多个计算机连接在一起形成一个有机的整体。客户机(Client)和服务器(Server)分别完成不同的功能，客户机是服务的请求方，服务器是服务的提供方。

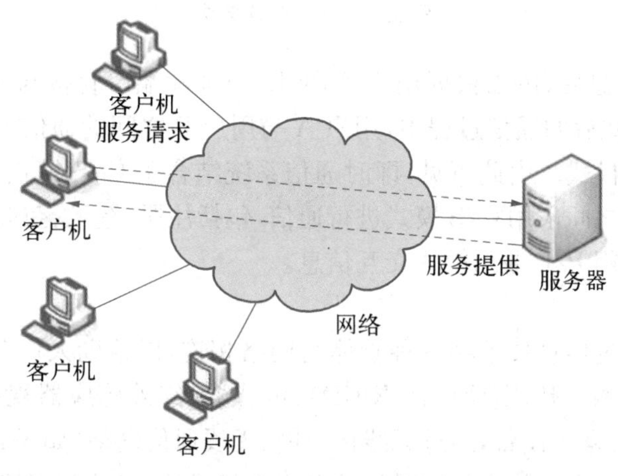

图 5.15 C /S 模式

P2P 模式是非中心结构的对等通信模式，每一个客户(Peer)都是平等的参与者，同时承担服务使用者和服务提供者两个角色，如图 5.16 所示。客户之间进行直接通信，可充分利用网络带宽，减少网络的拥塞状况，使资源的利用率大大提高。同时由于没有中央节点的集中控制，系统的伸缩性较强，也能避免单点故障，提高系统的容错性能。但 P2P 网络的分散性、自治性、动态性等特点造成了某些情况下客户的访问结果是不可预见的。

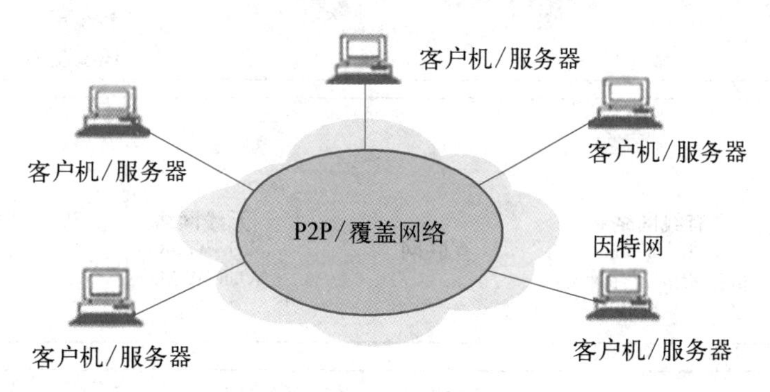

图 5.16 P2P 模式

当前使用的 IM 系统大都组合使用了 C /S 和 P2P 模式，如图 5.17 所示。登录 IM 进行身份认证阶段工作使用 Log in /out C /S 模式，随后如果客户端之间可以直接通信则使用 P2P 模式工作，否则以 C /S 方式通过 IM 服务器通信。

以图 5.17 所示架构为例，用户 A 希望和用户 B 通信，必须先与 IM 服务器建立连接，从 IM 服务器获取到用户 B 的 IP 地址和端口号，然后用户 A 向用户 B 发送通信信息；用户 B

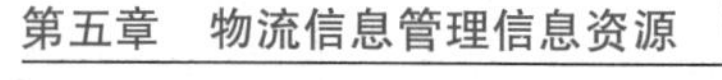

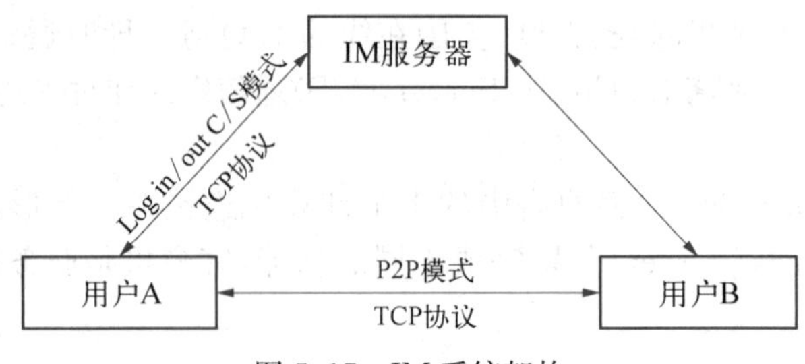

图 5.17　IM 系统架构

收到用户 A 发送的信息后，可以根据用户 A 的 IP 地址和端口直接与其建立 TCP 连接，与用户 A 进行通信；在此后的通信过程中，用户 A 与用户 B 之间的通信不再依赖 IM 服务器，而采用一种对等通信模式。由此可见，即时通信系统结合了 C/S 模式与 P2P 模式，也就是首先客户端与服务器之间采用 C/S 模式进行通信，包括注册、登录、获取通信成员列表等，随后客户端之间可以采用 P2P 通信模式交互信息。

4. 物联网

物联网是一个通过信息技术将各种物体与网络相连，以帮助人们获取所需物体相关信息的巨大网络。物联网使用射频识别(RFID)、传感器、红外感应器视频监控、全球定位系统、激光扫描器等信息采集设备，通过无线传感网、无线通信网络(如 Wi-Fi)把物体与互联网连接起来，实现物与物、人与物之间实时的信息交换和通信，以达到智能化识别、定位、跟踪、监控和管理的目的。物联网的结构如图 5.18 所示。

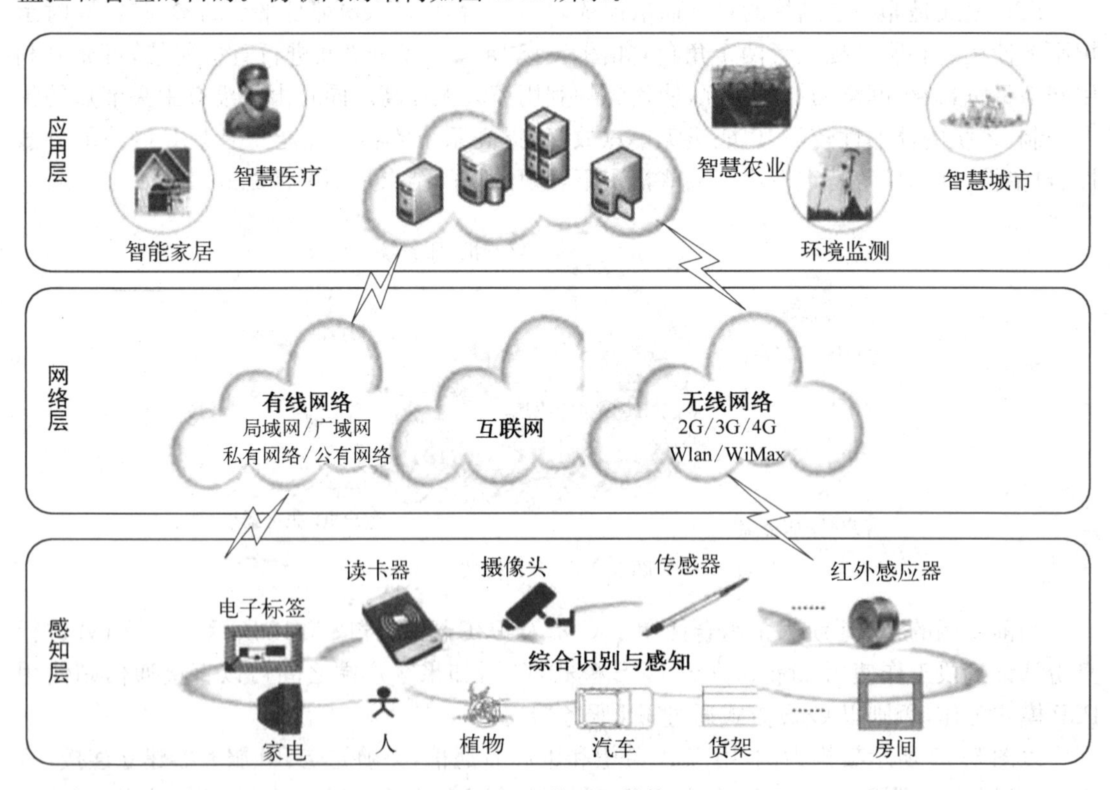

图 5.18　物联网结构

5. 数字家庭

数字家庭是指以计算机技术和网络技术为基础，各种家电通过不同的互联方式进行通信及数据交换，实现家用电器之间的"互联互通"，使人们足不出户就可以方便、快捷地获取信息，从而极大地提高人类生活的舒适性和娱乐性。

计算机网络应用广泛，为用户提供各式各样的服务，但从以上的几种典型应用中可知，计算机网络主要提供两种功能：连通(connectivity)和资源共享(resource sharing)。

(1) 连通。所谓连通，指的就是计算机网络通过传输媒体将网络设备连接起来进行信息的交换，即数据通信。该功能用于实现计算机与终端、计算机与计算机之间的数据传输。随着无线网络通信技术的发展，通过 Wi-Fi、蓝牙、RFID、4G 等可以实现"随时、随地、随身"的网络连接。

(2) 资源共享。资源共享的目标是让网络中的任何人都可以访问所有的程序、数据、设备等，并且这些资源和用户所处的物理位置无关。计算机网络中的资源可分为数据、软件、硬件三类，都可以进行共享。例如，办公室内的所有工作人员共同使用一台网络打印机，在线访问办公室内的服务器上存储的数据与资料，运行服务器上的计算程序，实现设备、数据、软件的共享，提高工作效率。

三、无线通信技术

(一) 无线通信的定义

无线通信(wireless communication)是一种利用电磁波信号可以在自由空间中传播的特性进行信息交换的通信方式。无线通信技术发展至今，已从最初的模拟通信方式转变为数字通信方式，在功能上也由模拟功能转变为完全实现了数字语音、数据、传真、图像等业务的传输。近年来，信息通信领域中发展最快、应用最广的就是无线通信技术。无线通信如果在移动中实现就称为无线移动通信。

(二) 无线通信技术的种类

随着无线通信技术的逐步深化与发展，现代无线通信技术的种类也在进一步完善与更新。一般认为，现代无线通信技术可分为下列几种分类：

1. 根据传输距离分类

根据传输距离，可将无线通信技术分为近距离无线通信技术、短距离无线通信技术、中距离无线通信技术和长距离无线通信技术。

(1) 近距离无线通信技术的传输距离通常在一米以内，在电子设备间进行非接触式点对点数据传输，例如 RFID(射频识别)技术及其衍生的 NFC(近场通信)技术。

(2) 短距离无线通信技术的传输距离通常在一米至几百米，如红外(IrDA)、蓝牙(bluetooth)、Wi-Fi(wireless fidelity)、HomeRF 技术、UWB 技术、UHF 无线数传技术和 Zigbee 技术。

(3) 中距离无线通信技术的传输距离通常在几百米至几千米，例如微波通信。

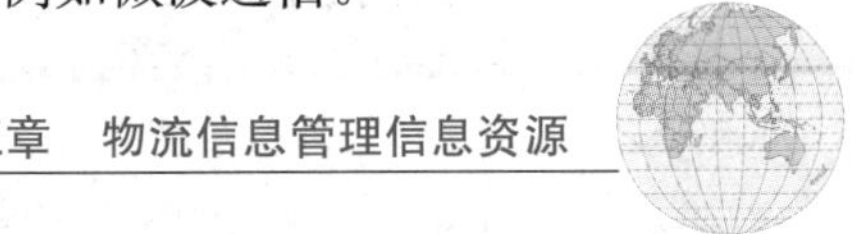

（4）长距离无线通信技术有短波通信和长波通信，通过电离层反射可实现几百千米的语音和数据传输。另外，通用分组无线服务技术（GPRS）、全球移动通信系统（GSM）、第四代移动通信（4G）等技术通过移动通信蜂窝组网，也可实现广域范围的长距离无线通信。

2. 根据移动性分类

按照移动性，可将无线通信技术分为移动无线接入技术和固定无线接入技术。

（1）固定无线接入技术，主要包括：3.5 GHz 无线接入 MMDS（多路微波分配系统）、LMDS（区域多点传输服务）。

（2）移动无线接入技术，主要包括：通用分组无线服务技术（GPRS）、基于 IEE802.15 的无线个域网（WPAN）、基于 IEE802.11 的无线局域网（WLAN）、基于 IEEE802.16e 的 WIMAX 和基于 IEFE802.20 的无线广域网（WWAN）等。

（三）移动通信系统

随着信息和网络技术的快速发展，移动通信经历了从语言业务到移动快递业务的飞跃式发展，移动互联网和物联网是未来移动通信发展的两大主要驱动力，无线移动通信网络的数据流量正以每年接近 100%的速度增长，未来移动医疗、车联网、智能家居、工业控制、环境监测等也会推动物联网应用呈井喷式的增长，海量设备将接入移动网络。

移动通信的主要目的是实现任何时间、任何地点和任何通信对象直接的通信。回顾移动通信从 20 世纪 40 年代发展至今的历程可知，每一代移动通信系统都可以通过标志性能力指标和核心关键技术来定义。其中，1G 采用频分多址（FDMA），只能提供模拟语音业务；2G 主要采用时分多址（TDMA），可提供数字语音和低速数据业务；3G 以码分多址（CDMA）为技术特征，用户峰值速率达到 2 Mb/s 至数十 Mb/s，可以支持多媒体数据业务；4G 以正交分多址（OFDMA）技术为核心，用户峰值速率可达 100 Mb/s—1 Gb/s，能够支持各种移动宽带数据业务。

第五代移动通信技术（5G），是 4G 之后的延伸，5G 标准正在研究中。5G 关键能力比前几代移动通信更加丰富，用户体验速率、连接数密度、端到端时延、峰值速率和移动性支持等都将成为 5G 的关键性能指标。然而，与以往只强调峰值速率的情况不同，业界普遍认为用户体验速率达到的“10 Gb/s”量级是 6G 最重要的性能指标，它真正体现了用户可获得的数据速率超越了此前的标准，也是用户感受最密切的性能指标，与之对应的一组关键技术包括毫米波通信、大规模天线阵列、超密集组网、移动缓存与计算、全频谱接入和新型网络架构。

（四）典型无线通信技术

1. 蓝牙技术

蓝牙是一种低成本、低功率、短距离无线连接技术标准，是实现数据与语音无线传输的开放性规范。蓝牙工作在全球开放的 2.4 GHz ISM（industry science medicine）频段，无需申请许可即可免费使用。

蓝牙技术作为一种短距离的无线通信技术，主要有下列特点：

(1) 全球范围适用。蓝牙工作在 2.4 GHz 的 ISM 频段,全球大多数国家 ISM 频段的范围是 2.4 GHz—2.483 5 GHz,使用该频段无需向各国的无线电资源管理部门申请许可证。

(2) 能同时传送语音和数据,蓝牙采用电路交换和分组交换技术,支持异步数据信道、三路语音信道以及异步数据与同步语音同时传输的信道。

(3) 安全性好。与工作在相同频段的其他系统相比,蓝牙跳频更快,数据包更短,能够更有效地减少同频干扰,具有较高的安全性。

(4) 传输距离短。蓝牙的传输距离一般是 10 米左右,虽然在增加功率或加上某些外设后可达到 100 米,但并非常规的使用方法。

(5) 功耗低。在通信连接状态下,蓝牙设备有激活、呼吸、保持和休眠模式,后三种模式均是为了节能所规定的低功耗模式。

(6) 便于集成。蓝牙模块体积较小,轻薄,可以很方便地嵌入个人移动设备内部。

蓝牙技术主要用于点对点的文件传输,通过彼此之间的配对连接进行信息交换。目前,蓝牙技术的应用非常普遍,产品涉及 PC、移动电话等信息设备,以及 AV 设备、汽车电子、家用电器和工业设备等领域,如各种无线设备(如 PDA、手机等)、图像处理设备、消费娱乐产品、汽车产品、家用电器、楼宇无线局域网、医疗健身设备、玩具等。

2. Wi-Fi 技术

Wi-Fi(wireless fidelity,无线高保真)是另一种目前流行的无线通信协议,与蓝牙一样,它也属于短距离无线通信技术,使用的是 24 GHz 的频段。

Wi-Fi 是以太网的一种无线扩展,基于 IEEE802.11 无线传输标准,有多个版本,如 IEEE802.11a、IEE802.11b、IEEE802.11g 和 IEE802.11n。Wi-Fi 速率可以高达上百兆每秒,并且非常容易接入以太网。

尽管 Wi-Fi 技术还存在一些问题,如无线通信质量不是很稳定,数据安全性能也有待进一步提高,但它仍具有如下特点和优势:

(1) 覆盖范围广。IEE802.11b 的无线电波覆盖半径最远可达 300 米,Vivato 公司推出的新型交换机能把目前 Wi-Fi 无线网络的通信距离扩大到约 6.5 千米。

(2) 传输速度快。IEEE802.11b 最高速率可达 11 Mb/s,在设备配套的情况下,速率可以达到 22 Mb/s,IEEE802.1a 为 54 Mb/s,最新的 IEE802.11n 为 300 Mb/s。

(3) 业务可集成。Wi-Fi 技术在开放式通信系统互联(OSI)参考模型的数据链路层上与以太网完全一致,所以可以利用已有的线路接入资源,迅速部署无线网络,形成无线覆盖。

(4) 较低的厂商进入门槛。厂商只要在机场、车站、咖啡店等公共场所设置"热点"并通过高速线路将因特网接入上述场所。只要用户携带的无线通信设备在"热点"覆盖的范围内,即可高速接入因特网,可为厂商省去大量铺设电模的资金。

(5) 无线接入。Wi-Fi 最主要的优势在于无须布线,可以不受布线条件的限制,因此非常适合移动办公用户。

Wi-Fi 因其自由、便捷和互联网接入的特点得到了广泛的应用,室内可用于机场、大型办公室、车间、酒店宾馆、智能仓库等,室外可用于城市建筑物群间通信、学校校园网络、工矿企

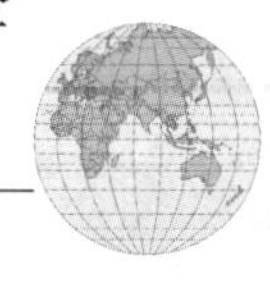

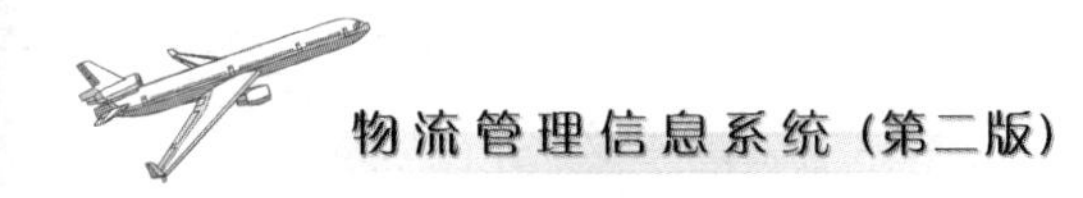

业厂区自动化等。Wi-Fi有下述几种典型的行业应用：

（1）交通运输：航空行李及货物控制、移动售票、无线安全监控、停车管理系统、机场因特网访问无线接入等。

（2）医疗：病房看护监控、生理支持系统及监护、急救系统监控等。

（3）教育：迅速构建校区网络、学生宿舍网络接入系统、学术交流的临时性网络等。

3. 第五代移动通信技术(5G)

国际电信联盟(ITU)从2012年开始组织全球业界开展5G标准化前期研究，持续推动全球5G共识形成。至2015年6月，ITU已确认将我国主推的IMT2020作为唯一的新一代IMT系统候选名称上报至2015无线通信大会(RA-15)讨论通过，并顺利完成了IMT-2020愿景阶段的研究工作，根据ITU提出的IMT-2020工作计划，2016年初我国启动5G技术性能需求和评估方法研究，2017年底启动5G候选提案征集，2018年底启动5G技术评估和标准化，并于2020年底完成标准制定。

ITU提出了5G系统的八个关键能力指标，除传统的峰值速率、移动性、时延和频谱效率之外，ITU还提出了用户体验速率、连接数密度、流量密度和能效四个新增关键能力指标，以适应多样化的5G场景及业务需求。其中，5G用户体验速率可达100 Mb/s—1 Gb/s，能够支持移动虚拟现实等极致业务体验；5G峰值速率可达10—20 Gb/s，流量密度可达每平方米10 Mb/s，能够支持未来千倍以上移动业务流量增长；5G连接数密度可达100万个km^2，能够有效支持海量的物联网设备；5G传输时延可达毫秒量级，可满足车联网和工业控制的严苛要求；5G能够支持500km/h的移动速度，能够在高铁环境下实现良好的用户体验。此外，为了保证对频谱和能源的有效利用，5G的顺谱效率将比4G提高3—5倍，能效将比4G提升100倍，IMT-2020与“IMT-A”关键能力对比如图5.19所示。

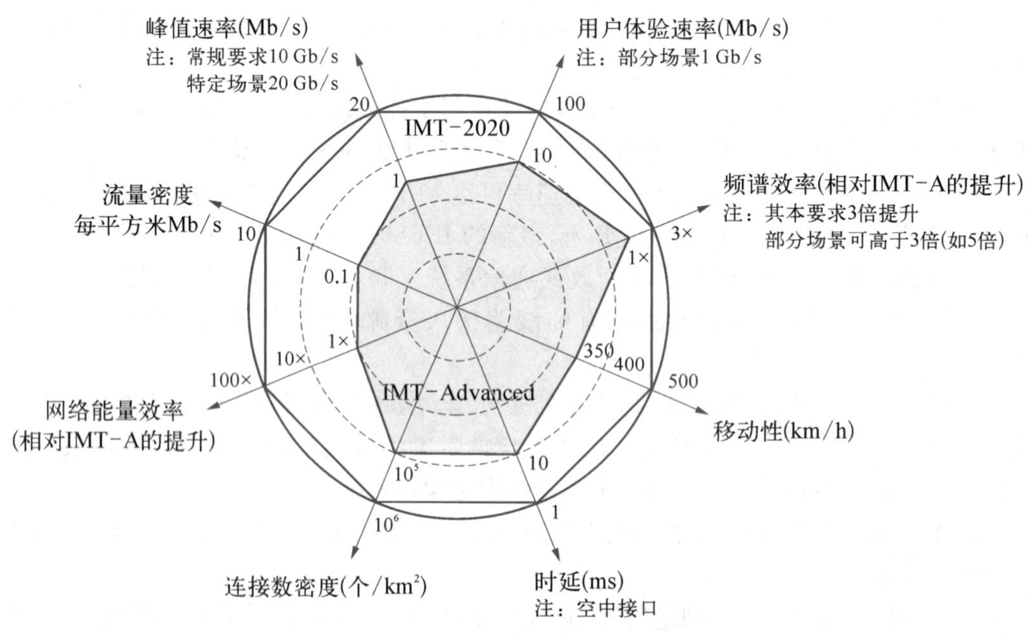

图5.19　IMT2020与IMT-A关键能力对比

本章小结

1. 数据库系统的组成

(1) 数据库及其硬件支持系统。数据库需要有包括 CPU、内存、外存、输入/输出设备等在内的硬件设备支持。

(2) 数据库管理系统。数据库管理系统是基于某种数据结构模型,以统一的方式管理和维护数据库并提供访问数据库接口的软件,是数据库系统的核心。

(3) 操作系统。操作系统主要负责计算机系统的进程管理、作业管理、存储器管理、设备管理和文件管理等。

(4) 数据库应用系统。数据库应用系统是指包含数据库的各种应用系统,如管理信息系统、决策支持系统等都属于数据库应用系统。

(5) 数据库应用开发工具。用于支持数据库应用系统的开发。

(6) 数据库管理员及其他人员。

2. 数据库管理系统的功能

(1) 数据定义。DBMS 提供数据定义语言 DDL,供用户定义数据库的三级模式结构、两级映像以及完整性约束和保密限制等约束。

(2) 数据操作。DBMS 提供数据操作语言 DML,供用户实现对数据的追加、删除、更新、查询等操作。

(3) 数据库的运行管理。包括多用户环境下的并发控制、安全性检查和存取限制控制、完整性检查和执行、运行日志的组织管理、事务的管理和自动恢复,即保证事务的原子性。

(4) 数据组织、存储与管理。DBMS 要分类组织、存储和管理各种数据,需确定以何种文件结构和存取方式在存储级上组织这些数据,如何实现数据之间的联系。

(5) 数据库的保护。DBMS 对数据库的保护通过四个方面来实现:数据库的恢复、数据库的并发控制、数据库的完整性控制、数据库安全性控制。

(6) 数据库的维护。包括数据库的数据载入、转换、转储、数据库的重组和重构以及性能监控等功能,这些功能分别由各个使用程序来完成。

(7) 通信。DBMS 具有与操作系统的联机处理、分时系统及远程作业输入的相关接口,负责处理数据的传送。

3. 数据仓库的组成

(1) 数据仓库数据库。数据仓库数据库是整个数据仓库环境的核心,是数据存放的地方,提供对数据检索的支持。

(2) 数据抽取工具。数据抽取工具把数据从各种各样的存储方式中取出来,进行必要的转化、整理,再存放到数据仓库内。

(3) 元数据。元数据是描述数据仓库内数据的结构和建立方法的数据。

(4) 访问工具。访问工具为用户访问数据仓库提供手段。

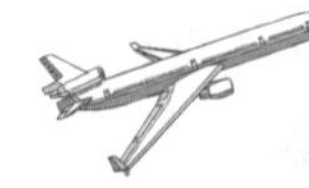

(5) 数据集市。数据集市是为了特定的应用目的或应用范围，而从数据仓库中独立出来的一部分数据，也可称为部门数据或主题数据。

(6) 数据仓库管理。数据仓库管理包括安全和特权管理；跟踪数据的更新；数据质量检查；管理和更新元数据；审计和报告数据仓库的使用和状态；删除数据；复制、分割和分发数据；备份和恢复；存储管理。

(7) 信息发布系统。信息发布系统把数据仓库中的数据或其他相关的数据发送给不同的地点或用户。基于 Web 的信息发布系统是应对多用户访问的最有效方法。

4. 数据挖掘任务

(1) 广义知识。广义知识反映同类事物的共同性质，是对数据的概括、精炼和抽象。

(2) 分类和预测。分类和预测，可以用来提取描述重要数据类的模型和预测未来的数据趋势。

(3) 关联分析。数据库中的数据一般都存在着关联关系，它反映一个事件和其他事件之间依赖或关联的知识。

(4) 聚类分析。聚类分析是按照某种相近程度度量方法，将用户数据分成一系列有意义的子集合。

5. 计算机网络的组成

(1) 网络硬件。网络硬件指构成网络的节点，包括计算机和网络互联设备。计算机可以是服务器，也可以是工作站，网络互联设备包括集线器、交换机、路由器等。

(2) 传输介质。传输介质指把网络节点连接起来的数据传输通道，包括有线传输介质和无线传输介质，传输介质是网络通信的物理基础，也是网络数据传输的通道，所有的网络数据都要经过传输介质进行传输。

(3) 网络软件。网络软件包括，网络操作系统、网络传输协议、网络管理软件、网络服务软件、网络应用软件。

关键术语

数据库；数据库系统；数据库管理系统；数据仓库；Hadoop；数据挖掘；通信系统；计算机网络；无线通信技术

练　习　题

一、名词解释

1. 数据库
2. 数据库系统
3. 数据库管理系统
4. 数据仓库

5. 数据挖掘

6. 通信系统

二、单项选择

1. (　　)是面向主题的、集成的、不可更新的、随时间变化的数据集合,用以支持企业或组织的决策分析过程。

A　数据库　　　　　　B　数据库系统

C　数据库管理系统　　D　数据仓库

2. (　　)是 Lucene 旗下的子项目,原是 Nutch 项目的组成部分,于 2006 年初从 Nutch 中分离出来成为一个独立的项目,它并非一个单纯用于存储的分布式文件系统,而是一个被设计用来在由普通硬件设备组成的大型集群上执行分布式应用的框架。

A　Hadoop　　　　　　B　MapReduce

C　无线通信技术　　　D　数据挖掘

三、多项选择

1. 以下是数据仓库的组成要素的有(　　)。

A　数据仓库数据库　　B　数据抽取工具

C　元数据　　　　　　D　数据集市

E　数据仓库管理

四、简答

1. 简述数据库系统的组成。

2. 简述数据库管理系统的功能。

3. 简述数据仓库的组成。

中国移动通信集团河北有限公司通过数据分析、信息化提升物流管理水平

一、企业简介

中国移动通信集团河北有限公司(以下简称“河北移动”)于 1999 年 8 月 16 日正式挂牌成立,2000 年 10 月在香港和纽约同时上市,是由中国移动通信集团公司控股的中国移动有限公司的全资子公司之一。公司注册资金 43 亿元,资产总额超过 400 亿元。公司现有员工超过 2 万人。

河北移动主要经营移动电话通信(包括话音、数据、多媒体等)、固定电话通信(包括语音、数据等)、数据通信业务、网元出租、呼叫中心、视讯、虚拟专网、IP 电话及互联网接入服务等电信全业务运营,另外还具备基于所有电信业务的施工资质和施工能力。河北移动的客户总数超过 4 700 万户,其中,高端客户 360 万户;移动电话客户市场份额始终保持省内第一,占比超七成。始终占据着河北省移动通信市场主导运营商地位,是一个财务稳健、充满

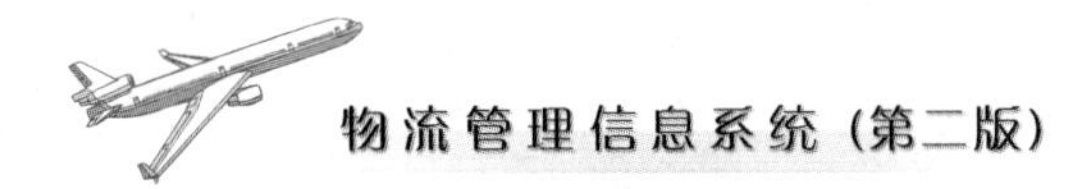

发展潜力的持续成长性公司。

河北移动的物流主要是满足通信工程、网络维护、市场营销物资的仓储与运输需求，所以，对于河北移动来说，物流产生于物资需求，结束于物资使用。

二、案例背景

（一）外部环境

1. “提速降费”持续推进

2018年是国家推进“提速降费”政策的第四个年头。从宽带流量资费全面下调到流量不清零、无限流量套餐、取消手机国内长途和漫游费再到今年政策的焦点“取消流量漫游费，移动网络流量资费年内至少降低30%”。不到四年时间，移动用户资费下降83.5%，人均年省160多元（数据来源于互联网），该项政策为大众网民以及社会产业释放大量红利的同时，也为通信行业的发展带来了新的变革，在利润急剧下降的形势下，如何在培育新兴业务、寻找新利润源的同时，降低运营成本、提升管理效率也成为行业的热议话题和通信企业的未来发展重点。

2. 行业竞争日趋激烈

通信用户日益趋于饱和，三家运营商对4G用户的争夺愈加激烈。2017年，随着全国漫游费的取消、“不限量”套餐等资费政策的推出，三家运营商的利润增长持续放缓，竞争更加激烈。广电网络成为第四家运营商后，也为通信行业竞争态势添加了一剂猛药。

3. 资源供给模式调整

三家运营商的基站交由铁塔公司经营后，网络资源实现共享，竞争优势日渐趋同。

（二）内部环境

1. 公司“降本增效”运营发展

一方面，时代不断发展，先进理念不断更新，作为传统通信企业，应顺应时代发展，利用大数据、云计算、信息化等先进理论，不断提升自己的运作能力和管理水平，以提升自己的核心竞争力，另一方面，作为通信行业的代表性企业，河北移动在竞争日趋激烈的形势下，利润空间逐渐减少，增长日渐放缓，“降本增效”成为必然趋势。

2. 物流管理模式转型升级

作为贯穿物资整个流转过程的活动，河北移动物流的运营内容以仓储和运输为主，管理手段较传统，全省物流资源需进一步整合。需运用科学的方法和管理手段对全省物流运营模式进行转型升级，以达到在提高物流运作效率的同时，实现资源整合，从而降低物流成本，并通过物流运作条线的优化，带动其他相关条线的优化，最终提升整个公司的运作效率。

三、案例解决方案要点概述

河北移动作为通信行业中的一员，面对新形势，必须迎接挑战、创造机遇。在增加营业收入的同时，也需以数据分析为基础，以信息共享为手段，发挥集中效应，降低运营成本，提升内部运营效率，最终实现支撑能力和盈利能力的双提升。

（一）构建优化模型，实现全省仓储资源整合

以2011—2016年期间12个地市（区）的经济发展情况、物流行业的发展情况、物资库存、物流集中度以及各地市库房间的物理距离等多维度数据为基础，构建优化指标体系，以聚类分析为分析方法，构建全省仓储布局优化模型，确定全省仓储的层次划分；以万有引力公式构建各物流节点间的经济吸引力测算模型，以确定不同层次物流节点间联系的紧密程

度，从而确定出区域性物流中心及其重点辐射的其他物流中心。

将相关数据带入模型进行测算，测算结果显示，可将石家庄、保定、唐山设置为一级区域性物流中心，除承包本地市物流功能外，还需辐射其他经济联系比较紧密的地市，衡水、邢台、邯郸等其他八个地市可以作为二级物流中心。具体如表 5.1 所示。

表 5.1 物流中心层次划分

一级物流中心	石家庄			保定			唐山	
二级物流中心	衡水	邢台	邯郸	张家口	沧州	廊坊	承德	秦皇岛

基于数据分析的结果，2018 年，河北移动将原来的“3 个 RDC 库＋11 个省库＋11 个市库”仓储布局模式精简、优化为“3 个 RDC 库＋8 个地市库”，即将石家庄、保定、唐山作为一级物流中心（RDC 库），其他八个地市作为二级物流中心（地市库），并将一级物流中心作为区域性物流中心，重点发挥其区域辐射作用，辐射本地市和关联性强的地市，从而逐渐缩减和弱化二级物流中心的功能，全省仓储资源得到全新整合，物流资源价值逐渐放大如图 5.20 所示（含北京）。

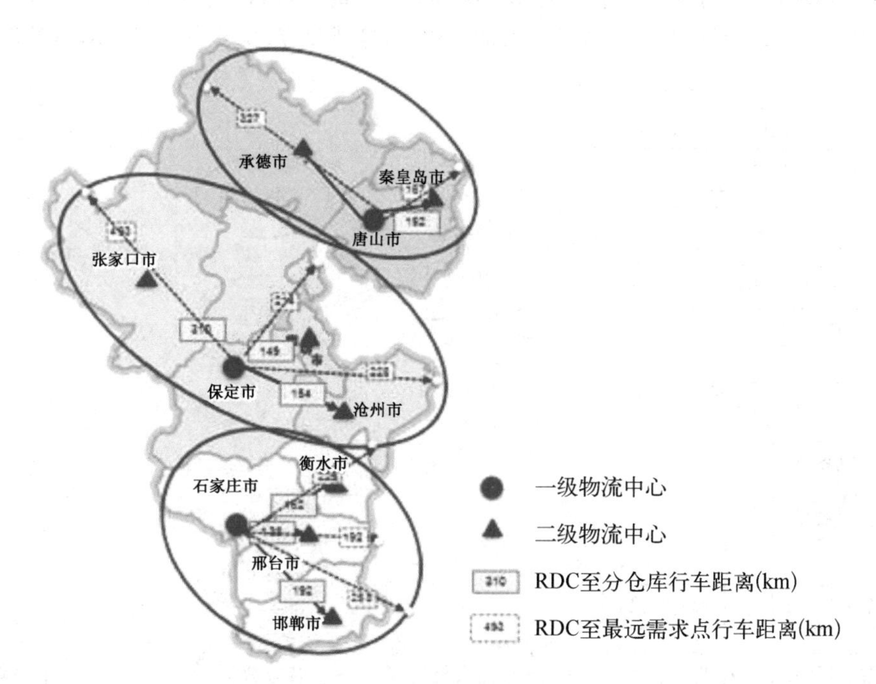

图 5.20 河北省仓储布局及配送网络

（1）RDC 库：仓储＋集货＋配送。

RDC 库的仓储物资特点为大区库通用型物资：通用型较强、地市需求计划性相对较强的物资。其演进趋势是区域中心的辐射功能不断发挥。

（2）地市库：中转。

地市库的仓储物资特点为主要临时存放本地市平面内使用的物资，已明确需求地点和需求时间，使用频率高、需求紧迫，以及到现场使用，存放周期较短的物资。其演进趋势是，功能逐渐弱化。

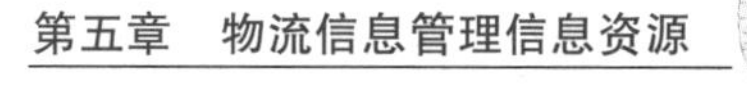

其中，石家庄RDC库辐射区为衡水、邢台、邯郸，保定RDC库辐射区为张家口、沧州、廊坊，唐山RDC库辐射区为承德、秦皇岛。

依托于全省仓储布局优化后的方案，以充分发挥RDC库的区域辐射功能为主要目的，重点提升配送的灵活性，按RDC辐射区域划分配送范围，作为一级物流中心的RDC库重点负责其辐射范围内物流中心的配送服务，构建RDC库一体化配送模式。

（二）以“产品化”为基础，构建物资集中管理体系

根据使用场景的不同，河北移动物资分为工程物资、网维物资、市场物资、办公物资，根据物资的通用程度、地市需求的计划性，将所有物资划分为产品化物资和非产品化物资，并对通用程度高、需求计划性强的产品化物资进行集中管控，目前全省已纳入产品化集中管控的产品有36种。

1. 需求、订单集中管控，提升需求响应

由专人负责定期向不同需求部门以“主动＋被动”相结合的方式征集需求，根据物资历史需求、库存、领用等数据，主动预测需求，同时，根据需求部门提出的临时性需求，被动下单；将需求根据物资类型进行整合、分析，结合现有库存(含在途)的情况，以“以存供需”为原则，优先使用现有库存进行下单，以保障在及时满足需求的前提下，盘活库存，提升仓储利用率如图5.21所示。

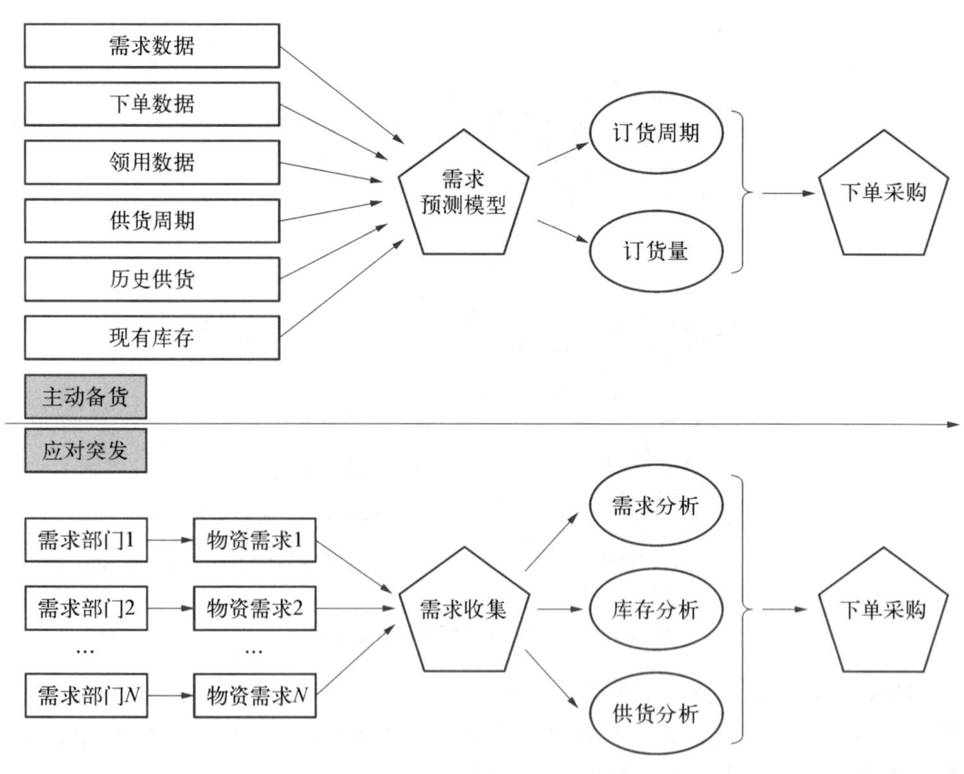

图5.21　需求与订单集中管控

2. 集中存储、配送，全程可视

在产品化物资到货后实行集中存储，并根据使用需求情况，集中配送，以最大限度地提升需求响应速度，在及时满足需求的同时，避免资源浪费，使物流资源价值最大化如图5.22所示。

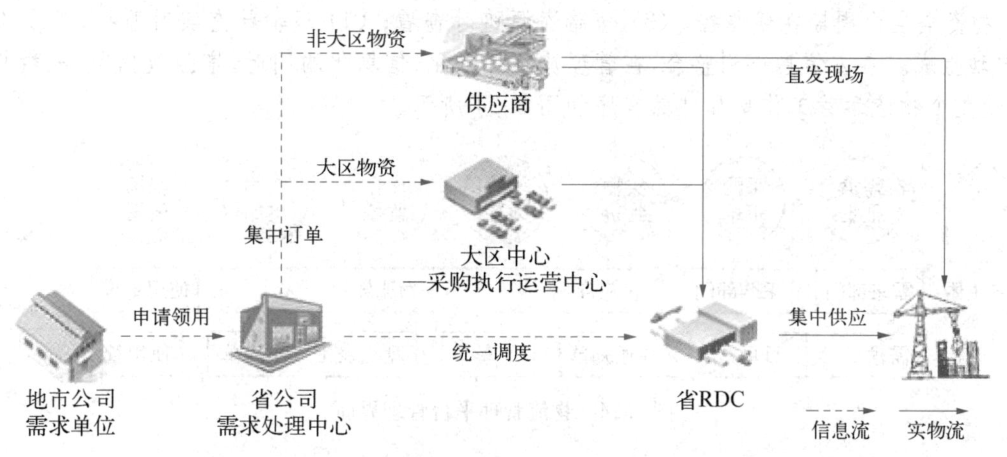

图 5.22　产品化集中管控流程图

(三) 基于数据整合、对比,加强库存监控

1. 加强库存数据分析,建立库存沟通机制

根据库存相关数据显示,目前河北移动在库物料总计 78 743 条,物料状态信息更是难以量化,依托出库频次、在库时长、周转情况等因素,建立"呆滞"物资数据库,并对该类根据物资类型和所属部门的不同,建立不同的沟通机制,与需求部门或使用部门进行沟通,针对具体物资制定详细的使用计划,以最大限度地盘活库存,提升物资周转速度以及物资使用效率,降低仓储面积,从而降低物流成本如图 5.23 所示。

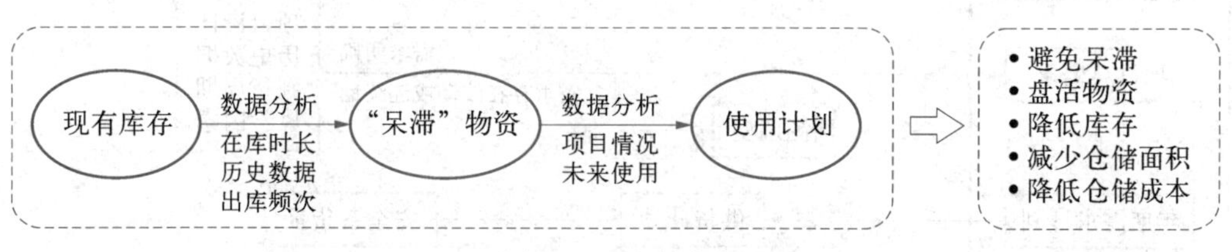

图 5.23　沟通流程

2. 以需求与订单间关联数据,建立需求偏离度分析

结合库存分析,为进一步控制呆滞物资产生的增量,依托订单数据、出库数据以及库存数据建立需求偏离度测算模型,并根据测算结果建立红黄蓝预警机制,将订单执行情况进行延伸的同时,也为需求预测提供了参考数据,使订单执行情况更加一目了然,方便订单需求和制作部门及时了解订单量与实际领用之间的对比情况,有利于核查需求和订单情况,管理更加精细化、科学化。

(四) 打造专业管理平台,实现信息集中管控

根据信息来源的不同,物流需整合集中的信息主体可分为内、外两种,即供应商、代维单位、施工单位、营销单位四个外部信息主体和需求部门、采购部门、物流部门和使用部门四个内部信息主体(需求部门也可能是使用部门)。而物流作为一个贯穿始终的主线,涉及需求征集、下单采购、供应商到货、实物入库、仓储、出库、使用七个主要环节,河北移动基于数据分析和管理流程搭建全省可用的物流专业管理平台:(1) 各主体、各环节信息高度一致;

(2) 物资全生命周期在线监控;(3) 仓储资源随时查看;(4) 运输状态实时监控;(5) 分析表自动生成。各方信息得到整合,在管理流程标准化、信息化的同时,增强数据整合、数据分析,使整个物流运营工作更加井然有序如图 5.24 所示。

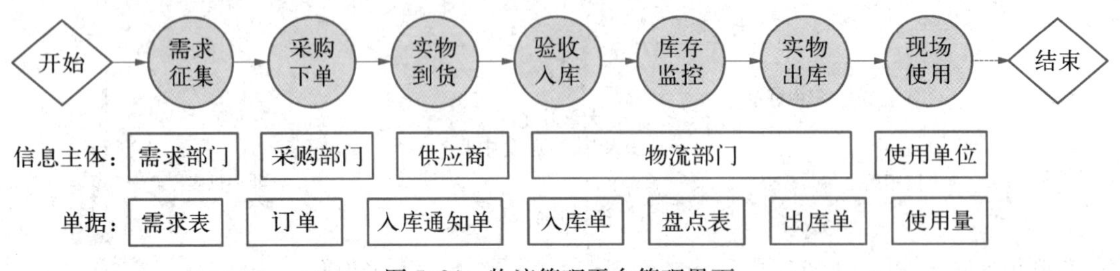

图 5.24　物流管理平台管理界面

(五) 建立完善支撑体系

为做好全省物流支撑,提升运营效率,以科学、全面并与实际操作相贴合的整体原则,建立健全全省物流保障体系。

管理层面:成立物流小组,专职负责全省物流运营工作,根据业务内容划分不同的岗位,并为每个 RDC 库设置专职的沟通协调人员。

流程层面:将流程标准化和可视化,共建立操作流程 30 个,使物流运作有据可依如图 5.25 所示。

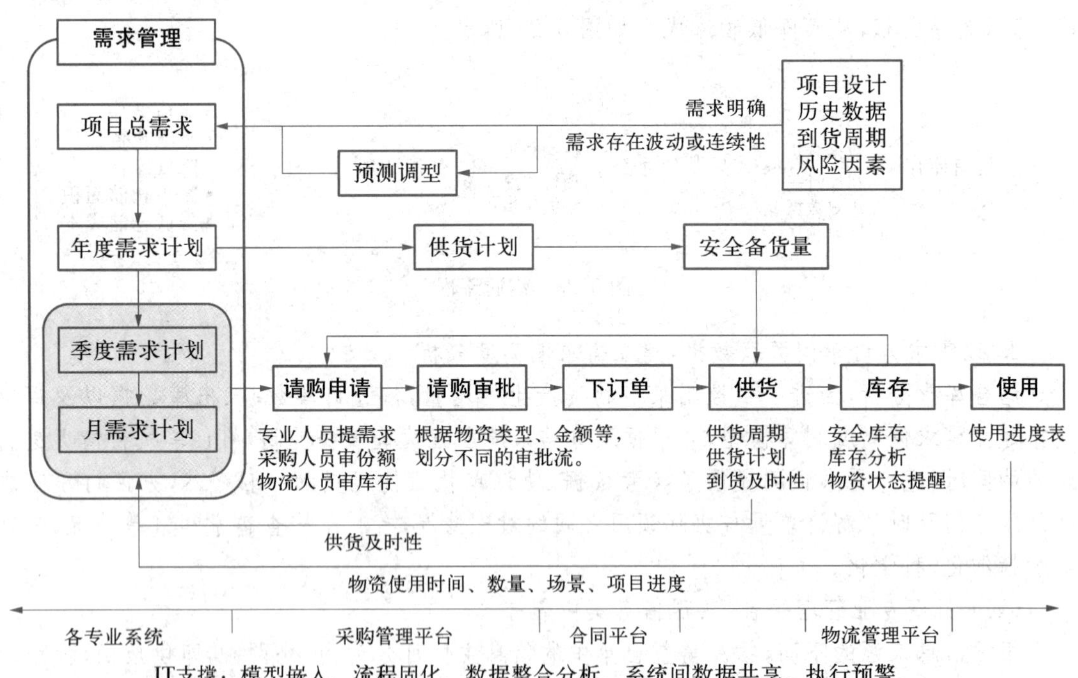

图 5.25　各环节 IT 支撑总览

制度层面:根据物流运营和管理特点,制定专门的管理制度,内容涵盖仓储物流作业、产品化管理、仓库现场、第三方物流等诸多方面,以保障全省物流运作。

IT 支撑层面：不同的专业平台，各专业平台间建立数据联系，实现大量专业信息的整合和维度的统一，也为全省物流运作做好了技术保障支撑。

四、应用效果

（一）搭建专业管理平台，提升管理水平

通过搭建专业管理平台，整合物流信息，管理流程标准化，提升管理效率，物流支撑能力大幅度提升，库存周转率提升 30%，需求响应及时率提升 40%，配送及时性提升 50%。

（二）产品集中管控，支撑效率提升

对通用性强的物资集中管控，避免了重复性问题重复性操作，节省人力成本，提升管控效率，提升满足物资需求的及时性，最大提升客户感知，助力全省业务发展。2017 年，全省 50 名物流人员，顺利支撑全省约 80 亿元投资规模的工程项目。

（三）仓储成本降低，为公司带来间接利润

仓储布局实现优化，全省物资实现共享，2017 年全省物资调拨约 700 次，处置呆滞物资 2 亿元，减少仓库 11 个，全省减少仓储面积共计 3.6 万平方米，每月节约仓储成本约 400 万元，为公司发展带来了间接利润。

（四）竞争力提升

物流运营模式得到优化的同时，也带来公司管理模式的优化，为提升公司的核心竞争力添了浓墨重彩的一笔。

（五）其他

大数据、信息化平台的引入为今后进一步完善物流运营模式打下了良好的基础，助力河北移动公司的物流向着科学化、信息化不断发展。

案例思考：

本案例中河北移动致力于以数据分析、信息化提升物流管理水平的建设，使得公司搭建了专业管理平台、产品得以集中管控降低了仓储成本并提升了竞争力。请思考河北移动如何将大数据分析模型引入更多环节，加强数据分析，促进物流管理的科学化。

第三篇

物流管理信息系统

系统应用篇

第六章 物流运作管理信息系统

学习目标

学习完本章,你应该能够:

1. 理解订单管理系统的概念,了解订单管理系统的功能;
2. 理解仓储管理系统的概念,了解仓储管理系统的功能;
3. 理解运输管理系统的概念,了解运输管理系统的功能;
4. 理解集装箱船公司管理信息系统的概念,了解集装箱船公司管理信息系统的组成;
5. 理解船舶代理管理信息系统的概念,了解船舶代理管理信息系统的组成;
6. 理解海运货代管理信息系统的概念,了解海运货代管理信息系统的组成;
7. 理解电子口岸企业管理系统的概念,了解电子口岸企业管理系统的功能;
8. 理解海关企业管理网上办事平台,了解海关企业管理网上办事平台的功能。

开篇案例

中国电子口岸数据中心

中国电子口岸数据中心(简称"数据中心")于2001年5月18日经中央机构编制委员会办公室批准成立,系海关总署具有独立法人资格的直属事业单位,主要负责中国电子口岸的环境建设、项目开发、运行维护、技术支持和客户服务,以及海关外网的开发建设和安全运维等相关工作。

自成立以来,数据中心坚持"以服务为宗旨,以促进为目的,以需求为导向,以合作促发展"的建设思路,不断强化内部管理和基础建设,打造了一支业务精良、技术过硬的信息化建设队伍;着力提升服务保障能力,全心全意服务于国家宏观经济、海关建设、电子口岸共建部门和广大进出口企业;狠抓运行维护安全管理,实现了信息系统和执法数据的高效安全运转;深入推进电子口岸建设,在落实"三互"推进大通关建设、国际贸易"单一窗口"建设中发挥了积极作用,实现了电子口岸的跨越式发展。截至2018年6月30日,中国电子口岸已与国家发展与改革委员会、公安部、生态环境部、农业农村部、商务部、中国人民银行、海关总

署、国家税务总局、国家市场监督管理总局、国家外汇局、国家铁路局、交通运输部、自然资源管理部等组成13个联席会议成员单位，与国家密码管理局、贸促会、全国组织机构代码管理中心等3个相关部门，香港、澳门、台湾海关及香港工贸署、澳门经济局，韩国、巴基斯坦、新西兰、欧盟海关及欧盟委员会税收与关税联盟总司等10余家境外机构，以及23家商业银行进行联网信息交换，累计入网企业136万家，日均处理单证200余万笔，基本实现了口岸大通关核心环节信息共享，在促进政府部门间信息共享、提高效率、加强监管，为进出口企业提供贸易便利、加快通关速度、降低贸易成本等方面发挥了重要作用，取得了显著的社会效益和经济效益。

第一节　陆运运作管理信息系统

一、订单管理系统

（一）订单管理系统的概念

订单管理系统(order management system，OMS)以订单为物流执行过程的控制塔，将物流计划拆解到相应的操作系统，并将执行情况反馈回订单，在订单系统中统一结算，并与上游供应链关键节点无缝衔接，保证服务的统一，实现跨系统、组织的协同管理，同时为供应链融资提供最便捷最直观的系统支撑。订单管理系统的框架如图6.1所示。

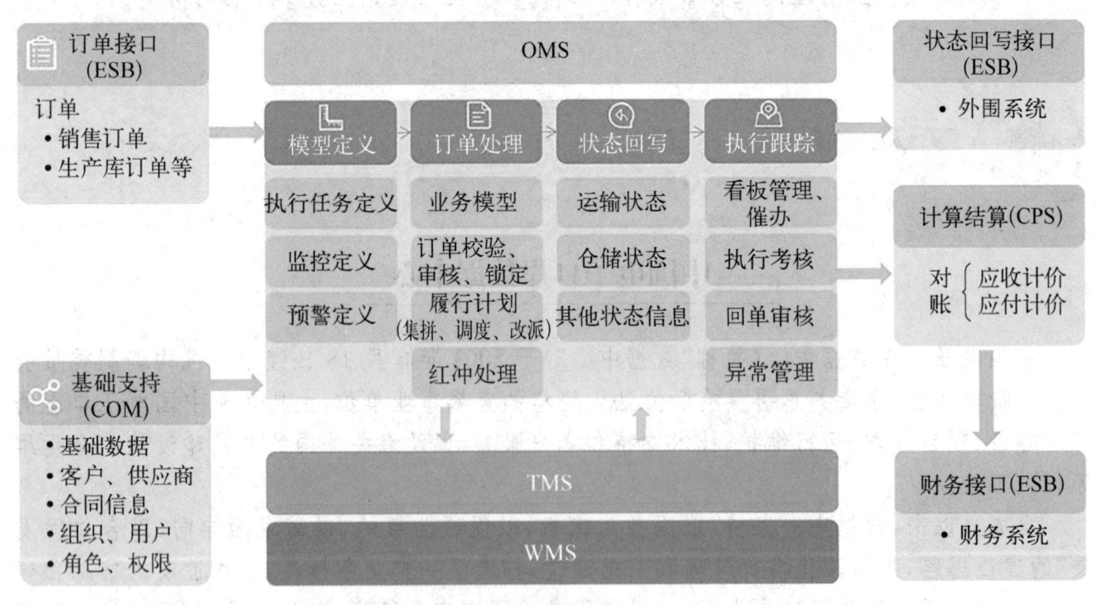

图6.1　订单管理系统的框架图

（二）订单管理系统的功能

订单管理系统可以实现的主要功能包括：

1. 商品查看功能

商品查看功能,主要包括系统客户查询商品信息及商品管理员查询,如图 6.2 所示。客户查询商品信息包括客户对具体商品信息的查看和客户对多个商品信息的查询和商品信息之间的对比。

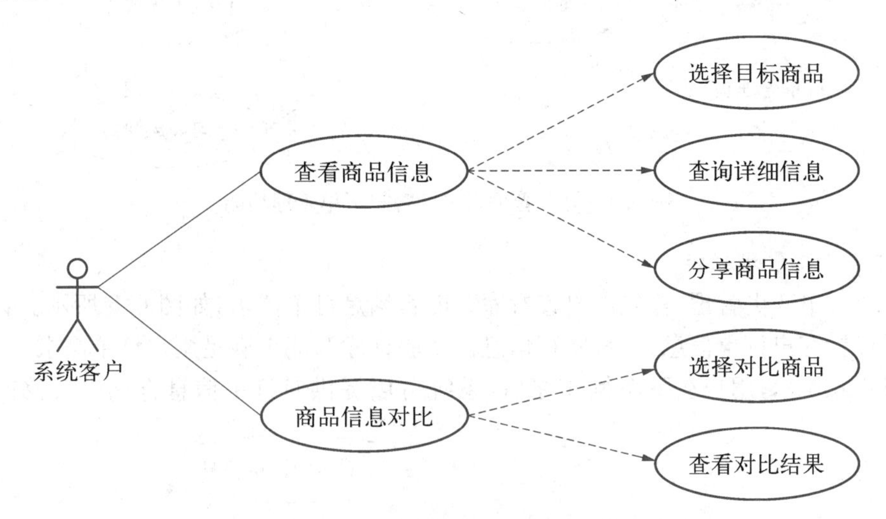

图 6.2　订单管理系统的客户查看商品信息功能

2. 客户下单管理功能

客户下单管理子系统主要功能是接收客户订单信息并对订单信息进行处理。如图 6.3 所示,客户下单管理包括用户身份验证、用户信誉度评估、接收客户订单、订单信息录入库以及查看库存能否满足需求等。

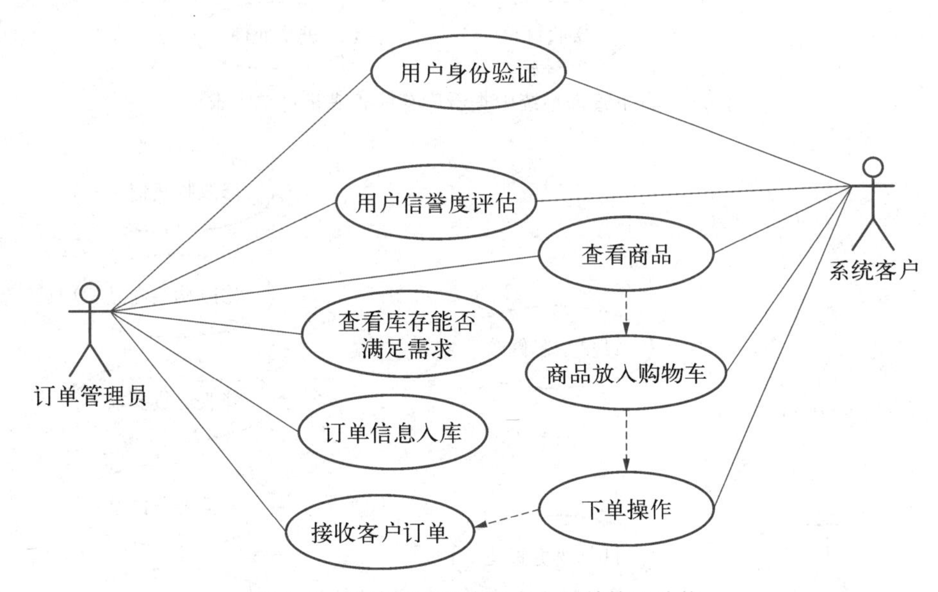

图 6.3　订单管理系统的客户下单管理功能

如图 6.4 所示,订单信息入库主要包括申请入库、信息入库操作以及返回入库状态等。

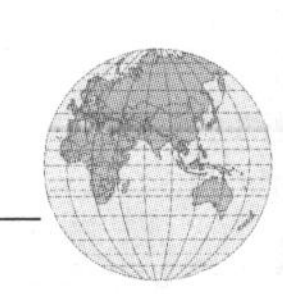

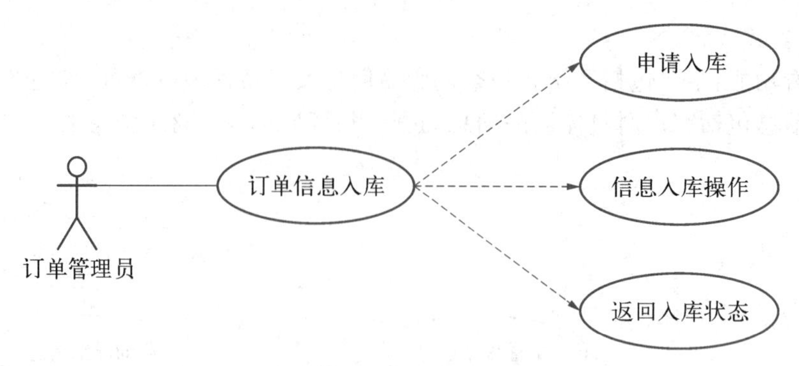

图 6.4　订单管理系统的客户下单管理功能

3. 订单变更管理功能

要实现订单变更管理，首先需要查看库存能否满足订单需求，如图 6.5 所示。订单变更管理包括查看客户订单信息、查看库存信息以及验证库存能否满足用户订单需求。

如图 6.6 所示，用户在下单操作之后，系统可以提供对订单信息查询以及修改操作功

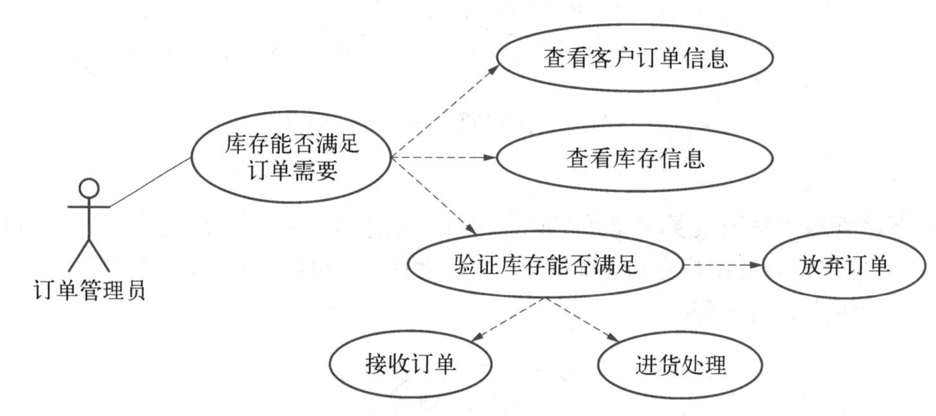

图 6.5　订单管理系统中查看库存能否满足订单需求

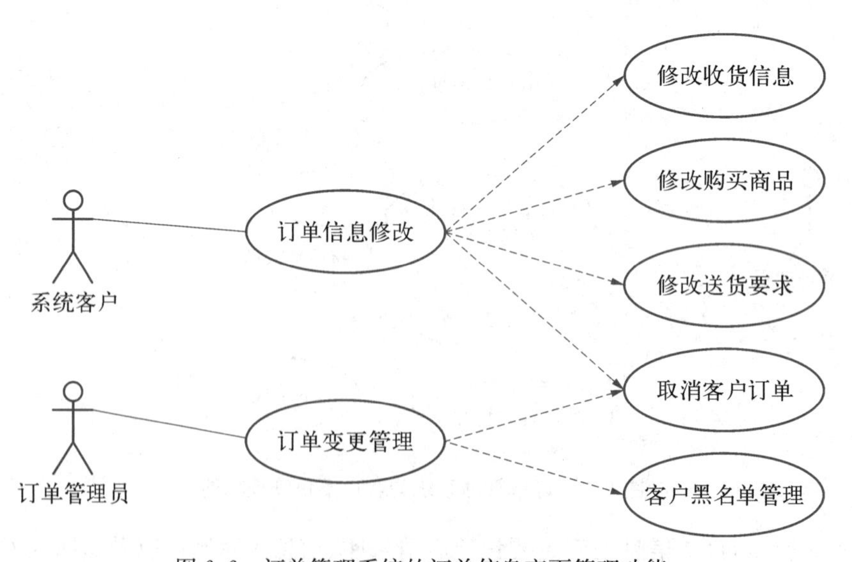

图 6.6　订单管理系统的订单信息变更管理功能

能，包括用户基本信息修改，用户收货要求修改、订单商品信息修改等操作。系统管理员会根据用户历史购买信息分析用户的购买信誉，对信誉不好的用户，系统将视之为黑名单用户，对处于系统黑名单用户的订单，系统将会取消其订单信息。

4. 订单发货管理功能

订单发货管理功能是根据用户的订单信息，到系统仓库取得相应的货物，然后交由发货人员进行发货操作。如图 6.7 所示，仓库管理员实现的功能包括：订单已发货处理、获取订单信息、获取订单商品以及通知发货等。与客户相关的功能为通知发货。订单管理人员实现的功能包括订单已发货处理以及获得订单信息。发货人员实现的功能包括获取订单信息、通知发货以及发货操作。

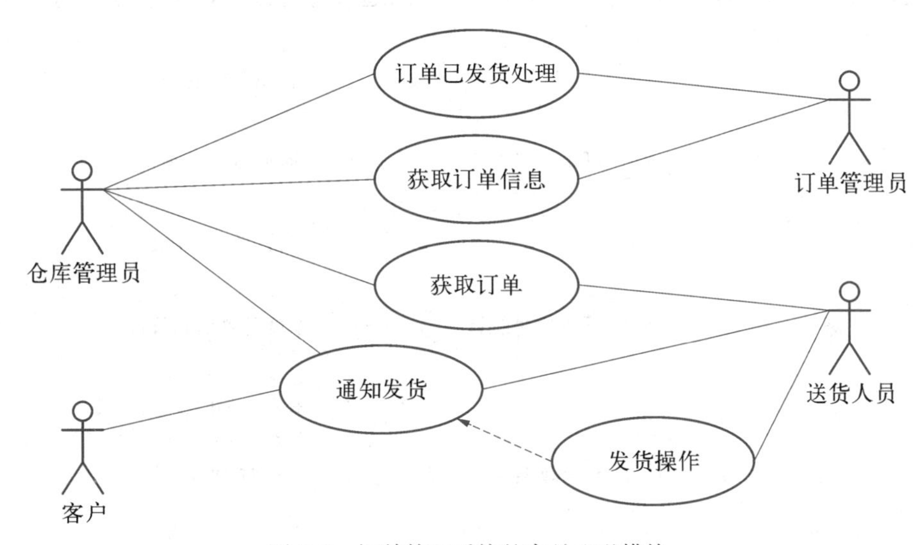

图 6.7　订单管理系统的商品配送模块

如图 6.8 所示，发货操作包括获取货物、订单信息绑定货物以及发货处理。

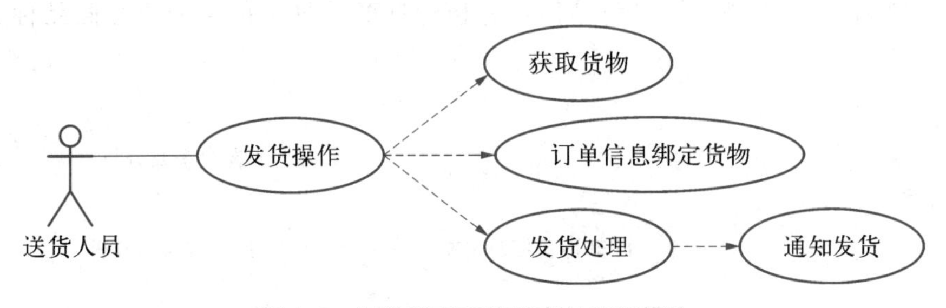

图 6.8　订单管理系统的商品配送模块

5. 订单信息查询功能

订单信息查询提供对客户下单信息的查询功能，包括客户订单信息查询以及管理员订单信息查询，客户查询只能查询客户本人的订单信息，包括历史订单信息以及待收货的订单信息，如图 6.9 客户订单信息查询中，客户可通过订单号进行信息的查询，也可以查询用户账户的历史订单信息。

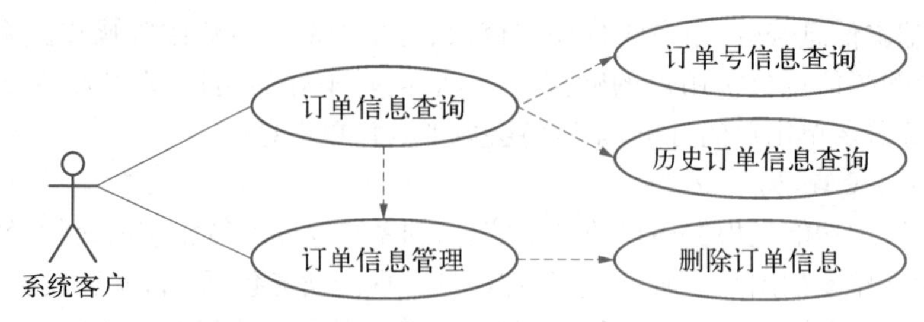

图 6.9　订单管理系统的客户订单信息查询功能

管理员可以对所有订单信息进行查询以及对订单信息进行统计，如图 6.10 所示，管理员可以通过订单号对具体订单信息进行查询，也可以通过特定条件订单进行查询。

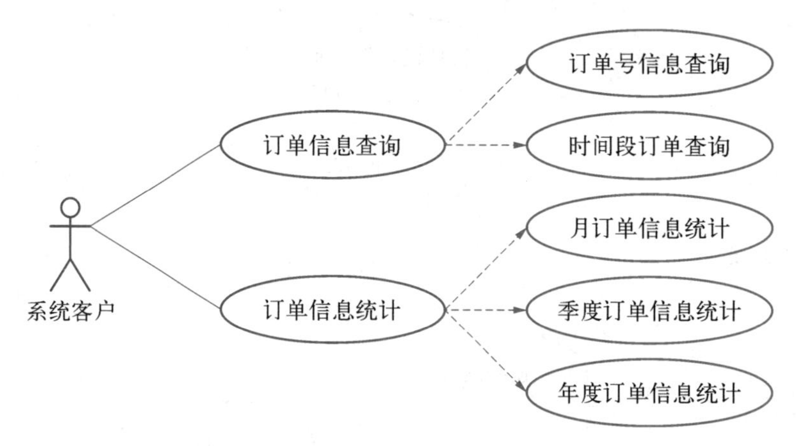

图 6.10　订单管理系统的管理员订单信息查询功能

6. 订单数据分析功能

订单数据分析功能主要是为系统提供决策支持，如图 6.11 所示，系统订单数据分析包括对订单客户信息分析和订单商品信息分析。订单客户信息分析可以对客户来源、客户购买力以及客户偏好进行分析，订单商品信息分析包括商品种类信息分析和商品种类利润分析等。

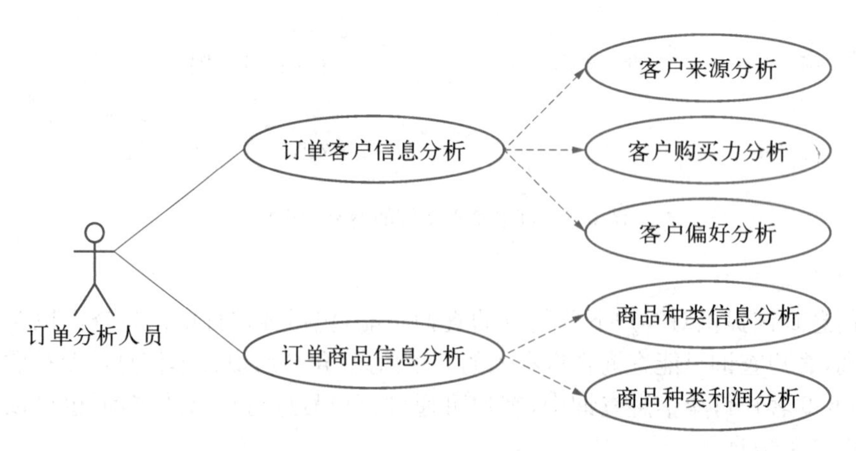

图 6.11　订单管理系统的订单数据分析功能

7. 移动支付接入功能

移动终端支付功能中,移动终端接入是系统用户最常用的接入方式。图 6.12 是服务器终端接入的示意图。

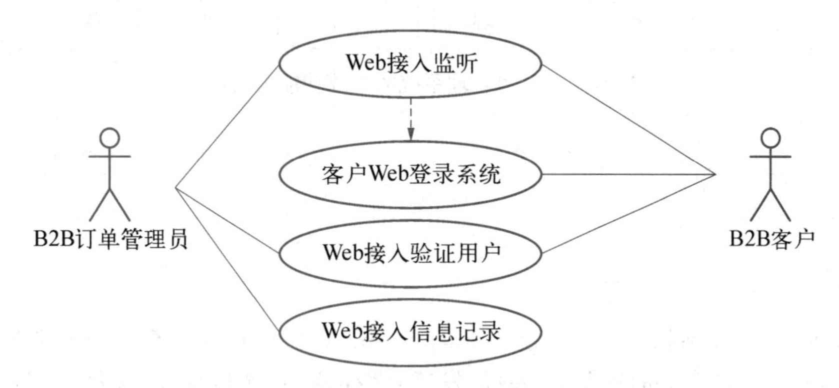

图 6.12 订单管理系统的服务器终端接入功能

8. 订单支付管理功能

订单支付管理是系统的核心子系统。如图 6.13 所示,订单支付包括管理用户支付信息、接受支付、退款操作、支付银行卡操作、选择支付方式、查看支付金额等功能。管理用户支付信息功能包括用户信息查看、用户备注以及用户信息。支付银行卡操作功能包括增加绑定银行卡、删除绑定银行卡、设置默认绑定银行卡、查看绑定银行卡余额等。

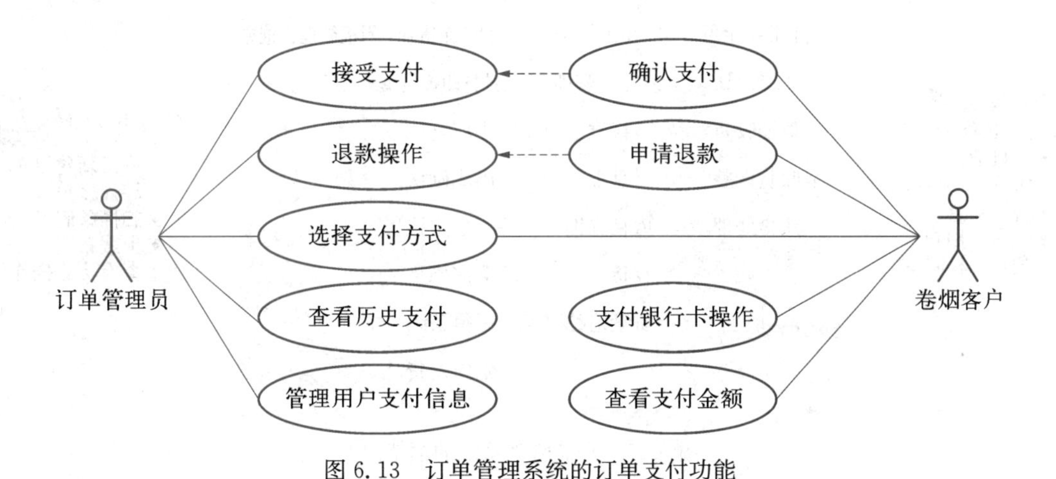

图 6.13 订单管理系统的订单支付功能

(三) 订单管理系统的模块

图 6.14 是订单管理系统的功能模块图,基于移动终端支付的订单管理系统主要包括商品查看功能、客户下单管理、订单变更管理、订单发货管理、订单信息查询、订单数据分析、移动支付接入与订单支付管理。

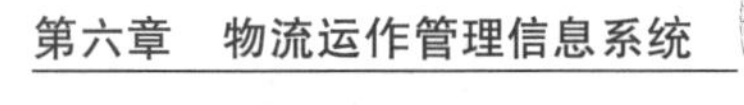

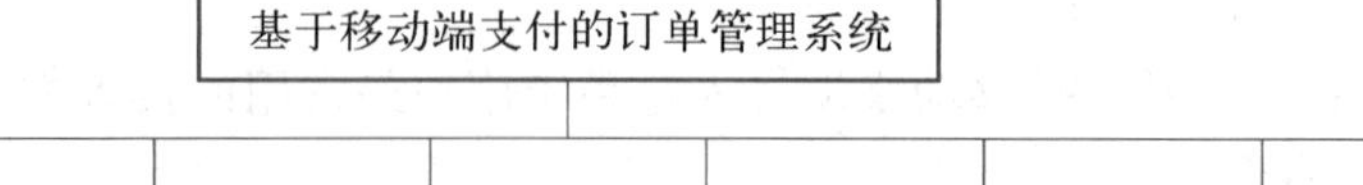

图 6.14　订单管理系统的系统功能模块图

二、仓储管理系统

（一）仓储管理系统的概念

仓储管理系统（warehouse management system，WMS）是为提高仓储作业和仓储管理活动的效率，对仓库收货、货物放置、拣货、发货、库存调整、库位移动、冻结、释放、加工等仓库作业环节实施全面系统化管理的计算机信息系统。仓储管理系统的框架如图 6.15 所示。

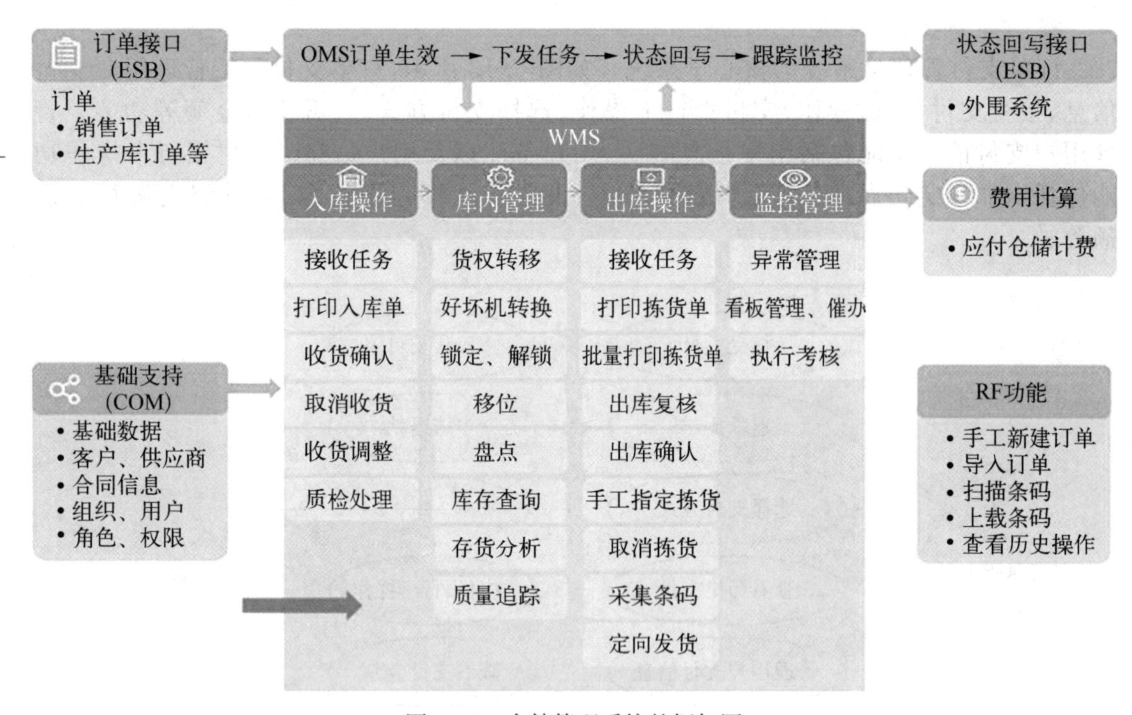

图 6.15　仓储管理系统的框架图

（二）仓储管理系统的功能

仓储管理系统可以实现的主要功能包括以下几个方面。

1. 系统管理功能

仓储管理系统的系统管理不涉及仓储管理的业务工作，主要负责维护系统的正常运行。系统管理的功能包括用户管理、权限管理、标签制作、数据管理、设备管理、日志管理、数据字典管理和密码修改。

(1) 用户管理。主要是对可以登录系统的用户信息进行管理,包括对用户的添加、删除、修改和信息编辑功能。

(2) 权限管理。主要是为系统的不同用户分配不同的权限,这里采用的权限分配机制是用户-角色-功能。这种机制设置较为简单,分配时也较为灵活。权限管理功能的时序图如图 6.16 所示。

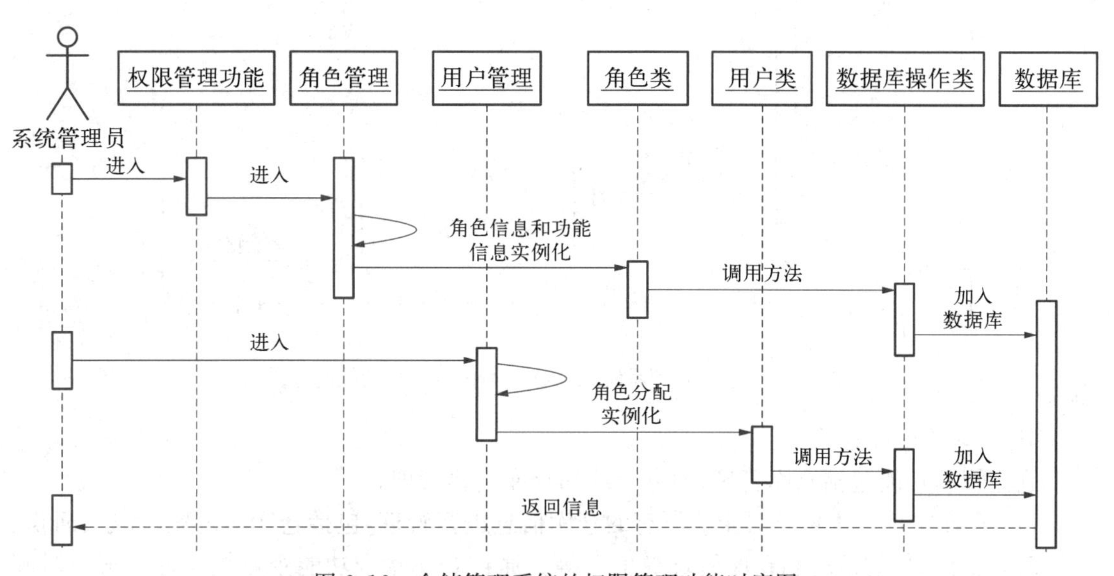

图 6.16 仓储管理系统的权限管理功能时序图

(3) 标签制作功能。主要是对入库通知单中的货物的标签进行制作,在制作标签时使用的设备是桌面读卡器,将标签放置在读卡器上,然后选择货物的信息后点击制作按钮即可制作出对应货物的电子标签。

(4) 数据管理功能。主要是实现对系统数据库的定期备份,当系统数据丢失或者系统崩溃时对数据的恢复。通过数据管理功能可以保证系统数据的安全性。

(5) 设备管理功能。主要是对仓库管理人员所携带的手持读写设备进行管理。因为仓库管理员可能不止一个,每一个人都携带着手持读写设备,为了保证仓库管理员对手中的设备负责,可以使用设备管理功能将管理员与设备一一对应,一旦设备丢失可以找到责任人。

(6) 日志管理功能。主要是对系统用户的操作日志进行查看。

(7) 数据字典功能。主要是对仓储管理系统在使用中所用到的数据字典进行管理。

2. 货物管理功能

货物管理,主要是对企业所涉及的货物信息进行管理,货物管理功能包括货物分类管理和货物基本信息管理。

(1) 货物分类管理。主要是指对企业所涉及货物的类别进行管理,通过该功能可以将其进行分类,分类以后,可以为日后的货物统计分析打下基础。

(2) 货物信息管理。主要是对企业所涉及的货物基本信息进行管理,将货物信息完善以后,为日后的入库管理、库存管理和出库管理打下基础。货物信息管理可以对货物的基本

信息进行添加、删除、修改和查询。货物基本信息添加功能的时序图如图6.17所示。

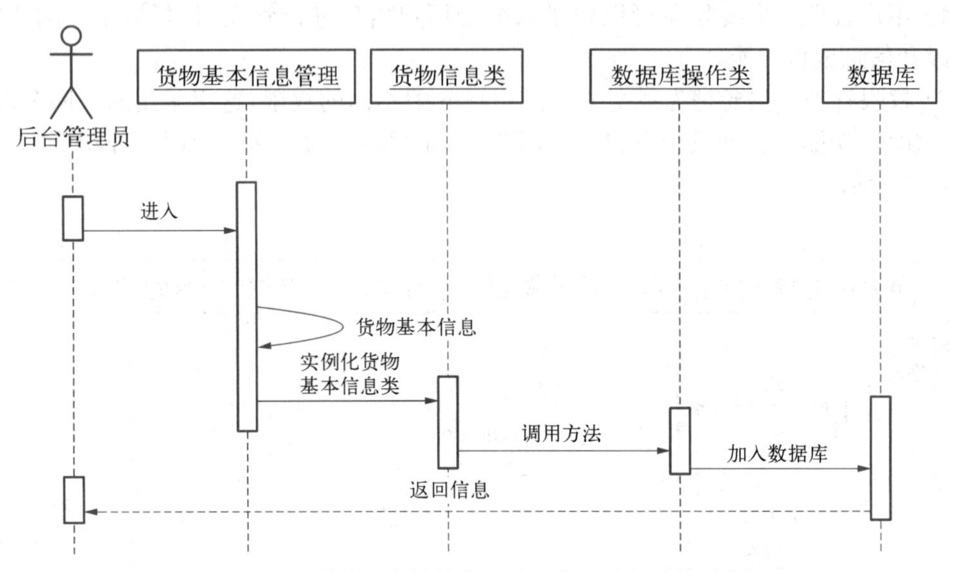

图6.17 仓储管理系统的货物基本信息添加功能时序图

3. 仓库管理功能

仓库管理功能包括仓库管理、库存管理和仓库货物管理。

(1) 仓库管理。主要是对企业所有的仓库信息进行管理，包括仓库的位置、大小、面积、建设时间、目前货物情况和仓库管理员信息等。通过仓库管理功能企业领导可以第一时间对企业所有的仓库有一个宏观的了解，便于企业领导及时调整货物的进出库情况。

仓库管理功能是系统的核心功能之一，其使用者主要是仓库管理员。仓库管理包含了三个功能，分别是移库管理、移位管理和库存盘点。移位管理是指将货物从仓库中的一个位置转移到另外一个位置；移库管理是指货物从一个仓库转移到另外一个仓库；库存盘点是指对仓库中货物的信息和完好性进行核对。仓库管理是仓库管理员日常的工作，也是保证货物安全的工作，十分重要。移库管理的时序图如图6.18所示。

(2) 仓库货物管理。主要是对现有仓库的所有货物进行管理。

4. 客户管理功能

一个企业所涉及的客户比较多，客户管理功能主要是对客户进行分类管理，提高工作人员的工作效率。客户管理功能包括客户类别管理和客户信息管理。

(1) 客户类别管理。主要是对企业不同客户进行分类，因为企业所涉及的客户较多，而这些客户重要程度可能不尽相同，为了能够区别对待，系统设计了客户类别管理。通过该功能可以对不同重要程度的客户进行分类。

(2) 客户信息管理。主要是对企业涉及的所有客户信息进行管理。客户信息包括客户名称、客户类别、客户联系信息、客户货物信息等。管理员可以通过该功能对客户信息进行添加、删除、修改和查询工作。客户信息添加功能的时序图如图6.19所示。

5. 入库管理功能

入库管理主要是对货物入库的过程进行管理。入库管理功能包括入库单管理和入库管理。

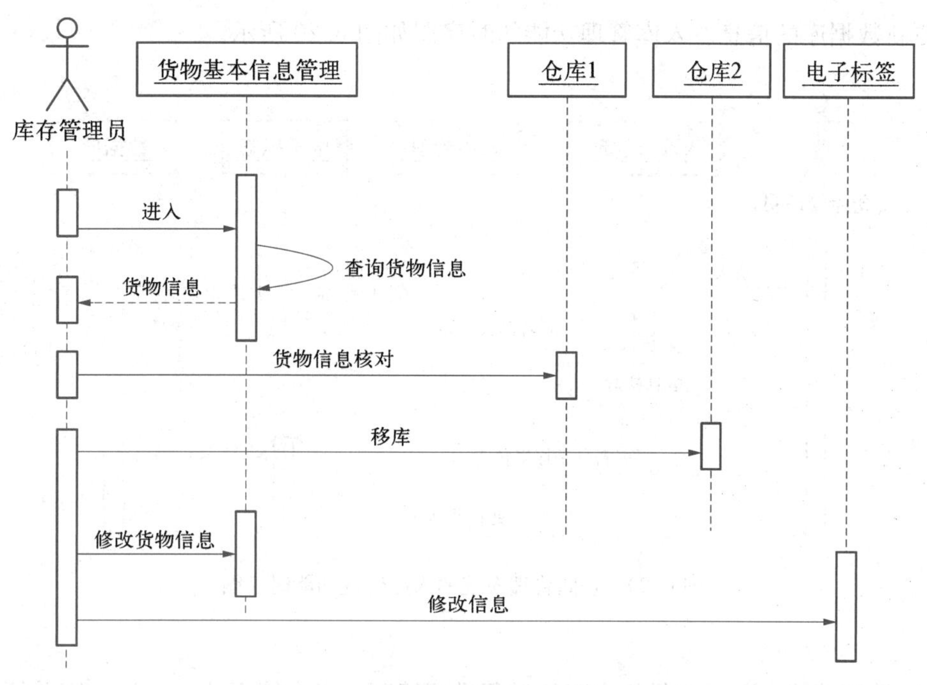

图 6.18　仓储管理系统的移库功能时序图

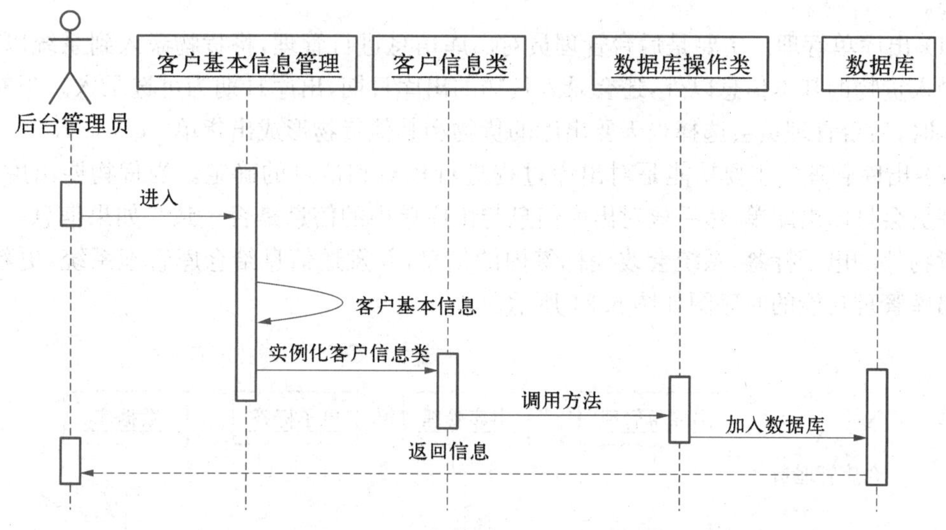

图 6.19　仓储管理系统的客户信息添加功能时序图

（1）入库单管理。主要是后台管理员对入库信息进行录入。当货物到达仓库之前，后台管理员会收到货物信息，后台管理员会将这些信息录入系统，系统会生成入库单。当货物到达仓库以后，仓库管理员会根据入库单信息来核对货物信息。

（2）入库管理。主要是对入库过程进行核对和信息的确定。当货物到达仓库以后，仓库管理员会首先打印入库单，然后携带之前已经制作好的电子标签去核对货物信息。如果货物信息与入库单上的信息一致，则将电子标签粘贴到货物外包装。然后使用手持读写设备扫描电子标签，将货物的状态设置为已入库状态，并且信息会通过 Wi-Fi 传输到仓库管理

系统，更新数据库的信息。入库管理功能的时序图如图 6.20 所示。

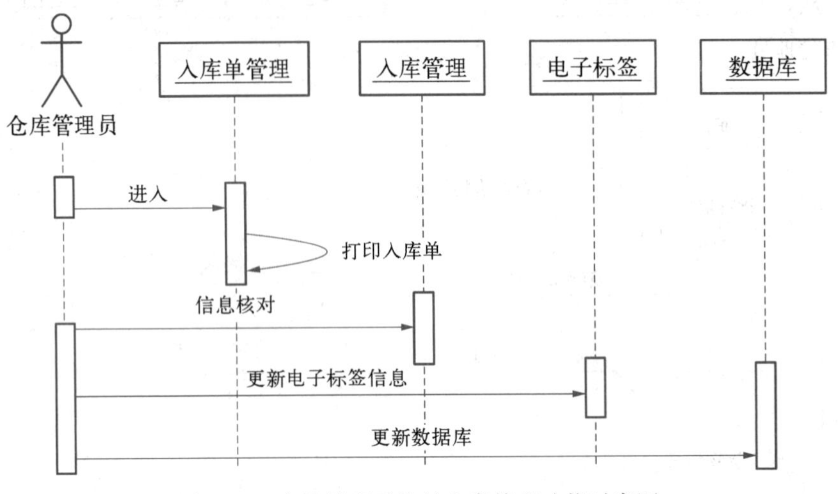

图 6.20 仓储管理系统的入库管理功能时序图

6. 出库管理功能

出库管理功能主要是对货物出库的过程进行管理。出库管理功能包括出库单管理和出库管理。

(1) 出库单管理。主要是后台管理员对出库信息进行管理，将货物录入到系统以后，除了会录入货物的基本信息以外，还会录入货物的出库日期，出库日期为可选录入。当有货物要出库时，后台管理员会选择当天要出库的货物和其他货物形成出货单。

(2) 出库管理。主要功能是对出库过程进行核对和信息的确定。当货物要出库时，仓库管理员会打印出库单，然后核对出库信息与出库单中的信息是否一致。如果信息一致，则扫描货物外的电子标签，系统会改变标签内的信息，并发送信息给仓库管理系统，更新数据库。出库管理功能的时序图如图 6.21 所示。

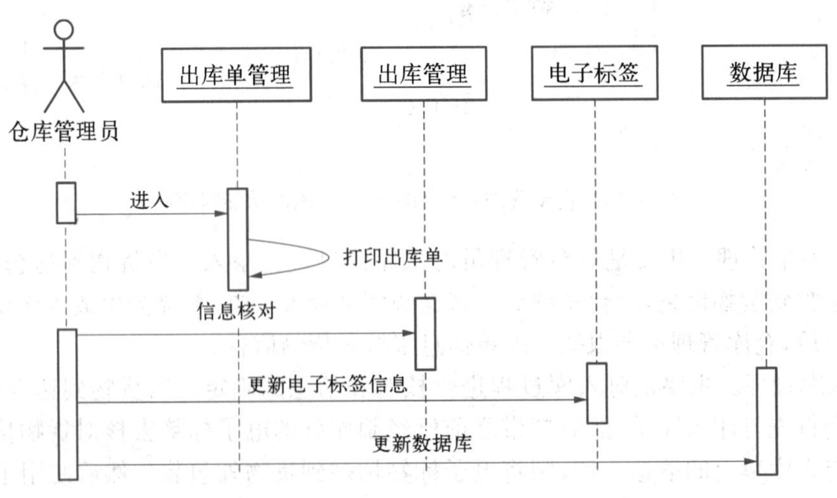

图 6.21 仓储管理系统的出库管理功能时序图

7. 查询统计功能

查询统计功能主要是用来对出库、入库和库存进行管理。通过该功能能够实时地反映出仓库货物的信息，为领导的决策提供依据。在查询统计分析时，可以通过输入时间、仓库信息、客户信息和货物信息来对仓储信息进行统计和分析。在显示统计和分析数据时，可以通过柱状图、饼状图和表格三种方式来显示。

8. 无线通信功能

无线通信功能是接收由手持读写设备发出的数据，然后对数据进行处理，并将处理后的结果返回给手持读写设备。不需要人工操作，由系统自动进行处理。

（三）仓储管理系统的模块

仓储管理系统的模块主要分为以下几个：系统管理模块、货物管理模块、仓库管理模块、客户管理模块、入库管理模块、出库管理模块、查询统计模块和无线通信模块。系统功能模块结构图如图 6.22 所示。

三、运输管理系统

（一）运输管理系统的概念

运输管理系统（transportation management system，TMS）是面向公路运输零担、整车和配送型企业，对企业车辆及相关运输业务的操作及信息管理与数据存储，能够通过订单管理、车辆管理、运输管理等功能完成物流企业承运人选择、车货配载等基础业务，同时能够对相关业务中收费付费、费用统计等财务功能进行管理的管理信息系统。运输管理系统的框架如图 6.23 所示。

（二）运输管理系统的功能

运输管理系统可以实现的主要功能包括以下几个方面。

1. 订单管理功能

订单管理功能是指订单管理员、车主、货主、第三方（如工商管理人员）等可以通过系统查询相应的订单及业务信息。订单管理功能如图 6.24 所示。

订单管理功能主要包括订单管理员对订单的录入、审核、查询订单的状态、删除已完成或审核未通过及作废的订单，货主也可以通过订单管理模块录入相应的订单，但录入的订单需系统管理人员进行审核。

订单管理员接到订单信息在订单录入窗口输入相应的货主信息，系统会自动查找数据库匹配货主信息，如果没有相应信息，则录入新货主信息，储存到数据库中，同时返回给前台新货主的编号信息，这时再生成新的订单，录入相应订单信息，同时返回给前台新订单的订单编号。订单录入登记新货主的时序图如图 6.25 所示。

2. 运输管理功能

运输管理功能主要包括运输计划人员指定运输计划，车辆调度员制定调度计划和回单

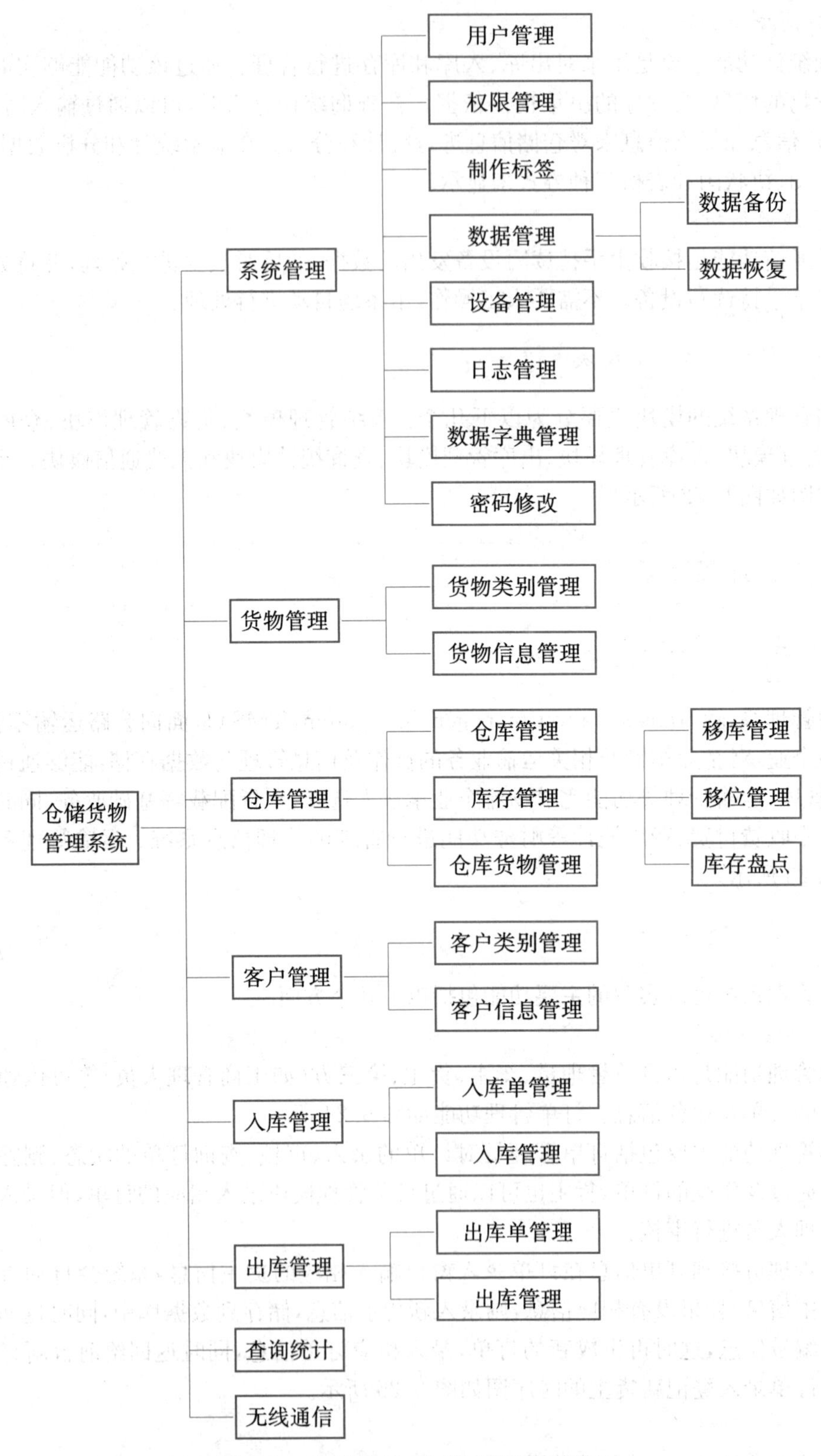

图 6.22 仓储管理系统的系统功能模块图

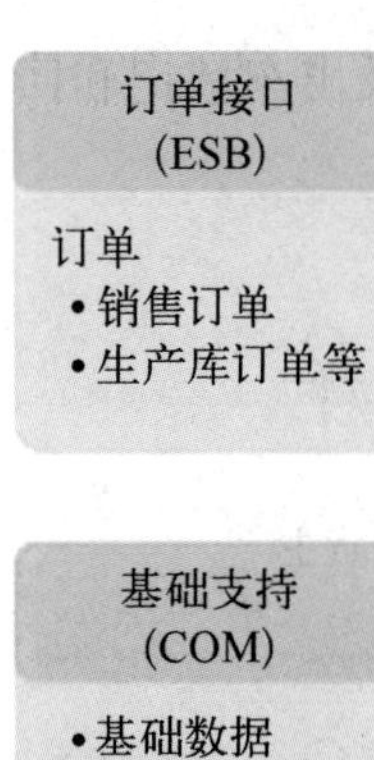

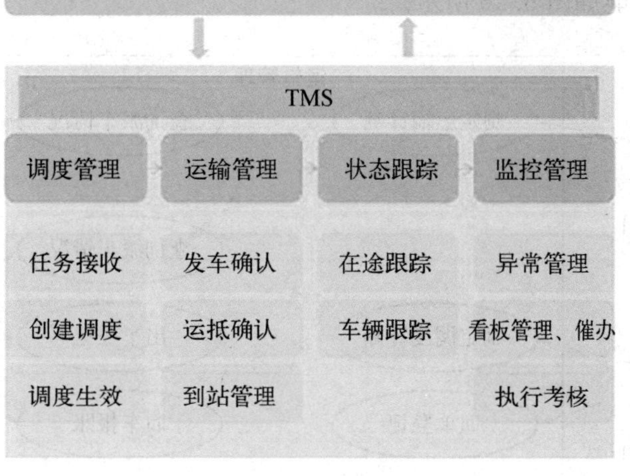

图 6.23　运输管理系统的框架图

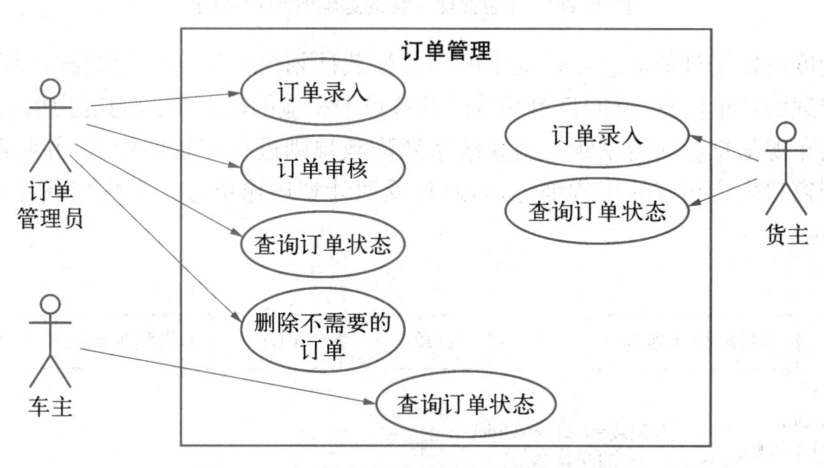

图 6.24　运输管理系统的订单管理功能图

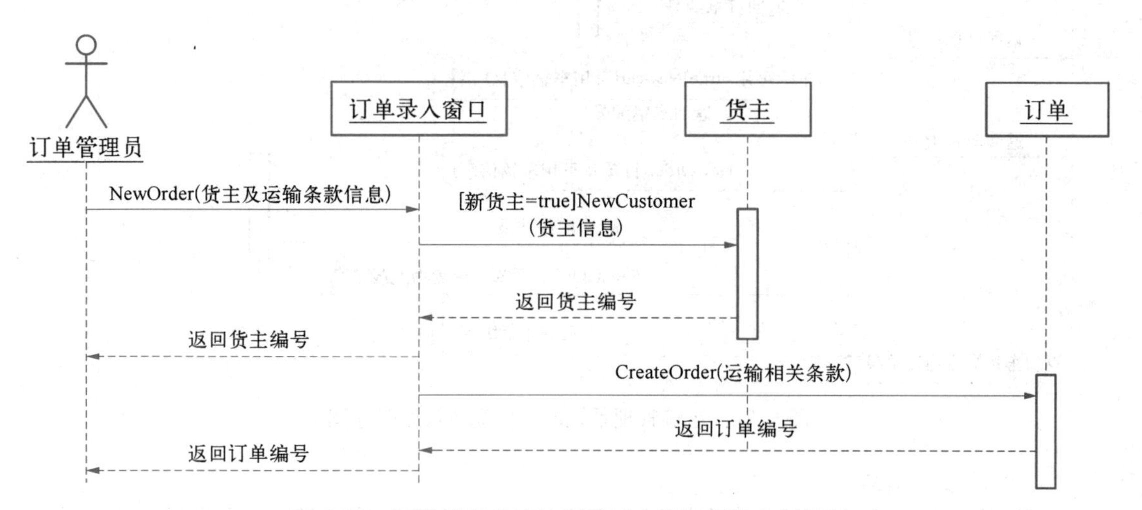

图 6.25　运输管理系统的订单录入登记新货主时序图

登记，货主查询相应货物的配载及派车情况，车主利用系统查询派车情况以及出车登记和回车报账，运输管理功能如图 6.26 所示。

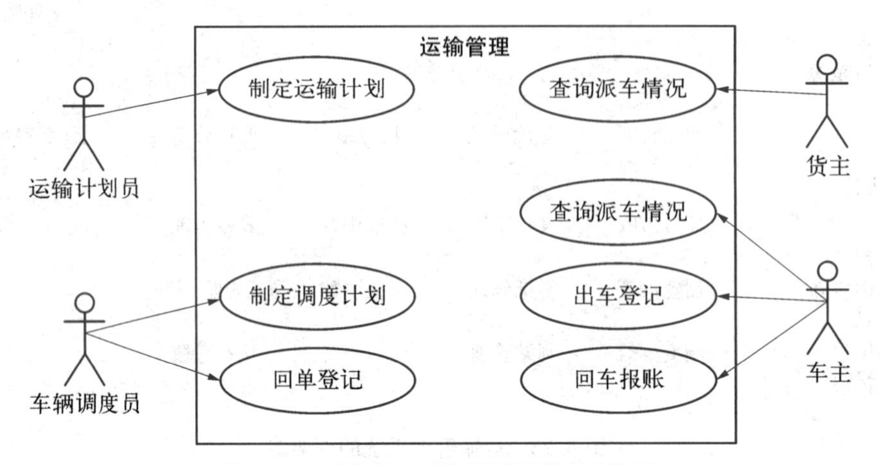

图 6.26 运输管理系统的运输管理功能图

车辆调度员根据订单信息在系统中的车货配载计划窗口进行车货配载计划，首先查询相应需要配载的订单信息，返回订单编号以及订单中相应的需要配运的货物信息，之后查询这时可用的车源信息返回给系统。由系统按照配载规则进行车货的配载，并将配载的结果返回给计划窗口生成相应的车货绑定运输单，返回计划运输单号。车货配载计划时序图如图 6.27 所示。

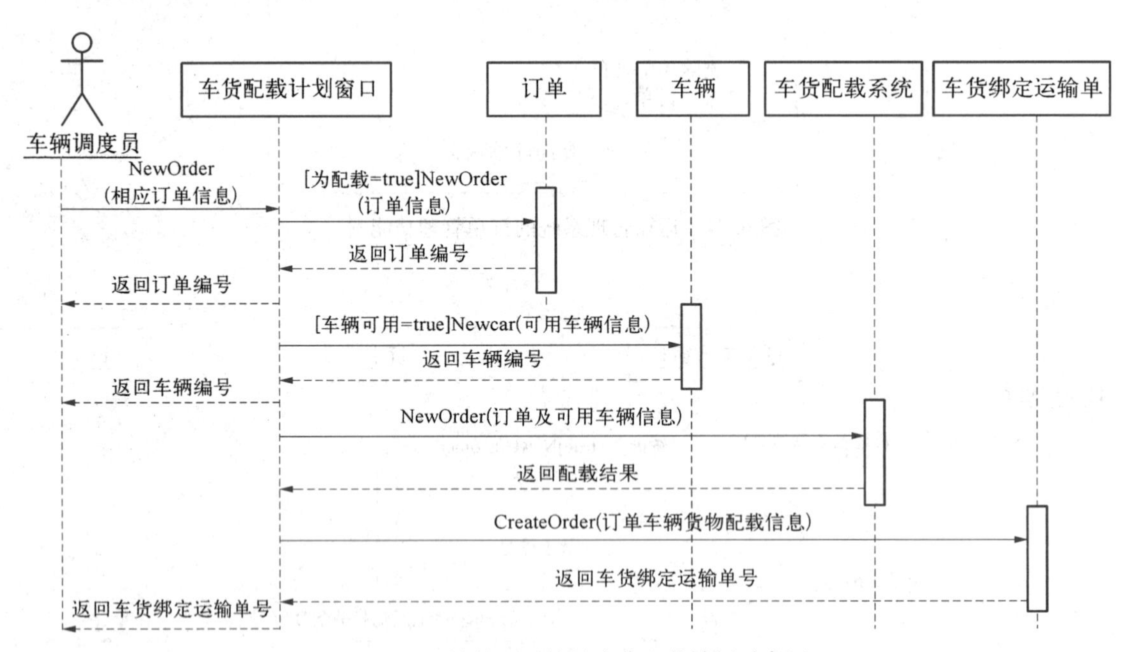

图 6.27 运输管理系统的车货配载计划时序图

3. 运维管理功能

运维管理功能主要针对查询车辆运输状态、车辆和货物跟踪监控、相关费用的处理等运输过程中的各项业务及费用记录。运维管理的主要用例包括运维管理员登记运维费用、车辆和货物跟踪监控、查询和修改运输过程各项费用，车主和货主对车辆和货物跟踪监控，车主查询和录入运维相关费用。运维管理功能如图 6.28 所示。

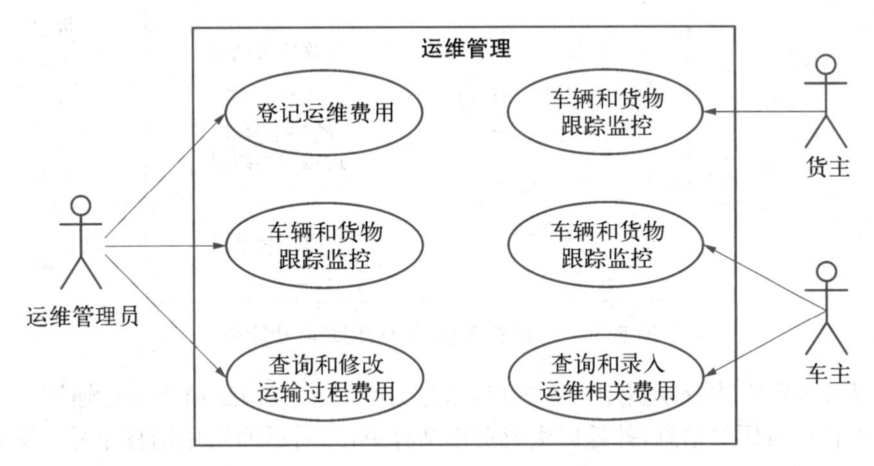

图 6.28 运输管理系统的运维管理功能图

运维管理员首先登录运维费用登记窗口，查询相应运输单，返回运输单编号及各项运输费用，再查询运输回单，返回运输回单中各项运输途中费用及结算情况，最后生成运维费用单，返回运维单号。新增运维费用单时序图如图 6.29 所示。

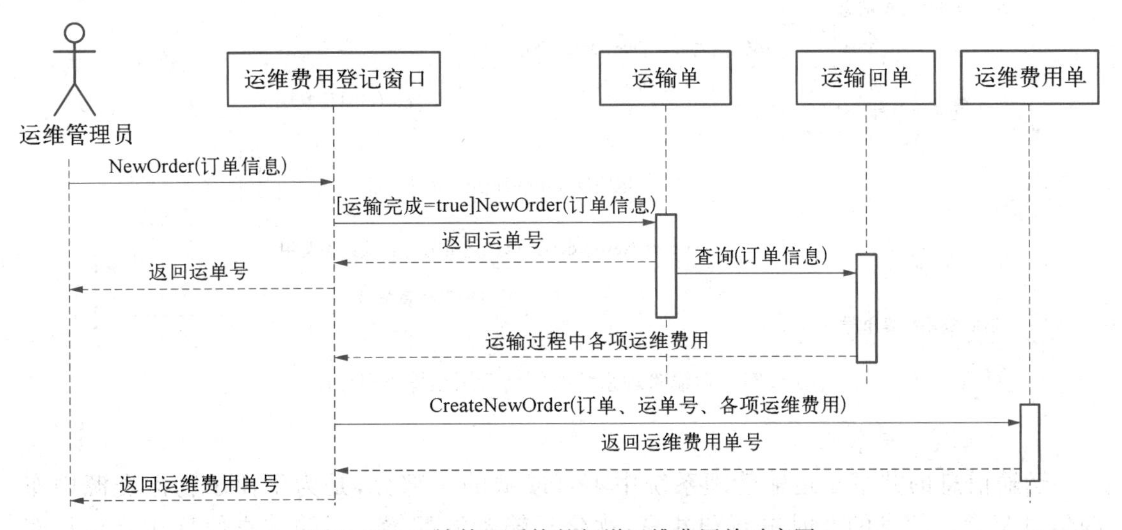

图 6.29 运输管理系统的新增运维费用单时序图

4. 费用结算功能

费用结算功能主要为用户提供运输服务后各种费用结算及单据的生成及打印功能。费用结算功能包括财务人员应收费用结算、应付费用结算、查询应收应付的账簿，货主查询账簿、应收应付的结算，车主进行油料维修等运输费用结算以及工商管理等第三方查询服务。费用结算功能如图 6.30 所示。

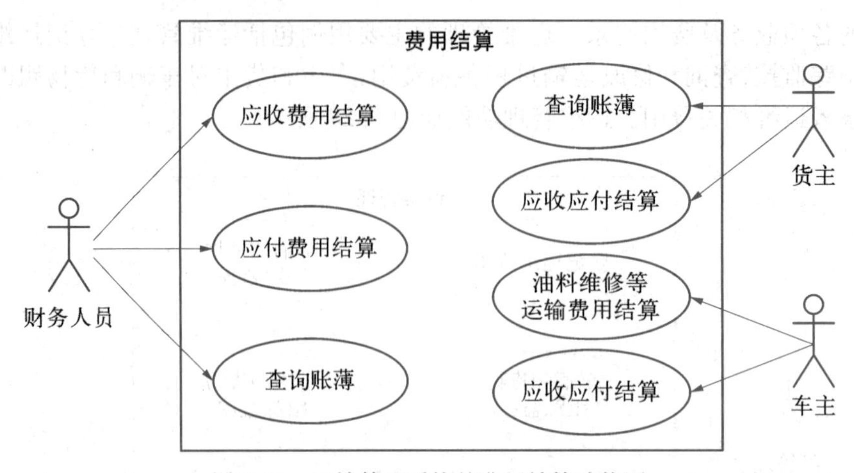

图 6.30　运输管理系统的费用结算功能图

财务结算人员首先登录费用结算窗口，根据订单信息查询运输单及运输回单相应的运输过程相关各项费用的信息，并返回生成费用结算单，最后返回费用结算单号。新增费用结算单时序图如图 6.31 所示。

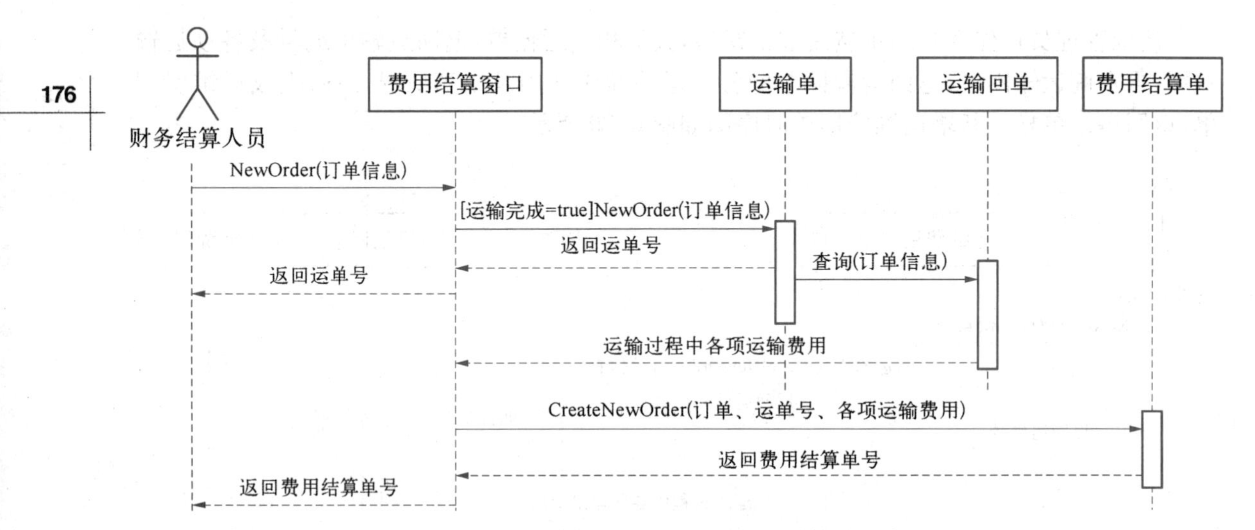

图 6.31　运输管理系统的新增费用结算单时序图

5. 运输共享信息功能

运输信息的共享是运输管理系统中不可或缺的一部分，是为了便于物流资源中车源信息及货源信息的及时更新和共享，优化运输资源配置。运输共享信息功能包括车主录入空闲车辆信息、查询车货绑定信息，货主录入待运货物信息、查询车货绑定信息，运输信息审核人员审核车源及货源信息，并进行车货绑定。运输共享信息功能如图 6.32 所示。

（三）运输管理系统的模块

运输管理系统的模块主要分为以下几个：基础资料模块、订单管理模块、运输管理模

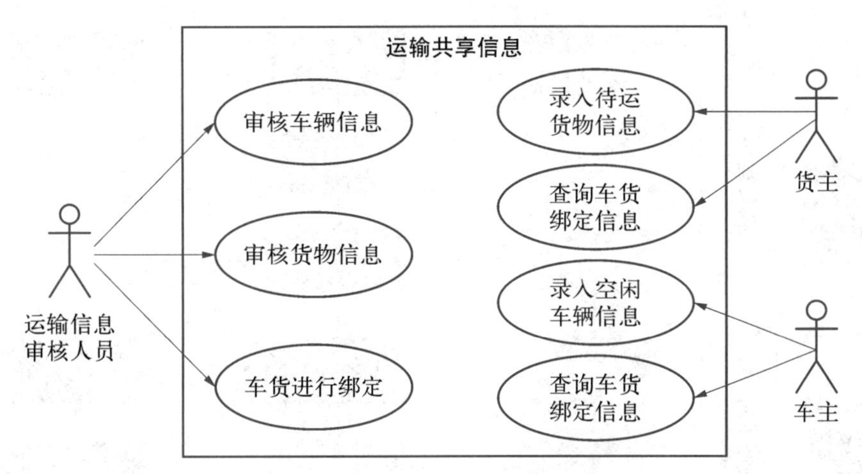

图 6.32　运输管理系统的运输共享信息功能图

块、运维管理模块、费用结算模块、数据统计模块、系统管理模块和运输共享信息模块。系统功能模块结构图如图 6.33 所示。

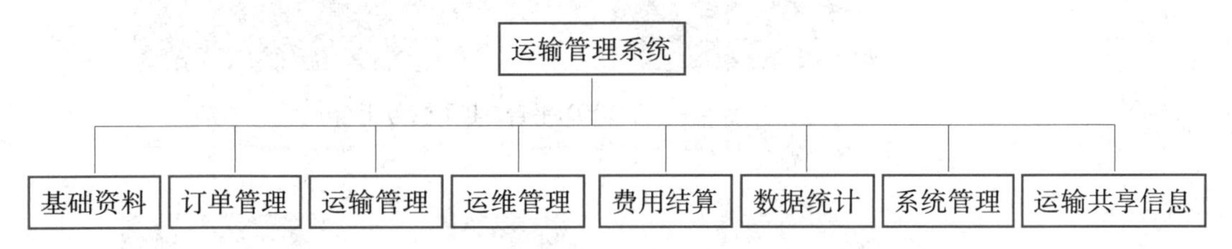

图 6.33　运输管理系统的系统功能模块图

第二节　海运操作管理信息系统

一、集装箱船公司管理信息系统

（一）集装箱船公司管理信息系统的概念

集装箱船公司管理信息系统（container ship company management information system，CSCMIS）是针对船公司集装箱业务的特点，基于船公司业务运作和审计财务管理的基本流程，为集装箱船公司实现市场管理、商务管理、船舶资料、船务管理、操作管理、审单管理、收付款管理、箱管、财务模块、报表管理、EDI 管理功能，横向兼顾港口、船舶代理、货运代理等公司的业务关联，纵向兼顾干、支线之间业务关联，覆盖内/外贸、干/支线业务并满足船货一体、内/外贸、干/支线共营的业务需求的计算机管理信息系统，系统针对船公司的管理主体和业务流程，实现船公司总部、区域和分支机构的统一管理，其各个子系统间实现数据共享，对外提供 EDI 接口，可与相关单位进行电子数据交换，并提供与流行财务软件的接口。集装箱船公司管理信息系统的框架如图 6.34 所示。

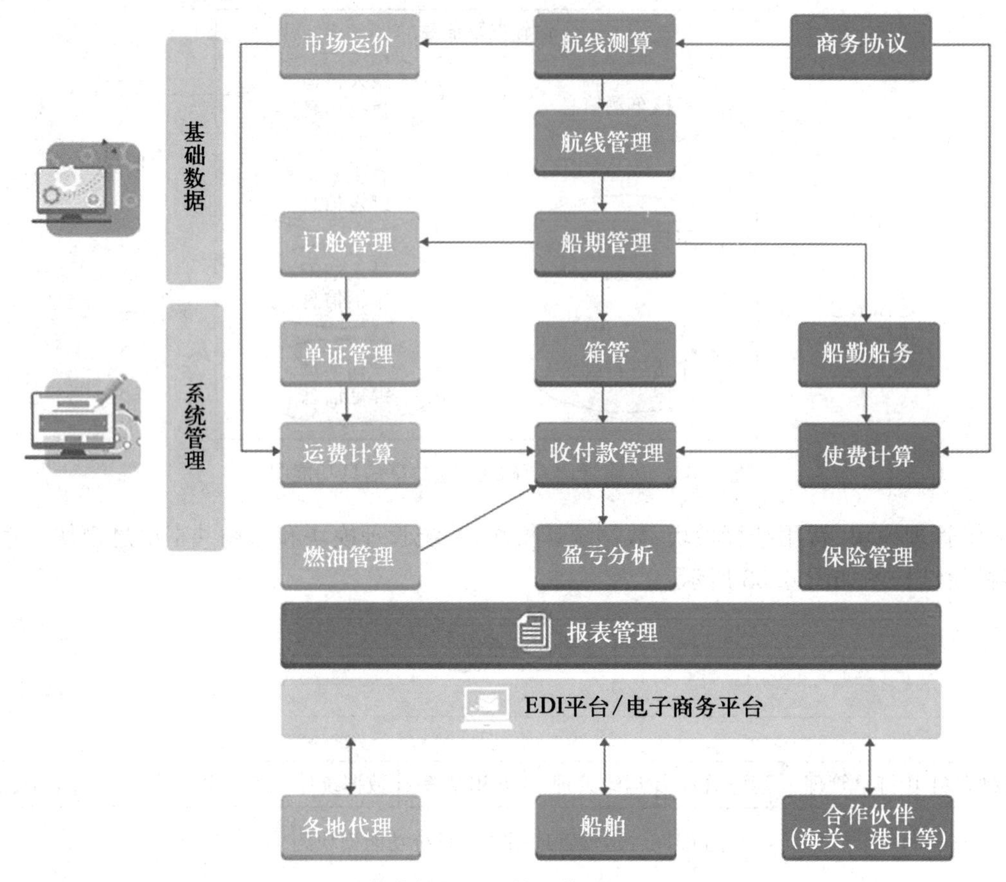

图 6.34　集装箱船公司管理信息系统的框架图

（二）集装箱船公司管理信息系统的组成

集装箱船公司管理信息系统功能目标是从船公司整个服务区域的管理角度出发，面向管理主体和业务流程，面向按照行政隶属关系和业务功能进行划分的组织机构，形成覆盖区域和分支机构的多级管理层次的集装箱业务管理信息系统。运用现代化的技术手段，采用标准化、规范化、科学化的信息处理方法，实现公司总部及分公司业务的过程控制与管理，通过 EDI、Web 等方式，与码头、场站、货主（货代）、车队、理货公司、干/支线船公司及共舱船公司等单位相联系，实现数据的共享。集装箱业务管理信息系统主要由市场商务、船舶计划调度、客服文件、集装箱管理、审计财务、查询统计、基础数据维护、系统管理等子系统组成，其中市场商务管理子系统、船舶计划调度管理子系统、客服文件管理子系统、箱管子系统、计费财务管理子系统为主要业务管理子系统，查询统计、基础数据维护、系统管理是业务系统的辅助子系统。

1. 市场商务管理子系统

市场管理子系统主要包括下列功能模块：

（1）客户管理。客户管理包括客户基础信息管理、客户合同（运费协议）管理、客户付费记录、客户货量查询统计等。

(2) 运价管理。运价管理包括航次口岸限价管理、运价审批权限维护、特价申请及审批记录。

(3) 询报价管理。

(4) 预约(预留)舱位管理。

(5) 航次舱位分配与控制。

(6) 市场统计分析。市场统计分析包括航次平均运价统计、客户货量统计查询(时间段)、航线箱量统计、分港货量统计等。

(7) 供应商管理。供应商管理包括供应商基础信息和供应商合同(协议费率)管理。

2. 船舶计划调度子系统

船舶计划调度子系统主要包括船舶规范、航线设置、班轮设置、船期计划及动态管理、船务报表等功能模块。其中船务报表包括准班率报表(时间段)、航线操作分析表(时间段)、直靠率、在港时间及在泊效率报表(时间段)、耽误船期时间统计表(时间段)、耽误船期时间明细表(时间段)、航速统计表(时间段)、分船作业表、进/出箱量统计表等。

3. 客服文件管理子系统

客服文件管理子系统主要包括下述功能模块:

(1) 预订舱(舱位预约)管理。

(2) 订舱预配。订舱预配包括订舱信息录入(费用自动计算)、S/O 回单、装箱单制作、预配(放舱)清单、订舱统计、改配、转船等功能。

(3) 驳船(支线船)订舱。驳船(支线船)订舱包括出口一程驳船委托(出口一程 Feeder Booking 制作)、进口二程驳船委托(进口二程 Feeder Booking 制作)、驳船委托查询统计等功能。

(4) 拖车委托。拖车委托包括起运港拖车委托(派车单/Truck Booking 制作)和目的港拖车委托(派车单/Truck Booking 制作)。

(5) 单证操作。单证操作包括驳船舱单信息(报港表/约桥纸)导入、多票修改、多箱修改、船图信息编辑、贝位快捷录入、船图与舱单核对、分票、合票、取消分合票、改港处理、退关(退运)处理、漏装处理、外配(转拖车)处理、进口报港操作等概念。

(6) 文件制作。文件制作包括舱单(运费舱单)、集装箱清单、提单/运单等文件的制作。其中舱单制作包括整船、危险品、冷藏货、分(装/卸)港、进/出口舱单、本地舱单、Truck(Door)舱单、Feeder(驳船)舱单的制作;集装箱清单包括整船、危险品、冷藏货、吉柜、特种箱、分(装/卸)港、进/出口、本地、Truck(Door)、Feeder(驳船)的集装箱清单;提单/运单的制作可由用户自定义调整格式。

(7) 换单放货。换单放货包括到货通知书、D/O 制作、换单收费等功能。

(8) 费用管理。费用管理包括 Debit Note 制作及确认、航次(提单)应收费表、航次(提单)应付费表、航次(时间段)口岸代收费清单、航次买单客户清单等的制作。

(9) 单证 EDI 管理。单证 EDI 管理包括 EDI 解包、EDI 报文制作、EDI 操作记录。

(10) 查询统计。可以按起运港、装港、卸港、目的港等条件进行组合查询统计航次箱量。

4. 箱管子系统

箱管子系统包含以下模块:

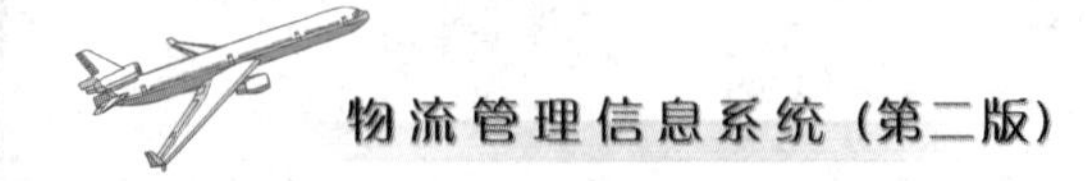

(1) 箱(设备)管理。设备管理包括在场箱初始化(清空在场箱和在场箱导入)、箱(设备)台账管理(启柜、起租、外贸箱转入、修箱、退租、转外贸箱、灭失/报废、设备台帐)、在场箱盘存[在场箱核对、箱盘存、提箱(场外)未返清单、箱组合查询]等功能。

(2) 用箱管理。用箱管理包括押箱管理和用箱管理。其中押箱管理包括押金(支票)管理和押箱结算,用箱管理包括进口驳船(支线)放箱、出口驳船(支线)提箱、调箱(短驳)管理、调箱汇总、调箱明细、进口(干线)放箱、出口(干线)提箱、设备交接单台账。

(3) 动态管理。动态管理包括动态操作(动态录入)和动态管理。其中动态操作(动态录入)包括卸船、场拆、出场、场装、进场、装船、转箱属(控箱人),动态管理包括动态报文导入(包括EDI或EXCEL)、动态缺失核查、箱动态跟踪、动态EDI报文生成、EDI操作记录、动态组合查询。

(4) 箱管费用。箱管费用包括费率设置、费用计算、费用查询。其中费率设置包括口岸超期使用费率(包括免费期)设置,客户口岸超期使用费率(包括免费期)设置,码头(堆场)空、重箱超期堆存费率(包括免费期)设置;费用计算包括客户超期使用费计算、客户超期堆存费计算、船公司空箱堆存费计算;费用查询包括未结算超期费查询和已结算超期费查询。

5. 计费财务

计费财务管理子系统主要包括下述功能模块:

(1) 计费设置。计费设置包括费目类别设置、费目代码设置、费率参数(计费单位)设置、币种代码、航线(挂港)费目设置、航次计费财务月设置。

(2) 应收费管理。应收费管理包括应收费用确认(Debit Note确认)、航次应收费用表、应收费用审核、实收核销。

(3) 应付费管理。应付费管理包括应付费计算、应付费表、应付费审核、付款计划表、付款审批、付款表、实付核销。

(4) 发票管理。

(5) 费用统计分析,包括账龄分析等。

(6) 财务接口。

6. 其他子系统

其他子系统包括查询统计、基础数据维护及系统管理等模块功能。

二、船舶代理管理信息系统

(一) 船舶代理管理信息系统的概念

船舶代理管理信息系统(ship agent management information system,SAMIS)是指按照船舶代理企业的特征实现管理和服务要求,实现与口岸的数据交互,适用于海运船舶代理企业。包含从业务接单、审单、操作、服务到财务的完整流程操作的管理信息系统,系统利用电子商务平台、数据交换平台、移动数据平台等介质,确保船代企业与协作单位(代理、港口、码头、EDI中心、海关等)的信息往来及时准确,系统功能包括客户管理、海运进出口、船舶调度、船期管理、单证操作、箱管、商务、报表数据统计等。船舶代理管理信息系统的框架如图6.35所示。

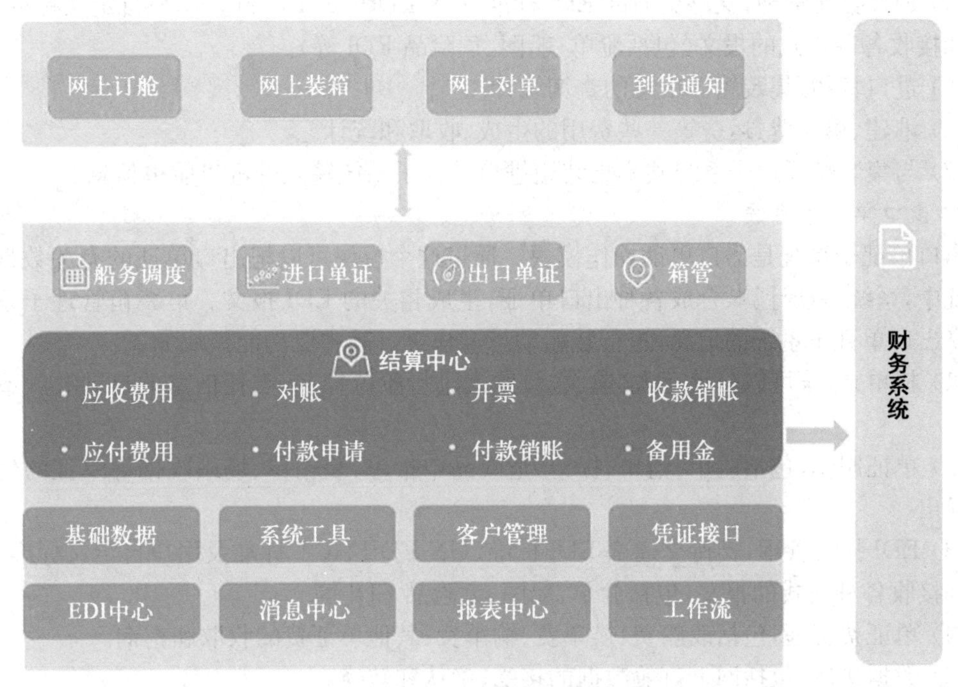

图 6.35　船舶代理管理信息系统的框架图

（二）船舶代理管理信息系统的组成

船舶代理管理信息系统以船代业务管理为核心，按业务范围系统主要分为以下功能模块。

1. 船务子系统

船务子系统是整个船舶代理业务系统的数据源头，是业务流程的起点。系统主要功能是建立基础的船舶及委托方档案，对船舶计划、船舶申报、船舶动态进行全方面的管理。其主要功能模块如下：

(1) 船舶计划管理，包括班轮设置和船期计划管理等。

(2) 航次动态管理，包括船舶动态、调度日志、船舶编组等。

(3) 船舶申报，包括船舶申报、引航申请、进口岸申请、进口检疫申请、油轮入境预审报、船舶到港通知、移泊通知等。

(4) 外勤申报，包括总申报、货物申报、船舶吨税执照申请、装卸准备就绪通知、边防检查准备就绪通知等。

(5) 报表统计，包括代理业船舶、艘次、货量等的统计等。

2. 进口单证子系统

进口单证子系统主要功能包括：

(1) 进口舱单信息的EDI接收或手工输入。

（2）舱单、清单、到货通知单、提货单等单证的制作。

（3）换单放货操作及换单信息的查询。

（4）EDI 报文管理，支持交通部 EDI 标准、UN EDIFACT 标准及用户自定义标准，可以生成和接收各种格式的报文（包括舱单、船图、危险品 EDI 等）。

（5）进口货物、集装箱等信息的查询统计。

（6）港建、单证费、运费等一些费用的生成、收取和统计。

（7）与集装箱管理子系统共享集装箱进口单证子系统输入的进口舱单信息。

3. 出口单证子系统

出口单证子系统是出口单证操作模块。通过这个模块可以把出口单证的有关数据输入到系统中，系统自动计算、合成各种出口单证，生成相关的 EDI 报文。集装箱管理子系统可以共享出口单证子系统的信息，进行装船动态操作等。其主要功能模块如下：

（1）托单录入，可以分承运人、航次、订舱人进行舱位控制，委托信息的自动导入或手工录入。

（2）单证制作，包括舱单、清单、提单、危险品申报单、装箱单、场站收据等单证的生成打印和导出。

（3）EDI 报文管理，支持交通部 EDI 标准、UN EDIFACT 标准及用户自定义标准，可以生成和接收各种格式的报文，包括舱单、船图、危险品 EDI 等。

（4）单证费管理，包括改船费、换单费、输单费、其他单证费的收取和查询。

（5）数据接口，包括网上订舱数据的接受、确认和转换。

（6）数据查询统计，包括航次箱量货量统计、改单记录查询、单证费统计等。

4. 航次结算子系统

航次结算子系统对航次使费登记、航次结账、使费账单、账单对账、使费核销进行全过程管理。

（1）备用金估算。

（2）使费登记，可以设置使费模板，自动计算相关航次使费，也可按照航次分单等方式录入使费。

（3）使费结账，进行航次使费结账，生成航次使费结账单。

（4）账单对账，可生成对账单，以便与委托方或口岸单位进行使费对账。

（5）使费核销，进行代收、代付使费的核销操作，形成核销记录。

（6）提供对各种使费数据的统计、查询。

（7）实现与财务软件系统的接口，如：用友、润衡、金蝶等，可直接为财务系统提供数据。

5. 基础信息（代码）管理子系统

基础信息（代码）管理子系统主要是完成系统涉及的一些基础信息的维护，如委托方及客户信息、国籍代码、港口代码、码头（作业区）代码、运费代码、单证费目代码、使费费目代码以及其他代码，如箱型、起/抵运地、交付方式、付款方式等。

6. 系统管理子系统

系统管理子系统主要是完成船舶代理管理信息系统的系统参数、用户信息及其权限设置。系统功能分为编辑、查询、打印三级，系统管理员可根据需要，给每个用户分配不同的权限，规定每个用户可使用什么功能，可使用到什么程度。没有分配的功能，用户是不可能使用的。通过给不同的人员设置不同的操作权限，可以保证整个系统运行的安全性。它主要包括以下几个功能项：

（1）系统参数设置，包括公司名称、地址、电话、传真、银行账号、EDI路径等信息的设置。

（2）用户信息管理，包括用户名称、代码、口令、部门、电话等信息的设置。

（3）角色管理，添加角色、设置角色的操作权限，分配用户。

7. 箱管子系统

箱管子系统主要是对集装箱进行动态跟踪和管理。从集装箱卸船或调箱入场开始，跟踪管理集装箱的每一步动态，直至装船出运为止，同时进行超期使用费计算，并提供各种动态校验和灵活、强大的查询功能，方便业务人员随时掌握集装箱的状态及去向。主要包括在场箱管理、提箱和放箱管理、箱动态管理、设备交接单管理、超期使用费管理等功能。

8. 网上订舱子系统

通过网上订舱子系统，可实现客户通过互联网录入自己的订舱信息，经过确认后直接转换成本公司船代系统的正式托运单，这样既方便客户订舱，又可以省掉大量的托运单录入工作，并且还可以避免在多个人的信息传递中出现差错。

三、海运货代管理信息系统

（一）海运货代管理信息系统的概念

海运货代管理信息系统（ocean freight forwarding management information system，OFFMIS）是指按照海运货代企业的特征实现管理和服务要求，实现海运进出口、整拼柜业务、NOVCEE业务、内贸航线业务、内支线驳船操作、代理货物配送管理等业务要求，对海运货代企业业务流程的各环节（如接受委托、订舱、拖货、制单、计费结算等）进行全过程的跟踪与管理，并为集装箱拖车运输、堆场场站管理、海关报关、清关和门到门等服务提供信息化产品的管理信息系统。系统可通过电子数据交换与船代、船公司、拖车、场站及报关等软件系统进行数据交换。

（二）海运货代管理信息系统的组成

海运货代管理信息系统主要包括四大功能模块。

1. 数据字典及客户资料模块

数据字典主要包括客户资料及常用代码信息：

（1）客户资料：记录客户的基础信息。业务员揽到客户后，客户信息交由商务部门负责统一维护。每个客户在系统里都授以相应的管理人，即业务员。

（2）代码信息：提供基础代码信息的维护及查询等功能

（3）报表格式设置：用户可自定义报表及单证格式，如十联单、提单等。

（4）系统参数设置：设置公司的基本信息。

（5）用户及权限设置：系统设置用户及角色，每个用户都分配相应的角色，系统功能按角色进行授权。

2．业务台账及操作

业务台账模块主要完成货代基本操作业务，接受委托、订舱、派车、装箱及制单等业务操作均在此模块内进行，该模块与计费结算模块是整个货代业务系统的核心。以下主要以海运出口整箱操作为例，对业务台帐模块功能进行说明。

（1）委托业务操作。

业务操作窗口包括台帐及操作两部分。

台帐列表显示指定时间范围内的所有委托单的主要内容，操作功能列表主要有托单录入（包括托单 EDI 解包）、订舱（包括生成、发送订舱 EDI 文件）、装箱、特价处理、分合票操作、换船（改配）、退关处理等。

货代主要的单证操作如下：

① 托单信息录入：根据托单录入客户的委托信息，系统自动生成委托业务编号（货代业务号）。

② 订舱：点击订舱按钮，系统会自动弹出航次列表，操作员可在航次列表中增加新航次，选定订舱航次后，航次即可在订舱信息里面显示，据此可制作 S/O 等文件及生成订舱 EDI 报文等。

③ 做箱：主要是指场外装箱的派车及场内装箱的进仓（入货）操作。录入派车或进舱信息后，即可制作派车通知单、进舱通知单等文件（在单证制作部分会详细描述）。

④ 装箱信息：采用多记录输入方式，自动检查箱号标准，检查箱重限制，使用缺省输入设置，如设定箱号保留位数，缺省箱型、尺码等。

⑤ 涨尺信息：记录涨尺信息，用以制作涨尺通知等。

⑥ 文件信息：记录客户文件（如核销单等）的送交及退还情况，并根据业务情况对退还进行控制。

⑦ 签单信息。

⑧ 代理单：系统提供代理单功能，选中代理单的复选框，系统会出现代理单信息录入页面。

（2）费用操作。

① 费用登记。每笔费用的状态是根据商务收费情况自动加注的。登记费用后，在业务台账列表上，费用审核一栏会标识为“费用已录”。

② 申请审核：费用登记完成后，业务操作通过“审核申请”操作提交给商务审核，费用审核一栏会标识为“申请审核”。当商务在系统里审核通过后，在业务台帐列表上，费用审核一栏会标识为“审核通过”。

③ 费用结算表（DEBIT NOTE）制作：输入应收费用后，即可从系统里生成费单（DEBIT NOTE），交客户确认。

（3）单证管理。

① 自定义格式的单证制作。托单、十联单、提单等单证可由用户自行定义格式，设置采用图形化界面，屏幕可以加载单证的图片，用户可简单地用鼠标拖动任一项内容到相应位

置，任意扩大缩小长度、高度，可根据实际需要增减内容，所见即所得。并可根据需要设定是否打印背景图片(若套打，则不需打印背景图片)。进入自定义格式的单证制作功能窗口，用户可以根据所需，选择相应的单证格式，制作单证。

② 其他文件及单证制作：文件及单证制作可以根据客户的实际需要增加或调整，在此不做详细介绍。

3. 计费与结算

计费管理模块是货代系统的核心模块之一，功能主要包括计费审核、应收应付费管理、发票管理、核销管理、费用统计等。

(1) 审核。

① 费用审核。对业务提请审核的费用信息进行审核，审核人员对照业务资料对费用进行审核，审核通过后，所有已审费用将被锁定，在没有授权解锁的情况下，锁定的费用信息将不能修改，确保费用信息的安全性。

② 应收对账。应收对账功能主要是生成对账单以及与客户的对账确认。设置对账期间(时间段)，通过过滤功能可以筛选出对不同客户的应收费用，生成对账单，对账单号由系统自动产生。通过系统产生的对账单与客户对账单的对比，进行应收对账的确认。

③ 应付对账。应付对账功能主要是生成对账单以及与供应商的对账确认。设置对账期间(时间段)，通过过滤功能可以筛选出应付不同供应商的费用，生成对账单，对账单号由系统自动产生。通过系统产生的对账单与供应商对账单的对比，进行应付对账确认。

④ 放单许可。根据客户交费等情况，确定是否可以放单给客户，若可以，执行放单许可操作，业务操作人员即可在系统中看到放单许可信息，该操作主要用于业务流程控制。

⑤ 取消放单许可：该操作是放单许可的反操作。

⑥ 红冲：费用审核出现多收客户费用的情况，可以由商务计审人员确定是否采用红冲的方式，退回多收的费用。

⑦ 退关审核：审核退关业务的费用情况。

(2) 费用报表。

费用报表包括应收费用对账单、应付费用对账单、出货量统计表等。

(3) 发票管理。

发票管理包括应开发票查询、手工开发票、自动开发票、已开发票未到账查询等。

(4) 运费核算。

运费核算包括催账单(对账单)、应收款统计表、付款统计表、货利润统计表、业务员业绩统计、部门业务统计、收款自定义查询等。

(5) 收、付核销。

① 收款核销：应收账款处理与应付类似，可根据时间范围打印出所有货主的欠款清单，也可打印指定货主的欠款清单，向货主催收欠款，款到后，财务人员在列出的应收款上核销，同时出具货代发票，完成收款操作。

② 付款核销：收到船公司或其他相关单位的账单，输入该单位的代码，将该单位所有未付账单列出，对照账单在列出的费用上打勾确认，系统自动累加金额，即可完成付款操作。按要求制作付款清单。

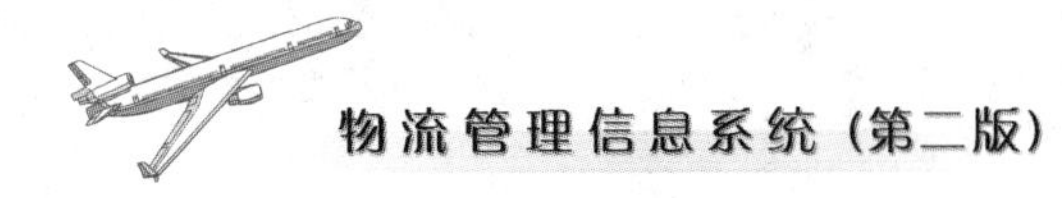

4. 查询与统计

可进行业务统计、接单统计、订舱统计、分类统计、业务箱量统计。分类统计如客户统计、业务员统计、航线统计等。

数据查询包括按固定条件查询、运费统计查询、业务员业绩查询等。

5. 其他

（1）EDI接口。

生成和接收电子订舱等EDI报文，实现与船公司和相关单位的电子数据交换，支持港航EDI平文件、UN EDIFACT、XML及用户自定义标准。

（2）财务接口。

可通过接口与财务软件连接，实现财务与业务共享数据的目的（财务接口不包含在本套软件功能范围内，可根据用户需求定制）。

（3）传真接口。

系统产生的任意一种单证或报表都可直接从电脑传真到客户的传真机上，提高无纸化办公的程度。

第三节　政府应用管理信息系统

一、电子口岸企业管理系统

（一）电子口岸企业管理系统的概念

电子口岸企业管理系统是为了实现企业、报关人员注册管理相关业务的录入申报功能，将企业管理部门分散在多个系统中的功能集成到一个统一的系统中，是以企业为单元构筑集海关企业管理作业与信息分析为一体的综合管理系统，是海关通关管理系统等其他业务系统的重要基础。海关可以通过电子口岸企业管理系统向企业发布公告、通知，接受企业业务咨询，实现关企良好沟通互动。海关企业管理作业系统的建立，是海关通关作业、实际监管以及后续管理的必要前提。

（二）电子口岸企业管理系统的功能

电子口岸企业管理系统的功能结构如图6.36所示。

1. 企业注册登记

（1）企业注册登记申请。

企业注册登记申请功能模块主要提供企业注册信息的录入申报功能。企业可自行录入或者委托预录入机构完成企业注册登记信息的录入，录入完成申报后向海关企管内网发送申报信息。可申请注册的企业类型包括进出口收发货人、进出口收发货人分支机构、报关企业、报关企业分支机构、加工生产企业、特殊监管区域“双重身份”企业、保税仓库、临时注册企业、出口监管仓库、进出境运输工具负责人。海关企管内网收到注册登记申请信息后，由

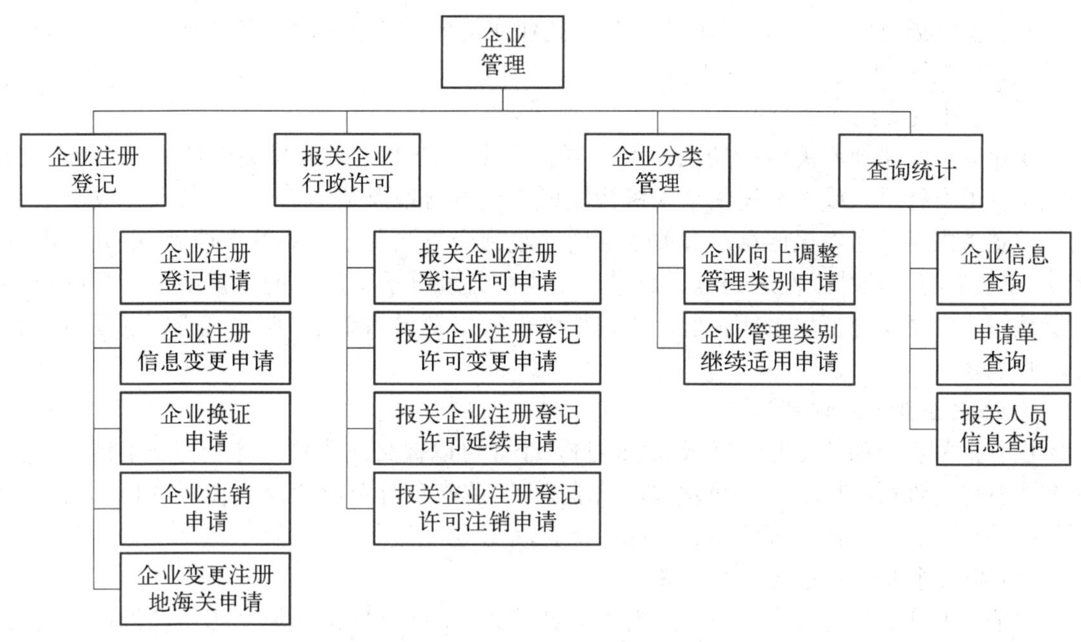

图 6.36　电子口岸企业管理系统的功能结构

关员进行审核，审核后将审核结果发送到电子口岸。企业可通过电子口岸查询审核结果。企业注册登记申请功能模块包括注册登记申请表的录入、修改、删除、申报、查询、打印功能。

(2) 企业注册信息变更申请。

企业注册信息变更申请功能模块主要提供企业注册信息的变更功能。企业可自行录入或者委托预录入机构完成企业注册登记变更申请，录入完成申报后向海关企管内网发送申报信息。海关企管内网收到注册登记变更申请信息后，由关员进行审核，审核后将审核结果发送到电子口岸。企业可通过电子口岸查询审核结果。企业注册登记变更功能模块包括注册登记变更申请录入新增、修改、删除、申报、查询、打印功能。

如果企业自行录入，可看到变更前注册登记信息；如果是预录入机构代为录入，不显示登记信息。所有经营类别均可以进行变更申请。

(3) 企业换证申请。

企业换证申请功能模块主要提供企业换证申请的录入申报功能。企业可自行录入或者委托预录入机构完成企业换证申请录入，录入完成申报后向海关企管内网发送申报信息。海关企管内网收到换证申请后，由关员进行审核，审核后将审核结果发送到电子口岸。企业可通过电子口岸查询审核结果。企业换证申请功能模块包括企业换证申请录入新增、修改、删除、申报、查询、打印功能。

(4) 企业注销申请。

企业注销申请功能模块主要提供完成企业注销申请的录入申报功能。企业注销后，不能发起变更、换证、延续、变更注册地海关等申请。只能重新进行企业注册登记。企业可自行录入或者委托预录入机构完成企业注销申请录入，录入完成申报后向海关企管内网发送申报信息。海关企管内网收到注销申请后，由关员进行审核，审核后将审核结果发送到电子

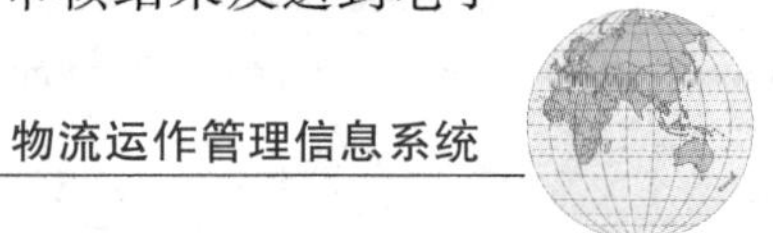

口岸。企业可通过电子口岸查询审核结果。企业注销申请功能模块包括企业注销申请录入新增、修改、删除、申报、查询、打印功能。

（5）企业变更注册地海关申请。

企业变更注册地海关申请功能模块主要提供企业变更注册地海关申请的录入申报功能。企业可自行录入或者委托预录入机构完成变更注册地海关申请录入，录入完成申报后向海关企管内网发送申报信息。海关企管内网收到变更注册地海关的申请后，由关员进行审核，审核后将审核结果发送到电子口岸。企业可通过电子口岸查询审核结果。企业变更注册地海关申请功能模块包括企业变更注册地海关申请录入新增、修改、删除、申报、查询、打印功能。

2. 报关企业行政许可

仅有报关企业和特殊监管区域“双重身份”企业可以提交注册登记许可各项申请。当企业在注册登记许可各项申请界面发起申请业务时，系统会对企业的经营类别进行判断。如不是报关企业和特殊监管区域“双重身份”企业，系统会给予提示。

（1）报关企业注册登记许可申请。

报关企业注册登记许可申请功能模块主要提供报关企业完成注册登记行政许可申请功能。对于报关企业和特殊监管区域“双重身份”企业来说，如向海关提交报关企业注册登记许可申请，经海关审批通过，等同于完成了企业登记注册，无须再提交企业注册登记申请。同时，这两类企业也可以直接通过提交企业注册登记申请完成登记注册，注册成功后，也不再需要提交行政许可申请。

报关企业可自行录入或者委托预录入机构完成报关企业注册登记许可申请的录入，录入完成申报后向海关企管内网发送申报信息。海关审批通过后方可进行企业注册信息录入。海关企管内网收到报关企业注册登记许可申请信息后，由关员进行审核，审核后将审核结果发送到电子口岸。企业可通过电子口岸查询审核结果。报关企业注册登记许可申请功能模块包括注册登记许可申请录入新增、修改、删除、申报、查询、打印功能。

（2）报关企业注册登记许可变更申请。

报关企业注册登记许可变更申请功能模块主要提供企业注册登记许可的变更功能。报关企业可自行录入或者委托预录入机构完成企业注册登记许可变更申请，录入完成申报后向海关企管内网发送申报信息。海关企管内网收到注册登记许可申请变更信息后，由关员进行审核，审核后将审核结果发送到电子口岸。企业可通过电子口岸查询审核结果。注册登记许可变更功能模块包括注册登记许可变更申请录入新增、修改、删除、申报、查询、打印功能。

（3）报关企业注册登记许可延续申请。

报关企业注册登记许可延续申请功能模块主要提供报关企业注册登记许可的延续功能。报关企业注册登记许可到期前，企业可以向海关申请延续。报关企业可自行录入或者委托预录入机构完成企业注册登记许可延续申请，录入完成申报后向海关企管内网发送申报信息。海关企管内网收到注册登记许可延续申请信息后，由关员进行审核，审核后将审核结果发送到电子口岸。企业可通过电子口岸查询审核结果。注册登记许可延续功能模块包括注册登记许可延续申请录入新增、修改、删除、申报、查询、打印功能。

(4) 报关企业注册登记许可注销申请。

报关企业注册登记许可注销申请功能模块主要提供报关企业注册登记行政许可注销功能。企业可自行录入或者委托预录入机构完成企业注册登记许可注销申请录入,录入完成申报后向海关企管内网发送申报信息。海关企管内网收到注销申请后,由关员进行审核,审核后将审核结果发送到电子口岸。企业可通过电子口岸查询审核结果。企业注册登记许可注销申请功能模块包括报关企业注册登记许可注销申请录入新增、修改、删除、申报、查询、打印功能。

3. 企业分类管理

(1) 向上调整管理类别申请。

向上调整管理类别申请功能模块主要提供企业向上调整管理类别申请录入申报功能。海关对企业的管理类别分为AA类、A类、B类、C类、D类等类别,企业可向海关申请调高管理类别,只能申请逐级调高管理类别,不能跨级申请。企业可自行录入或者委托预录入机构完成企业上调管理类别申请的录入,录入完成申报后向海关企管内网发送申报信息。海关企管内网收到企业申请后,由关员进行审核,审核后将审核结果发送到电子口岸。企业可通过电子口岸查询审核结果。企业上调管理类别申请功能模块包括申请录入新增、修改、删除、申报、查询、打印功能。

(2) 管理类别继续适用申请。

管理类别继续适用申请功能模块主要提供企业管理类别继续适用申请录入申报功能。如果企业名称或者海关注册编码发生变化,或分立后的存续企业承继分立前企业的主要权利义务或者债权债务关系,或企业为吸收合并后的存续企业,企业可以向海关申请继续适用企业之前的管理类别。企业可自行录入或者委托预录入机构完成企业管理类别继续适用申请的录入,录入完成申报后向海关企管内网发送申报信息。海关企管内网收到企业申请后,由关员进行审核,审核后将审核结果发送到电子口岸。企业可通过电子口岸查询审核结果。企业管理类别继续适用申请功能模块包括申请录入新增、修改、删除、申报、查询、打印功能。

4. 查询统计

(1) 企业信息查询。企业信息查询功能模块主要提供查询企业信息的功能。

(2) 报关员信息查询。报关员信息查询功能模块主要提供报关人员查询注册登记信息的功能。

(3) 申请单查询。申请单查询功能模块主要提供企业办理各类业务的申请单的查询功能。

5. 企业年报管理

(1) 企业年报报送。企业年报报送功能模块主要提供企业年报的录入申报功能。企业可自行录入或者委托预录入机构完成企业年报信息的录入,录入完成申报后向海关企管内网发送申报信息。海关企管内网收到注册登记申请信息后,由关员进行审核,审核后将审核结果发送到电子口岸。企业可通过电子口岸查询审核结果。企业年报报送功能模块包括企业注册信息、企业经营信息、企业信用信息、出资者信息、报关人员信息的录入、修改、删除、申报、查询、打印功能。

(2) 企业年报查询。企业年报查询功能模块主要提供企业年报的查询功能。

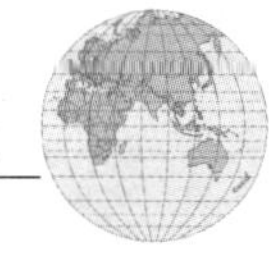

6. 企业报关差错管理

企业仅可对本企业注册的所有报关人员的报关差错记录进行查询，对有异议的差错记录，可以申请差错复核。

（1）报关差错查询。报关差错查询功能模块主要提供企业查询所属报关人员的报关差错记录的功能。

（2）报关差错复核。报关差错复核功能模块主要提供企业对有异议的差错记录向海关申请差错复核的功能。

二、海关企业管理网上办事平台

（一）海关企业管理网上办事平台的概念

海关企业管理网上办事平台是为了满足海关大监管体系建设要求和海关企业管理作业规范化要求，电子口岸将原分散在多个系统中的企业管理的各类功能集成到一个统一的系统中，开发的网上办事平台系统。海关企业管理网上办事平台作为企业的互联网作业门户，可动态掌握企业自身在海关的注册信息，便于及时办理相关变更、延续、换证、分类业务，向海关报送文件资料，同时海关可以通过系统向企业发布公告、通知，接受企业业务咨询，实现关企良好沟通互动。

（二）海关企业管理网上办事平台的功能

海关企业管理网上办事平台的功能结构如图 6.37 所示。

1. 企业注册登记

企业仅可对本企业的注册登记信息进行申请操作。

（1）企业注册信息变更申请。企业注册信息变更申请功能模块主要提供企业注册信息的变更申报功能。

（2）企业换证申请。企业换证申请功能模块主要提供企业换证申请的录入申报功能。

（3）企业注销申请。企业注销申请功能模块主要提供完成企业注销申请的录入申报功能。

（4）企业变更注册地海关申请。企业变更注册地海关申请功能模块主要提供企业变更注册地海关申请的录入申报功能。

2. 报关企业行政许可

报关企业仅可对本企业的行政许可信息进行下列申请操作。仅有报关企业和特殊监管区域“双重身份”企业可以提交注册登记许可各项申请。当企业在注册登记许可各项申请界面发起申请业务时，系统会对企业的经营类别进行判断。如不是报关企业和特殊监管区域“双重身份”企业，系统会给予提示。注册登记许可各项申请的界面、功能及操作与企业注册登记基本相同。

（1）报关企业注册登记许可变更申请。报关企业注册登记许可变更申请功能模块主要提供报关企业注册登记许可的变更功能。

（2）报关企业注册登记许可延续申请。报关企业注册登记许可延续申请功能模块主要

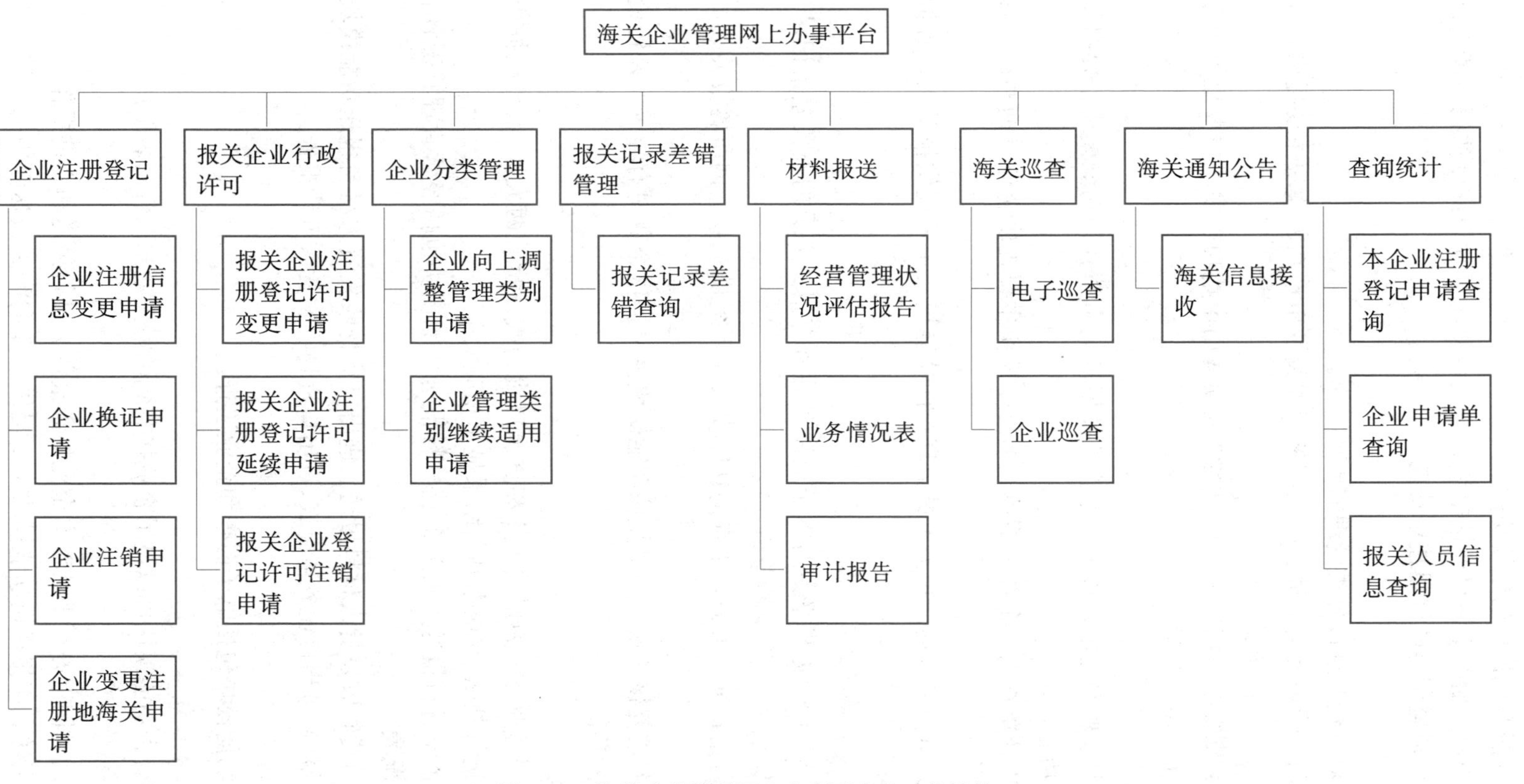

图 6.37　海关企业管理网上办事平台的功能结构

提供报关企业注册登记许可的延续功能。

（3）报关企业注册登记许可注销申请。报关企业注册登记许可注销申请功能模块主要提供报关企业注册登记行政许可注销功能。

3. 企业分类管理

企业仅可对本企业进行分类管理的申请操作。

（1）向上调整管理类别申请。向上调整管理类别申请功能模块主要提供企业向上调整管理类别申请录入申报功能。

（2）管理类别继续适用申请。管理类别继续适用申请功能模块主要提供企业管理类别继续适用申请录入申报功能。

4. 查询统计

（1）本企业注册登记申请查询。本企业注册登记申请查询功能模块主要提供查询本企业注册信息的功能。

（2）企业申请单查询。企业申请单查询功能模块主要提供企业查询办理的各类业务申请单的功能。

（3）报关人员信息查询。报关人员信息查询功能模块主要提供报关人员查询注册登记信息的功能。

5. 企业报关差错管理

企业仅可通过网上办事平台对本企业注册的所有报关人员的报关差错记录进行查询，对有异议的差错记录，可以申请差错复核。

（1）报关差错查询。报关差错查询功能模块主要提供企业查询所属报关人员的报关差错记录的功能。

（2）报关差错复核。报关差错复核功能模块主要提供企业对有异议的差错记录向海关申请差错复核的功能。

6. 材料报送

企业材料报送业务分为报关企业和进出口货物收发货人两大类，系统根据用户登录的企业类别自动进行判断，并根据判断结果显示相应菜单。

（1）报关企业材料报送。报关企业材料报送功能模块包括经营管理状况评估报告、代理报关业务情况表。

（2）进出口货物收发货人材料报送。进出口货物收发货人材料报送功能模块包括经营管理状况评估报告、进出口业务情况表、进出口货物收发货人审计报告。

7. 海关巡查

海关巡查功能模块包括电子巡查和企业巡查。

8. 海关通知公告

海关通知公告功能模块可以显示企业接收到的海关通知通告列表信息。

9. 企业年报管理

企业仅可通过网上办事平台对本企业的年报业务进行报送和查询操作。

（1）年报报送。年报报送功能模块主要提供企业向海关报送年报的功能。企业通过登录网上办事平台，录入年报向海关申报相应材料。企业年报报送包括新增、暂存、修改、删除、申报功能。

（2）年报查询。年报查询功能模块主要提供企业查询已保存和申报的年报的功能。

本章小结

1. 订单管理系统的功能

订单管理系统可以实现的主要功能包括商品查看功能、客户下单管理功能、订单变更管理功能、订单发货管理功能、订单信息查询功能、订单发货管理功能、订单支付管理功能。

2. 仓储管理系统的功能

仓储管理系统可以实现的主要功能包括系统管理功能、货物管理功能、仓库管理功能、客户管理功能、入库管理功能、出库管理功能、查询统计功能。

3. 运输管理系统的功能

运输管理系统可以实现的主要功能包括订单管理功能、运输管理功能、运维管理功能、费用结算功能、运输共享信息功能。

4. 集装箱船公司管理信息系统的组成

集装箱业务管理信息系统主要由市场商务、船舶计划调度、客服文件、集装箱管理、计费财务、查询统计、基础数据维护、系统管理等子系统组成，其中市场商务管理子系统、船舶计划调度管理子系统、客服文件管理子系统、箱管子系统、计费财务管理子系统为主要业务管理子系统，查询统计、基础数据维护、系统管理是业务系统的辅助子系统。

5. 船舶代理管理信息系统的组成

船舶代理管理信息系统以船代业务管理为核心，按业务范围分系统主要包括船务子系统、进口单证子系统、出口单证子系统、航次结算子系统、基础信息（代码）管理子系统、系统管理子系统、箱管子系统等概念模块。

6. 海运货代管理信息系统的组成

海运货代管理信息系统主要包括数据字典及客户资料模块、业务台账及操作、计费与结算、查询与统计等主要功能模块，还包括 EDI 接口、财务接口、传真接口等其他功能模块。

7. 电子口岸企业管理系统的功能

电子口岸企业管理系统的功能包括企业注册登记（企业注册登记申请、企业注册信息变更申请、企业换证申请、企业注销申请、企业变更注册地海关申请）、报关企业行政许可（报关企业注册登记许可申请、报关企业注册登记许可变更申请、报关企业注册登记许可延续申请、报关企业注册登记许可注销申请）、企业分类管理（向上调整管理类别申请、管理类别继续适用申请）、查询统计（企业信息查询、报关员信息查询、申请单查询）、企业年报管理（企业年报报送、企业年报查询）、企业报关差错管理（报关差错查询、报关差错复核）。

8. 海关企业管理网上办事平台的功能

海关企业管理网上办事平台的功能包括企业注册登记（企业注册信息变更申请、企业换证申请、企业注销申请、企业变更注册地海关申请）、报关企业行政许可（报关企业注册登记许可变更申请、报关企业注册登记许可延续申请、报关企业注册登记许可注销申请）、企业分类管理（向上调整管理类别申请、管理类别继续适用申请）、查询统计（本企业注册登记申请查询、企业申请单查询、报关人员信息查询）、企业报关差错管理（报关差错查询、报关差错复核）、材料报送（报关企业材料报送、进出口货物收发货人材料报送）、海关巡查、海关通知公告、企业年报管理（年报报送、年报查询）。

关键术语

订单管理系统；仓储管理系统；运输管理系统；集装箱船公司管理信息系统；船舶代理管理信息；海运货代管理信息系统；电子口岸企业管理系统；海关企业管理网上办事平台

练　习　题

一、名词解释

1. 订单管理系统
2. 仓储管理系统
3. 运输管理系统
4. 集装箱船公司管理信息系统
5. 船舶代理管理信息系统
6. 海运货代管理信息系统
7. 电子口岸企业管理系统
8. 海关企业管理网上办事平台

二、单项选择

1. （　　）是为提高仓储作业和仓储管理活动的效率，对仓库收货、货物放置、拣货、发货、库存调整、库位移动、冻结/释放、加工等仓库作业环节实施全面系统化管理的计算机信息系统。

A　订单管理系统　　B　仓储管理系统

C　运输管理系统　　D　集装箱船公司管理信息系统

2. （　　）是指按照船舶代理企业的特征实现管理和服务要求，实现与口岸的数据交互，适用于海运船舶代理企业，包含从业务接单、审单、操作、服务到财务的完整流程操作的管理信息系统。

A　集装箱船公司管理信息系统　　B　船舶代理管理信息系统

C 海运货代管理信息系统　　　　D 电子口岸企业管理系统

三、多项选择

以下属于海关企业管理网上办事平台的功能有(　　)。

A 企业注册登记(企业注册信息变更申请、企业换证申请、企业注销申请、企业变更注册地海关申请)

B 报关企业行政许可(报关企业注册登记许可变更申请、报关企业注册登记许可延续申请、报关企业注册登记许可注销申请)

C 企业分类管理(向上调整管理类别申请、管理类别继续适用申请)

D 查询统计(本企业注册登记申请查询、企业申请单查询、报关人员信息查询)

E 企业报关差错管理(报关差错查询、报关差错复核)

四、简答

1. 简述集装箱船公司管理信息系统的组成。
2. 简述船舶代理管理信息系统的组成。
3. 简述海运货代管理信息系统的组成。

上海联华物流有限公司:生鲜物流仓储管理系统

一、应用企业简况

上海联华物流有限公司成立于2016年,由原有联华桃浦仓库和生鲜仓库组成,包含常温和冷链两个运作仓库。冷链运作部主要承接世纪联华、标超、快客便利3个业态冷链线下配送业务和i百联冷链线上仓储作业平台,拥有常温、冷藏、冷冻温带的贮存、配送条件,一年365天,一天24小时运作不停歇。冷链运作部含单证、质检、仓储、运输4个职能中心,旨在追求资源综合效用更大化,探索联华物流冷链新领域,创混合型经济物流企业。

目前冷链运作部占地2万平方米,2个楼面各1万平方米,整个场地由不同温带冷链覆盖,由松下制冷体系自动监控和调整温带情况。一楼为卖场和标超组配场地,附建有五个各100平方米小型冷库,用于存储;单独猪肉悬挂链系统可直接对接供应商来货车辆,即时称重分配门店,快速冷藏;周转箱自动清洗设备每日对周转箱进行清洗,保证食品卫生安全;配套1 000平方米库区存放基地直采水果。2楼6个独立库区冷库共计3 000平方米,可提供12万冷冻商品存储,另配备2个组配冷库,共计800平方米;高温库共计800平方米可提供2万箱冷藏商品存储。便利作业区共计2 000平方米,采用半自动分拣流水线,配置DPS,冷链线上仓和便利线下仓分时段共用。

冷链运作部作业系统由同振LCS、海鼎WMS组成,负责冷冻冷藏、蔬果、鸡蛋、肉禽等生鲜商品的组配,sku数10 000个,日常经营3 000个,周转天数为10天,主要为经过型日配品,冷冻商品库存型。日均吞吐量2万箱,峰值5万箱;日均配送额250万元,峰值600万元。自有冷冻冷藏配送车辆27辆，日均配送门店数800家，配送范围为上海及周边，冷链车辆全程GPS＋车辆温控。

二、信息化实施之前存在的问题

相较于对常温货品的管理，仓库对生鲜货品的管理更加严格、复杂，因为生鲜品项有较为独有的特征：保质期短、需要冷链存储环境、散装、无条码、称重进出货等。此外，生鲜品项的称重进出货管理、越库品项管理、食品安全与追溯管理、多温度带的独立作业和协同管理都是不容忽略的问题。

（一）生鲜品计量单位管理复杂

大部分生鲜货品并不仅仅是按重量进出货和结算。它们一方面按重量流通结算，一方面又要按数量流通来加快作业速度，例如在收货、盘点、分拣、运输、门店交接等环节整箱作业。因此，生鲜称重品既有纯粹称重的货品，也有同时使用了两种计量单位的货品。其中，在加工作业中，重量与数量之间还有互换业务，例如散装果蔬加工成规格包装型果蔬。

（二）持续增长的越库品项与烦琐的操作流程

仓库为了降低生鲜品的损耗管理，可以通过降低存储型商品的类别来实现，但是从而造成了大量的越库作业，造成仓库人员工作时间长、作业流程复杂。其中，越库品项主要包括：瓜果、猪肉、面包、鸡蛋、奶制品、熟食等。按照常规的越库收发模式，需要经过收货员RF收货、分播员打印标签分播、集货员RF集货等动作。针对这些越库品项的处理，仓库人员每天处理大概两万多箱的收发量，往往需要12小时以上才能完成。

（三）食品安全与追溯管理问题

随着新《食品安全法》的实施，各级政府加强了食品安全追溯管理，要求生鲜经营者对肉类、蔬菜等货品加强追溯管理，对肉类货品同时管理动物检疫证和追溯码，对蔬菜类货品管理追溯码。生鲜经营者的生鲜追溯信息与上海市追溯平台对接，对生鲜流通过程进行监管和实现追溯。

（四）电商业务的增加，增加了仓库管理的难度

随着百联集团对电商业务的战略拓展，上海联华江桥（生鲜）物流中心承担对上海全市的电商业务存储与配送业务。基于此，上海联华物流中心面临电商仓库与电商仓储管理系统再建设的难题。

（五）低效率的直分越库作业

相对于直流作业（一步越库）而言，直分作业（二步越库）多了分播环节，仅仅快客便利店的直分业务，每天近30 000件需要分播。由于其全部为拆零品项，且每家门店的要货量不一，仓库运用纸质单据分播和贴标签分播，经常出现现场员工工作时间长、效率低，从而影响仓库的排车装车、送货准点率以及门店满足率等；此外，仓库每天也要面临着大笔的办公耗材开支。

三、项目关键要素与解决方案

（一）双重计量单位管理

生鲜商品的品类多样，相应的管理规格不同。目前，海鼎生鲜系统推出“双计量单位管理”模式，主要从数量和重量两个数据实现对生鲜商品的管理；可以将生鲜产品划分三大类，标准箱、类标准箱和称重，实现生鲜出入库的灵活管理，如图6.38所示。

标准箱	在一定的阶段内，每个批次有固定的包装规格，不会随批次不同而发生变化； 以件数和数量为计量单位来进行管理，重量只是用来统计箱重，作为判断排车是否超载的依据。
类标准箱	有参考包装规格的箱管概念，每个批次都会在类似的包装规格上下浮动，以每个批次实际重量为准，主要是果蔬、肉类、水产品等； 双计量管理，以件数和重量为计量单位来进行管理，数量只是作为门店要货和初期件数计算的一个参考。
称重	以称重方式入库和出库，没有箱管理的概念，主要是活鱼、瓜果和散装杂粮等； 以重量为计算单位进行管理，件数、数量和重量三者的值完全一样。

图 6.38　生鲜产品的标准箱、类标准箱和称重三类品项

标准箱：固定包装规格的箱采用 RF 收货，主要以数量作为计量单位。收货完成后平移到待分播区，分播人员可以通过 RF 或者标签两种模式分播。

类标准箱：完全采取 RF 收货，采用数量和重量两种计量方式来管理，即 RF 收取箱数和重量，结合 RF、PC 和电子秤来收货，通过 RF 首先收取箱数，再由 PC 连接电子秤来对每件称取重量，并打印出分播标签。

称重品项：采用 RF 和 PC 都可以进行称重收货，分播时采用 PC 称重打印出分播标签或者使用 RF 直接称重分播。

（二）高效的“以发代收”业务和“组配”管理

上海联华物流每天面临着日均 2 万多箱，高峰 3 万箱的各种越库品，如果按照传统的越库作业模式，是工作人员每天 12 个小时的作业量。海鼎公司派出专业的咨询团队对传统越库模式进行流程的梳理和简化，最终结合海鼎研发人员的经验，提出“以发代收”的业务模式：收货人员将货物称重，WMS 与寺冈或托利多电子秤对接，自动读取称重重量，并打印出分播标签，包含门店信息、重量和分播位，然后分播人员根据分播标签将货品分播到门店分播位。该“以发代收”业务缩减了分播员过多的系统操作，极其显著地提高了越库品项的分播作业效率。

针对一些量少且拆零品类，联华生鲜采取由供应商提前组装，即供应商按照门店以周转箱为载具来送货，并配送到门店。为了提高收货和分播效率，海鼎团队与客户探索出了一种组配收货/分播模式，即预检时先根据送货清单来确认供应商在组装时是否有门店缺货，如有缺少则调整门店数据。RF 收货时则根据订单扫描门店和周转箱条码确认收货，这样可以管理到是否所有门店都已经收货，同时可以管理到容器数量。收货完成后使用 RF 组配分播将周转箱分播到门店分播位。

（三）动物检疫证号和肉类/蔬菜追溯码管理

为保证食品质量安全，对生鲜流通全过程进行监管和追溯，进行动物检疫证号和肉类/蔬菜追溯码管理。HDWMS 为上海联华物流中心提供精准有效的溯源体系：为了高效采集追溯信息，由物流系统记录追溯码，在后续流转中自动跟踪记录每批货品的追溯码和批次码、动物检疫证号等，并自动回馈给信息平台和下游平台，以支持后续的追溯管理。对于动

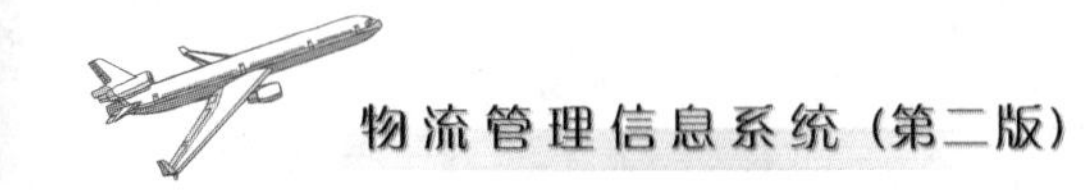

物检疫证管理,海鼎生鲜物流管理系统支持从入库时管理检疫证号,出库时门店匹配到对应入库的检疫证号。通过按照单品维度管理,可以保证检疫证号的入和出一致。对于肉类和蔬菜均有进/出追溯管理,其中蔬菜会有部分商品显示是去种植地采摘的还是市场上直接采购的,这种情况直接管理到产地。对于蔬菜商品,同时系统会产生相应的收货批次,与追溯码一起上传到市商委追溯管理平台。

(四)全流程容器管理

为了保证生鲜货品的品质,在物流中会用到各种容器,例如:普通周转箱、水果筐、白条猪包装袋、笼车、面包盒饭筐等。相对常温存储来说,不仅容器品类多,而且要管理上游链条和下游链条的容器,与上下游容器共享的场景更多。于是,在生鲜的收货入库和配送给门店的全程中,物流自动计算容器的收进和发出,同时管理容器的回收情况,这样可以统计在供应商、仓库和门店各处的容器数量。通过这个环节的有效控制和跟进,极大减少了容器的丢失情况,帮助仓库实现成本的节省。

(五)线上、线下库存共享,线上有较高优先级

针对上海联华物流中心涵盖联华线下实体门店以及线上电商业务,因此如何有效处理两种业务的作业流程并做到精细化管理是提高中心运作效率的关键点。而海鼎结合现有项目经验,提出一套HDWMS系统管理线上、线下两种库存,并提供针对线上订单管理接口。此外,结合联华现有实体店的分布情况,提供线上订单结合线下门店配送系统一同配送,可供客户至门店自提或者门店配送至客户。HDWMS生鲜解决方案提供的共享库存模式,可以有效地加快仓库库存周转、提高生鲜业务作业效率。

(六)"电子标签+流水线"助力仓库提高拆零分播效率

海鼎结合拆零作业特点和其行业业态,提出利用海鼎自主研发的DPS系统结合电子标签、输送线、自动弹出设备等助力联华生鲜品的分播,可以实现生鲜品项的边收边播、边拣边播,显著缩短了仓库配货、排车、装车时间,提高了配送准确率和门店满足率。投料员只需将周转箱推送到输送线上,输送线结合自动弹出装置判断周转箱的路径,实现"货到人"的作业路径;分播员只需通过扫描枪扫描周转箱上的条码来点亮电子标签,并根据电子标签显示的数字完成分播、拍灭等动作,来完成分播作业,并且DPS系统提供周转箱的换箱、补箱等作业;分播满箱的周转箱根据输送线和自动弹出设备,自动分配到各个复核台,极大地提高了复核人员的符合效率。

四、项目主要效益分析及评估

(一)实施信息化前后的效益指标对比分析

1. 帮助提高人均作业效率

系统上线后,通过生鲜WMS的双计量单位管理、"以发代收"业务以及食品安全与追溯码管理等特点,显著提升了仓库内部的人均作业效率,人均配货量由原来的800件每天,提升到1 000件每天,人均效率提升了25%。

2. 节约仓库人数

系统上线后,人均配货作业效率提高了25%,造成了员工人数过剩,所以仓库内部员工由原来的100人降低到了80人(包含部分后边并进来的900多家便利业务员工),节约了20%的人员成本,上海仓库内部员工(假设)平均月薪4 000元,一年节约成本96万元。

3. 缩短作业时间

通过对联华冷链业务流程的梳理、优化以及 DPS 系统(电子标签系统)等的使用,极其显著地降低了员工的作业时间,由原来的 18 个小时降低到 11.5 个小时,人均降低了 6.5 个小时的工作时间,则一年节约成本可达到 78 万元;此外,由于 DPS 系统的超精准率的特点,拆零拣货的差错率严格地控制在 2%左右,有效降低了门店配货差异。

4. 提升仓库配货量

在减少仓库作业人员及工作时间、提高人均作业量的情况下,借助生鲜 WMS 的全程仓储信息化管理,助力联华冷链物流实现日均 2 万箱,峰值可达 3 万箱的配货量。相较于以前,提高了 30%以上的配货能力,按照每箱 5 元的净利润,则一年提高了近 900 万的营业额。

5. 降低容器损耗率

借助生鲜 WMS 实现对容器的全程管理,包括对收货、上架、存储、拣货、集货、分播、拆并、装车、回收过程中全程采用容器对商品进行管理。通过这种容器管理方式,可以实现各个环节的有效追踪,极大地降低了上海联华生鲜项目的容器丢失情况,帮助仓库实现成本的节省。

(二) 信息化实施对企业业务流程改造与竞争模式的影响

WMS 软件的研发与项目的实施都是基于对生鲜业务流程的改造。通过对联华生鲜的统配业务、越库业务以及基于两者之间的交叉模式的业务梳理,才取得上述的成绩。

1. 对统配出货业务流程的梳理、改造

上海联华生鲜项目初期针对标准箱采取了 RF 分播方式,虽然保证了分播的准确性,但满足不了客户的作业效率要求,经过多次探讨,改为采取扫描托盘容器打印分播标签模式,现场分播效率提高了一倍,分播的准确性也得到了保证,同时方便了装车、卸货。类标准箱采取以发代收,称重时匹配到门店并打印出标签信息的方式,避免了仓库多次称重引起的误差,同时节省了后续多次称重及扫描打印的烦琐,提高了仓库整体运作效率,如图 6.39 所示。

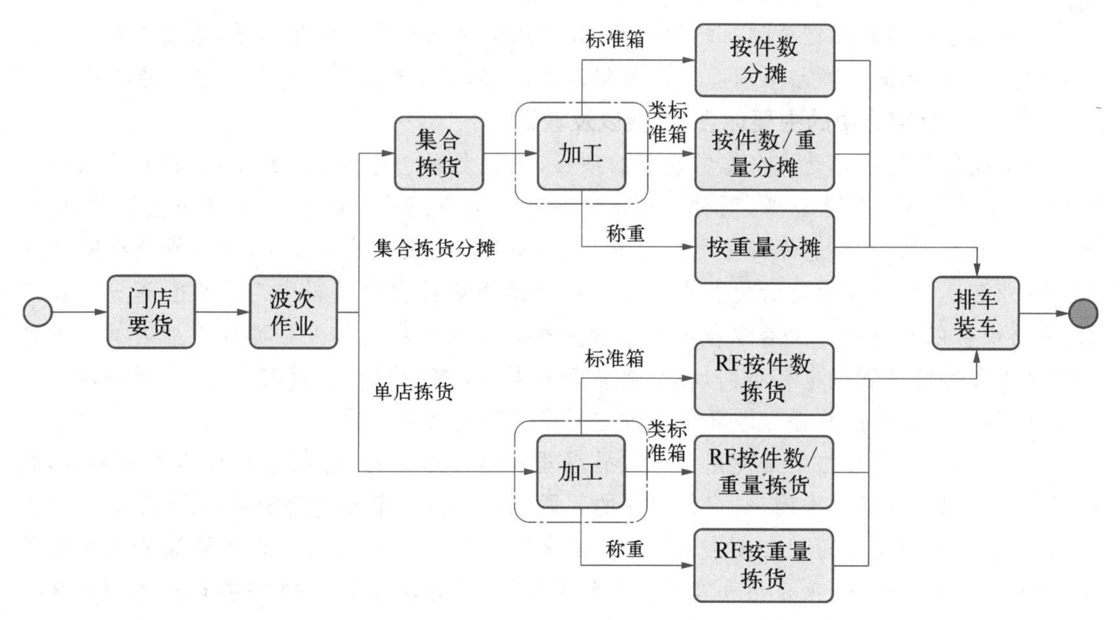

图 6.39 上海联华生鲜项目的扫描托盘容器打印分播标签模式

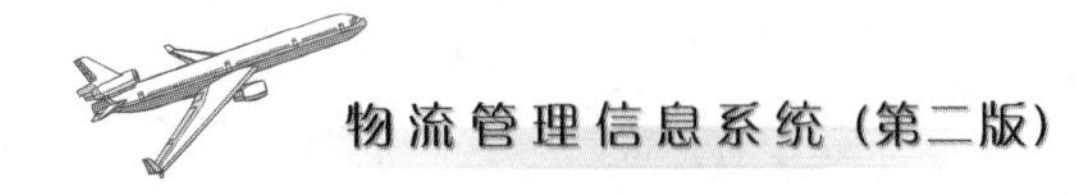

2. 对越库业务流程的梳理、改造

越库模式是生鲜出入库管理模式中最常见的一种模式，主要是指按照门店要货汇总向供应商采购，供应商送货到仓库后，立即按照门店要货分播到门店分播位上，然后集货送往各门店，不进入仓库进行存储。为保证生鲜产品的质量，快进快出是生鲜业一直所倡导的，特别是蔬菜、水果和水产等品类，所以越库模式的品类占比达到了 70%—80%如图 6.40 所示。

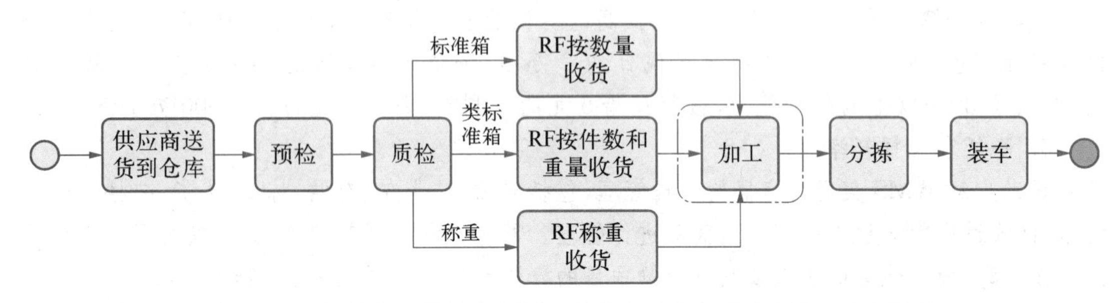

图 6.40 上海联华生鲜项目从件数、数量和重量实现对生鲜商品的管理

生鲜商品的品类多样，相应的管理规格不同。目前，海鼎生鲜系统主要从件数、数量和重量三个数据实现对生鲜商品的管理，将生鲜产品划分三大类，标准箱、类标准箱和称重，实现生鲜出入库的灵活管理。其中，相较于常温 WMS，海鼎为联华生鲜 WMS 系统开通允许多收、少收的收货模式，以解决生鲜品送货途中的货损、质检不合格等问题。

3. 对交叉模式业务的梳理、改造

商品的越库和统配两种属性的区别并不是绝对的，业务部门会根据供应商促销或者门店紧急团购等特殊情况，临时转变部分库存或者订单的属性，具体可以分为越库属性商品部分库存转为存储与存储属性商品部分订单转为越库两种情况。

存储属性商品部分订单临时转为越库，如门店临时搞团购或促销活动，需要仓库紧急补货，这时仓库收到同一商品不同类型的采购订单，对越库类型采购订单按照越库流程处理。

五、信息化实施中的主要体会、经验以及教训

上海联华生鲜项目是一个非常复杂的项目，包含生鲜电商和生鲜线下，生鲜线下又涉及标超、大卖场和便利三大业务，同时信息化需要对接设备：寺冈电子秤、托利多电子秤、电子标签和流水线等。另外仓库部分运作为第三方，项目人际关系比较复杂，项目推进难度大。

在业务上，标超和大卖场的发货时间不一样使得项目实施过程中需要从仓库分播位布局、线路维护以及运作等因素综合考虑来拆分标超和大卖场的作业区域和作业时间。另外标超和大卖场的要货量也有不同，标超要货品种数多，单品种要货量较少，而大卖场单品要货量大，这样在最后的分播打印环节上也进行了一些细微的调整。

分播模式上，最初方案是使用 RF 扫描容器和商品来分播，并扫描目标容器来确认，这样可以充分保证分播的准确率，但是存在的问题就是分播效率相对比较低，延长了整体作业时间，也使得配送出车时间相对较晚，这样送货时间就得不到保证。为了提高仓库分播效率，经过海鼎咨询团队、项目组和客户多次研究探讨，最终确定采取 PC+打印标签模式替代原有的 RF 模式，这种模式上线后，现场分播效率提到了极大提高，而且分播准确率也没有降低，也能够对分播人效进行考核。

综上所述，信息化实施过程中不仅仅是将产品给客户使用，同时也是促进产品的完善和发展创新。

案例思考：

对于生鲜商品，从源头供应到末端零售均需保障冷链，构建全程可控、风险可防的管理体系。作为关键环节，高信息化水平的仓储物流是传统零售企业提升自身竞争力的必备要素。请思考本案例的信息化解决方案及信息化流程哪些方面可以推广。

第七章 供应链管理信息系统

学习目标

学习完本章,你应该能够:

1. 理解供应链数字化的概念,了解超级供应链的理念对数字化供应链的影响;
2. 了解数字化供应链发展的十大趋势;
3. 理解智能制造的概念,了解智能制造的关键技术;
4. 理解企业资源计划的概念,了解ERP管理系统支持的业务流程;
5. 了解ERP管理系统的业务价值;
6. 理解供应链信息共享的概念,了解供应链上企业间可以共享信息的范围;
7. 了解供应链管理信息系统服务方案的业务模式和功能模块;
8. 理解信息系统集成的相关概念,了解供应链间企业信息系统集成策略。

开篇案例

康爱多:数字化供应链驱动企业营销转型

物联网、大数据、人工智能等现代技术的出现驱动着数字经济发展,数字化供应链是未来的发展趋势,已经越来越成为行业的共识。据中国信息通信研究院的数据预测,未来几年,中国数字经济规模的GDP占比或会超过50%,中国将全面进入数字经济时代,亦衍生了新的业务模式。区别于以往的传统业务模式,当下的新业务模式主要以数据为核心,基于技术中台的能力,将企业内外部数据打通形成数据中台,由数据中台驱动业务中台,并利用业务中台的组件重构业务系统。由于有中台的支撑,各类开放服务可以对前端应用的快速变化做出响应,商业价值更高。

广东康爱多连锁药店有限公司(下称“康爱多”)是太安堂集团旗下子公司,是一家以B2C医药电子商务为主要发展业务的医药零售企业。在国内数字经济发展成为大趋势的背景下,康爱多推行新的业务模式,以更好地实现企业在新时代下的数字化转型,旨在通过数字化、智能化手段的应用,以高效、快速地保障民众,尤其是慢病群体的健康。经过近十年深耕医药电商行业，康爱多积累了6 100多万的会员资源。当前，公司正依托技术研发实力以及大数据分析能力，战略性布局康爱多“技术中台”，通过搭建业务中台和数据中台服务，应用大数据对供应链进行持续改善和优化，以实现供应链的智能化以及智慧化。以康爱多的业务中台为例，其能够同时响应自建平台、E+平台、互联网医疗、商业批发等多渠道业务场景的全流程，解决全场景问题，实现技术赋能。每天处理超100 000个订单，整个流程完全是基于数据驱动，由系统自动去运转。

对于康爱多的未来发展，公司的目标是在数字经济时代，通过数字化赋能医药行业发展，驱动企业升级，打造数字化供应链平台、慢病服务平台及新零售平台。企业一旦向数字化转型，不仅能够为企业管理者提供一个全新的视角和思路，也可以促进企业从传统的依靠经验管理转为依靠数据管理。作为国内医药电商领军企业，康爱多在自身走向数字化转型的同时，亦把基于大数据分析得到的有价值的结果作为新的价值主张，向上游合作伙伴乃至更广泛的医药生态圈合作伙伴提供数据分析，以及基于大数据的解决方案，赋能医药行业发展。

2020年初，康爱多开始打造数字化供应链，旨在通过大数据分析来优化自身在供应链不同环节中的决策，例如更精确的用户画像，定制化的产品设计，与供应商的联合计划、预测与补货，生产排期的优化等。通过改进现有的供应链决策，提高业务运作效率，增加业务附加值，更出色地满足顾客的产品和服务需求，充分提升产品和服务的市场竞争力。同时更好地服务，甚至赋能工业企业开展营销推广工作。

近日，经康爱多数据中台发布的“西格玛数库”正式上线，其作为数字供应链服务工具，基于“互联网+医药供应链”SaaS云服务模式，为药企提供清晰的商品流向分布、渠道构成、商品分析、自动取数等数据类服务，为药企构建供应链网络拓扑结构，可视化呈现供应链数据地图，助力药企完成数字化转型，强化核心竞争力。“西格玛数库”通过销售分析，掌握商品在不同渠道（商业企业、连锁药店、线上药店、单体药店及医疗机构）的销售情况。该系列数据可帮助企业在制定营销策略的时候，有针对性地加大某个渠道的扶持力度。“西格玛数库”通过用户分析，可以对订单数据追溯，清晰地知道产品的精准用户在哪个地方，从而合理地制定市场推广策略。“西格玛数库”通过库存分析，能够掌控产品的实时库存，以指导提前做好产品的备货规划，保障营销工作的顺利开展。

第一节　数字化供应链

一、供应链的概念

对供应链问题的正式研究一般被认为始于20世纪60年代，Forrester用系统动力学理论模型优化产业上下游的动态关系，并正式提出“供应链”一词，被认为是供应链设计之父，现代许多有关供应链的设计原则可以追溯到他提出的生产分销系统。供应链概念在企业发展的不同时期有不同的内涵，许多学者从不同的角度出发给出了不同的供应链定义。纵观这些定义，马士华教授对于供应链的定义比较全面和完善，他把供应链定义为一个范围很广

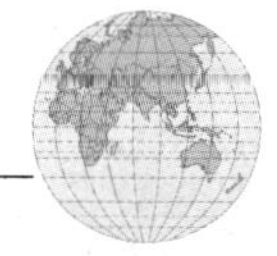

的网链结构，如图 7.1 所示。供应链是围绕核心企业，通过对信息流、物流、资金流的控制，从采购原材料开始，制成中间产品以及最终产品，最后由销售网络把产品送到消费者手中的将供应商、制造商、分销商、零售商直到最终客户连成一个整体的功能网链结构模式。它是一个范围更广的企业结构模式，它包含所有加盟的节点企业，从原材料的供应开始，经过链中不同企业的制造加工、组装、分销等过程直到最终客户。它不仅是一条连接供应商到客户的物料链、信息链、资金链，而且是一条增值链，物料在供应链上因加工、包装、运输等过程而增加其价值，给相关企业都带来收益。

通过分析供应链的定义可知，供应链的概念主要包括以下四个方面：

① 供应链参与者：供应商（原材料供应商、零部件供应商）、生产商、销售商、运输商等；

② 供应链活动：原材料采购、运输、加工制造、送达顾客；

③ 供应链的三种流：物流、资金流和信息流；

④ 供应链的拓扑结构：网络、链条、网链。

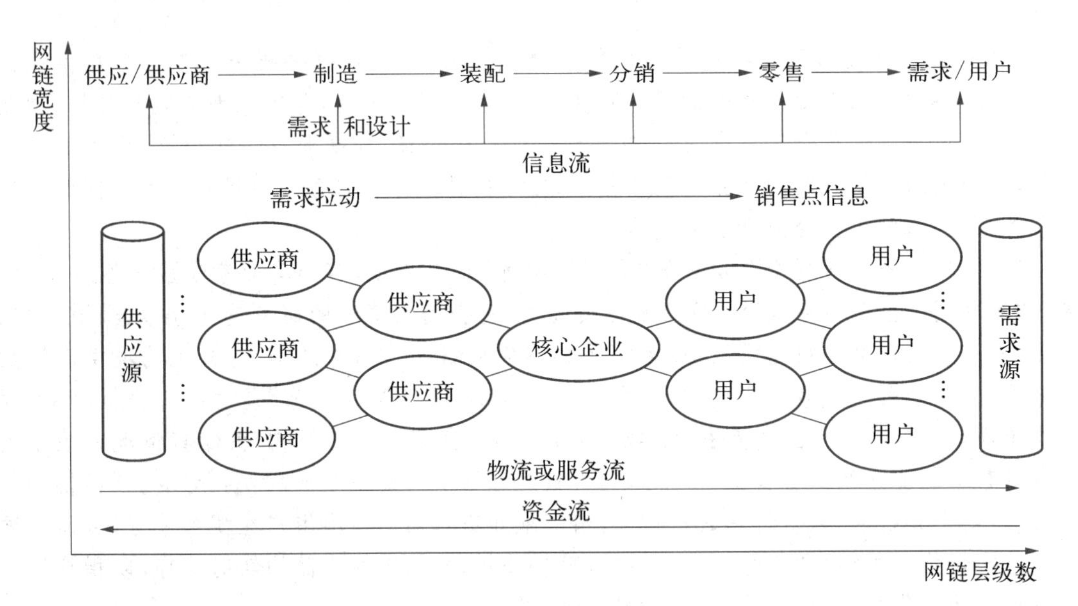

图 7.1 供应链的网链结构模型

二、数字化供应链

1. 供应链数字化的概念

供应链数字化最早由国外学者展开研究，学者们纷纷就供应链数字化的定义进行了探讨。Kinnet(2015)认为供应链数字化旨在通过应用新技术打造智能化的网络体系，从而使企业创造新的价值。Rouse(2016)则认为供应链数字化的基础是基于互联网，充分利用网络连接渠道，实现供应链系统的智能化。Cecere(2016)将供应链数字化定义为一种利用新技术实现渠道与供应商网络的双向感知、响应和协调的流程。Buyukozkan G.，Gocer F.(2018)通过对供应链数字化相关文献进行分析，提出供应链数字化是一种智能、高效的流程，通过技术创新驱动供应链体系升级，为组织实现新的价值创造。

由于供应链数字化研究在国内尚处于初始阶段，因此较少有以供应链为主体的数字化研究，然而结合我国国情，学者们纷纷就智慧供应链开展研究。宋华率先定义智慧供应链为将物联网技术和现代供应链管理中的方法、技术进行有机结合所构建的企业之间的技术架构体系和管理集成系统。2015 年《政府工作报告》提出“互联网＋”发展计划，强调应持续推动实体产业发展信息化。“互联网＋”背景下，智慧供应链的概念进一步得到充实，被定义为利用数字化技术手段，推进供应链管理的智能化，从而构建的供应链体系。2017 年国务院办公厅提出关于推动供应链创新的有关意见，象征着我国供应链创新战略的首次提出，建设智慧供应链是供应链创新战略的主要目标之一。智慧供应链具体表现在三个方面：首先，通过通信设备的网络连接共享媒介资源。其次，创新形成 C2B(customer to business)的商业模式，激发创意转化为产品和服务满足个性化需求。最后，实现智能化营销，即通过大数据及时整合销售服务，提供智能化的客户关系管理。通过梳理供应链数字化和智慧供应链相关研究，发现供应链数字化和智慧供应链的研究现状之间存在共同的观点，即数字技术是实现供应链创新升级的重要驱动力。不同之处在于供应链数字化强调的是供应链各环节、各参与主体的数字化升级从而提升供应链效率，而智慧供应链主要强调供应链的智能化，并未就各要素主体进行详细研究，因此智慧供应链可视作供应链数字化进程中的阶段性成果，国内有关供应链数字化创新研究仍有待深入探究。

2. 超级供应链的理念对数字化供应链的影响

供应链数字化并非一帆风顺。福布斯发表了一篇由数字化供应链研究院的 George Bailey 写的文章，该文章列举了 2018 年出现的超级供应链的理念和对数字化供应链的看法，并指出它们对供应链数字化的影响，包括以下五点：

(1) 算法是数字化供应链的核心和大脑。通过研究市场领先的公司，发现它们成功的秘诀是开发预测和管理业务的算法。这些顶尖公司开发算法是依靠真实数据进行分析研究，得出结论并采取行动，人工智能/机器学习(AI/ML)技术正被应用于使它们更加智能化。例如，Under Armour 利用其连接的自身数据(从智能学习和其他来源收集的数据)创建算法，为客户提供更好性能的产品，并带来 Under Armour 销售业务的巨大进展。

(2) 区块链并不是所有数字化供应链问题的答案。区块链试点已经在世界各地的供应链中展开，但几乎没有一家公司有足够强有力的商业案例来证明扩大技术的合理性。太多的公司专注于证明技术的有效性，而不是评估区块链可以为它们带来的价值。为了帮助公司评估区块链的商业价值，数字供应链研究所制定了区块链适用性指数(blockchain fitness index)，这是一个供供应链管理者使用的，以针对区块链有效的运营和预期回报的循序渐进的指南。

(3) 数字化供应链推动收入增长。数字化供应链的发展有利于公司发展。许多公司都在致力于创建以客户为中心的供应链，并对这一目标进行了重大的改进。但是，这些公司中的大多数都没有通过供应链推动(或跟踪)收入增长。高露洁棕榄是一家在这一领域很好地推动收入增长的公司。它引进了一种无线连接牙刷。牙刷收集了用户使用牙刷和口腔护理的相关信息，这些信息通过应用程序再提供给用户，可以帮助他们获得正确的刷牙覆盖范围，以更好地刷牙，改善口腔健康。所有这些都与创造更多的收入相一致，这不仅来自牙刷

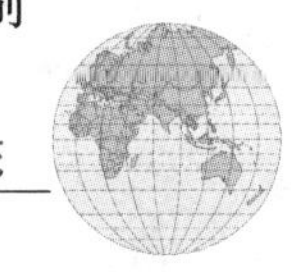

销售，也来自牙膏。

（4）数字化供应链虽然会带来改变，但感觉并不明显。世界各地的公司都报告说，它们向数字化供应链转型的进展比预期的要慢。公司发现，员工（包括管理层）没有足够的技能在数字环境中工作，组织孤岛化妨碍企业找到一种有效的方法来收集数据、生成算法、得出最佳结论。

（5）人才短缺是个问题。对于试图实施数字化供应链的公司来说，首要问题是找到合适的人才。这在全球和所有行业都是如此，需要更多的数据科学家，但很少有公司相信它们能够吸引、雇佣并留住他们。现有的培训计划并不能体现数字化供应链的必要性，企业员工也没有学习新的技能，对更多客户知识的需求常常是缺失的。此外，获取、清理和使用数据往往是薄弱的环节。

三、数字化供应链发展的趋势

加特纳（Gartner）、德勤、凯捷、埃森哲、IDC 等研究机构以及 SAP、IBM、华为等优秀企业的研究报告表明，数字化供应链发展具有以下十大趋势。

1. 数字化供应链融合（digital SC convergence）

随着供应链越来越全球化和复杂化，消费者的需求越来越高，市场竞争越来越激烈。企业的发展需要更智能、高效的供应链作支撑。一个解决方案是供应链执行融合（SCEC），这是 Gartner 在 2009 年首次提出的一个概念，后来他们将此概念定义为供应链融合（supply chain convergence），并出现在后面的文章和它的制造业创新成熟度曲线（如图 7.2 所示），它代表更为广泛和深远的意义。

供应链执行融合或供应链融合是 Gartner 供应链成熟度模型的第五级（最高级）的基本要求之一，被认为是供应链的最高境界。供应链融合包括供应链网络在横向和纵向上全方位的融合。横向融合就是要把今天大部分还是高度分割的供应链部门（计划、采购、制造、物流、仓储等）统一在一个满足企业供应链战略的框架下，以改进整个流程，优化供应链整体效益。横向融合还包括各种供应链的管理执行系统（ERP，SOP，SCP，WMS，TMS 等）的融合。纵向融合则包括两大方面：供应链网络与其系统的融合、新兴数字化技术与整体供应链的深度融合，如 IT 和 OT 的融合、实体/物理供应链与虚似/数字供应链的融合。

英文“convergence”一词源于数学中的“收敛”，此处译作“融合”，可以理解为使供应链所有方面全部融合到一个最佳的供应链，也就是数字化的智慧供应链，以达到使企业增加利润、降本增效的目的。另一方面，只有实现数字化供应链转型，供应链融合的概念才真正能获取它变革全球供应链所需的动力和能力，并使其成为现实。

供应链融合在 2018 年 Gartner 的制造业创新技术成熟度曲线中处于泡沫破灭的谷底期。历经前面阶段而存活的科技，经过多方扎实、有重点的试验，逐渐明确了客观、与实际相符的使用范围及限制情况，并成功应用到企业经营模式中，这要经过十年以上的努力才能真正成为供应链的主流方式，这说明了供应链融合的复杂性和实现的艰难性。此外，从最初的概念到今天，它已经历了近九年的发展期，数字化供应链将会给它带来成为主流的曙光，它

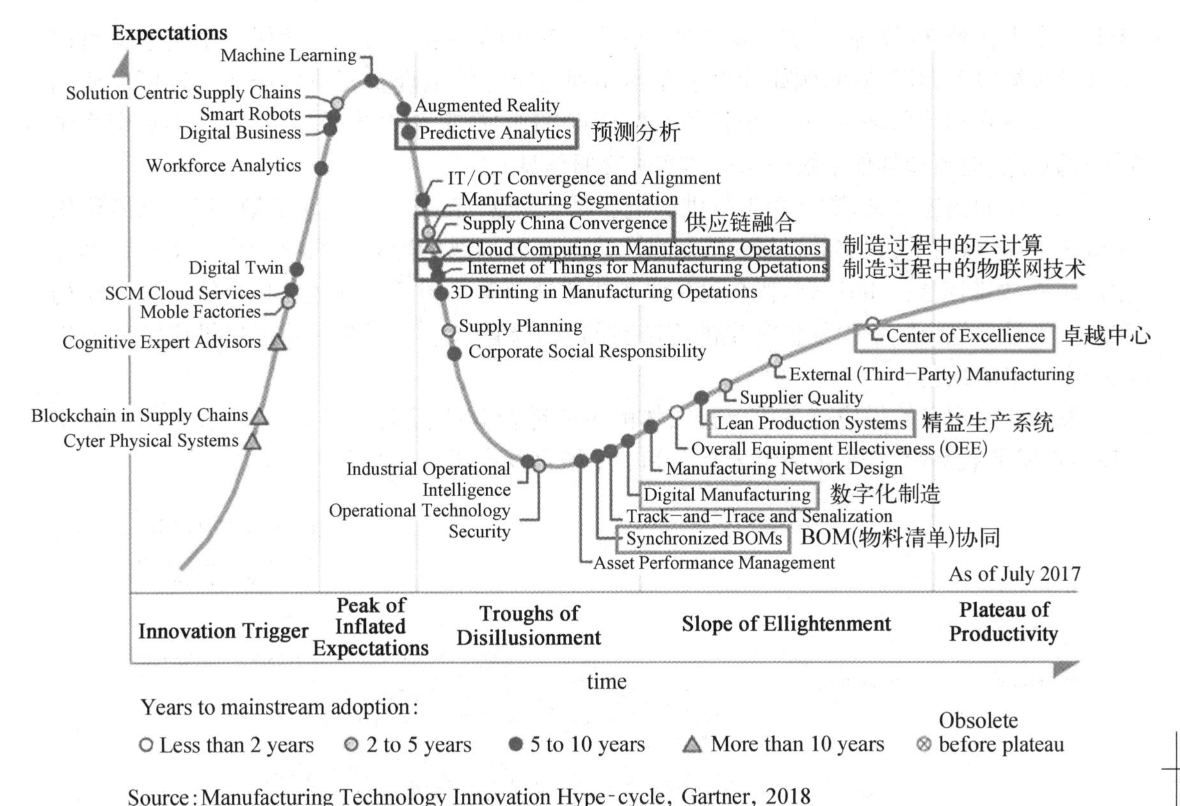

Source: Manufacturing Technology Innovation Hype-cycle, Gartner, 2018

图 7.2　制造技术创新成熟度曲线(Gartner,2018 年)

也会成为数字化供应链的强大驱动力。苹果、宝洁和亚马逊等大师级供应链企业,以及其他世界顶级的供应链企业,都是供应链融合成功的典范。

2. 供应链数字孪生(SC digital twins)

Gartner 认为数字孪生(digital twins)是真实物体的虚拟表示。数字孪生旨在优化资产运营或业务决策,包括模型、数据、与对象的一对一关联以及监视的能力、实体或系统。Gartner 早在 2016 年就把数字孪生作为十大战略技术之一。

数字孪生可能包括以下数据:从数字孪生外部接收的外部数据;从物理事物接收到的观测事件,例如来自资产的传感器、日志或仪表数据,或从其他主要输入计算出的虚拟传感器等数据;从其他来源收到的数据,如卡车上所载货物的信息、设备所有者的姓名、设备序列号和历史维护记录等;衍生数据——由数字孪生内的逻辑计算的数据;指向链接数据的指针——如有关事物环境(例如环境温度、当地天气条件)或与事物间接相关的对象(例如所有者的姓名和地址以及所有者身份之外的其他细节)的数据。这些不是事物本身的属性,因此这些数据不属于数字孪生。但是数字孪生中的逻辑,或者使用数字孪生的应用程序中的逻辑,可能需要访问这些数据。

数字孪生可能包括的逻辑:作为数字孪生系统的一部分实现的逻辑,操作数字孪生系统内的输入数据或存储在数字孪生系统外的数据。例如,数字孪生可以通过对卡车观察到的燃油水平、油箱尺寸和平均速度,应用公式来计算和存储卡车耗尽燃油前的剩余时间;基

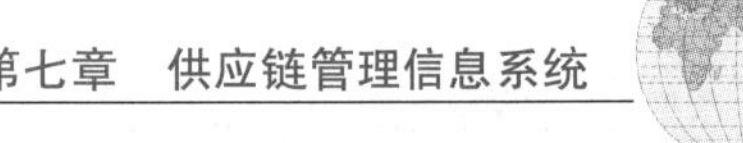

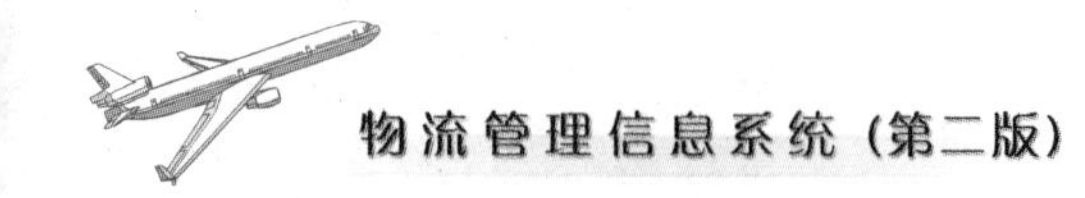

于数字孪生在外部(物理上)实现的逻辑,是数字孪生的一部分访问的逻辑。孪生逻辑可以向外部决策服务调用 API,例如计算卡车预期到达时间的地理空间映射服务。这可以使用卡车当前位置和计划路线(下一个目的地的标识)上的数字孪生数据,以及获取不在孪生中的外部信息(地图和其他系统中保存的实时交通信息)。

从上面的描述可见,数字孪生与供应链联系十分紧密,并导致供应链数字孪生(简称供应链孪生)应运而生,它实质上就是一种数字孪生与供应链的融合。数字孪生技术可帮助优化供应链,如制定最佳的计划,优化设施维护供应链等等。图 7.3 描述了供应链孪生的架构和应用场景。供应链孪生是数字化供应链新的发展趋势,它有望在帮助优化供应链方面扮演一个重要的角色。

图 7.3 所定义的供应链孪生包括实体的供应链及其执行系统和设施,以及它们的数字表示,也就是数字孪生,是供应链云平台和一个数据及高级分析平台。

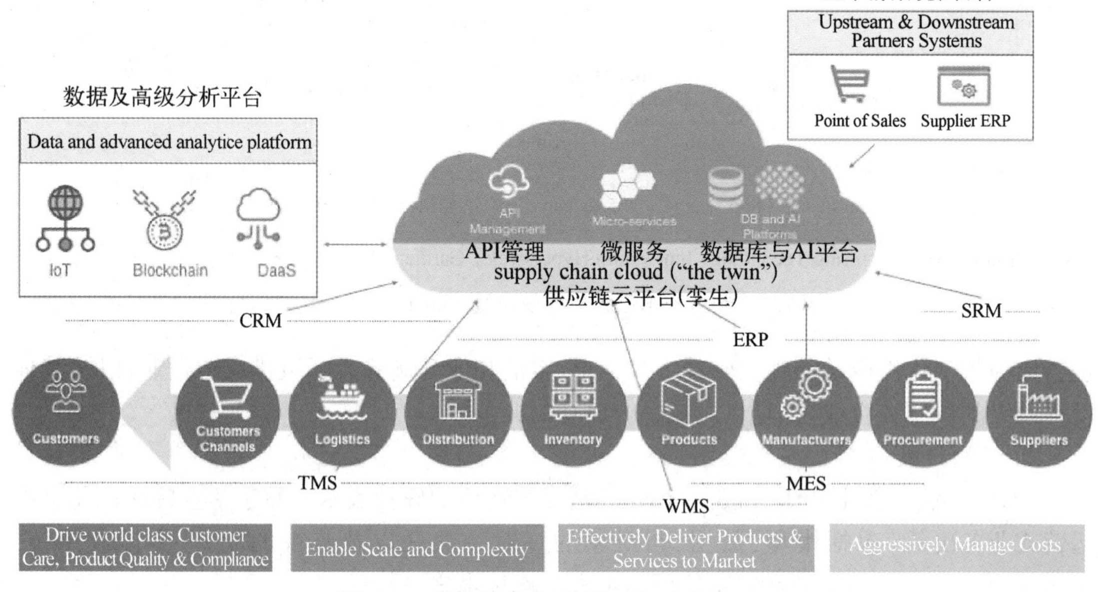

图 7.3　供应链孪生(来源：ToolsGroup)

3. 运营模式转型是企业数字化转型成功的基础

多家有名的研究机构,如埃森哲、IDC、德勤等指出运营模式的转型是数字企业成功的基础,尤其是数字化供应链成功的基础。在传统供应链中存在一些传统的运营模式,其中最有名的是供应链运营参考模型(supply chain operations reference,SCOR)。

SCOR 是由管理咨询公司 PRTM(后被 PwC 普华永道收购)和 AMR Research(后被 Gartner 收购)于 1996 年发布的,并得到供应链委员会(SCC)的认可,是 APICS 的一部分,作为跨行业供应链管理战略、绩效管理和过程改进诊断工具的标准,到 2017 年已经有二十多年的历史。2017 年 SCOR12.0 的发布标志着这个传统的供应链运营参考模式开始向数字化供应链运营模式转型,数字化供应链第一次被写入 SCOR。SCOR12.0 几乎用新兴的数字化供应链技术重写了实践部分,但整体上仍保留了原来的模式。实质上,传统的 SCOR

模式反映的是图 7.4 中传统的供应链。APICS 正在与德勤合作研究基于数字化供应链网络(DSN)的现代数字化的 SCOR。此项目由 APICS 的副总裁 Peter Bolstorff 负责,预计于 2023 年发布正式版本。

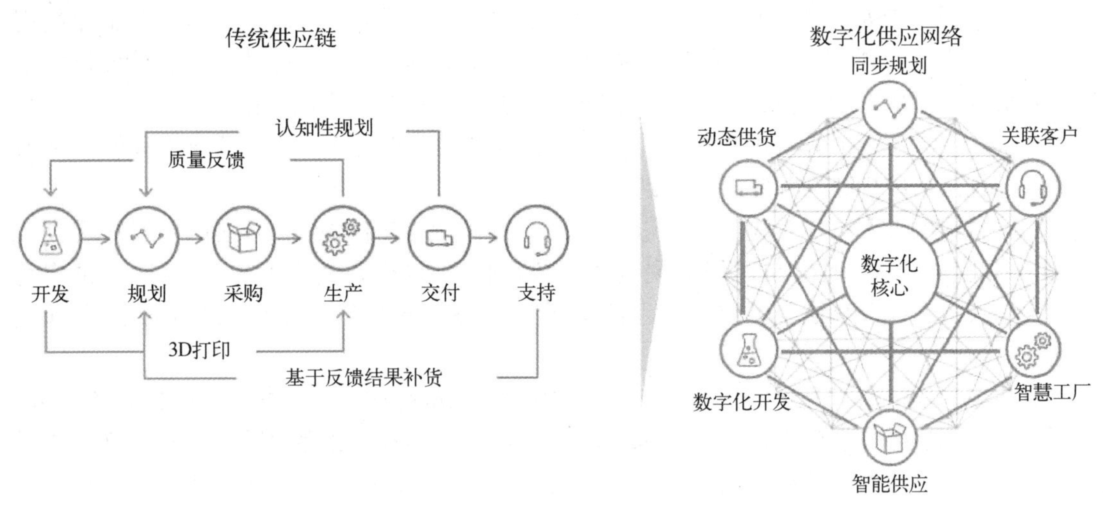

图 7.4 从传统供应链向数字供应网络的变革(来源:Deloitte 德勤)

为什么数字化 SCOR 的发布要经过五年之久的时间呢?这是因为:首先,供应链的数字化转型不单单是技术的革新,而是一场关于战略、组织、人才、流程和运营等供应链所有方面的深刻变革,不是短时间可以完成的,是一场攻坚的持久战。而数字化 SCOR 要成为跨行业数字化供应链管理的标准,也必须经过多重研究和实践检验,是一个艰难的过程,不是短时间可以完成的。其次,要认清数字化供应链与传统供应链的关系。数字化供应链是方向,是未来,但传统供应链仍然是基础,要打好传统供应链的基础,才能更好地使用数字化供应链,数字化供应链替代传统供应链是一个逐步探索的过程。

4. 人工智能和算法将成为数字化供应链的大脑

人工智能、高级分析、物联网、智能的同系、会话系统、机器人过程自动化、沉浸式技术和区块链是推动供应链数字化竞争优势的一些关键技术。供应链领导者必须评估其对公司的风险,以确定是否准备好探索和采用这些新兴数字技术产品。其中人工智能是首推的供应链技术趋势,其他七项技术也都与人工智能有关或者需要人工智能的支持。

人工智能及算法将成为数字化供应链的核心和大脑,其原因在于:首先,人工智能具有巨大的潜力,可应用于增强自动化决策、重塑商业模式和生态系统以及重塑客户体验的能力,革新供应链流程;其次,人工智能中认知计算是下一代智能计算系统的核心,它将用人类语言交互并通过理解复杂的大数据来帮助专家做出更好的决策。认知计算代表一种全新的计算模式,它包含信息分析,自然语言处理和机器学习领域的大量技术创新,能够助力决策者从大量非结构化数据中揭示真相。它能够帮助供应链具有自学习自适应的能力。

算法是人工智能三大关键基础基石(算法、算力、数据)之一。基于人工智能的算法,如现代机器学习、神经网络等能帮助提高供应链预测和预报的精度。一些讨论供应链预测的

文章说“有预测比没有预测好”，说的是预测对制定供应链计划的重要性。另一个说法说“预测都是错的”，虽然说法有些过头，但的确反映了现在大多数基于传统统计模型的预测和预报精度非常低，这使制定供应链计划十分困难，甚至造成所谓的“牛鞭效应”和库存的不准确等问题。采用基于人工智能的组合算法能大大提高供应链预测的精度，从而帮助企业制定出合理的供应链计划，大量节省成本，提高效率。Toolsgroup 是一个基于人工智能的供应链计划解决方案供应商，它是第一个采用机器学习的算法提高预测精度的公司。它的研究和实践指出采用人工智能算法可提高 90%的精度，将错误减少到 10%，需求建模和机器学习相结合的算法可减少错误和销售损失达 33%。

尽管目前的人工智能解决方案能够找到模式并预测未来的场景，但它们仍然缺乏决策能力。因此，将模式功能与更高级的规范功能结合起来，以提高其决策能力，这对于供应链广泛采用人工智能及算法至关重要，从而使用户能够将其技能专门用于更高阶的用例，如战略网络设计或容量规划。

数字化供应链研究院（DSCI）为推进人工智能和算法成为数字化供应链的核心和大脑，特别成立了算法委员会（Algorithm Council）——当今公司缺失的管理部分，并建议企业根据自身的需要创建类似的委员会。同时指出能快速开发和管理专有智能算法的公司将更具竞争力，并有能力获胜。在包括人工智能（AI）、机器学习（ML）和物联网（IOT）在内的新兴技术的推动下，全球供应链领导者都在竞相利用供应链内外可获得的数据并构建算法，以提高公司的市场份额、增加收入、降低风险和优化运营。图 7.5 给出了算法委员会成功的六个步骤。

图 7.5　DSCI 算法委员会成功的六个步骤

5. 分析技术为供应链数字化转型奠定基础

高级分析（advanced analytics）是另一个重要的变革供应链的技术。物联网智能设备（如 RFID、传感器标签和条形码）的兴起有助于供应链的自动化发展，并促进了大量数据的生成（包括非结构化数据），通过预测和优化模型有助于企业降低运营和资本支出。此外，大多数企业家和专家都认识到，将人工智能与供应链分析相结合可能是一种有效的增长战略，可以预测可能的结果，并在处理库存管理方面提供积极的行动计划。这种集成预计将作为实施供应链分析的关键，通过改进寻源和物流活动来降低成本波动。

预计到2023年，全球供应链分析市场将达到约88.9亿美元，在2017—2023年预测期内复合年增长率将达到13.7%。然而，公共云部署缺乏数据隐私和企业间的货币约束，可能会阻碍供应链分析市场在预测期内的增长。通过公共云在这方面的改进或者采用混合云部署将会有助于供应链分析云化的发展。

供应链分析市场的一些关键参与者包括IBM Corporation（美国）、Microstrategy，Inc.（美国）、Oracle Corporation（美国）、Tableau Software，Inc.（美国）、SAP SE（法国）、Accenture plc（爱尔兰）、Genpact（美国）、SAS Institute Inc.（美国）、Manhattan Associates（美国）和JDA Software Group，Inc.（美国）。主要发现包括：预计到2023年，全球供应链分析市场将达到88.9亿美元。按组件划分，预计在预测期内，按解决方案分，细分市场将在全球供应链分析市场上以显著的速度增长，在解决方案里，预计供应链计划和采购细分将占据最大的市场份额，并预计在未来几年保持最高的市场份额。按服务划分，托管服务细分市场可能是评估期间增长最快的细分市场，预计供应链分析市场的云细分市场将在预测期内主导市场，并有望成为2018—2023年增长最快的细分市场。从纵向来看，预计零售部门在预测期内将是最大的贡献者，同时也将是未来几年增长最快的部门。在地理位置上，北美预计将占据最大的市场份额，而亚太地区可能是供应链分析市场增长最快的。

除从以上市场分析报告体现了供应链分析之重要性外，哈克特集团研究了供应链分析的现状并对未来做了深度的洞察分析。哈克特集团公司（The Hackett Group）的研究报告指出分析可为供应链数字化转型奠定基础。供应链领导者为企业制定目标和战略时，数字化转型应是首要考虑的问题。根据哈克特集团最近的供应链趋势研究，94%的企业表示数字化转型将从根本上改变供应链，但只有44%的企业有实现这一目标的战略。分析和洞察驱动的决策应该是供应链领导者的重点领域，因为它们是数字化转型的基础。

6. 区块链支持构建可信的数字化供应链

区块链是一种分布式账本，它有望通过实现信任，提供透明度和减少业务生态系统间的摩擦，来重塑行业，从而降低成本，缩短交易结算时间并改善现金流。今天，信任被置于银行、证券交易所、政府和许多其他机构作为中央机构，在其数据库中安全地保持“单一版本的事实”。集中信任模型会增加交易的延迟和摩擦成本（佣金、费用和货币的时间价值）。区块链提供了另一种信任模式，无需中央机构来仲裁交易。因此区块链有可能用于构造可信数字化供应链。

从总体趋势来说，区块链技术已经从一个科技诞生的萌芽期（technology trigger）和过热的泡沫期（peak of inflated expectations），走到破灭的低谷期（trough of disillusionment），从一个预计要十年以上才能成熟的技术走向一个预计将在5—10年内达到成熟期的技术。这说明区块链已经过大起、试错，因炒作者被淘汰而大落，适者生存，并趋向稳步发展。

Gartner指出某些高度分散的供应链管理功能，如智能合约或可追溯性和认证，是区块链的主要候选应用。有些业务用例还没有被证明，但是一些早期的试点项目已经出现，正在试验供应链的区块链潜力，例如区块链正被用来跟踪钻石从采矿到零售店的各环节，它开发了一个数字记录，包括独特的属性如颜色、克拉和证书号等，这些属性可以通过激光刻在石头上。

从2017年开始，区块链技术就被Gartner列为十大战略技术之一，并预测区块链是一个

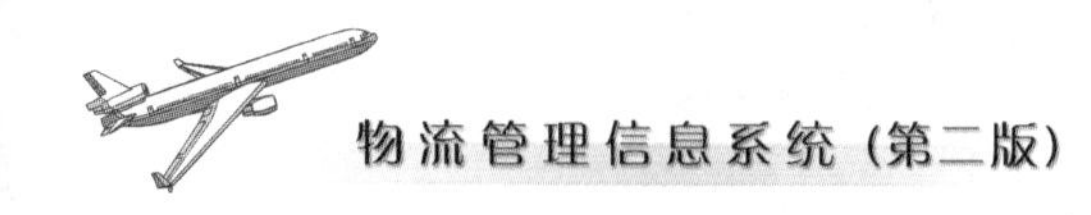

万亿级的市场。但是，目前的区块链技术和概念在任务关键型、规模化的业务运营中尚不成熟，人们对其知之甚少且未经证实，对于支持更复杂场景的复杂元素尤其如此。因此，供应链领导应当采用DSCI的区块链适用性指数或类似的指南来审视区块链技术，注重于它是否能对供应链带来实际的价值。凯捷的研究报告确定了价值链上的24个区块链用例，根据它们的复杂性和采用级别报告对其进行了细分，如图7.6所示。单独采用区块链技术并不能在供应链中取得最好的效果，只有当把区块链与物联网及人工智能技术融合在一起才能发挥其最大的价值，帮助建立可信的数字化供应链。

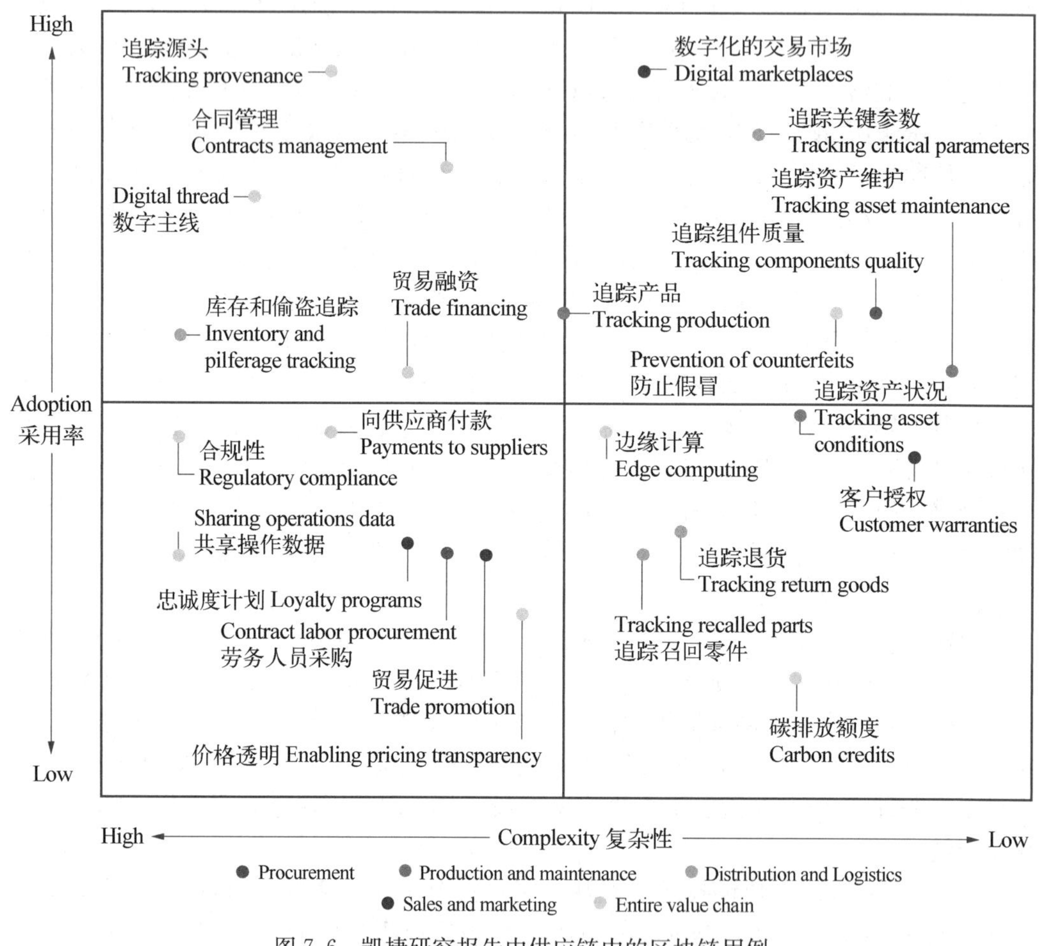

图7.6 凯捷研究报告中供应链中的区块链用例

7. 数字化采购

采购在供应链中非常重要，对降低整体成本举足轻重。然而采购的数字化变革并非易事。在许多方面，今天的采购组织好像20世纪70年代制造业的白领阶层，即使自动化改变了其他业务功能，而采购仍以手工流程为主。大量的员工在采购的基层岗位处理低价值的采购和需求管理事务，他们主要面向供应商和客户，在定价谈判、敲定合同、供应商绩效监控等常规事项上耗费了巨大的时间和精力，并需要花时间处理各种零碎的信息——这项任务现代技术可以在几秒钟内完成。与此同时，内部相关部门会认为采购服务过于缓慢、渴望有自助服务系统可以直接访问端到端数据流。

目前几乎没有完全自动化的采购流程，而且大多数类别的端到端信息透明度都受到限制。诚然，全球大型制造商都有自动补货和其他直接消费类别，很多公司还没有实现直接类别项目的自动化，同时对于间接业务，仍以人工为主。一方面存在传统软件供应商的创新乏力或采购利益相关者对新技术的抵制或两者兼而有之，另一方面企业对相关技术应用的滞后，也阻碍了采购数字化的进程，企业通常无法确定它们的整个支出情况，并在此基础上充分利用采购软件。首席采购官希望主要供应商有朝一日能提供一种用户友好的技术，从而实现关键的大规模采用。

技术的转折点就在这里。数字化采购技术正趋于成熟，人工智能、区块链和物联网(IOT)改变了用户与技术的互动方式。它们正在聚合，形成完全自主的采购工具，支持从采购到支付全流程的系统化，包括合同生成。例如亚马逊正在建立一个自动招标、评估响应和奖励业务的系统。当智能系统开始独立执行事务时，数据输入和分类将变得更加准确，一些公司已经使用AI技术对支出进行分类。更令人印象深刻的是AI和区块链在实时跟踪合同合规性方面的潜力，传统系统几乎不可能做到。

自动化提高了采购效率并创造了新的机会，采购经理则如同一个数字化工厂的产品经理，以战略眼光和长期价值来策划安排端到端的采购流程。随着技术支持日常采购事务的自动化，采购经理能集中精力处理具有高价值的活动，例如达成供应商协议和重新设计相关产品。

8. 数字化供应链控制塔

控制塔是一个单一的供应链管理的指挥中心，用于端到端的可见性以及基于实时数据的决策和行动。供应链控制塔不是一个真正的像机场控制塔一样的塔，它是一个概念。在物理上，它可以是具有以下共认能力的供应链控制/管理中心：提供端到端的无缝整体可见性、提供实时数据分析、提供预测和决策、及时解决问题、协同的、一致的、敏捷的和需求驱动的供应链。供应链控制塔是物流控制塔的延伸和发展。供应链控制塔是一种更广泛而深刻的概念，也是一个控制和管理模型和数字供应链网络的关键组成部分。它可以被实现为一个硬件＋软件的智能平台，此平台连接到供应链内外的各种数据源、数据、大数据分析系统，智能设备、可视化显示装置，合作伙伴系统，内部系统、云系统等。

SAP是控制塔技术的领导者之一，它将供应链控制塔融合于它的新一代供应链计划平台——集成业务计划云(Integrated Business Planning，IBP)，图7.7是IBP的整体架构。集成业务计划云是SAP帮助企业进行数字化转型并实现数字化供应链建设所提供的新一代供应链计划平台。它提供了端到端的供应链计划业务流程，支持对数据进行实时分析以及与合作伙伴的快速协同。

SAP及其他几位领导者，如One Network，都是将控制塔技术与供应链融合产生实际价值的典范。国内控制塔技术正处于起步阶段，如oTMS已经开始提供物流控制塔技术。

9. 5G助力数字化供应链

伴随着第四次工业革命，许多尖端技术越来越依赖于移动网络，5G网络是机器之间、枢纽以及管理者和设备之间即时数据传输的核心“促进者”。通过估算，表明5G可以提供高达10 Gbps的最大理论速度是4G网络广告速度的100倍以上。就工业物联网而言，5G网络

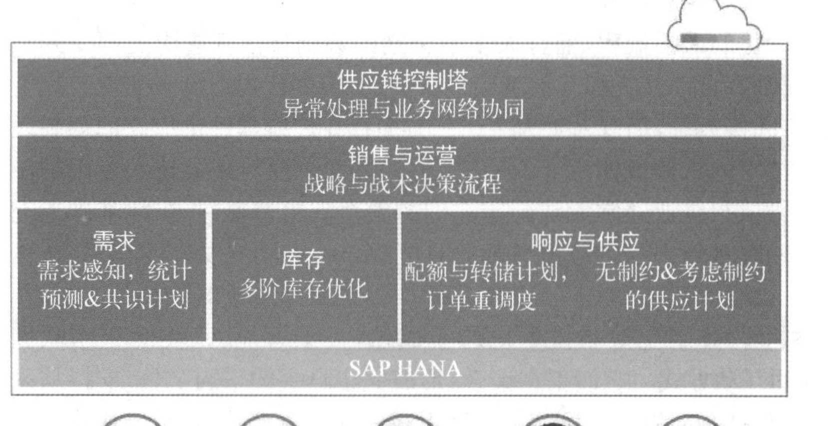

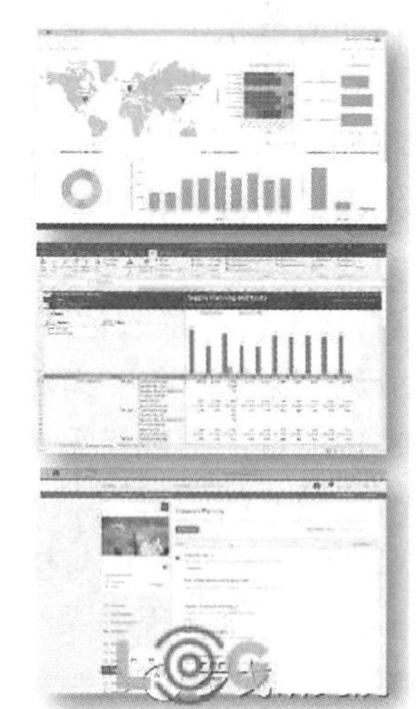

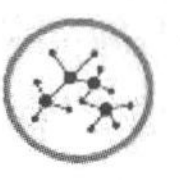

图 7.7　集成业务计划云（integrated business planning，IBP）

的核心价值主张直接对应智能设备与人工智能机器之间的实时数据传输需求。通过提供稳定和可预测的延迟，5G 网络允许传感器在 1 毫秒内响应和处理信息。

根据华为的《5G 应用市场潜力与准备就绪矩阵》研究报告，5G 网络将在几乎无所不包的广泛领域里提供高速连通和增值机会，如 EMBB/WTTX、VA/AR/全息图、智慧城市、汽车、智慧制造业、无人机、可穿戴设备、电子健康、零售/支付、能源等，可以在工厂层面实现连接和自动化，并达到前所未有的规模，这将改变制造业。同样的逻辑，家庭、城市和其他地方的 M2M（机器对机器）交互也将变得更快、更安全、更能够存储和传输越来越多的数据。

数字化供应链是 5G 的一个大应用市场，特别是供应链的数字化物流，如运输、无人车、无人机的通信和控制、货物包裹的快速追踪等。5G 助力数字化供应链体现在以下几个方面：

（1）加强供应链管理。包裹运送时，可能会经过无数的人和检查站。这将产生责任、所有权和保险等问题。如果一个包裹损坏了，什么时候发生的、谁负责等信息至关重要。但目前的跟踪方法，例如二维码扫描和射频识别，通常只能在到达的时刻进行记录，而且只记录位置和时间信息，中途发生的损坏等问题，可能很难找到根源，从而造成供应链损失。5G 技术能帮助实现全旅程实时追踪，从而可大大减少物件供应链中的问题。

（2）智能包装。智能包装已取得重大进展，然而下一代无线技术可以将包装跟踪提升到一个新的水平。在包装上安装 5G 传感器后，供应链利益相关者可以确定有关包装的信息，例如位置、温度、湿度、G 力、湿度等。他们将能够实时接收产品状态和状况的反馈，并消除手动检查点的需要。

（3）边缘计算结合 5G，可以重塑智能供应链。充分发挥边缘计算的潜力，对优化供应链和连通性至关重要。然而，在需要进行边缘计算的遥远地区或远程位置中，现有的连接选项可能并不容易获取。或者，这些选项可能无法为远端的关键任务操作提供所需的带宽、延迟和安全性。专用的无线 5G 网络可填补这一空白，提供高性能，可用性和安全性，从而超越现有 4G 和 LTE 网络的功能。这为在 IoT 应用中的大量远程边缘关键任务打开了大门，可以以更高效的方式连接不同的业务合作伙伴。5G 在近边缘也具有优势。专用的 5G 网络为整个制造工厂或园区内提供强大的连接功能，并且可降低成本和复杂性，简化管理，易于扩展。园区内可以拥有一个集中管控的专用5G网络，而不是通过以太网连接拼凑的Wi-Fi网络。5G网络还提供固有的安全优势，可以在边缘(包括远程位置)收集、存储或分析数据类型。

那么5G将如何改变供应链的价值方程？一个有巨大潜力的领域是in-transit应用。5G能够帮助在供应链的各个阶段实时收集和分析数据，具有提高入站和出站运输效率的巨大潜力，例如实时分析边缘处的交通模式可以自动改变运输车辆的方向，而不需要人工调度人员的干预，以避免延误时间，5G的实时性可以改进这种目前以某种雏形存在的应用程序，并可以更广泛、更快速和更具成本效益地扩展。

边缘计算和5G网络可以弥合供应链中的一个最大的差距——生产者和消费者之间的分离。营销网络越复杂，制造商就越难以评估消费者的需求。通过从消费者家中(或汽车、可穿戴设备等)的物联网设备获取数据，通过基于边缘的分析与制造商建立直接联系，生产商对消费者需求和产品使用趋势会有更深入的见解，从而能帮助生产者改进产品及其供应链。

供应链领导者应当重视5G技术对供应链的变革，把5G网络作为数字化供应链的基础设施之一。

10. 从传统ERP走向智慧ERP

ERP是供应链管理系统中核心系统之一。但是传统的ERP体系庞大而不够灵活，并且大多只是一个数据的记录系统，缺乏现代商业智能，它不适应数字化转型的需求。埃森哲指出，86%的组织已经或正在使不灵活的传统ERP转向采用具备智能性的ERP(包括机器学习，人工智能，自动化等)，41%的组织已经采用现代用户界面来解决传统ERP不易定制的问题。埃森哲的2019年趋势分析确定了五项关键行动，这些行动对未来的ERP发展至关重要，无论是采取一项或多项行动，每个企业都有能力借此显著地改变其业务模型，理解它们可能会帮助您更有效地指导您的数字转型。

(1) 将云视为现代化的门户。制定一个匹配企业发展目标的云战略，将云技术作为围绕数字化转型、成本节约和新业务模式的更大战略的一部分。

(2) 让您的业务核心智能化和易于扩展。投资于由人工智能、机器学习和分析支持的智能和自动化，不是作为附加组件，而是作为ERP平台的核心部分，使您的业务能够扩展到有规模和实时响应的水平。

(3) 与云计算供应商合作，而不是与传统服务公司合作。寻找共同创造的合作伙伴，通过重新设计服务交付模式、成为技术不可知论者并只专注于您的业务。

(4) 个性化。使用户体验(UX)在渠道和平台之间无缝连接，并不断地改进个性化。

(5) 通过融合数据增强洞察力。将数据视为资产，释放ERP系统中的数据，并聚合不同的数据源以获得更深入的洞察能力。

这五个趋势非常重要，它们可以使您的技术和业务实现变革。因此，企业应根据企业现状，评估每个趋势的相对地位，并制定从“现状”到“北极星”的旅程计划。

总之，数字化供应链在经过几年的概念炒作、理论形成、企业实践之后，未来供应链数字化转型将更加务实。数字化供应链转型要实现以客户为中心，改善客户满意度，为企业降本增效，创造价值。

第二节　智能制造和 ERP 系统

一、智能制造

（一）智能制造的概念

“智能制造”的最初概念是由 Wright P. K. 和 Bourne D. A. 提出，他们将智能制造描述为一种先进的制造过程，即机器人通过制造管理软件系统、专家系统知识以及智能感知技术等的集成，在没有人为干预的条件下独立地完成一些产品的小批量生产。

国内外企业界与学术界分别对“智能制造”生产模式有着丰富的诠释，其中主流思想均围绕着德国提出的“工业 4.0”、美国提出的“工业互联网”和中国提出的“中国制造 2025”，三者本质内容是一致的，都指向一个核心，就是智能制造。“工业 4.0”和“工业互联网”旨在提升制造业的网络化、智能化水平，以“智能制造”来主导第四次工业革命。德国提出的“工业 4.0”项目主要分为两大主题，一是“智能工厂”，重点研究智能化生产系统及过程，以及网络化分布式生产设施的实现；二是“智能生产”，主要涉及整个企业的生产物流管理、人机互动以及 3D 技术在工业生产过程中的应用等。中国提出的“中国制造 2025”要求掌握一批重点领域关键核心技术，大幅提升制造业的整体素质和劳动生产率，使我国迈入制造强国行列。中国工业和信息化部在《国家智能制造标准体系建设指南（2015）》中提出基于生命周期、系统层级及智能功能三个维度的智能制造系统架构；德国电气电子行业协会（ZVEI）在 2015 年 4 月确定了工业 4.0 的参考模型架构（RAMI4.0），其中同样包括三个维度：生命周期及价值流（life cycle & value stream）、系统层级及功能层级。战略中明确了离散行业以汽车制造为主的样板智能工厂构建规划，并清晰指出流程工业中的示范应用领域包括化工、石油化工、钢铁制造、医药等行业，而混合行业则是以食品行业为主。

针对智能制造内涵，各国各机构都有不同的定义，表 7.1 对不同国家或机构对智能制造的理解做了对比。

表 7.1　智能制造内涵对比表

来　源	定　义	侧重点
德国工业 4.0	通过广泛应用互联网技术，实时感知、监控生产过程中产生的海量数据，实现生产系统的智能分析和决策，生产过程变得更加自动化、网络化、智能化，使智能生产、网络协同制造、大规模个性化制造成为生产新业态。	侧重信息物理融合系统（CPS）的应用以及生产新业态
美国《智能制造系统现行标准体系》	有以下核心特征：互操作性和增强生产力的全面数字化制造企业；通过设备互联和分布式智能来实现实时控制和小批量柔性生产；快速响应市场变化和供应链失调的协同供应链管理；集成和优化的决策支撑用来提升能源和资源使用效率；通过产品全生命周期的高级传感器和数据分析技术来达到高速的创新循环。	侧重柔性生产、协同供应链、能源和资源利用等智能制造目标

（续表）

来　源	定　义	侧重点
美国智能制造领导力联盟(SMLC)	集成了网络产生的数据和信息，包括制造型和供应链型企业所涉及的实时分析、推理、设计、规划和管理等各方面，即制造智能，可通过广泛的、全面的、有目的地使用基于传感器产生的数据进行分析、建模、仿真和集成，为企业提供实时的决策支持。	侧重数据与信息的获取、建模、应用、分析等
中国《国家智能制造标准体系建设指南(2015年版)》	基于物联网、大数据、云计算等新一代信息技术，贯穿于设计、生产、管理、服务等制造活动的各个环节，具有信息深度自感知、智慧优化自决策、精准控制自执行等功能的先进制造过程、系统与模式的总称。	涵盖新技术、制造全过程、智能特征等各方面。

智能制造具有以下特点：

(1) 智能＋制造。智能技术广泛应用于产品全生命周期，实现了信息和物理的融合，实现制造系统的数字化、网络化和智能化，达到感知、执行和控制决策的闭环；

(2) 集成互联。打破制造过程中物质流、信息流和能量流的壁垒，实现设备、系统和人之间有效互联，并在此基础上通过物联网集成实现连接交互和协同；

(3) 数据驱动。对生产过程中的各种数据进行收集、处理和分析。通过加工、分析和建模，对每一个制造环节进行评价、监控、预测、控制和决策；

(4) 模式创新：创新个性化定制、协同制造和远程运维等新型形态，推动企业转型。同时实现制造资源社会化开放共享。

2. 智能制造的关键技术

在智能制造的关键技术当中，智能产品与智能服务可以帮助企业带来商业模式的创新；智能装备、智能生产线、智能车间与智能工厂，可以帮助企业实现生产模式的创新；智能研发、智能管理、智能物流与供应链则可以帮助企业实现运营模式的创新；而智能决策则可以帮助企业实现科学决策。智能制造的十项技术之间是息息相关的，制造企业应当渐进式、理性地推进这十项智能技术的应用。

(1) 智能产品。智能产品通常包括机械、电气和嵌入式软件，具有记忆、感知、计算和传输功能。典型的智能产品包括智能手机、智能可穿戴设备、无人机、智能汽车、智能家电、智能售货机等，包括很多智能硬件产品。智能装备也是一种智能产品。企业应该思考如何在产品上加入智能化的单元，提升产品的附加值。

(2) 智能服务。基于传感器和物联网(IoT)，可以感知产品的状态，从而进行预防性维修维护，及时帮助客户更换备品备件，甚至可以通过了解产品运行的状态，帮助客户带来商业机会。还可以采集产品运营的大数据，辅助企业进行市场营销的决策。此外，企业通过开发面向客户服务的App，也是一种智能服务的手段，可以针对企业购买的产品提供有针对性的服务，从而锁定用户，开展服务营销。

(3) 智能装备。制造装备经历了机械装备到数控装备，目前正在逐步发展为智能装备。智能装备具有检测功能，可以实现在机检测，从而补偿加工误差，提高加工精度，还可以对热变形进行补偿。以往一些精密装备对环境的要求很高，现在由于有了闭环的检测与补偿，可以降低对环境的要求。

（4）智能产线。很多行业的企业高度依赖自动化生产线，比如钢铁、化工、制药、食品饮料、烟草、芯片制造、电子组装、汽车整车和零部件制造等，实现自动化的加工、装配和检测，一些机械标准件生产也应用了自动化生产线，比如轴承。但是，装备制造企业目前还是以离散制造为主。很多企业的技术改造重点，就是建立自动化生产线、装配线和检测线。自动化生产线可以分为刚性自动化生产线和柔性自动化生产线，柔性自动化生产线一般建立了缓冲。为了提高生产效率，工业机器人、吊挂系统在自动化生产线上应用越来越广泛。

（5）智能车间。一个车间通常有多条生产线，这些生产线要么生产相似零件或产品，要么有上下游的装配关系。要实现车间的智能化，需要对生产状况、设备状态、能源消耗、生产质量、物料消耗等信息进行实时采集和分析，进行高效排产和合理排班，显著提高设备利用率（OEE）。因此，无论什么制造行业，制造执行系统（MES）成为企业的必然选择。

（6）智能工厂。一个工厂通常由多个车间组成，大型企业有多个工厂。作为智能工厂，不仅生产过程应实现自动化、透明化、可视化、精益化，同时，产品检测、质量检验和分析、生产物流也应当与生产过程实现闭环集成。一个工厂的多个车间之间要实现信息共享、准时配送、协同作业。一些离散制造企业也建立了类似流程制造企业那样的生产指挥中心，对整个工厂进行指挥和调度，及时发现和解决突发问题，这也是智能工厂的重要标志。智能工厂必须依赖无缝集成的信息系统支撑，主要包括 PLM、ERP、CRM、SCM 和 MES 五大核心系统。大型企业的智能工厂需要应用 ERP 系统制定多个车间的生产计划（productIon planning），并由 MES 系统根据各个车间的生产计划进行详细排产（productIon scheduling），MES 排产的力度是天、小时甚至分钟。

（7）智能研发。离散制造企业在产品研发方面，已经应用了 CAD/CAM/CAE/CAPP/EDA 等工具软件和 PDM/PLM 系统，但是很多企业应用这些软件的水平并不高。企业要开发智能产品，需要机电软多学科的协同配合；要缩短产品研发周期，需要深入应用仿真技术，建立虚拟数字化样机，实现多学科仿真，通过仿真减少实物试验；需要贯彻标准化、系列化、模块化的思想，以支持大批量客户定制或产品个性化定制；需要将仿真技术与试验管理结合起来，以提高仿真结果的置信度。

（8）智能管理。制造企业核心的运营管理系统还包括人力资产管理系统（HCM）、客户关系管理系统（CRM）、企业资产管理系统（EAM）、能源管理系统（EMS）、供应商关系管理系统（SRM）、企业门户（EP）、业务流程管理系统（BPM）等，国内企业也把办公自动化（OA）作为核心信息系统。为了统一管理企业的核心主数据，近年来主数据管理（MDM）也在大型企业开始部署应用。实现智能管理和智能决策，最重要的条件是基础数据准确和主要信息系统无缝集成。

（9）智能物流与供应链。制造企业内部的采购、生产、销售流程都伴随着物料的流动，因此，越来越多的制造企业在重视生产自动化的同时，也越来越重视物流自动化，自动化立体仓库、无人引导小车（AGV）、智能吊挂系统得到了广泛的应用；而在制造企业和物流企业的物流中心，智能分拣系统、堆垛机器人、自动辊道系统的应用日趋普及。WMS（warehouse management system，仓储管理系统）和 TMS（transport management system，运输管理系统）也受到制造企业和物流企业的普遍关注。

（10）智能决策。企业在运营过程中，产生了大量的数据。一方面是来自各个业务部门和业务系统产生的核心业务数据，比如合同、回款、费用、库存、现金、产品、客户、投资、设备、产量、交货期等数据，这些数据一般是结构化的数据，可以进行多维度的分析和预测，这就是业务智能(business intelligence，BI)技术的范畴，也被称为管理驾驶舱或决策支持系统。同时，企业可以应用这些数据提炼出企业的 KPI，并与预设的目标进行对比，同时，对 KPI 进行层层分解，来对干部和员工进行考核，这就是企业绩效管理(enterprise performance management，EPM)的范畴。从技术角度来看，内存计算是 BI 的重要支撑。

二、ERP 系统

1. 企业资源计划的概念

企业资源计划(enterprise resource planning，ERP)是指建立在信息技术基础上，以系统化的管理思想，为企业决策层及员工提供决策运行手段的管理平台，用于管理日常业务活动的一套软件，这些活动包括会计、采购、项目管理、风险管理和合规性、供应链运营、企业绩效管理等。

这些 ERP 系统将大量业务流程联系在一起，实现了各业务流程之间的数据流动。通过从多个源系统收集组织的共享事务数据，ERP 系统可以消除数据重复并通过"单一信息源"确保数据完整性。如今，各个行业中各种规模的企业都需要使用 ERP 系统来管理其业务。ERP 系统集信息技术与先进的管理思想于一身，成为现代企业的运行模式，反映时代对企业合理调配资源、最大化地创造社会财富的要求，成为企业在信息时代生存、发展的基石。

ERP 系统的中央数据库从各个不同的部门及制造和生产、财务和会计、销售和市场、人力资源等关键业务流程中收集数据，以此为企业所有内部业务活动提供数据支持。一旦在一个流程中输入了新的信息，其他的业务流程就可立即使用这些信息，如图 7.8 所示。

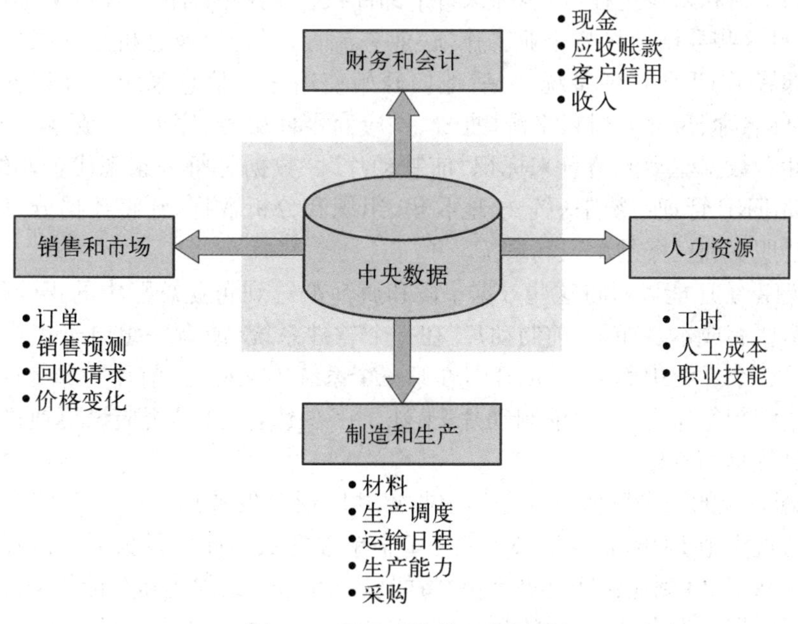

图 7.8 ERP 系统的工作原理

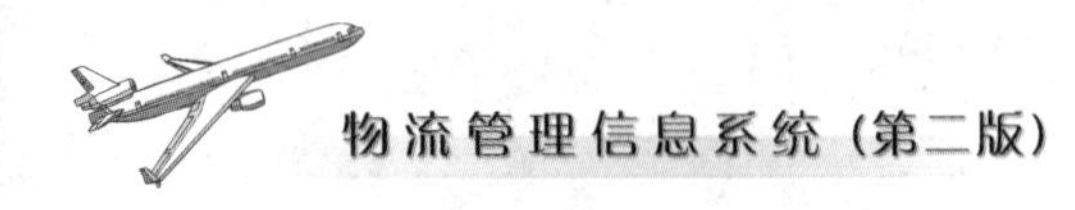

2. ERP 管理系统支持的业务流程

ERP 管理系统是围绕着几千个反映最佳实践的业务流程创建而成的。表 7.2 描述了由 ERP 管理系统支持的几种主要业务流程。

表 7.2 ERP 管理系统支持的业务流程

业务流程
财务和会计流程(financial and accounting process) 包括总账、应付账款、应收账款、固定资产、现金管理和预测、产品成本会计、成本中心会计、资产会计、税收会计、信用管理和财务报表
人力资源流程(human resource process) 包括人事管理、工时管理、工资、人员规划与发展、福利管理、应聘跟踪、时间管理、报酬管理、人力规划、绩效管理、差旅花费报告
制造和生产流程(manufacturing and production process) 包括采购、库存管理、采购运输、生产计划、生产调度、材料需求计划、质量控制、分配、运输执行、工厂和设备维护
销售和市场流程(sales and marketing process) 包括订单处理、估价、合同、产品配置、定价、账单、信用审查、激励和委托管理、销售计划

3. ERP 管理系统的业务价值

ERP 管理系统在设计时都会依据一个规范定义的数据结构(模式)，该模式通常拥有一个通用数据库。这有助于确保整个企业统一使用基于通用定义和用户体验的规范化信息。借助 ERP 管理系统，企业可以将这些核心构造连接至跨业务部门(财务、人力资源、工程、营销和运营等部门)的工作流驱动的业务流程，从而将系统和系统用户连接起来。简而言之，ERP 是现代企业用于整合人员、流程和技术的工具。

例如：以一家从多个供应商处采购零部件的汽车制造企业为例来说明。ERP 系统不仅能跟踪物料的申请和采购过程，还能确保每个部件在整个采购到付款流程中都使用统一、清洁的数据，并且这些数据始终与企业工作流、业务流程、报告以及分析相关联。这家汽车制造企业妥善部署了 ERP 管理系统，之后他们开始使用适当信息来统一标识各个部件。例如，他们用零件名称、尺寸、材料、来源、批号、供应商零件编号、序列号、成本和规格，以及其他许多描述性和数据驱动的信息来标识“前制动片”。数据是每一家现代企业的命脉，因此企业需要借助 ERP 管理系统来更轻松地收集、组织和分析数据，并将数据分发给需要它们来有效履行其职责和任务的个人和系统。

ERP 管理系统还能确保将这些数据字段和属性汇总到企业总账中的正确账户，以便正确跟踪和表示所有成本。如果“前制动片”在一个软件系统(或者一组电子表格)中称为“前制动器”，在另一个系统中称为“制动片”，在第三个系统中又称为“前片”，那么这家汽车制造企业将很难搞清楚每年究竟在“前制动片”上花了多少钱，以及是否应该更换供应商或者与供应商商谈更优惠的价格。

ERP 管理系统的一个重要原则是集中收集并广泛分发数据。ERP 让混乱的环境变得秩序井然。通过实施 ERP，企业不必再使用多个单独的数据库以及大量零散孤立的电子表格，所有用户(从 CEO 到应付账款办事员)将能以一致的方式创建和存储数据并使用来自通用流程的相同数据。安全、集中化的数据信息库让企业中每一个人都增强了信心，因为他们知道自己能够及时获得准确、完整的数据。组织中执行的每一个任务(从季度财务报表到各个未偿应收账款报告)因此确保了数据完整性,摆脱了对容易出错的电子表格的依赖。

ERP管理系统对于当今企业的影响是不容忽视的,它整合了企业数据和流程,让企业可以统一协调不同的部门并改进工作流,从而大幅节省成本。具体的业务收益包括:

(1) 利用报告生成的实时信息,改善业务洞察;

(2) 采用精简的业务流程和优秀实践,降低运营成本;

(3) 通过用户可共享合同、采购申请和采购订单中的数据,加强协作;

(4) 提供跨业务职能的通用用户体验和完善定义的业务流程,提高效率;

(5) 支持从后端到前端的整个部署,为所有业务活动提供一致的外观和体验,提供一致的基础设施;

(6) 提供通用的用户体验和设计,提高用户采用率;

(7) 提高数据完整性并加强财务控制,降低风险;

(8) 采用统一的集成系统,降低管理和运营成本。

第三节　供应链间企业信息系统集成

一、基于供应链管理的信息共享

1. 供应链信息共享

(1) 供应链信息共享的概念。

信息共享指不同层次、不同部门信息系统间,信息和信息产品的交流与共用,就是把信息这一种在互联网时代中重要性越趋明显的资源与其他人共同分享,以便更加合理地配置资源,节约社会成本,创造更多的财富,是提高信息资源利用率,避免在信息采集、存储和管理上重复浪费的一个重要手段。其基础是信息标准化和规范化,并用法律或法令形式予以保证。信息共享的效率依赖于信息系统的技术发展和传输技术的提高,必须严格在信息安全和保密的条件下实现。

供应链中的信息共享指的是,通过供应链中各节点成员企业通过适时的、不间断的信息传递共享行为,保证企业中各系统、各成员经济行为的协调性和一致性,以使企业能更好的面对日益不确定的市场环境。

(2) 供应链管理的信息不对称。

信息不对称理论是指在市场经济活动中,各类人员对有关信息的了解是有差异的。掌握信息比较充分的人员,往往处于比较有利的地位,而信息贫乏的人员,则处于比较不利的地位。该理论认为:市场中卖方比买方更了解有关商品的各种信息。掌握更多信息的一方可以通过向信息贫乏的一方传递可靠信息而在市场中获益。买卖双方中拥有信息较少的一方会努力从另一方获取信息。市场信号显示在一定程度上可以弥补信息不对称的问题。

供应链管理的信息不对称是指供应链中不同合作者拥有关于自己资源(能力、库存、资产)、各种与数据相关的成本、运营(如销售、生产、发货计划、预测)、绩效及市场状况的私有

信息。由于信息不对称现象在整个供应链管理过程中无所不在，企业与企业可能会通过增加信息的不对称，从合作伙伴那儿得到最大的收益。在供应链管理中，处于不同位置、承担不同角色、具有不同目标的战略合作者如果不相互公开自己的私有信息，则很难做出最优决策。

2. 供应链上企业间可以共享信息的范围

供应链上的企业间是战略合作伙伴关系，基本上是以协议联盟的方式合作，而不是互相持股，在目标一致的前提下存在着一定的相对独立性，这样就不可能交流一个企业的所有信息，比如财务信息、核心技术等。下面将对企业信息的共享范围进行界定：

（1）生产信息。

企业的生产决定其对上游企业的产成品的需求，也影响到对下游企业原材料的供给。在供应链中，下游企业需要根据上游供应商的生产来决定自己的库存和生产。而且，供应链中任何一个环节上的企业出现生产波动，也势必影响到同一“链条”上的盟友。有时，供应商的生产波动对整个经济都会带来严重后果，这在石油、钢铁等资源型行业中表现最为突出，因为追溯大部分行业的供应源头都可以发现它们的身影。同样，下游企业的生产又决定它对供应商的需求，从而影响供应商的库存和生产计划。

（2）订单信息。

通常，下游企业很少知道其向供应商所订商品的生产状态，因为供应链上任意一个企业的生产状态不仅涉及他的供应商，而且还与供应商的供应商有关。因此，下游企业并不知道以其上游企业为核心企业的供应链的组成与结构，从而也不知道所订商品何时到货，一般是在到了交货期时，才知道不能按时交货。所以，及时得知订单的生产状态，可以对供应链运作过程中出现的问题做出快速反应，提高供应链企业的决策效率。

（3）库存信息。

在以最低的成本实现对消费者需求最快响应的要求下，库存管理显得尤为重要。需求波动及生产、运输中的偶然故障等因素带来的不确定性总是无法避免的，为了应对这种不确定性，传统的做法是建立安全库存，但这往往又带来另一个问题。供应商为了防止出现影响连续供应的货物缺货，建立产成品安全库存，制造商为了防止出现影响连续生产的货物缺货，建立原材料安全库存。从单个企业来看，这种现象并无不妥之处。然而在供应链中，上游供应商的产成品正对应下游制造商的原材料，双方都对同一物料建立安全库存是重复性浪费。如果相邻节点上的企业合作管理库存，从理论上讲安全库存可以降低一半，从而大大减少库存成本。

（4）产品信息。

共享产品信息是供应链存在的基础，是上下游企业建立供需关系的桥梁。如果下游企业不知道上游企业所供应产品的信息，或者上游企业不知道下游企业所需产品的种类、质量、性能、价格、折扣等信息，那么下游企业将无法获得所需要的产品，同时上游企业将产生大量库存，甚至会导致上游企业无法进行生产与销售。因此，只有建立顺畅的产品信息共享渠道和良好的信息共享机制，才能使供应链上的企业得到最大限度的满足并建立起密切的合作关系，才能使供应链在动态运作过程中其结构不断得到优化。

（5）销售信息。

供应链的“牛鞭效应”表明来自下游企业的订货信息经常是在歪曲地反映市场的真实情况，因而误导上游企业的决策；而且这种不真实程度会沿着供应链向上游前进的过程中不断放大。在注意到“牛鞭效应”后，许多企业都开始关注来自消费者市场的需求信息。这时，信息的交流不再仅仅停留于存在直接供需关系的相邻节点企业间，而更多要求跨越式传递。零售商的销售信息要在整条供应链上共享，而改变“级级传递”的传统模式。销售信息共享的另一个重要作用是推动整条供应链上所有企业的整体技术更新或战略转向。有时，市场需求的变化需要供应链上所有企业的通力合作以应对，每家企业都必须了解这种变化才能做出相应调整。

(6) 运输信息。

高效率物流是供应链运作的重要因素之一，然而高效率物流必须建立在准确和适时的运输信息基础上，否则，供应链上的企业之间将失去供需平衡。因此将运输商纳入供应链管理中，与供应商和制造商、销售商、客户一起构成了供应链管理过程的主体。

(7) 技术信息。

消费者得到的最终产品的每一次更新进步，都可能是供应链上所有企业共同努力的结果。因为在供应链环境下，每个企业都只专注于小范围内的核心业务，如果一两家企业的技术进步得不到其他企业相应的配套支持，则无法形成最终产品或服务。有时，一项技术进步是由诸多企业的研发人员来共同完成。在供应链中，核心企业经常会对供应商提供广泛的技术支持。

(8) 多角色企业的信息。

企业间联合的形式有两种，一种是双边关系，另一种则是网络联合，网络联合情况相当复杂，但为越来越多的企业所选择。一个企业可以与多个上、下游企业结盟，同时处于多个供应链的不同位置，并担当不同角色；它可能在这条供应链上是上游供应商，而在另一条供应链上成为核心制造商。当企业处于网络供应链时，信息交流量将呈几何级数增长。企业要应对来自不同供应链的信息交流要求，使得信息处理更加复杂，更重要的是，企业往往不希望让某一条供应链中的结盟企业太多地了解它在另一些供应链中的情况。因此，最好有不同专员分工负责处理不同供应链上的信息交流，这样可以在密切与结盟企业关系的同时，避免不必要的信息泄露。但是，从提高供应链效率来看，库存和生产量等信息应被充分共享，否则无法让上、下游企业据此做出自己的安排。

(9) 其他可共享信息。

① 质量信息。产品质量是决定竞争力的关键因素。在供应链中，上游企业的供货质量直接影响下游企业的产品质量。供应链中各企业都应使用兼容的质量体系和工具。IS09000 是表明一个企业能够为合作伙伴提供可靠产品的基本保证。无论一个企业的产品质量出现什么问题，都应当及时通知下游购买者以采取适当对策。

② 销售预测。每个企业都在做预测，并且按对未来的销售预测向供应商订货。各企业预测的依据不同，则结果会出现差异。如果某企业基于某种预测大幅度地改变习惯定货量时，应该向供应商说明这种预测的依据。有时，供应链上所有企业聚在一起共同讨论未来市场状况对大家都是有效益的。

3. 供应链中信息共享模式

信息共享是实现供应链管理的基础，供应链的协调运行建立在各个节点企业高质量的信息传递与共享的基础之上。因此，信息共享作为维持合作伙伴间合作关系的重要途径，受

到了供应链上各节点企业的广泛关注。

然而，现实中由于供应链信息种类繁多且各自的作用不同，上下游合作伙伴间又存在多种形式的合作关系，对于不同的合作关系，其合作及信息共享的目的必然存在差异。所以企业经常不知采用怎样的信息共享层级和信息共享模式，哪些信息应该与那些合作企业共享，如何共享等等。在上述供应链信息共享范围的基础上，进一步详细地分析供应链信息共享层级和信息共享模式。

(1) 供应链信息共享层级。

根据供应链信息共享范围、目标与功能，可以将信息共享划分为三个层级，即作业信息层、管理信息层、战略信息层，如见表7.3。

表7.3　供应链信息共享层级

作业层信息共享	管理层信息共享	战略层信息共享
产品信息	销售数据信息	销售预测信息
质量信息	需求信息	市场信息
订单信息	库存信息	技术进步信息
	生产信息	研发信息
	发运出货信息	发展战略信息

一般情况下，作业层信息共享的供应链一体化程度最低，节点企业考虑的是对方能否以较低的价格及时提供产品，与其合作旨在降低交易费用。因此，共享订单信息有助于缩短订单处理时间，降低订单处理成本，从而起到降低交易费用的目的。共享产品信息是供应链存在的基础，是上下游企业建立供需关系的桥梁。产品质量是决定竞争力的关键因素之一。在供应链里，如果上游企业的供货质量出现了较大的波动，通过共享质量信息，都可以及时通知下游购买者以采取适当对策。

供应链企业共享管理层信息，除了想降低库存成本以外，更重要的是希望能通过合作减少“牛鞭效应”的影响以及提高运作效率。但是，在需求波动剧烈的情况下，仅靠共享需求信息，仍然会出现订单的延误问题，从而大幅度降低整个供应链的订单供给率。而共享销售、需求、库存、生产、运输等信息是减少“牛鞭效应”以及提高运作效率的有效方式。

战略层信息共享的供应链一体化程度最高，共享战略层信息的目的是为了快速响应客户需求，从而提高客户满意度，并为企业的长期发展提供支持。在供应链中，共享市场信息可以加快供应链整体对市场的响应速度，提升竞争力。共享预测信息能及时设计出更准确的生产计划来满足客户需求。而且，由于强调核心竞争力，单个企业很难依靠自己的实力独立完成所有产品的研发。所以，共享技术进步信息和研发信息，共同研发产品成为满足市场需求的一种方式。而且，共享研发、发展战略等信息有助于提高客户满意度以及企业的长期发展。

对于不同行业、不同制造方式以及不同IT基础的供应链，其信息共享的内容和层次是不相同的。正因为这些因素的影响，使得供应链中的企业仅适合于某一信息共享层级。因此，供应链中的企业应依据上述因素，评估、选定符合自己要求的信息共享层级。

(2) 供应链信息共享模式。

信息共享对供应链绩效的影响取决于很多因素，没有哪一种信息共享策略是通用优化的。企业在选择信息共享模式时，要根据所处供应链的特点及企业自身情况制定信息共享策略。根据供应链成员对信息共享的需求和特点不同，可以将信息共享划分为点对点信息共享、信息集中管理及综合共享信息三种模式。

① 点对点信息共享模式。

点对点信息共享模式是指供应链合作伙伴间通过自身建立的内部信息系统，一方企业直接把对方企业传递来的信息存放在自己的数据库中。在这种模式中，信息直接从提供方传给需求方，不需要经由其他数据转换或储存中心，信息的提供和获取是多对多关系，即共享信息在多个信息系统（或数据库）间进行两两传递，如图 7.9 所示。在这种模式中，根据所采用的信息技术又分为 EDI（电子数据交换）模式和数据接口模式。这种模式一般适用于信息共享程度较低的小型企业，且企业所在的供应链结构简单。目前我国企业应用的较多的就是这种信息共享模式。

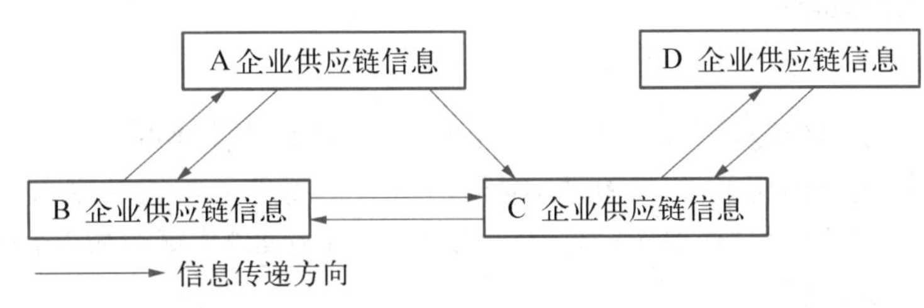

图 7.9　点对点信息共享模式

② 信息集中管理模式。

信息集中管理模式是将供应链中的共享信息集中在一个公共数据库中，各企业根据权限对其进行操作，完成与多个合作伙伴的信息交流，如图 7.10 所示。

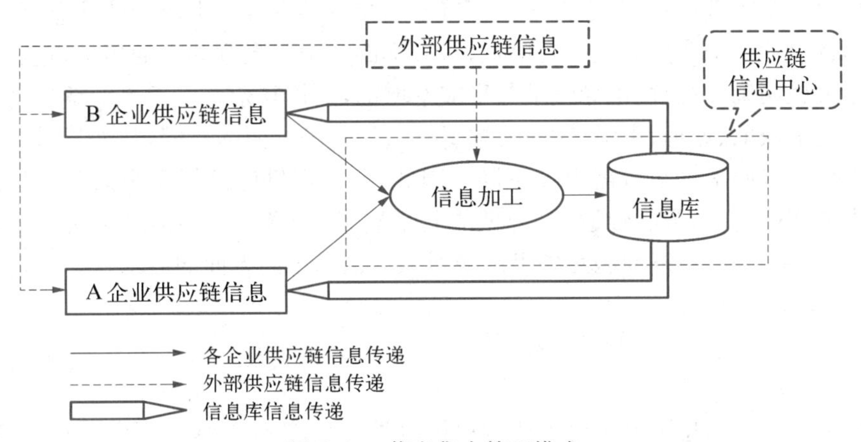

图 7.10　信息集中管理模式

③ 综合共享信息模式。

该模式是点对点模式和信息集中管理模式的综合，它对不同信息共享区域采用不同的信息共享模式，通常以一个主要的信息平台为核心进行构建。随着第三方物流业的兴起，它

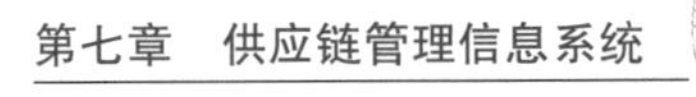

与供应链其他成员的信息交换更为频繁，构建以物流信息平台为核心的综合共享信息模式是不错的选择，如图 7.11 所示。

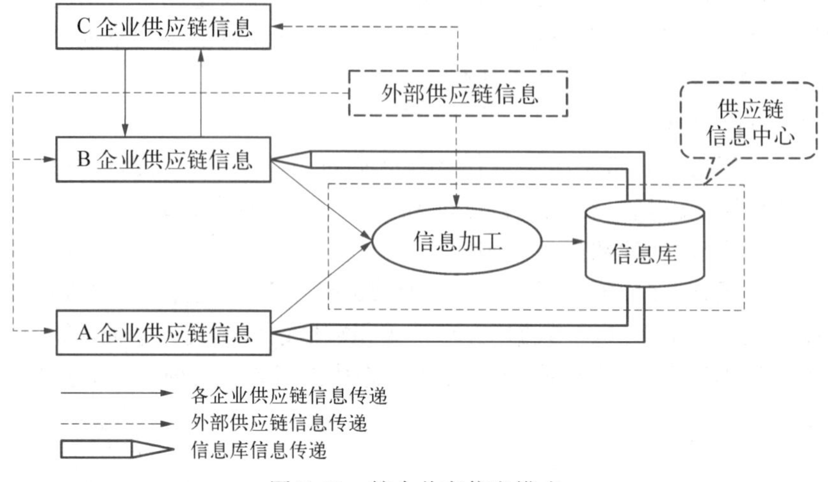

图 7.11　综合共享信息模式

以上三种模式是供应链信息共享中较常见的几种，各有其优缺点。

点对点共享模式结构简单，保密性强，根据信息共享需求来进行共享，目的明确。但是此模式属于被动式的信息共享，对供应链中一些不良影响（如“牛鞭效应”等）改善效果并不显著，且操作复杂，共享程度低。

信息集中管理模式利用一个集成的公共数据库来共享信息，属于主动式的信息共享，操作简单，信息共享程度高。但是信息共享层级划分不明确，保密性差，成本较高。这就要求各成员企业间信任度高，且愿意共享真实信息。

综合共享信息模式将前两种模式有机地结合在一起。节点企业与信息度高的长期合作伙伴采取信息集中管理模式，共享大部分直接或间接对供应链产生影响的信息，而与短期合作或是交易的企业间采取点对点共享模式，只共享部分企业愿意共享的信息，这就对信息共享的层级划分较明确，然而这也导致了共享成本增加，操作复杂。由于供应链中每个节点企业对共享信息的获取、处理、密级、时间要求、传输、加工等方面的不同，从而导致对综合共享信息模式建设的核心信息平台需求也不同。因此，要根据供应链管理中共享信息的特点及信息化建设的实际情况，采取合适的、合理的共享模式，选择适当的信息平台作为模式建设的核心，实现信息共享，更好地满足各个区域对共享信息不同方面的需求。

二、企业供应链管理信息系统

企业供应链管理信息系统是以创造客户价值为核心，构建供应商、客户、第三方物流、服务商等高效协同及资源共享的高价值供应链系统生态体系。

（一）供应链管理信息系统服务方案的业务模式

供应链管理信息系统通过供应链服务线上标准化，平台化及智能化供应链服务，实现价值链的有效传输：

（1）供应链管理平台化。一站式线上供应链系统服务开放平台，在线为客户提供可视化的供应链管理服务。

（2）在线供应链系统生态化。实现关键节点标准化，引入第三方机构，构建供应链服务生态体系。

（3）供应链整合智能化。实现数据深度挖掘、智能匹配及智能控制。以供应链平台数字化为基础，通过大数据、云计算、人工智能等前沿科技的运用，自动完成客户、供应商、服务商、金融产品的供需匹配及业务拓展。

供应链管理信息系统服务方案的业务模式如图7.12所示。

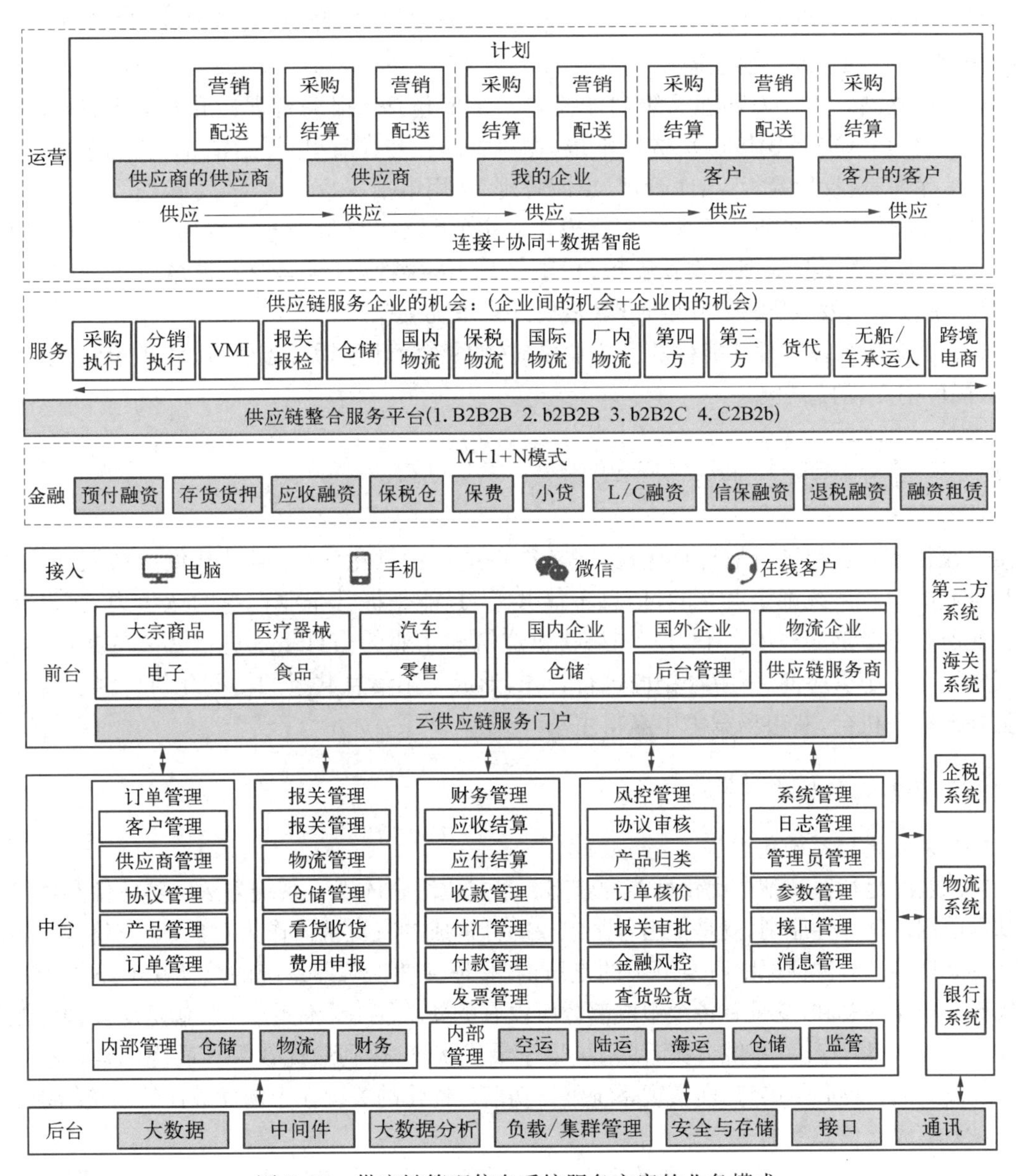

图7.12　供应链管理信息系统服务方案的业务模式

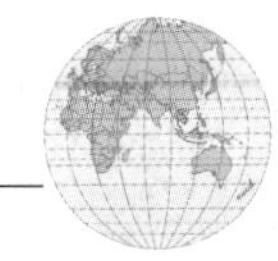

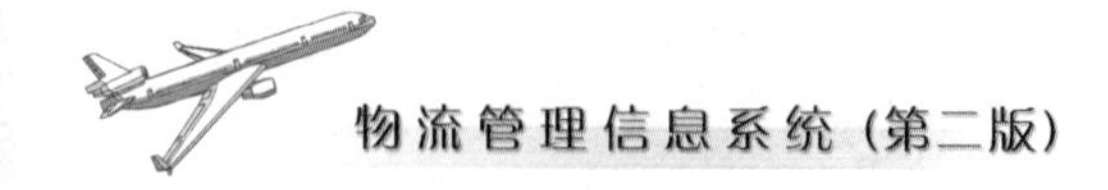

（二）供应链管理信息系统服务方案的功能模块

供应链管理信息系统服务方案的功能模块包括：

（1）供应链系统服务门户功能模块。主要包括：注册登录：注册/登录；操作台：帐户信息、订单状态；订单：新增订单、订单列表；仓库：仓库信息、入库单；产品：新增产品、搜索产品；账务：应付总计、费用明细、交易流水、付汇申请、付款查询、退款申请、欠款明细；供应商信息：供应商列表、供应商帐户、提货地址；客户中心：我的信息、我的银行、收货地址、内贸合同、开票管理；签约协议：框架协议、报价单；消息中心：消息提醒、公告通知。

（2）供应链平台订单管理系统功能模块。主要包括：用户管理：客户管理、服务商管理；协议管理：框架协议、报价单；产品管理：产品列表、归类管理、退单产品；订单管理：订单列表、核价管理、订单变更、退单订单。

（3）企业供应链报关管理系统功能模块。主要包括：报关管理：报关审核、报关通关（单一窗口接口、QP系统接口）、费用申报；物流管理：上货清单、托运清单、费用申报；仓储管理：库存列表、收货验货、入库管理、出库管理、费用申报。

（4）在线供应链账务管理系统功能模块。主要包括：结算管理：费用明细、应收结算、应付结算；收付款/汇管理：收款管理、付汇管理、付款管理（承运商）、退款管理、交易流水（资金系统接口）；发票管理：开票管理（金税开票系统接口）。

（5）供应链系统管理功能模块。企业供应链系统管理包括日志管理、管理员管理、参数管理、接口中心、消息中心。

三、供应链间企业信息系统集成

现在很多企业都进行信息化建设，或者准备进行信息化建设，但是从供应链层面来看，这些企业的信息系统都是孤立的，信息不能共享，只能是提升企业自身的竞争力，而没有增强企业所在供应链的整体竞争力。如果将供应链间企业的信息系统进行必要的集成，就能更紧密地与上游供应商、下游经销商进行合作，形成一条信息共享的协同化供应链。这样才能更好地把握机会，在市场竞争中赢得主动。

（一）信息系统集成的相关概念

（1）集成化与系统化思想。

“集成化”是指系统整体优化性能的获得。集成化综合体现了系统方法中整体性和最优化的基本原则。整体性原则，就是把由各个组成部分构成的有机整体作为对象，研究整体的构成及其发展规律。整体性原则所要解决的是所谓“整体性悖论”，即系统的整体功能不等于各个组成部分功能的总和，它具有各个组成部分所没有的新功能。最优化原则，就是从多种可能的途径中，选择出最优化的系统方案，使系统处于最优状态，达到最优效果。最优化是自然界物质系统发展的一种必然趋势，而实现系统整体功能最优化的关键在于选择最佳的系统结构。

（2）集成化信息系统。

集成化信息系统，是指从全局的观点出发，构筑成的一个包含组织各种主要管理业务的完整信息系统，它将支持全组织范围内的信息采集、加工、存储管理、检索和传输，并能从全局角度向有关人员或职能部门提供详尽准确的信息，各子系统之间既能共享信息资源，又能有效地支持各自的管理业务，为各层次的管理提供信息服务和决策支持。

(3) 数据集成。

信息系统发展阶段论中将系统集成划定为一个专门的发展阶段。信息系统在经历起步、扩展、控制等发展阶段后要经历系统集成阶段，而后进入数据管理的成熟阶段。

系统集成包含两个方面：一是网络环境集成，二是数据集成。所谓网络环境集成就是将支持各应用项目的硬软设施，统一在一个便于运行管理的小环境里。所谓数据集成则是对各个应用项目的数据进行分类，并识别出基础数据，在整个系统范围内将这类数据组织成一个全局数据库模式。由上可以看出，具有实质性内容的是数据集成，它是系统集成的基础。

信息系统只有在数据集成的基础上才能方便地拓宽系统的应用领域，才能达到"数据愈流通，大家愈受益"的境地，才能将系统开发维护人员的工作重点转移到数据管理上来，才能体现信息资源就是财富的承诺。

(二) 供应链间企业信息系统集成策略

(1) 组织重构。

组织重构是供应链间企业信息系统集成的基础阶段，它为供应链间企业信息系统集成建立起支撑的"骨架"，提供组织和制度保障，供应链的组织架构反映了供应链上的权力关系和联系方式，同时也决定了信息在供应链上的传递方式。组织重构的好坏将影响到供应链上最活跃的因素——人的积极性和能力的最大发挥，它关系到供应链信息系统集成实施的成败。

组织重构首先要确认供应链主要的侧重点是什么，这也是协同供应链的战略目标和出发点。在确认协同供应链的战略目标后就要求供应链间的企业根据这个战略目标完成各自企业组织机构的调整。组织机构调整要完成的工作包括：职能机构的改造、人员的重新分配、管理制度的健全、绩效的评价和考核、企业协同文化的培养等。这些工作是相辅相成的，机构建立后需要人员和制度来管理，每一个人员又都是处于一定的机构层次上，人员配置好后要考核他们的工作绩效以期加以改善，一个协同组织必然存在企业协同文化，这种文化要适应供应链管理的需要。

(2) 流程重构。

流程重构就是要改变那些不合理的企业流程，以适应供应链协同管理的需要，从而提高供应链的效率和顾客满意度，以及降低供应链的整体运营成本。方案制定后，能达到预期目标，流程至关重要。

传统企业流程中表现出许多不适应供应链协同管理的地方，主要表现为：供应链间各企业质量标准不统一，不仅导致产品检验、质量监测等成本的发生，还因产品的重新加工处理导致物料的回流，有时甚至引起顾客索赔、投诉，从而导致成本增加、交货时滞延长以及信誉损失；供应链间各企业生产能力不一致，造成大量的在制品库存和等待时间；供应链间各企业物流路线设计的不合理，增加了流程中运输、转移等非增值活动；供应链间各企业流程的过度复杂减缓了物流、信息流通的流速，增加了信息不对称的程度等等。

流程重构的策略主要包括消除非增值活动、工作整合、将连续和平行式流程改为同步流程等策略。当然，供应链间企业流程重构策略远不止以上几种，企业应根据自身具体问题，创造性地寻找适合自身的策略。但不管是什么策略，有一点是相同的，那就是要加强供应链流程网络的总体规划，使流程间彼此协调，降低内耗。

（3）技术架构。

信息系统集成涉及不同硬件、网络、操作系统平台、应用系统、数据基础和业务流程等许多方面的内容。理想的信息系统集成技术架构必须满足下列条件：

① 柔性。在大多数设计中，一般都讲究子系统化设计，希望所有的资源子系统都能够实现“即插即用”。为了实现这种“即插即用”意义上的资源模型的建立，必须遵循两个统一的标准：功能标准和接口标准。但困难的是，要使各个企业在建立它们自己的数据库时满足这样的要求事实上是很难办到的。正是由于这个原因，企业信息系统集成应该具有柔性或者灵活性，对不同地域的不同类型的资源数据库以及数据库表格都能打开，获取所需的资源信息。

② 开放性。全球性的网络系统的迅速发展为现代制造企业跨越地域限制，实现信息的实时传递提供了必要的条件。各种用户只要提供必要的用户名、网络地址、口令等信息进行系统注册就可以通过网络进行工作。企业应用集成系统就是为决策者或用户服务的，它应该具有开放性。能让通过 Internet/Intranet 连接的、位于不同网址上的工程技术人员管理所需的企业数据。

③ 分布性与异构性。现在的企业资源一般都具有分布性，同时企业应用集成系统的一个重要的内容是对全球各地的资源信息进行管理，资源集成系统必须以网络为基础，而计算机网络常常是异构体系，因此资源集成系统应具备在分布的环境中解决异构性的能力。

④ 自主性与自适应性。指当运行环境发生变化时，企业应用集成系统中的各职能子系统具有相对的独立性，功能上的自主性，能够调整其控制策略和控制逻辑以适应这一变化。因为资源集成系统在具体的运行过程中，如从任务的分解到资源的优化组合，以及到资源的使用，都可能遇到诸如资源共享冲突和资源能力由于不可抗拒因素而削弱等问题。

（三）供应链间企业信息系统集成实施模型

图 7.13 是一个供应链间企业信息系统集成的简单模型。本模型是在若干个商品流通行业成功案例的基础上建立的，主要适用于商品流通行业。

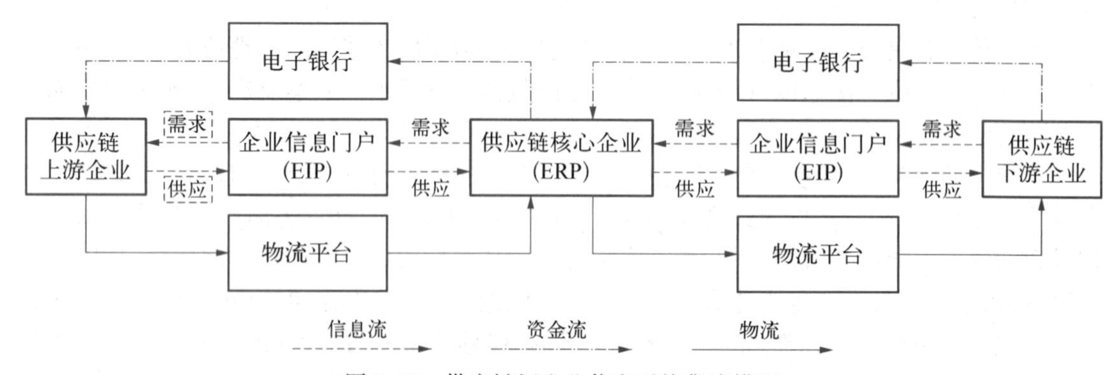

图 7.13　供应链间企业信息系统集成模型

(1) 模型概述。

本模型主要包括四个对象：供应链上游企业、供应链核心企业、供应链下游企业、银行。本模型的核心是供应链信息系统集成平台，它是一个基于组件的平台，根据供应链的具体情况灵活搭建，其中EIP是界面层，其他所有组件功能的实现都是通过EIP来联系。其中三个核心组件是：ERP、电子银行、物流平台。

整个供应链包含了信息流、资金流和物流。下游企业(也可能是核心企业)获取了市场需求，需求信息流现实反映商机、询价单或者直接是订单，还包括下游企业对于此需求信息的解决方案(现实反映：销售预测或者销售方案)，这些信息通过EIP让核心企业与上游企业共享，此时上游企业就会很快反映出它是否有能力完成此订单中属于它的部分(现实反映：生产能力计划、交货期等等)，核心企业会根据上下游企业的实际生产能力和销售渠道将此需求信息形成最后的销售能力预测，通过EIP与其上下游企业进行协调、做出决策。是否响应此需求信息：在核心企业决定响应此需求信息，通过EIP通知上下游企业，上游企业通过供应信息响应核心企业，此时供应信息的现实反映是交货期，交货量等信息，然后核心企业根据上游企业的供应信息，做好自身的准备，预测出货期、作为供应信息流传递给下游企业，在这个过程中，如果上游企业或者核心企业发生了各种变动影响了交货期，会在EIP实时反映，核心企业以及下游企业知道此信息，并做出相应的调整。在供应信息流的传递过程中，资金流和物流也在整个供应链中传递。

综上所述，信息流是源动力，它带动资金流和物流的导向，因此，信息流能否有效、顺畅地在整个供应链中流动就是本集成实施模型是否可行的重要标志。

(2) 模型特点。

① EIP与ERP紧密集成。本集成模型中的核心企业的ERP系统与企业信息门户(EIP)属于一个系统，其中EIP是e-ERP的上层平台，它就是整个系统与企业外部供应链进行信息数据交换的一个平台，而ERP就是企业内部信息系统。这种模式最大的优势就在于提高了信息传递的安全性。

在供应链的层次上，企业信息门户是一个“供应链信息平台”，将EIP放在核心企业的ERP系统中，由于核心企业在供应链中的核心重要作用，它可以过滤掉一些对于整个供应链无效的信息，提升了信息传递的有效性，使信息流能够在供应链上有效、实时共享。

② 外包。本模型中的核心企业的信息系统是外包给软件供应商来完成的。这里的软件供应商不是指一家软件供应商，而是指软件供应商的整体，也就是说E-ERP有可能不是由一家软件公司来完成，而是指由某个软件公司提供一个包含EIP、ERP通用模块的ERP平台，这个平台提供多样化的系统接口，方便核心企业的其他软件(例如CAD、PDM、POS等)与这个平台集成。本模型的电子银行是指核心企业与银行进行银企战略合作，将自己的资金收支业务外包给银行来运作，企业专注于企业财务管理，例如全面预算、投资和融资。

本模型的物流平台是外包给第四方物流来运作的。现在物流的趋势是货物少量化、批次、品种以及运输方式多样化。单一的第三方物流企业由于自身局限，响应供应链间企业的物流越来越困难，为了解决这种物流困难，供应链间的企业不得不寻找多家第三方物流企业

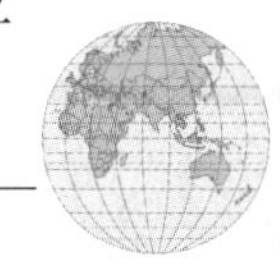

来适应这种物流趋势的变化，这给供应链间的企业带来很多不便，而第四方物流就能帮助解决这个问题。对于供应链间的企业来说，第四方物流相对于它们来说也就是一个第三方企业，它们也不用再为寻找多家物流企业而烦恼，如何选择第三方物流企业，都是由第四方物流企业来完成，第四方物流企业通过物流平台与EIP的接口，可以让供应链间企业实时了解和掌握物流的详细情况。供应链上的企业再也没必要关心是哪家物流公司来完成物流，只需要关注货物本身在某个时间某个地方，做好自身的准备即可。

本章小结

1. 超级供应链的理念对数字化供应链的影响

订单管理系统可以实现的主要功能包括商品查看功能、客户下单管理。算法是数字化供应链的核心和大脑，区块链并不是所有数字化供应链问题的答案，数字化供应链推动收入增长，数字化供应链虽然会带来改变但感觉并不明显，人才短缺是个问题。

2. 数字化供应链发展的趋势

数字化供应链融合，供应链数字孪生，运营模式转型是企业数字化转型成功的基础，人工智能和算法将成为数字化供应链的大脑，分析技术为供应链数字化转型奠定基础，区块链支持构建可信的数字化供应链，数字化采购，数字化供应链控制塔，5G助力数字化供应链，从传统ERP走向智慧ERP。

3. ERP管理系统的业务收益

(1) 利用报告生成实时信息，改善业务洞察；(2) 采用精简的业务流程和优秀实践，降低运营成本；(3) 通过用户可共享合同、采购申请和采购订单中的数据，加强协作；(4) 提供跨业务职能的通用用户体验和完善定义的业务流程，提高效率；(5) 支持从后端到前端的整个部署，为所有业务活动提供一致的外观和体验，提供一致的基础设施；(6) 提供通用的用户体验和设计，提高用户采用率；(7) 提高数据完整性并加强财务控制，降低风险；(8) 采用统一的集成系统，降低管理和运营成本。

4. 供应链管理信息系统服务方案的功能模块

(1) 供应链系统服务门户功能模块；(2) 供应链平台订单管理系统功能模块；(3) 企业供应链报关管理系统功能模块；(4) 在线供应链账务管理系统功能模块；(5) 供应链系统管理功能模块。

5. 供应链间企业信息系统集成策略

(1) 组织重构。组织重构是供应链间企业信息系统集成的基础阶段；(2) 流程重构。流程重构就是要改变那些不合理的企业流程，以适应供应链协同管理的需要，从而提高供应链的效率和顾客满意度，以及降低供应链的整体运营成本。(3) 技术架构理想的信息系统集成技术架构必须满足柔性、开放性、分布性与异构性、自主性与自适应性的条件。

关键术语

数字化供应链；智能制造；ERP 系统；供应链信息共享；企业供应链管理信息系统；集成化信息系统

练 习 题

一、名词解释

1. 数字化供应链
2. 智能制造
3. ERP 系统
4. 供应链信息共享
5. 集成化信息系统

二、单项选择

1. 超级供应链的理念对数字化供应链的影响中，(　　)是数字化供应链的核心和大脑。

A　区块链　　B　算法　　C　数据　　D　人才

2. (　　)是指系统整体优化性能的获得。集成化综合体现了系统方法中整体性和最优化的基本原则。

A　集成化　　B　整体性　　C　系统化　　D　数字化

三、多项选择

智能制造的关键技术包括(　　)。

A　智能产品　　B　智能服务　　C　智能装备　　D　智能产线

E　智能工厂

四、简答

1. 简述超级供应链的理念对数字化供应链的影响。
2. 简述数字化供应链发展的趋势。
3. 简述供应链管理信息系统服务方案的功能模块。

案例分析

准时达：由数字化驱动的端到端智慧供应链协同

一、准时达国际供应链管理有限公司介绍

准时达(JUSDA)，富士康科技集团唯一授权的供应链管理企业，全球 C2M2C

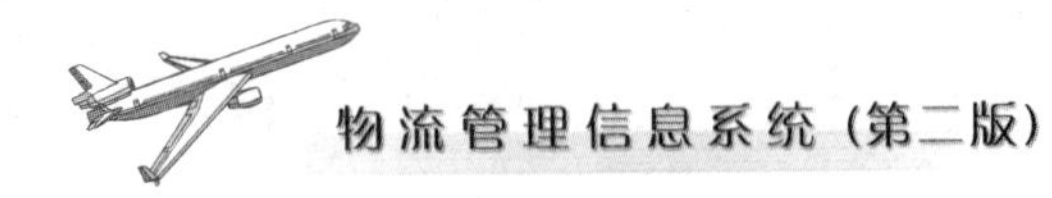

(component to manufacturer to consumer）专业供应链管理平台服务企业，为客户提供互联网时代下从原材料端到消费者端的供应链实时协同平台管理服务。准时达是工业互联网下新供应链形态的最佳实践者，协助 B2B 企业完成供应链升级转型及商业模式再造。

准时达在领先的制造业供应链管理基础上，以具有竞争力的增值和创新的供应链产品服务，以及平台化的运营模式整合供应链生态圈资源，创新不同区域特色的产业集群服务体系，构建工业 4.0 科技时代下以 DT 大数据运营为基础的智慧供应链实时协同平台。

准时达综合利用大数据分析、云平台建设、物联网信息系统集成应用为一体的综合信息网络，自主研发信息系统平台，为客户提供可视化、可共享、可集成、可监控的全网综合信息分析与处理，全面支持内部和外部客户的供应链管理和运营服务，实现端到端的全智能化系统平台协同运作。

二、项目介绍

C 客户是 IT 和网络行业的全球领导者，全球领先的网络解决方案供应商，致力于帮助不同规模的公司转变人与人联系、沟通和协作的方式，员工覆盖全球，超过 10 万名。中国是 C 客户最为重要的市场之一，C 客户公司全球产品总量的 25%以上由中国的合作伙伴生产，在中国建立了非常稳固而长远的合作伙伴网络。自 1994 年进入中国以来，C 客户不仅将先进的网络技术、产品和领先理念带入中国，也通过大量投资直接和间接推动了中国创新产业的发展，成为十余年信息化历程的活跃参与者和重要见证者。

在进入中国市场的最初阶段，C 客户先后在北京、上海、广州和成都设立了代表处。作为网络经济理念的倡导者，C 客户本身就是网络应用的最佳创新实践者之一。自身所具备的优势使 C 客户能很好地整合全球供应链，绝大部分交易都通过在线完成，包括从查询产品价格、下订单、确认仓库存货数量、通知制造商生产、付款到交货的所有过程。

Digitization（数字化）和 Go Green（绿色物流），是 C 客户近年来的战略方向。准时达作为 C 客户在中国的主要供应链服务提供商，需要从数字化驱动及绿色环保的角度为 C 客户打造并优化整体供应链解决方案。

三、项目关键要求与难点

基于 C 客户庞大的体量和覆盖全球的市场渠道，它需要有强有力的战略合作伙伴为其在最重要的中国市场提供端到端的供应链解决方案，提供高效、稳定、安全、可视的全程供应链服务，这个解决方案同时也需要驱动其全球供应链的规模化发展和精益优化。

C 客户 Ghub 推进的难点有几个方面：(1) C 客户的原材料厂商遍布全球各地，供应商超过四百多家，要实现多地交货有很大挑战；(2) 对供应链管理的时效要求高；(3) 生产弹性大，需要产线和供应商随时随地及时做调整；(4) 对系统要求高，需要可视化程度高的实时智能监测系统，以让客户实时了解货物状况以及进度，以便产线即时做好相关调配；(5) 对客服要求高，不仅需具备多语言服务能力，还需要专业的 7×24×365 的全年不间断的全天候服务，以对常规及异常问题进行系统识别并提供对应解决方案及跟进问题处理进度；(6) 对精益管理和库存管理能力要求高，要求服务提供商的系统能根据制造商对各种物料的历史需求情况以及客户每周更新的未来需求预测情况，即时计算制造商 Min & Max 安全库存水位，以通知原材料供应商实时补充库存或者控制出货减少呆滞库存，以达到精益生产和零库存的目的。

四、项目解决方案

准时达作为全球C2M2C全程供应链整合服务先行者，具备国家AAAAA级综合型物流企业资质，AEO企业高级认证、世界货运联盟成员等多项主要企业资质，

准时达具有面向工业制造型企业及3C制造商的端到端精益供应链管理服务实力和核心竞争优势，基于自身的强大背景优势，准时达为C客户在国内的业务提供了集采购、生产、交付于一体，贯通工业链和分销链的数字化驱动的智慧供应链协同解决方案。

1. 供应链协同仓

准时达供应链协同仓(VMI HUB)，适用于供应商数量多，供货频次高，且生产规模大的制造商，如C客户的制造商。各地供应商按照生产预测将物料提前运送至准时达VMI HUB，由供应商自己管理库存，当制造商需要生产用料时，VMI HUB会依照生产要求把零配件按成品需求比例配置好，进行JIT产前集拼出货。上线前进行物权交割，实现真正意义上的JIT供料模式。

而传统模式则是供应商A、B、C等分别从各自仓库将零部件供应给工厂，然后工厂再进行生产。这种模式首先时效性较差，其次会造成库存积压。对于制造企业，尤其是千亿级制造企业来说，货物在仓库多停留一天，就有可能造成生产成本上升，就算是0.1%的库存成本，对企业也将是极大浪费。同时，由于大型制造企业需在各地建厂，供应商如果追随其步伐在各地建仓，也将带来较大成本压力。两种模式相比，高下立判。

依托准时达在全国和全球的网络，根据客户供应商分布，准时达构建了客户全球供应商交付网络，让供应商就近交货，统一集拼，通过规模效应节约整体供应链成本，提升供应链效率。

根据C客户保税工厂的特性，准时达将VMI HUB设置在公共保税区域，并申请了“分送集报、先出后报”的申报模式，依靠准时达强大的通关实力，在确保贸易合规的前提下，同样实现了JIT交付，降低库存，提高供应链效率。

由需求驱动的VMI HUB+JIT模式，让C客户真正实现了“要货有货，不要货零库存”，更实现了供应方和采购方双赢的局面。

对于供应方来说，(1) 依客户预测准确生产，产销平衡，JIT快速交货，客户满意；(2) 产品上线前质量检验，是产品最后一环节的质量保障，客户满意；(3) 批量补货，减少零担急料出货，降低企业物流成本；(4) 共享料可快速转拨满足市场，企业生产更具弹性和市场竞争力。

对于采购方来说，(1) IQC买前先验，上线前确保产品质量，减少因品质及缺货造成的停线损失；(2) 减少库存占用资金，提高资金投资回报率；(3) JIT交货，减少仓库资源重复投入；(4) 账和物由第三方管理安全可靠，让企业更专注产品研发和质量提升。

中国制造业供应链整体成本高、效率低，上下游各个环节之间缺乏协同，导致向精益管理转型困难重重。而中国制造业的现状又制约了其向工业4.0的转型，目前中国工业互联网发展水平与发达国家相比差距较大。

准时达供应链协同仓既承担库存管理的角色，也是信息集成、数据分析的核心结点。

准时达打通了供应商、承运商、生产制造商和C客户的系统壁垒，将所有数据集成并协同，无缝衔接所有操作环节，同时各方人员通过网络平台、Auto Mail、移动终端等能即时获

取信息并实现可视化，助力智能商业决策。

准时达供应链实时协同平台还可以通过Web Services的实时方式，实现客户ERP与实时协同平台的同步，解决信息不畅问题，提升作业效率。由此可以打通供应链上下游复杂的各个环节，减少人力重复沟通工作，提升各环节信息透明度，提高工作效率，避免隐性成本，让供应链成为企业的核心竞争力。

2. Min/Max库存管控

库存管控是准时达供应链协同仓的核心优势之一。

库存水位太低，容易造成供给不足，导致生产断线；库存水位太高，则增加仓储成本，影响作业效率。通过准时达Min/Max安全库存优化工具，不但实现库存的可视、可管，更主要可以实现库存的可控，让整个渠道的库存处于最为优化的水平。

传统的Min/Max库存水位数据是人工计算，一成不变的，准确性差，效果也不好。在准时达的供应链协同仓，依靠工业大数据的应用，提前13周采集客户的预估，并定期结合每周消耗量与频率、交货周期、最大出货量、市场需求、生产计划、运输资源、天气、路况、节日影响等采集数据，动态优化。

同样，优化结果会自动上传至库存管理系统，由系统驱动管理，自动发送需求、确认和预警，同时产生自动化报表和分析数据，为客户的商业决策提供实时依据。

准时达拥有生产制造领域专有技术，并掌握制造供应链的广泛数据，成为工业互联网下新供应链形态的最佳实践者。

3. 自动化作业管理

纷繁复杂的电子料件仓储管理，光靠人工很难实现预期效率和准确率。准时达不断通过精益管理的方法来精简优化流程，同时，也集成了一系列自动化仓储管理工具，让数字驱动供应链协同仓内的作业流程，最大限度地实现实时可视，避免人为干预和人为判断。

通过供应商提前上传的ASN(提前到货通知)，送货车辆完成在线预约，到达准时达供应链协同仓之后，就会有大屏幕引导排队、卸货的位置和顺序。传统仓库车辆排队拥堵的情况不复存在，极大便利了送货车辆管理，提高了运作效率。

准时达将每一件货品都赋予LPN条码标签，并关联所有相关货品信息，包括料号、批次号、生产日期、参考号码等，并通过LPN这个唯一的身份认证标签，辅以PDA设备和RFID，实现库内数字化精准管理。

操作区域的看板，将运营情况可视化，所有实时运营数据一目了然，同时通过数据分析和系统驱动，实现预判、预警，使得管理者能迅速响应，极大提升现场管理效率和质量。

4. 分销链——全球成品交付平台

(1) 深港直通平台。

除满足中国市场需求外，C客户的成品还销往世界各地。为此，准时达结合陆港大湾区的整体规划理念，打造了“深港直通＋港仓”的交付平台，借由香港机场丰富的航空运力资源，将客户产品准时、准确地交往各个终端客户。

C客户在中国的供应链涉及多个代工厂、集拼仓、承运商等，成品交付各自分头负责，网络十分复杂。

依靠在深港大湾区成熟的网络资源和成熟的平台化运营模式，借助一体化通关的便利，准时达向C客户推介了直通平台的概念，将分散的货物和数据统一集成，协同管理。

深圳段，实现代工厂货物集拼运输，将散货通过准时达集中中转分拨；香港段，将不同代工厂成本整合进准时达香港仓库，并统一安排出口运输，降低港仓运作成本。

借由数字化驱动的规模效应，该项目为C客户供应链带来多方位的效益：① 优化供应商60%不必要的装卸操作和50%的运作成本；② 规避多家承运商不必要的交接风险，提高管理效率；③ 既有网络，减少了项目启动成本；④ 提升深港车辆利用率，降低40%运输成本；⑤ 减少31.4%的碳排放量，实现绿色环保。

(2) 前置运力规划。

运输行业淡旺季分布明显，不可控因素很多，经常出现运力资源冗余或不足等不平衡现象。

传统的运输计划和运力资源调配往往是在明确需求之后，于是经常发生资源不足的情况，导致交付延迟。

准时达利用掌握的生产制造业和物流行业的丰富数据，对行业市场、运输市场进行充分预测，并根据客户的预测提前规划并锁定运力资源，提前保障交付需求、服务时效和服务质量。

准时达的控制塔+智能运筹中心就承担了这一角色。在监控全网信息的同时，充分提炼并应用供应链实时协同平台所采集的全方位数据信息，让供应链服务逐步向智能化推进。

(3) 智能调度+运输管理。

当客户发货指令下达仓库，系统便通过自动计算，明确用车时间和车型需求，同时，车辆调度中心的TTS系统会结合同一时间的订单，自动完成车辆配载和线路规划。

准时达的智能调度+运输管理系统平台，开放式地引入了市场上先进的供应链规划和系统工具，并对其进行充分的数据集成。通过PC和Mobile客户端，为客户提供便捷的可视化查询工具。

准时达的系统平台首先实现配送车辆和库内作业无缝衔接，减少等候时间；其次，借助系统平台的规划、优化模块，极大提高了运输车辆利用率，降低物流成本。所有这一切也减少了不必要的能源损耗，体现了绿色供应链的理念。

在整个运输过程中，准时达通过GPS的位置实时监控、路径偏离报警、电子围栏报警等功能，实时跟踪车辆位置；通过高清视频摄像、远程实时监控、云端智能储存等手段，实现司机的驾驶行为和货品安全的可视化管理；通过智能门磁报警、电子锁报警、热红外报警、微波雷达报警等，保证货物的实时安全。

对以C客户为代表的电子制造企业，准时达TAPA-A级别的高价值货物运输方案极大程度规避了运输风险，保障了货物安全。

五、项目主要效益分析与评估

准时达供应链协同方案的规划实施，为C客户降低了全链条的供应链成本。如利用跨境运输和本土运输相结合的方式，平均一个月卡车运输1 810趟，充分利用回头车的使用，在6个月内(2017年9月—2018年3月)完成11 000趟的运输，其中6 093趟的运输为利用回头车资源操作完成，充分节省了运力成本，减少碳排放量148 285克，节约汽油使用量55 339升，准点率达到100%，货运破损率为零，同时消除了库存不平衡，增强了供应链对终端需求

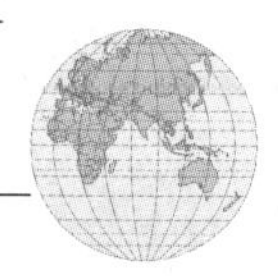

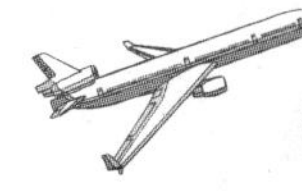

的响应。

从准时达的精益供应链管理实践可以看出，供应链管理的本质是把为企业、为顾客、为自己创造价值的各种业务活动集成在一起，从而形成一条价值增值链。企业之间的关系已经突破企业本身的边界，在供应链协同的模式下，上下游的企业能够以更高效、更低成本、更高质量的方式共享信息、交换资源和优化上下游的生产调度，消除了传统供应链物流交割伴随的生产波动、时效低、资源不匹配等一系列问题。

案例思考：

作为国内最专业的工业供应链的4PL服务者，准时达拥有端到端的供应链高价值服务平台+智能技术，并将工业大数据应用至供应链管理，服务行业客户。请思考本案例中，数字化驱动得到了怎样的验证。

第八章 物流公共信息平台

学习目标

学习完本章，你应该能够：

1. 理解物流信息平台的概念，了解物流信息平台的类型和作用；
2. 了解物流公共信息平台的概念，了解物流公共信息平台的分类；
3. 熟悉物流公共信息平台的概念；
4. 熟悉国家交通运输物流公共信息平台的结构；
5. 熟悉国家交通运输物流公共信息平台的服务；
6. 了解国家交通运输物流公共信息平台的应用。

开篇案例

门到门无车承运智慧物流系统

门到门信息技术有限公司（以下简称"门到门"）成立于2015年4月，是奇辉集团下属企业，注册资本人民币5 000万元，经营范围以物流信息咨询、物流运输服务，物流领域软硬件研发和服务为主，是国家首批无车承运人试点企业。该公司已在沈阳、大连、长春、哈尔滨、成都、上海、天津、青岛、石家庄、江西等地设立多家子公司及办事处。目前已形成一个成熟的集公路零担和整车运输多种业务的公铁水多式联运运营体系及覆盖东北、华北、华中、华南等区域的"干线＋支线"的运输网络布局。

门到门信息技术有限公司成立之初，企业信息化尚未形成长期发展战略体系，标准化工作发展较慢，同时对自身当前的信息化建设也缺乏规划。为了解决这些问题，公司加强了物流信息化建设，不断提升物流信息化水平，有效整合行业资源，实现行业资源交互和共享，充分发挥物流行业的整体优势，从根本上整体提升物流服务水平。按照公司物流信息化的要求，调整组织结构和企业内部分工体系，减少中间管理层次，充分发挥信息化的综合效能，提高企业的管理效率。将企业信息化建设与强化企业基础管理相结合，同时引进先进的管理理念，坚持从企业实际出发，统筹规划，突出重点。公司建立的智慧物流系统采用多维度用

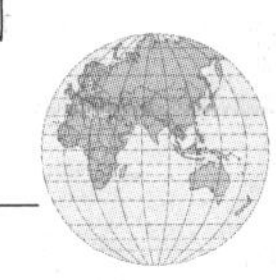

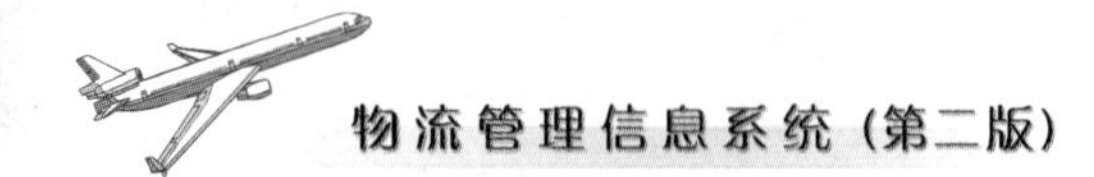

户画像技术、建立高强度数据安全机制和模型，互联网为基础创新商业模式。系统涉及的关键技术包括：海量轨迹数据的存储和检索机制、海量轨迹数据的压缩算法、多源数据融合的大数据处理、多维度用户画像技术、信用评价模型、智能交易撮合模型、企业信贷风险评估模型、数据信息安全模型。

门到门信息技术有限公司通过信息化技术来促进企业的快速发展，快速推广无车承运业务，以带动制造业的产业升级。在业务流程和经营管理中，企业通过信息化技术，在车辆调度系统对车辆进行位置跟踪、实时沟通、指挥调度，可以更加准确、及时、快速地管理运输车辆，降低车辆空载率，节省资源，提高利润率，节能减排，真正实现绿色物流。并对车辆所在位置推送货源信息，增进企业与车辆间信息互通，能够让企业与车辆之间产生信息的直接交流，在促进传统产业结构调整和改造升级方面起到了巨大的推进作用。满足一体化物流服务的需要，真正提高了工业企业车辆调度效率，对车辆实时监控，降低车辆的空载率，降低物流总成本。同时，也制定了适合公司自身的信息化发展规划，明确了物流信息化发展的目标在于构建信息优势。依据信息技术的发展趋势和现代物流的整体需求，依托物流公共信息化建设，根据国家和区域现代物流发展规划，制定了物流信息化发展规划，确立物流信息化建设目标和实施方案。处理好技术的成熟性和领先性之间的矛盾，使物流信息化具备良好的兼容性和持续升级能力，立足先进技术，超前开发设计。

第一节　物流信息平台

一、物流信息平台的概念

物流信息平台是通过对公用数据的采集，为物流企业的信息系统提供基础支撑信息，满足企业信息系统对公用信息的需求，支撑企业信息系统各种功能的实现；同时，通过共享信息支撑政府部门间行业管理与市场规范化管理方面协同工作机制的建立。物流信息平台是利用现代信息技术，结合物流业务流程，为参与平台的异构系统之间提供集成的物流信息、技术、设备等资源共享服务的信息平台。物流信息平台作为公共物流数据传输服务与应用服务的载体，充分利用平台信息数据、公共服务等资源，实施物流业务、控制物流流程、支持物流决策、实现物流信息资源共享。

信息技术是现代物流发展的核心技术，共享物流是未来物流发展的创新模式，物流信息平台是实现共享物流的支撑手段。物流信息平台具有以下特点：

（1）标准化。信息的标准化是影响物流资源是否能够共享的前提。物流信息平台的构建可以实现信息的标准化，平台在搜集物流信息资源过程中，对信息上传时的数据格式、语言、操作程序设计了标准统一的格式，通过平台的审核与处理，利用传输协议实现物流信息资源的基本统一，有利于平台参与者之间的数据和信息的交换与共享。

（2）网络化。信息平台通过网络技术将散落在社会中不同地理位置的物流资源、政府部门、金融机构、供应者与需求者等联接起来，形成一个复杂动态的信息网络结构，实时更新物流过程的信息与政策法规，平台也通过网络将结果呈现给所有参与者，提高整体运作效率。

(3) 实时化。平台除了借助网络信息技术外，在物流运作过程中应用 RFID 技术、EDI 编码技术、GPS、GIS 等现代物流信息技术，实时采集物流过程中的信息，通过计算机通信技术在平台中把收集到的数据实时反馈给供需双方，使用户能够及时掌握和共享物流活动信息。

(4) 集成化。物流信息平台具有集成性的特点，能够将分散杂乱的信息资源利用业务流程中相互关联的部分连接起来从而构成一个有机的整体。在平台的开发过程中，通过统一的标准进行系统的设计，数据库的开发将各个功能的模块进行集成，避免“信息孤岛”现象的出现。

二、物流信息平台的类型

通过对国内几个典型的共享物流信息平台的分析，从平台功能性角度出发将物流信息平台划分为五种类型，如表 8.1 所示。

表 8.1 国内典型物流信息平台

名称	平台类型	平台功能	
		一级核心功能	二级辅助功能
国家交通运输公共信息平台	信息交换型	物流公共信息查询	信用数据、跟踪数据
		物流信息化产品服务	专线物流资源、货主支付卡、订舱服务
		物流管理软件	运输、仓储、集装箱、小件快运、供应链
		企业间系统互联互通	医药、教育、大宗物资、仓储配送等
		物流行业资讯	资讯、新闻、政策法规
中国物流与采购联合会平台	物流知识共享型	物流信息化	信息化案例、专家
		物流标准	标准制定修改、查询、知识
		信用评估	评级名单、信用查询、信用动态
		物流资讯	陆运、航运、水运、仓储、配送、快递等
云鸟配送	供应链配送服务型	运输服务	基础运力、订单排线
		在途监督	云鸟赔付救援
		标准化现场服务	流程设计、线路优化、现场管理
中国物通网	货运信息资源服务型	货运服务	货源、车源、专线、整车货运
		国际物流	海运、空运、陆运、综合服务
		快递服务	快递查询、快递选择
		物流金融	货运保险、广告服务

（续表）

<table>
<tr><th rowspan="2">名　　称</th><th rowspan="2">平台类型</th><th colspan="2">平　台　功　能</th></tr>
<tr><th>一级核心功能</th><th>二级辅助功能</th></tr>
<tr><td rowspan="3">菜鸟仓配网络</td><td rowspan="3">仓储配送服务型</td><td>仓配服务</td><td>配送管理、服务监控、上门揽件</td></tr>
<tr><td>决策支持</td><td>销售预测、仓配运营分析</td></tr>
<tr><td>金融服务</td><td>贷款服务</td></tr>
</table>

三、物流信息平台的作用

物流信息平台结合网络通信技术、计算机硬件和软件、数据库技术和智能化物流信息技术等，为物流信息系统参与者之间提供数据交换、信息共享、资源整合等，因此物流信息平台的建设在物流业务实现过程中具有以下作用：

1. 提供专业化的物流信息服务

规模小的物流企业或分散的个体难以建立自己独立的物流信息系统，物流信息平台可以帮助企业或个体将物流信息系统构建到平台中。平台服务商发挥集成代理功能，充分利用资源和规模优势，为用户提供专业化的信息服务。同时实现不同用户、不同系统、不同行业部门之间的信息交换，平台采用统一的数据通信协议和数据存储方式，推动物流信息服务的标准化和专业化。

2. 整合物流资源，促进信息共享

物流信息平台将社会中的物流资源进行整合，将整合的信息资源进行规范化处理后存储共享，加强物流资源供需双方之间的合作，建立完整的供应链。不仅提高大量闲置资源的利用率，而且加速资源流转速度，通过信息化平台信用体系的建立，消除交易和信息传输过程中产生的安全隐患，加速物流交易网络安全体系的建立，最终产生良好的社会经济效益。

3. 建立物流参与者与政府职能部门之间的协同工作机制

物流活动中涉及大量的参与主体包括：供应方、需求方、第三方、金融部门、政府等，参与主体对物流的需求与决策需要依靠快速和准确的信息确认。物流信息平台的建立有助于推动物流参与者与政府职能部门之间协同工作机制的建立，加速彼此之间的信息沟通，提高政府职能部门的办事效率。

第二节　物流公共信息平台

一、物流公共信息平台的概念

自2008年以来，国家将物流业确定为国家战略产业，社会对物流公共信息平台研究和应用需求日益提升，从国家层面到地方层面，在落实国家物流业发展规划过程中，出现了政府部门主导或引导建设的各类物流公共信息平台。在《“十三五”现代综合交通运输体系发展规划》《物流业发展中长期规划》(2014—2020年)等发展指导文件中,都将物流公共信息平台建设应用作为交通运输和现代物流融合发展的一项重要任务。

2008年,国家标准《物流公共信息平台应用开发指南》(KGB/T22263.2-2008)对物流公共信息平台的定义为,“物流公共信息平台是指基于计算机通信网络技术,提供物流信息、技术、设备等资源共享服务的信息平台。具有整合供应链各环节物流信息、物流监管、物流技术和设备等资源,面向社会用户提供信息服务、管理服务、技术服务和交易服务的基本特征。”截至目前,国内对物流公共信息平台的含义还存在一定争议。综合目前各种观点可知,从内涵分析,物流公共信息平台有以下特征:

(1) 以计算机、通信和网络信息技术等为基础。物流公共信息平台是利用计算机、网络和通信等现代信息技术对物流作业、物流过程和物流管理的相关信息进行采集、分类、筛选、储存、分析、评价、反馈、发布、管理和控制的通用信息平台。

(2) 以提高物流效率为目的。物流公共信息平台是信息和通讯技术在跨组织物流运作中的一种应用形态,是物流企业以及相关部门之间进行信息交互的一种公共架构,目的是改进组织间协调机制,提高物流运作效率。

(3) 通过系统互联,提供物流信息服务,实现数据交换、资源共享。物流公共信息平台是指采用计算机、网络和通信等现代信息技术构筑虚拟开放的物流网络平台。具有整合与共享物流信息资源,优化配置社会资源,沟通政府管理部门间、政府与企业间信息,优化现代物流系统运行,优化供应链等功能。

二、物流公共信息平台的分类

物流公共信息平台有很多种不同的分类方式,按照平台的建设运营主体可分为国家建设运营型、企业建设运营型和国家建设企业运营型,按照平台的商业模式可分为电子商务型和信息化改造型,按照平台的内容定位可分为综合门户型、专业领域型和垂直检索型,本书参考智慧物流信息网络的分类方式,将物流公共信息平台分为市场公用型和政府公用型,能够更有针对性地进行后续研究。

1. 市场公用型物流

市场公用型物流公共信息平台在我国发展比较成熟,分布广泛。平台由企业建设,面向市场实行,企业化运营,具有信息集聚能力和服务功能,以向市场提供有偿信息服务为目的,为市场提供物流信息共享服务。

市场公用型物流公共信息平台经历了若干发展阶段。20世纪90年代,互联网逐渐取代电话、传真机、寻呼机、小黑板等方式,成为货运配载站进行车源、货源信息传递的新载体。进入21世纪,在网络信息技术的支持下车货交易公共信息平台初见雏形,车货交易公共信息平台针对车货匹配难题,将大量车源、货源聚集到平台上,促进供求信息的高效匹配。其中一部分平台拓展了产业链上的其他物流信息业务,整合第三方物流企业,沟通生产制造企业,联接物流园区和运输专线,成为真正意义上的市场公用型物流公共信息平台。目前,整体上市场公用型物流公共信息平台有完善的盈利模式,发展迅速。

2. 政府公用型

政府公用型物流公共信息平台是指平台由政府全资或部分出资建设，连接物流企业、工商企业、政府部门，提供物流行业信息共享和整合服务，支撑物流业务运作与监管。政府公用型物流公共信息平台的建立主要是为了促进政府政策服务信息、市场物流服务信息与物流需求信息有效匹配，同时满足不同地区，不同行业，政府、企业以及个体商户之间的物流信息交换需求，具有公益性。政府公用型物流公共信息平台多由政府牵头并给予财政支持，能够保证在相当长的时间内持续发展，面临的问题主要在于建设发展的速度、市场影响力、产生的经济效益、提供的服务水平等。

政府公用型物流公共信息平台有很多，国外典型物流信息平台，主要有以下几种，如：

(1) 美国 FIRST 信息平台。美国 FIRST 信息平台（国家运输交易市场）是由美国相关部门建设的交通货运信息实时系统，主要是利用互联网技术和供应商管理库存、协同规划、预测和补给等供应链管理技术，为物流实际承运商、物流运输服务需求方、第三方物流服务商提供物流交易公共信息委托。FIRST 物流信息平台系统链接了各类物流的相关信息，将物流信息资源进行互联互通，为行业管理部门和市场提供实时信息，投入运营后取得了不错的社会经济效果。

(2) 英国 FCPS 物流信息系统。英国海运货物处理公司经营管理费利克斯托港物流信息处理系统（FCPS），基本上是英国所有港口群信息系统中最为先进的数据信息交换系统，连接了货运代理商以及英国海关，主要服务于港口的进出口贸易以及物流配送。能提供基于报关通关的相关服务，可提供货物进出口、集装箱装运整合、转运和业务数据统计分析报告等业务。

(3) 新加坡的 Portnet 系统。Portnet 系统整合港口与海关资源，能提供多式联运业务信息交换。同时提供独特的空柜和舱位的市场交易，提升物流服务供应商资源利用效率。为确保其系统的完善和实现自动化，以港口用户为核心，加强与航运、银行等部门合作。系统主要模块功能有海关申报、EDI、整合数据源功能、相关运输工具班次信息查询、货物跟踪管理、业务订阅与通知块、线上订舱与订单、在线单证打印功能、在线核账、用户权限管理功能等模块。

(4) 德国的舍弗勒物流管理信息系统。舍弗勒物流管理信息系统构建覆盖海运、空运、铁路运输和公路运输的综合性运输网络体系，提供高效的联合运输集成服务。其业务功能有海关管理、进出口管理及费用管理等。通过该系统的使用，实现了进出口事务管理、海关事务管理、国内运输管理及计费与税金登记管理等事务的智能化，使用户在管理业务时更加方便，很大程度上提高了进出口部门的工作协同效率。

国外的物流公共信息平台基本上都是依托港口、铁路这种大型物流枢纽而设立的，以枢纽作业需求为主导，通过信息交换、信息集成、信息共享技术的应用，全面整合物流业务，基本包括货代、物流服务供应商、港口码头运营企业、进出口贸易商家和金融机构。其主要应用特点包括：第一，定位明晰，服务功能上不追求大而全，专业化、规范化特点明显，在某一个领域垂直深耕，为客户服务的专业程度高；第二，服务区域往往聚集在港口、机场或城市物流领域，地域性强；第三，物流信息供应链服务性强，可实现供应链全链条信息服务。

三、物流公共信息平台的功能

物流公共信息平台的主要功能包括：

1. 数据交换功能

提供与第三方电子数据交换的途径，可灵活地配置数据导入导出的方式，支持 TXT 文本、XML 文本和 EXCEL 文本三种文件格式。这是信息平台的核心功能，主要是指电子单证的翻译、转换和通信，包括网上报关、报检、许可证申请、结算、缴(退)税、客户与商家的业务往来等与信息平台连接的用户间的信息交换。在数据交换功能中，还有一项很重要的功能——存证管理功能。存证管理是将用户在信息平台上产生的单证信息加上附加信息，按一定的格式以文件形式保存下来，以备将来发生业务纠纷时查询、举证之用。

2. 信息发布功能

该功能以 Web 站点的形式实现，企业只要通过 Internet 联接到信息平台 Web 站点上，就可以获取站点上提供的物流信息。这类信息主要包括水、陆运输价格、新闻和公告、政务指南、货源和运力、航班船期、空车配载、铁路车次、适箱货源、联盟会员、职业培训、政策法规等。

3. 会员服务功能

为注册会员提供个性化服务。主要包括会员单证管理、会员的货物状态和位置跟踪、交易跟踪、交易统计、会员资信评估等。

4. 在线交易功能

交易系统为供方和需方提供一个虚拟交易市场，双方可发布和查询供需信息，对自己感兴趣的信息可与发布者进一步洽谈，交易系统可以为双方进行交易撮合。交易处理过程简单描述如下：

终端或自助设备的交易请求上传——→加解密——→预处理——→加解密——→送往主机——→处理结果返回加解密——→处理结果返回终端或自助设备。

5. 智能配送功能

利用物流中心的运输资源、商家的供货信息和消费者的购物信息进行最优化配送，使配送成本最低，在用户要求的时间内将货物送达。通常的解决方法是建立数学模型，由计算机运用数学规划方法给出决策方案，管理人员再根据实际情况进行选择。智能配送要解决的典型问题包括：路线的选择、配送的发送顺序、配送的车辆类型、客户指定的发送时间。

6. 货物跟踪功能

采用 GPS/GIS 系统跟踪货物的状态和位置。状态和位置数据存放在数据库中，用户可通过 Call Center 或 Web 站点获得跟踪信息。

7. 库存管理功能

利用物流信息平台对整个供应链进行整合，使库存量能在满足客户服务的条件下达到最低库存。最低库存量的获得需要大量历史数据的积累和分析，要考虑客户服务水平、库存成本、运输成本等方面综合因素，最终使总成本达到最小。可解决的典型问题包括：下一轮生产周期应生产的产品数量；补充货物的最佳数量；补充货物的最低库存点(安全库存)。

8. 决策分析功能

建立物流业务的数学模型，通过对已有数据的分析，帮助管理人员鉴别、评估和比较物流战略和策略上的可选方案。典型分析包括车辆日程安排、设施选址、顾客服务分析。

9. 金融服务功能

在相关法律法规建立和网络安全技术进一步完善后，可通过物流信息平台网络实现金融服务，如保险、银行、税务、外汇等。在此类业务中，信息平台起到信息传递的作用，具体业务在相关部门内部处理，处理结果通过信息平台返回给客户。

10. 系统管理

对整个信息平台的数据进行管理，包括用户管理、权限管理、安全管理和数据库管理等。物流系统涉及方方面面的使用人员，系统管理模块将对这些人员进行集中管理，为这些人员分配不同模块及使用权限。这样可以保证用户安全地使用自己的模块系统，完成自己的工作与职责，而不会越权使用其他的模块系统。

大型网络化关系型数据库中，安全机制非常完善，可以将数据库使用人员分为多种角色，每种角色又可以有多个用户：不同角色、不同用户拥有不同的权限。最高权限者为超级用户，他可以为其他用户分配权限。用户管理模块将基于数据库的安全机制，开发更灵活的权限管理功能。

系统管理模块的功能主要包括：

（1）用户管理：各类用户信息的录入和管理，包括系统用户和成员用户。

（2）角色管理：系统角色的定义和管理。

（3）权限管理：设置各类用户的不同权限。

（4）用户登录管理：用户登录状态的管理。

（5）用户密码管理：设置及修改用户登录密码。

（6）安全管理：物流系统是构建于 Internet/Intranet 基础上的 Browser/Server 体系架构的应用系统，对各类数据的传输、保密、验证有着非常严格的要求。系统安全管理主要包括数据加密和数字签名：① 数据加密：对通过网络传输的数据信息进行严格的数据加密处理；② 数字签名：对网上传输的数据文件进行有效性确认。

（7）数据管理：信息系统的应用必然会涉及大量信息数据，对各类数据，均需要进行细致的分析和挖掘，从而为正确决策提供强有力的支持。同时，这些大量的数据都应作妥善的处理与保存。包括：① 数据备份：提供数据备份支持；② 数据恢复：异常状况下用于数据的恢复；③ 导出历史数据：以不同的形式导出历史数据。

第三节　国家交通运输物流公共信息平台

一、国家交通运输物流公共信息平台的结构

2009 年，交通运输部与浙江省共同在杭州市东部软件园内建设国家交通运输物流公共信息平台，集平台开发、运行、展示、培训等功能于一体。2019 年 4 月，国家交通运输物流信息平台具体建设和运营管理工作承担单位从浙江省交通运输厅调整为交通运输部直属事业

单位中国交通通信信息中心。国家交通运输物流公共信息平台是国务院《物流业发展中长期规划(2014—2020年)》的主要任务和重点工程之一,是多项国家级和部委级物流业具体发展规划的重点建设内容,是由交通运输部和国家发改委牵头,多方参与共建的公共物流信息服务网络,是一个政府主导、承载国家物流领域重大发展战略的服务机构。

按照国家及相关部委规划要求,国家交通运输物流公共信息平台致力于构建覆盖全国、辐射国际的物流信息服务基础设施、覆盖全产业链的数据仓库和国家级综合服务门户,有效实现国际间、区域间、行业间、运输方式间、政企间、企业间的物流信息安全、可控、顺畅交换共享,逐步汇集物流业内和上下游相关行业的国内外静动态数据信息,提供公共、基础、开放、权威的物流公共信息服务,形成物流信息服务的良好生态基础,从而促进我国物流业产业向绿色高效全面升级。

国家交通运输物流公共信息平台结构框架包括四个层面三大体系,如图8.1所示。

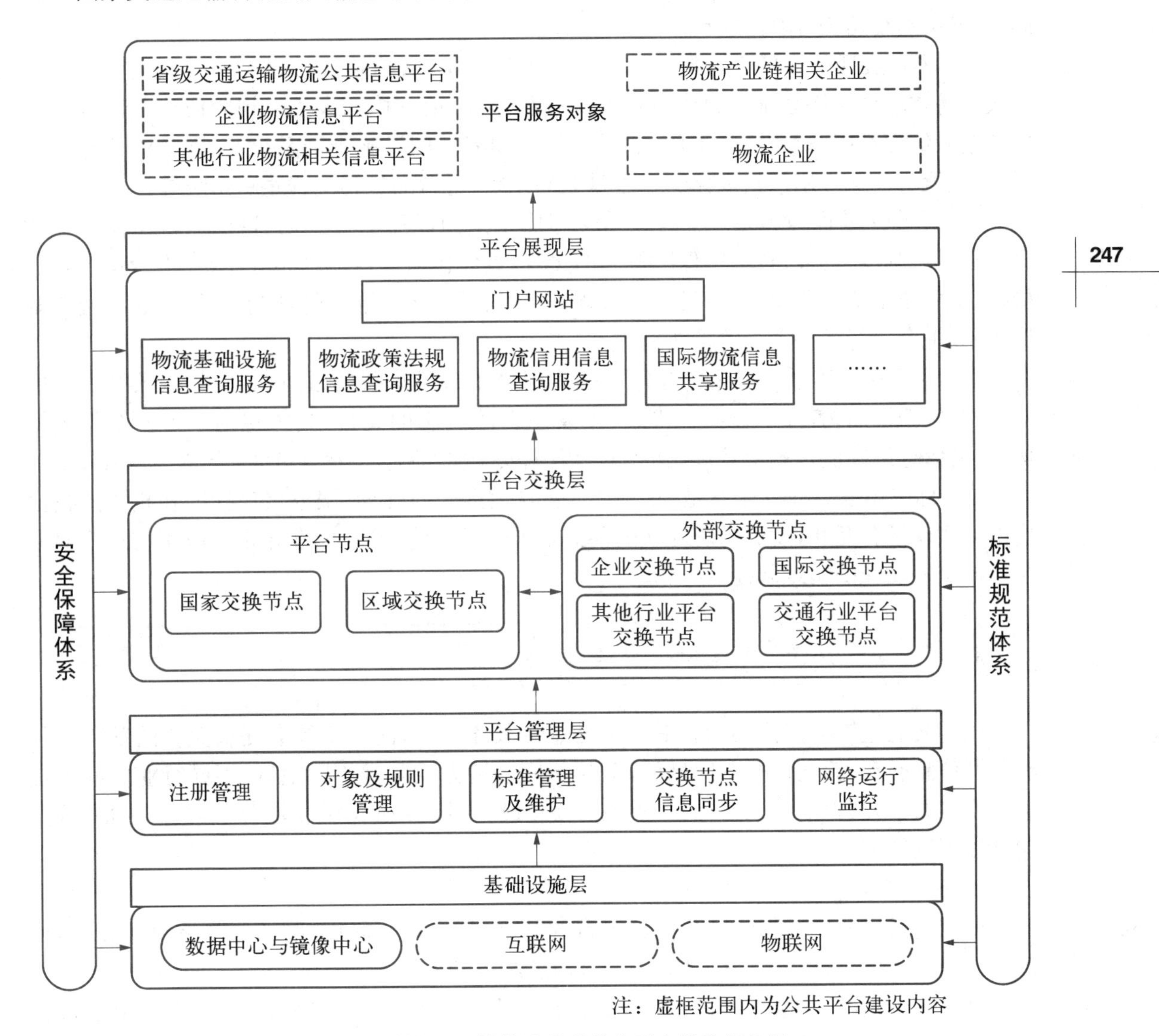

图8.1 国家交通运输物流公共信息平台结构框架图

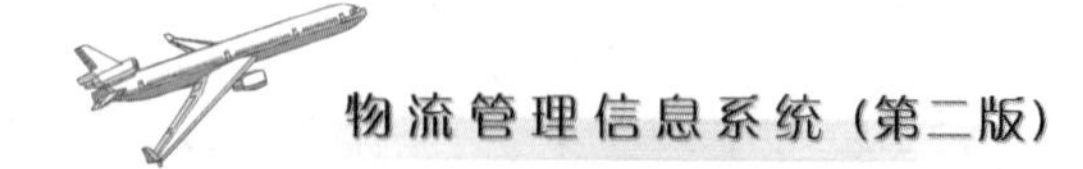

（1）基础设施层。基础设施层是支撑平台运行的信息化基础设施，包括需要建设或依托的数据中心及容灾备份中心，以及互联网、物联网、数据中心与镜像中心等网络信息通信基础设施。

（2）平台管理层。平台管理层是平台积累的和可利用的数据资源的结合，包括危险品电子路单等基础交换数据、全国运政联网数据（道路运输行业的从业人员、运输车辆、业户）等其他系统基础数据，以及以此为基础形成的物流公共服务与行业运行监测主题数据库，在这些数据的基础上对平台进行管理。

（3）平台交换层。平台交换层是平台的核心，包括交换节点与平台管理系统。交换节点包括平台交换节点、区域平台交换节点、企业平台交换节点、国际物流信息平台交换节点以及其他物流信息平台交换节点等，各节点之间为对等关系，共同构成网状网；平台管理系统负责管理基础交换网络，包括注册管理、对象及规则管理、标准管理及维护、交换节点信息同步、网络运行监控等基本功能。

（4）平台展现层。平台展现层是基于基础交换层、数据资源层之上开发利用各类资源形成的各类增值应用系统的集合，包括公共服务与决策支撑两大类。现阶段公共服务类应用包括诚信信息服务系统、政策信息查询系统、物流基础设施查询系统、国际物流信息共享系统，决策支撑类应用包括道路运输运量监测系统、危险品货物全程跟踪系统等。

（5）平台运营保障体系。平台运营保障体系是为保障平台长期、稳定运行所需构建的机构、人员、制度、资金、技术等保障机制的集合，具体包括平台建设领导小组、平台运行维护机构、平台技术支持单位、平台发展专家咨询小组、平台运行维护管理制度、平台建设资金筹措机制、平台运行维护资金筹措机制等。

（6）安全保障体系。安全保障体系是为保障平台所承载的政府、企业相关数据资源的安全性、保密性而构建的机构、制度、技术安全保障机制的集合，具体包括平台安全管理机构、平台信息系统运行安全管理制度、平台数据安全保密制度、平台安全保障技术体系等。

（7）标准体系。标准体系是一个集合，包含数据交换标准、服务接口标准和相关的技术指南。实现平台互联，物流系统互联的前提是进行标准化改造，标准体系的应用与推广对平台基础交换功能的实现起促进作用。

二、国家交通运输物流公共信息平台的服务

国家交通运输物流公共信息平台是公益性服务平台，面向全社会提供免费的基础性物流公共信息服务，旨在连接不同部门，跨越不同运输方式实现不同地区、不同行业之间的信息交换和共享，减少信息孤岛现象，避免重复建设。国家交通运输物流公共信息平台的服务包括以下三部分：

1. 标准服务

标准化是交通运输物流公共信息平台的基础，是实现跨区域、跨部门物流信息交换，保障各类应用系统互联以及提供高质量物流信息服务的关键。

经过多年建设，国家交通运输物流公共信息平台标准实现了从省内到全国，再到国际标准的跨越。2014 年，交通运输部正式发布了由平台主导编制的数据元、道路运输电子单证、

物流站场(园区)电子单证三项行业标准(JT/T 919.1—919.3),填补了国内道路运输信息化标准的空白,提升了运输企业的信息化水平。2017 年 4 月,交通运输物流公共信息平台标准工作组正式向社会发布了"交通运输物流信息互联共享标准 2016 合集",涉及 687 余项数据元,104 项代码集,68 个单证,17 个服务功能调用接口。

国家交通运输物流公共信息平台在开展标准化建设过程中,从市场实际需求出发,以解决企业的实际需求为目标,不断地对平台标准进行完善和提炼,形成的标准得到了市场的认可,并在市场中得到了广泛应用,实现了标准来源于市场、应用于市场和服务于市场的基本要求。

国家交通运输物流公共信息平台提供标准服务,为物流链各方制订统一标准。组织各方共建共推物流信息互联共享标准,以市场应用需求为导向,促进协同类标准与国标、行标、地标、国际标准等官方标准的对接和融合,保障物流信息交换标准的连续、稳定、可维护,为我国物流链各主体之间数据交换共享提供统一标准。

2. 交换服务

交换服务主要解决跨国、跨行政区域、跨行业、跨部门的各类物流信息平台与物流产业链上下游企业之间缺乏统一数据交换标准、信息传递效率低、集成能力低、交换成本高等问题。

国家交通运输物流公共信息平台提供交换服务,连通各类物流信息孤岛。通过构建互联互通的基础交换网络,解决跨国、跨区域、跨平台、跨部门和物流产业链上下游企业之间信息孤岛现象严重、信息传递效率低、集成能力低、交换成本高等问题。

3. 数据服务

数据服务主要解决国家层面物流公共信息服务资源零散,物流行业信息服务需求难以得到有效满足的问题。国家交通运输物流公共信息平台将按照"统一标准,互联互通,共享服务"的理念,主要依托政府及行业已有的物流公共信息资源,通过多种技术手段为用户提供物流信息"一站式"查询服务,打造我国物流公共信息资源的统一的开放窗口。用户可以通过国家物流信息平台网站或数据接口获取相关服务。

国家交通运输物流公共信息平台提供四大类数据服务:信用数据、跟踪数据、资源数据和综合数据。截至 2018 年 12 月 28 日,国家物流信息平台管理中心发布数据资源目录 2018 版本,包括 35 种数据库,114 个数据源。国家交通运输物流公共信息平台的数据内容具体包括:

(1) 信用数据(共 15 种数据库)。

① 道路运输从业人员从业资格信息(覆盖全国,2 500 万人左右),数据源包括:全国运政系统、浙江运政系统。

② 国内(不含港澳台)公民身份证核验(覆盖全国),数据源包括:中胜身份证核验服务系统、数据宝身份证核验服务系统。

③ 营运货车道路运输证信息(覆盖全国,1 300 万人左右),数据源包括:全国运政系统、浙江运政系统。

④ 道路运输企业道路运输经营许可证信息(覆盖全国,830 万左右),数据源包括:全国运政系统、浙江运政系统。

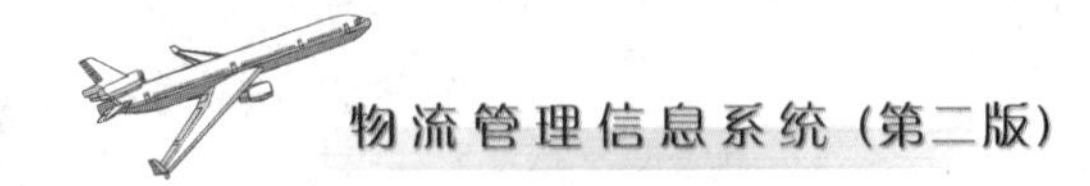

⑤ 道路运输企业经营信息(覆盖浙江省道路运输企业),数据源包括：浙江运政系统。

⑥ 企业、个体工商户基本信息(覆盖全国,1 800 万家左右),数据源包括：苏州朗动服务系统。

⑦ A 级物流企业评级信息(覆盖全国,3 400 家左右),数据源包括：中物联 A 级物流企业评级信息库。

⑧ 道路运输企业行政处罚信息(覆盖全国),数据源包括：交通运输部信用共享平台。

⑨ 道路运输企业表彰信息(覆盖全国),数据源包括：交通运输部信用共享平台。

⑩ 企业失信被执行人信息(覆盖全国),数据源包括：交通运输部信用共享平台。

⑪ 工商企业经营异常信息(覆盖全国),数据源包括：交通运输部信用共享平台。

⑫ 道路运输企业严重失信信息(覆盖全国),数据源包括：交通运输部信用共享平台。

⑬ 车辆是否纳入全国道路货运车辆公共监管与服务平台信息核验(覆盖全国道路货运车辆公共监管与服务平台营运货车 500 多万辆营运货车),数据源包括：全国道路货运车辆公共监管与服务平台。

⑭ 车辆当前位置核验(覆盖全国道路货运车辆公共监管与服务平台 500 多万辆营运货车),数据源包括：全国道路货运车辆公共监管与服务平台。

⑮ 车辆严重失信信息(覆盖全国),数据源包括：交通运输部信用共享平台。

(2) 跟踪数据(共 10 种数据库)。

① 营运货车定位信息(全国道路货运车辆公共监管与服务平台 500 多万辆营运货车),数据源包括：全国道路货运车辆公共监管与服务平台以及 14 家定位服务商。

② 铁路物流状态信息(北京、上海铁路局辖区),数据源包括：北京铁路局、上海铁路局等相关系统。

③ 港口集装箱船舶状态信息(全球 23 个港口,中远海运集团旗下以及同其他船东合作共舱经营的集装箱船舶),数据源包括：中国宁波—舟山港、温州港、嘉兴港、大连港、珠海港、钦州港、防城港、北海港、广州港、张家港港,日本东京—横滨港、川崎港、大阪港、神户港、四日市港、新潟港,韩国釜山港、光阳港、仁川港、蔚山港、平泽港,西班牙巴塞罗那港,马来西亚巴生港、中远海运集团等系统。

④ 港口集装箱状态信息(全球 22 个港口,中远海运集团旗下集装箱),数据源包括：中国宁波—舟山港、温州港、大连港、天津港、青岛港、珠海港、厦门港、广州港、张家港港,日本东京—横滨港、川崎港、大阪港、神户港、四日市港、新泻港,韩国釜山港、光阳港、仁川港、蔚山港、平泽港,西班牙巴塞罗那港,阿联酋阿布扎比港、中远海运集团等系统。

⑤ CFS 货物状态信息(浙江地区 98%以上 CFS 仓库)。

⑥ CFS 集装箱状态信息(浙江地区 98%以上 CFS 仓库)。

⑦ 堆场集装箱状态信息(宁波、厦门口岸共 23 个堆场),数据源包括：宁波集装箱堆场预约提箱系统等。

⑧ 船舶 AIS 信息(全球 18 万艘活跃货运船舶(日均)),数据源包括：船讯网、宝船网、物润船联。

⑨ 航空物流状态信息(杭州、宁波、温州三个空港),数据源包括：杭州萧山国际机场、宁波栎社国际机场、温州龙湾国际机场。

⑩ 海关通关通检状态信息(杭州、宁波关区通关状态,以及杭州、宁波关区注册企业在全国范围内的通关状态),数据源包括: 浙江电子口岸、宁波电子口岸。

(3) 资源数据(共 7 种数据库)。

① 物流园区基础信息(全国范围 1 125 个物流园区)。

② 港口基础信息(全国范围 73 个港口)。

③ 全国道路货物运输价格指数(全国范围),数据源包括: 交通运输部运输服务司全国道路货物运输价格指数系统。

④ 中国船舶交易价格指数(覆盖浙江及周边船舶交易价格),数据源包括: 舟山船舶交易系统。

⑤ 海上丝路运价指数(覆盖宁波出口集装箱运价),数据源包括: 宁波航交所。

⑥ 专线资源信息(3 万余条专线,覆盖 30 个省份或直辖市、自治区,140 多个地市,403 个县区),数据源包括: 56 同城专线资源系统。

⑦ 集装箱班轮计划信息(覆盖全球 90%集装箱运力船期),数据源包括: Cargosmart。

(4) 综合数据(共 3 种数据库)。

① 物流相关政策法规信息(全国范围物流行业相关政策法规)。

② 物流资讯(全国范围物流行业相关的资讯)。

③ 物流信息化案例(全国范围物流及相关企业信息化互联案例)。

三、国家交通运输物流公共信息平台的应用

1. 商业应用

(1) 物流管理软件。物流管理软件标准化改造是国家交通运输物流公共信息平台推动交换与标准应用的重要工作。平台选取了一些产品成熟度较高,市场占有率较大,分布较广的物流软件,推动其实行接口标准化改造工作,使其用户能直接调用平台服务,以及实现与其上下游的数据交换。软件类型主要有运输管理类、仓储管理类、园区管理类、货代管理类、集装箱管理类、小件快运类等。

(2) 金融服务产品。金融服务产品是指接入国家物流平台的金融机构面向物流业的运营过程,为有效地组织和调剂物流领域中货币资金的运动,为物流产业提供资金融通、结算、保险等服务的金融业务产品。

(3) 资源类产品。资源类产品是汇聚众多的物流企业、车源、货源、专线和仓储等信息,为广大物流企业、生产贸易企业和社会个人提供物流企业、车源、货源、公路专线及仓储资源查询服务的应用服务。

(4) 信用类产品。中国物流与采购联合会在发改委的指导下,建立中物联物流诚信平台,组织开展物流行业"黑名单"共享,联合惩戒失信行为的工作,联合惩戒的具体工作由中物联物流信息服务平台分会主要负责。

(5) 国际贸易类产品。国际贸易类产品是以集聚国际国内港口、船公司、货代、集卡、仓库等国际海运相关信息为基础,为广大物流企业、生产贸易企业和社会个人提供进出口供应链信息一体化服务的应用服务。

2. 企业应用

(1) 公路互联——公路物流领域业务相关方信息共享与互联。

随着社会分工的精细化与专业化程度的提高，企业间的竞争已经不再是单个企业之间的竞争，而逐渐转向供应链和供应链之间的竞争。要进一步增强企业自身的竞争力，就要运用信息技术加强合作伙伴之间的联系，实现伙伴间信息的无缝连接。而供应链合作伙伴间传统的邮件、电话、纸质单据等信息交互方式，不仅作业量大，且效率低，易出错。

国家物流信息平台为国内公路运输相关方提供物流信息互联共享解决之道，为货主、第三方公司、无车承运人、车队、司机、仓储方等公路运输链条上不同主体的信息系统，提供高效的交换通道和行业信息互联标准，实现物流相关单据的无缝传递，发挥供应链协同最大效益。截至 2019 年 1 月，已互联生产制造企业、商贸企业及物流企业共计 370 家，数据交换稳定，互联企业覆盖多行业多领域。

(2) 海运互联——海运物流领域业务相关方信息共享与互联。

为国际集装箱海运相关方提供物流信息化解决之道，为货主、货代、船司、车队、仓储等系统提供高效的交换通道服务和行业信息互联标准，实现电子单据的无缝对接，各海运物流参与方可在国家物流平台上实现多客户角色的信息高速传递和共享。

(3) 航空互联——航空物流领域业务相关方信息共享与互联。

为航空运输相关方提供物流信息化解决之道，实现货主/收货人、航空货代、机场货站、航空公司、海关、国检、公路运输等相关主体信息互联互通；做到航空运输物流信息全程状态可查询、全程运输质量可监控，实现物流企业一单在多个行业监管单位的流转，充分降低作业成本，提升服务质量。

(4) 铁路互联——铁路物流领域业务相关方信息共享与互联。

致力于推进铁路货运公共信息的全面开放、业务单据的电子化传递，使铁路运输链条中铁路、港口、公路等各运输协作主体信息顺畅流转，解决铁路货运信息跟踪难、跨主体业务衔接人工作业工作量大、物流链效率低等问题，实现铁路运输全程状态可视、业务单据电子化交换共享。

3. 管理应用

(1) 药品运输监测。

药品运输监测，以药品运输质量安全监管平台为载体，依托国家交通运输物流公共信息平台技术规范与数据交换通道，旨在有效接入药品生产流通与运输上下游各业务主体，实时、精确、高效采集物流运输过程中关系到商品质量安全的关键业务数据；解决药品运输过程中状态跟踪难、信息透明度底、可追溯性不强等监管难题；通过对药品质量安全信息的采集、统计、分析，可以实时监测运输过程的状态变化，并对承运商资质、在途温湿度、运输时限、收货单位符合性等关键要素进行比对、记录、备案，有利于加强药品运输全过程信息掌控能力，从而提升行业监管水平。

(2) 危货运输监测。

危货运输监测是按交通运输部开展电子运单试点要求，以浙江危险品行业监测系统为载体，依托国家物流信息平台基础交换网络与互联共享标准，采集辖区内危险品电子运单信息，并与交通、安监、环保等部门系统进行对接，获取运政许可、高速通行等数据源进行比对核验，实现危险货物运输的闭环监管。

(3) 危废运输监测。

危险废弃物监测指按照交通与环保部门合作要求，通过推动环保部门危废信息化监管平台和交通部门的行业监管平台的互联，实现危险废弃物运输与处置信息的高效共享，并形成行业监管闭环链条。

(4) 无车承运人监测。

无车承运人是以承运人身份与托运人签订运输合同，承担承运人的责任和义务，通过委托实际承运人完成运输任务的道路货运经营者。无车承运人具有资源整合能力强、品牌效应广、网络效应明显等特点，利用互联网手段和组织模式创新，有效促进货运市场的资源集约整合和行业规范发展，对于促进物流货运行业的转型升级和提质增效具有重要意义。

(5) 物流园区监测。

物流园区互联工程是由交通运输部主管、各省交通运输管理部门监督指导，以运输部投资补助物流园区为龙头、以各省市重要物流园区为重点推进物流园区信息共享网络建设工程。

(6) 货运实名监测。

货运实名制监测是根据浙江实施货运受理环节实名制和查验制度的要求，以浙江货运行业监测系统为载体，依托国家物流信息平台基础交换网络与互联共享标准规范，实时采集浙江省普通货运企业上报的货物托运实名运单信息，并与运政许可信息等监管数据源进行比对核验，实现对货物承托运环节的全程跟踪监测，确保货物来源可追溯、责任能倒查、违法受追究。

本章小结

1. 物流公共信息平台的特征

以计算机、通信和网络信息技术等为基础，以提高物流效率为目的，通过系统互联，提供物流信息服务，实现数据交换、资源共享。

2. 物流公共信息平台的功能

数据交换功能、信息发布功能、会员服务功能、在线交易功能、智能配送功能、货物跟踪功能、库存管理功能、决策分析功能、金融服务功能、系统管理。

3. 国家交通运输物流公共信息平台的结构框架

基础设施层、平台管理层、平台交换层、平台展现层、平台运营保障体系、安全保障体系、标准体系。

4. 国家交通运输物流公共信息平台的服务

(1) 标准服务。标准化是交通运输物流公共信息平台基础支撑，是实现跨区域、跨部门物流信息交换，保障各类应用系统互联以及提供高质量物流信息服务的关键所在；(2) 交换服务。交换服务主要解决跨国、跨行政区域、跨行业、跨部门的各类物流信息平台与物流产业链上下游企业之间缺乏统一数据交换标准、信息传递效率

低、集成能力低、交换成本高等问题。(3) 数据服务。数据服务主要解决国家层面物流公共信息服务资源零散，物流行业信息服务需求难以得到有效满足的问题。

5. 国家交通运输物流公共信息平台的数据内容

(1) 信用数据：道路运输从业人员从业资格信息，国内（不含港澳台）公民身份证核验，营运货车道路运输证信息，道路运输企业道路运输经营许可证信息，道路运输企业经营信息，企业、个体工商户基本信息，A 级物流企业评级信息，道路运输企业行政处罚信息，道路运输企业表彰信息，企业失信被执行人信息，工商企业经营异常信息，道路运输企业严重失信信息，车辆是否纳入全国道路货运车辆公共监管与服务平台信息核验，车辆当前位置核验，车辆严重失信信息；(2) 跟踪数据：营运货车定位信息，铁路物流状态信息，港口集装箱船舶状态信息，港口集装箱状态信息，CFS 货物状态信息，CFS 集装箱状态信息，堆场集装箱状态信息，船舶 AIS 信息，航空物流状态信息，海关通关通检状态信息；(3) 资源数据：物流园区基础信息，港口基础信息，全国道路货物运输价格指数，中国船舶交易价格指数，海上丝路运价指数，专线资源信息，集装箱班轮计划信息；(4) 综合数据：物流相关政策法规信息，物流资讯，物流信息化案例。

关键术语

物流信息平台；物流公共信息平台

练　习　题

一、名词解释

1. 物流信息平台

2. 物流公共信息平台

二、单项选择

1. 国家交通运输公共信息平台是一种(　　)信息平台。

A　信息交换型　　　　B　知识共享型

C　供应链配送服务型　　　　D　货运信息资源服务型

2. 物流公共信息平台有很多种不同的分类方式，按照平台的建设运营主体可分为(　　)。

A　电子商务型和信息化改造型

B　国家建设运营型、企业建设运营型和国家建设企业运营型

C　综合门户型和专业领域型

D　平行检索型和垂直检索型

三、多项选择

国家交通运输物流公共信息平台的数据服务包括(　　)。

A　信用数据　　B　跟踪数据　　C　资源数据　　D　综合数据
E　智能数据

四、简答

1. 简述物流公共信息平台的特征。
2. 简述物流公共信息平台的功能。
3. 简述国家交通运输物流公共信息平台的服务。

广西桂物智慧科技有限公司-广西物流公共信息服务平台—“行·好运”网

一、应用企业简况

广西物流公共信息服务平台(简称“行·好运”网)是广西物资集团搭建的面向社会公众开放的大宗生产资料要素信息整合网络平台,是一个免费的、准政府的平台,是一个跨区域、开放、共享的物流资源要素整合平台,旨在加快推进广西物流资源要素配置、产业培育和业态创新,深化物流产业的开发合作、优势互补,实现资源高效配置与整合。由广西物资集团下属广西桂物智慧科技有限公司为主体承建,在公司全体员工的努力下,建成并顺利运营,填补了广西没有大型的统一的物流信息共享和交易平台的空白,为广西物流行业提供了信息互通、资源共享、相互交易的平台,为全区物流企业实现降本增效提供了一个重要平台。

“行·好运”网自2017年6月28日上线运营至2018年4月,注册入驻企业已达3 036家,企业发布车辆3.5万辆,发布货源总吨数188 447吨,发布的仓库总面积达110多万平方米。网上交易的总货值达到72亿元人民币。

预计三年建设期后,“行·好运”网可实现年销售收入2 300万元,年均利润总额1 033万元,年税后净利润909.04万元,总投资利润率达8.63%,利税率达10.55%;同时,为物资集团由传统企业向平台型企业成功转型打下坚实的基础,真正实现广西物流行业降本增效。该项目具有良好的经济效益和显著的社会效益,是一项“双赢”的重大举措。

二、企业通过信息化技术要解决的问题

2016年广西全区社会物流总额达4.3万亿元,比上年增长了10%,物流业增加值达到1 400亿,增长了9%。全区物流行业的市场体量非常巨大,发展前景十分广阔。但广西当前大宗生产资料流通领域仍然存在制约行业发展的突出问题,主要表现在:

(1) 各企业各自为战,存在着信息不对称、资源要素分散、通道衔接不顺畅、流通效率偏低等突出问题。

(2) 结构性矛盾突出,企业规模小,行业碎片化。

(3) 缺乏领军旗舰,行业自律性差,缺乏整体信用。

(4) 不能有效嵌入地方经济社会发展规划,容易造成设施重复建设,而一些市场急需的产能又形成短板;同时,面对东盟外向度低。

(5) 要素整合手段落后，满足不了一个行业发展的实际需要。

通过“行·好运”网，整合全区的货主、承运商、物流企业、仓储企业、港站等物流企业和物流资源，并对其进行高效配置优化；入驻企业在“行·好运”网上发布货源信息、运力信息、仓储信息、招标信息，让区内所有物流企业可以共享资源并进行自由的在线交易；“行·好运”网提供在线支付结算、金融保险、诚信体系等服务，确保入驻企业之间的在线交易和结算方便、快捷、高效、安全；提供货物运输途中的监控、跟踪和追溯，为入驻企业的货物运输提供安全保障；

“行·好运”网拥有物资集团国有大型企业及广西物流与采购联合会会长单位做信用背书，完全值得区内物流企业的信赖。“行·好运”网提供了完善的诚信管理和评估体系，根据用户在平台上的行为，为用户进行评分，累积信用积分，积分越高的企业越值得信赖，获得的订单会更多。

“行·好运”网不断与各地市政府和物流协会合作，例如：与防城港市政府签署战略合作协议，在当地建立“行·好运”网的分平台，帮助防城港市物流行业实现信息化，并与“行·好运”网进行互联互通。

通过“行·好运”网的大数据分析，政府和行业主管部门可以掌握物流产业发展动态和投资方向，引导资金正确投向产业短板、产能缺口、新兴领域和优质项目，实现精准投资，避免重复建设和资源浪费，有效培育物流实体产业项目。

三、信息化进程中遇到的主要困难、问题与解决措施

1. 困难问题

在“行·好运”网的开发、建设和运营的过程中，遇到了不少的困难和问题，主要有：

(1) 传统的物流交易方式已成为习惯，信息化推广运营须改变交易方式以适应在线交易。

(2) 物流企业信息化程度低，从业人员，如仓库管理员、司机等文化程度较低，信息平台在行业内推广难度大。

(3) 入驻“行·好运”网的企业，每家企业的业务需求和业务流程都不相同，“行·好运”网要如何做到符合企业的要求，是一个巨大的挑战。

(4) 在“行·好运”网的建设过程中，遇到了不少外部或政策因素，通过公司全体员工的努力，问题不断得到解决。

(5)“行·好运”网的推广需要一个很长的过程，因为是公益和免费性质的，不能像其他类似的平台一样花大量的资金去进行广告投放。

2. 解决措施

(1) 不断改变传统业务方式，转变物流行业内从业人员的思维模式，加强互联网信息化办公的理念。

(2) 通过电话沟通、面对面交谈、组织培训等方式提升从业人员知识技能。

(3)“行·好运”网的运营团队对企业进行大量的走访，收集它们的需求信息，进行统计分析，做出整体需求方案，由“行·好运”网技术团队实现。并针对特定业务做定制开发，努力让企业易学易用，改善用户体验，提高“行·好运”网的用户黏度。

“行·好运”网除了门户网站，还为用户提供App、微信端应用，让用户随时随地都可以发布信息、查看和接收信息，进行交易。并为企业提供企业版App，为司机提供司机版App。App交互界面设计、业务流程设计尽量简洁明了，用户只要花少量的时间研究就可操作。

(4)“行·好运”网为用户提供在线支付和在线保险业务，与多家支付公司、保险公司在合作模式上进行了长期的谈判，既要保证平台的免费公益性质，又要兼顾支付公司、保险公司的赢利目标。经过长达半年多的沟通谈判，最终才选定了合适的公司进行合作，签署合作协议，并进行技术对接。

(5) 根据人民银行发布的银办发[2017]217 号文件《中国人民银行办公厅关于进一步加强无证经营支付业务整治工作的通知》的新规定，没有资质的企业不得在互联网上进行代付业务，使得“行·好运”网本将上线的在线支付业务被迫暂停。“行·好运”网要求有无车承运人资质或道路运输许可证才能为用户提供代付运费服务。无车承运人资质交通部已暂停申请，“行·好运”网只有先进行道路运输许可证的申请才能开通代付功能。目前申请已获得备案通过，待证拿到后，即可再次开通在线支付业务，为“行·好运”网上的用户提供在线结算业务。

(6) 在车辆定位和监控方面，“行·好运”网曾与广西区交通厅多次沟通，计划接入国家交通部门物流公共信息平台广西节点的 12 吨以上货车北斗 GPS；位置数据和历史轨迹数据。由于条件不成熟，一直未接入成功。最后，“行·好运”网与中物联网络信息部进行沟通，与其进行合作，接入车辆定位数据和轨迹数据接口，集成到“行·好运”网，供用户监控运输中的货物，以便管理企业的车辆。

(7) 在推广方面，“行·好运”网充分利用物资集团国有大型企业及广西物流与采购联合会会长单位的背景，向自治区发改委、国资委、工信委、交通厅以及各地方相关政府部门寻求政策支持，推动“行·好运”网的建设；参加各种政府部门和行业协会举办的大型会议，在会上向参会者讲解和宣传“行·好运”网；与各地政府部门、物流协会、行业协会进行合作，签订合作协议，将各地的物流企业和资源整合到“行·好运”网上，达到全区物流资源要素的整合，所有企业可以共享资源，互通有无。

要将“行·好运”网建设得更符合所有用户的要求，让行业内的用户都利用平台来发布资源和进行交易，还需要做大量的工作，还会遇到更多的技术和业务问题，这些都需要努力解决，将“行·好运”网建好，为广西物流业乃至西南和东盟的物流行业降本增效目标作出应有的贡献。

四、信息化效益分析与评估

1. 信息化实施前后的效益指标对比分析

(1)“行·好运”网运营以来，通过运营中心的推广，每月都有三四百家企业通过平台 PC 端、微信端和 App 注册入驻；每月都有近百家企业在平台上踊跃发布大宗货源七八百条；平台通过实时精准推送及短信通知等多种方式提醒物流公司有新增货源，登录平台去接单。90%以上的货源都快速成交，为物流公司、货主的车货区配比之前更快速，等待时间更短。

(2) 货主通过对申请运货的物流公司进行比价，选择价格更优惠的企业进行交易，为货主节约了运输成本；同时，通过平台，提高了车货匹配的速度，提高了物流公司的接单量和运力的利用率，降低了车辆空返率，从而增加了物流公司的收益，每月平台成交的运费达五六百万元，起到双赢的效果。

(3) 企业可以通过“行·好运”网了解其他企业的信息，并相互交流学习、借鉴经营和管理经验，共享资源，消除信息孤岛。

(4) 用户通过“行·好运”网用户中心，可以对企业的车辆、司机、货源、仓储信息、订单、

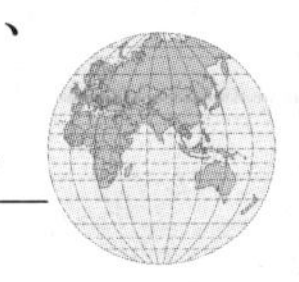

招投标进行管理,有效地提高了管理效率和办事效率,降低了人力成本和办公费用,无纸化操作有效地减少了碳排放量,实现节能环保。

(5) 通过对“行·好运”网的运营数据进行分析,及时了解行业动态,如市场运价等,可以为物流行业的定价提供依据。

(6)“行·好运”网的社会价值

“行·好运”网对整合广西物流资源要素,引导和培育物流产业升级发展,推动物流企业转型具有十分重要及长远的现实意义:

①“破瓶颈”。打通信息“孤岛”和汇集疏运流通环节,消除信息不对称和资源配置障碍,提升社会物流效率;

②“补短板”。针对产业发展的薄弱环节,加大扶持力度,补齐产业短板;

③“扩范围”。立足广西,连接云南、贵州等省区,从沿海到内陆、从西南到东盟逐步扩展范围,搭建国内、国际物流通道,实现辐射整个东盟。

2. 信息化实施对企业业务流程改造与创新模式的影响

(1)“行·好运”网的推广使用,对全区物流企业业务流程改造、规范有重要促进作用。全面提升了企业员工的素质,推进企业管理的科学化、规范化,规范了业务流程,减少了业务操作的随意性,有效提升管理水平。

(2) 通过将货主、生产商贸企业、物流公司、运输公司、航运企业、港口、码头、铁路、航空等汇集到平台,实现需求的最大化,深度开发资源共享、资金优化以达到多方共赢,并通过平台的综合应用,数据的积累沉淀,分析和挖掘大数据价值,提供企业决策依据,实现大数据信息分享和利用,更好地服务于物流企业发展。

(3) 通过平台,货主与承运企业直接交易,减少了中间货代环节,交易方式更加透明,定价更加合理,进一步降低物流成本;

(4) 通过全面信息化管理,借助于先进的管理技术工具和电子商务平台,将企业的业务流、资金流、信息流、资源流(人、财、物、产、供、销)集中整合管理,提升物流企业响应能力,从而提高了物流企业的综合竞争力。

(5) 通过物流产业基金,为平台内的企业提供金融服务;通过大数据分析将物流产业基金做定向投资,为广西物流资源的优化配置、合理布局、充分利用提供资金支持。

3. 信息化实施对提高企业竞争力的作用

(1) 通过“行·好运”网,货主可以减少运输成本,加快货物的流通,减少在库时间和库容压力,加快资金的回笼;承运商可以充分利用运力,加快运力的使用频率,减少了空置时间和空返率,间接增加了收益,运费在线结算,不拖欠,为物流公司加快了运费回笼,减少运营成本;

(2) 服务的标准化,管理的系统化,增强了各物流企业的竞争力。

(3) 原来一项采购业务从项目报计划、签订合同、采购中心下单、供应商发货、货物验收、对账结算需要7个以上工作日才能完成,通过“行·好运”网现仅需2到3个工作日就能完成,同时App审批、验收可实时查看数据,实现了无纸化办公,方便快捷。

案例思考:

通过分析广西物流公共信息服务平台(“行·好运”网),总结“行·好运”网信息化实施过程中的主要经验与教训,并思考“行·好运”的经验有何推广意义。

第四篇

物流管理信息系统

开发管理篇

第九章 物流管理信息系统开发

学习目标

学习完本章,你应该能够:

1. 了解物流管理信息系统开发的可行性分析;
2. 了解物流管理信息系统的系统功能分析和系统业务流程分析;
3. 理解物流管理信息系统总体设计目标;
4. 了解物流管理信息系统的功能结构设计和体系结构设计;
5. 熟悉结构化系统开发方法,理解系统开发的周期;
6. 熟悉物流信息管理系统的开发所包含的六个步骤;
7. 了解第三方物流管理信息系统设计示例。

浙江新安化工集团的危化品物流信息系统

浙江新安化工集团股份有限公司创建于1965年,是A股上市公司、中国化工500强、全球农化销售20强企业;2017年营业额72.76亿元,净利润5.33亿。新安集团主营作物保护、有机硅材料两个产业;主要产品被广泛应用于农业生产、生物科技、航空航天、医疗卫生、建筑材料、电子电气、新能源等多个领域,畅销于全球几十个国家和地区,并在北美、南美、非洲等地区设立了海外子公司,国际知名度和市场占有率稳步提升。

该企业作为国内农化有机硅行业的龙头企业,随着企业业务规模的不断扩大和市场需求的不断升级,客户对物流运输时效、服务质量的要求越来越高,现有的管理手段和系统难以支撑业务的发展。企业与多个承运商合作,同时拥有自有车队,负责集团公司及外部自有业务的货物运输。物流业务存在的突出问题包括业务运作无法实现一单到底、全程可视;危化品运输过程管控弱、风险高;业务系统没有协同,信息无法实时共享;核算及结算流程长、对账难。企业迫切需要一套智能化的物流协同管理系统为业务提供技术服务支撑,以提升物流供应链整体运作效率、降低物流管理成本。

为此，浙江智联慧通科技有限公司为浙江新安化工集团股份有限公司提供的解决方案是，为企业提供定制化的智能物流供应链管理协同系统，打通采购、仓储、销售、运输以及承运商和客户等各环节，实现物流一体化管控，形成完整的、实时的、可监控的物流供应链业务在线作业闭环。针对客户的需求痛点，围绕物流供应链的全场景管理，通过GPS、电子围栏等技术，用二维码打破以前物流运输过程的黑匣子状态，其在各业务节点应用的便捷性受到了用户的青睐。

浙江智联慧通科技有限公司为浙江新安化工集团股份有限公司开发的危化品物流信息系统可以实现自动下单，取代手动输入，减少人工干预，调度员仅需用扫枪扫描二维码即可自动收录单号，告别了原来人工操作的低效和高出错率；可以实现全程物流信息跟踪，司机、销售员、客户用移动端（微信）可实时查看订单当前状态及车辆当前位置；系统可以自动结算，结算规则自动化，一个模块解决所有财务结算，告别以前流程长、对账难、手工开票和核对价格的状态，并且能支持单物料上浮、合单、保底等多种计费方式，减少核对工时20小时。

第一节　物流管理信息系统的系统分析

一、物流管理信息系统开发的可行性分析

可行性分析是指通过对系统的主要性能和配套条件进行描述和分析，如设备机型、资源供应、环境影响、盈利能力等，从技术可行性、操作可行性和经济可行性三个方面出发，对要开发的系统进行调查研究和分析比较，并预测系统开发完成后能够带来的经济效益、社会影响等，从而确定系统是否值得开发。可行性分析所要达成的目标是用最少的时间和最低的成本确定问题是否能够得到解决。可行性分析的结果应保证科学、公正、可靠，并带有一定的预测性。

1. 技术可行性

技术可行性是指从技术层面判断技术方案的可行性，即选择的技术方案是否能够实现系统的功能。

2. 操作可行性

操作可行性是从物流系统操作人员的角度来说，物流管理信息系统录入数据是否快捷规范、出错率是否低，数字计算是否准确、制表是否灵活，是否具有可扩充性和很强的适用性。

3. 经济可行性

企业应该在保证系统功能的前提下尽量降低系统的投入成本。首先，一个符合企业利益的物流管理信息系统必须是便于操作的，这样既可以方便操作人员的使用，也可以提高企业的工作效率；其次，不同的部门和不同级别的操作人员需要的信息类型不尽相同，因此，一个好的物流管理信息系统必须划分结构分明的层次；另外，系统界面要保证能向操作人员提供所有相关的信息，且信息应具有合理的结构和顺序，使操作人员不需要进行复杂的操作就

可以找到想要的信息；最后，在物流管理信息系统投入使用后，该系统的维护费用不应过高，以避免企业负担过多不必要的开支。物流管理信息系统的设计需要满足上述要求，实现企业内部的信息共享，优化业务流程，减少操作人员的工作，向客户提供高质量的服务，并且耗费的成本很低，因而可以实现企业的经营目标，提高企业的经济效益，具有经济可行性。

二、物流管理信息系统的系统功能分析

通过对物流企业的业务流程和工作内容进行分析，物流管理信息系统应具备的功能如下：

1. 采购管理

采购管理系统的主要工作是根据企业的实际情况制定详细采购计划并提交给企业，根据供应商的优势选择最合适的供应商，与供应商签订采购协议。对供应商提供的商品进行质量和数量检查，合格后登记入库，生成相应的入库单，对于不合格的商品要进行退货登记并生成退货单。

2. 销售管理

销售管理系统的主要工作包括对销售单信息以及销售退货信息的管理。登记并管理销售订单，对售出的商品进行出库登记，对销售退货进行入库登记，同时，对商品的价格曲线进行分析，统计商品的销售情况。

3. 仓储管理

仓储管理系统的主要工作是为企业提供与库存相关的信息，包括管理库存商品的数量和种类，根据销售记录对库存量进行核查，登记商品的销售情况，处理商品入库、出库、查询等事务，并分析现存商品与最佳库存量之间的关系，向企业提交分析报告。仓储管理系统的目标是保证企业的库存容量处于最佳状态。如果企业的商品周转速度较快，可以相应减少库存量，降低企业的管理费用；如果某种商品的需求量很大，企业的库存量越大赚取的利润就越多。

4. 供应链管理

供应链管理系统的主要工作是对企业上游供应商和下游客户的信息进行管理和分析，判断各个供应商的优势和客户的需求，并为企业出具报告。

5. 信息查询管理

信息查询管理系统的主要工作是为操作人员实时提供有关销售、存储、供应量等方面的信息，便于查询。

6. 统计报表生成

统计报表生成系统的主要工作是按日、月、年等时间跨度对企业商品的数量进行汇总，分析商品的销售情况并为企业提供统计报表。

7. 决策分析

决策分析系统的主要工作是根据商品的销售情况和库存情况，并分析以前的商品数据，制定商品的最优价格，并根据供应链管理系统的分析，对商品进行预算和采购，使企业能够以最少的成本获得最大的利润。

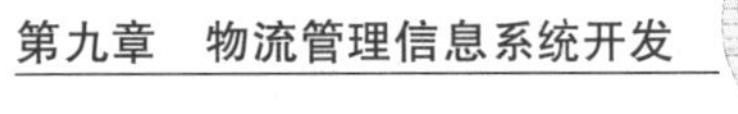

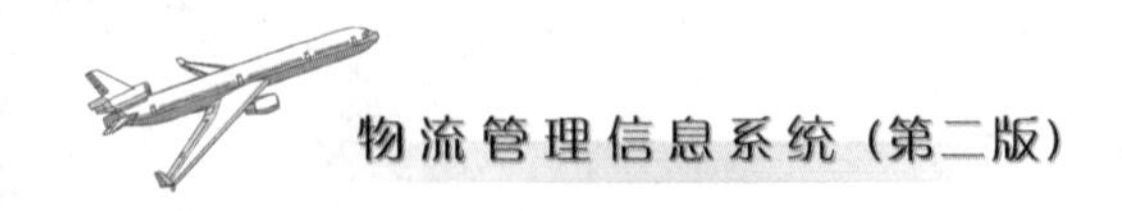

三、物流管理信息系统的系统业务流程分析

物流管理信息系统的业务流程从采购模块开始，由管理人员根据企业的实际情况制定采购计划，确定选择的供应商及需要商品的数量，接着由采购人员根据采购计划进行采购。对于供应商提供的商品，由仓库管理人员进行商品的数量、质量核对，并进行商品的入库管理，生成商品入库单，当发现不合格的商品时，要进行退货处理并生成商品出库单，仓库管理人员在完成商品的入库后要及时更新企业的商品库存情况。销售人员根据客户的订单情况生成商品销售信息，库存管理人员根据商品销售单从企业库存中拣货并进行装车安排和车辆调度。

第二节　物流管理信息系统的设计和实现

一、物流管理信息系统总体设计

1. 系统总体设计目标

系统总计设计是系统构建过程中的重要步骤，其主要功能是按照系统分析的结论划分系统的功能结构，之后利用编程技术设计系统的总体框架，并对系统业务数据进行建模，构建系统的数据模型。

构建物流管理信息系统的过程非常复杂，每一个步骤都必须认真做好，为下一个步骤打好基础。物流管理信息系统的总体设计过程，是构建物流管理信息系统最重要的一步，如果系统在总体设计上出现差错，很可能会造成整个系统无法实现。

物流信息管理系统目的在于转变企业物流的管理机制，提高企业的物流管理效率。因此在系统总体设计时应使系统具备完善的人机交互机制，在使用系统的过程中系统可以处于安全稳定的状态，且具有足够的可扩展性和良好的可维护性。

2. 系统功能结构设计

物流管理信息系统将销售、仓储、运输、加工、配送、调拨、信息处理等物流的基本功能要素整合到一个系统中，高效地进行企业的物流工作，减少企业的成本，提高企业的工作效率。仓储、运输、配送、装卸、加工等子系统构成的基础作业模块与订单、合同、客户关系、财务结算等关系子系统结合在一起，共同工作，共同组成企业的物流管理信息系统。物流管理信息系统包括三个层次，分别为作业层、管理层和决策层。物流管理信息系统的层次结构如图 9.1 所示。

物流管理信息系统的功能主要服务于企业的商品流通业务，经过系统功能分析的结果，将系统的功能结构划分六个主要模块，分别为系统管理模块、销售管理模块、仓储管理模块、配送管理模块、客户管理模块、财务管理模块：

（1）系统管理模块。系统管理模块的功能主要是设置系统的用户信息和用户权限等，包括菜单管理、员工管理、权限管理、角色管理、数据备份、数据恢复、密码管理等。

（2）销售管理模块。销售管理模块的功能主要是对企业销售商品的信息进行管理，涉及销售单信息、销售退货信息等，包括订单的接收、确认和处理及合同和货物的管理，实现对

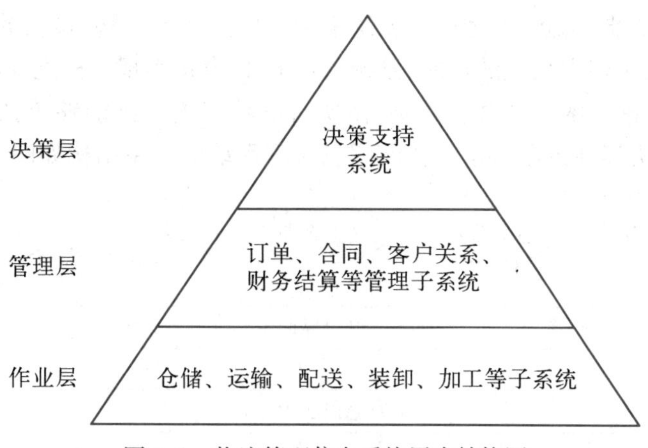

图 9.1 物流管理信息系统层次结构图

企业商品订单的信息化管理,保证销售过程中的一体化、标准化和模块化管理,可以追踪整个商品销售订单的处理情况。销售订单是物流信息系统管理与进行财务结算的重要凭证。

(3) 仓储管理模块。仓储管理模块包括入库管理、出库管理等功能。其中,入库管理的功能主要包括确认货物入库情况、分配货物入库位置等;出库管理的功能主要包括挑选和确认出库商品等。设计良好的仓储管理模块可以对企业库存实现统一的管理,加快企业库存流通速度,减少企业在仓储管理上的各项支出,使企业在为客户提供高质量服务的同时,尽量减少企业的库存成本,提高企业的盈利水平。

(4) 配送管理模块。在货物的运送过程中,配送管理非常重要。货物配送管理的目标是以较少的环节、较短的距离、较低的费用实现较高的效率、较大的回报和优质的服务。配送管理模块主要负责货物从装车到到货的整个流程。配送管理模块根据客户订单中货物的数量、规格等信息,制定运输计划、调度车辆、执行货物配送,保证货物在规定时间内送达。配送管理模块主要包括对司机信息、车辆信息、运单、回单等方面的管理。

(5)客户管理模块。客户管理模块是客户关系管理的关键部分,要求能详细的描述客户的信息,并能通过各种方式,方便的查询客户。客户管理模块主要包括客户资料的管理和联系人资料的管理,其中客户资料管理包括客户资料中常用的用户控件、设计客户资料实体类、设计客户资料实体方法、如何添加客户资料、如何修改客户资料、如何查询客户资料等,联系人资料管理包括添加联系人、修改联系人资料、查询联系人等。

(6)财务管理模块。财务管理的功能主要是基于会计核算的数据,再加以分析,从而进行相应的预测,管理和控制活动。它侧重于财务计划、控制、分析和预测:财务计划,即根据前期财务分析做出下期的财务计划、预算等;财务分析,即提供查询功能和通过用户定义的差异数据的图形显示进行财务绩效评估,帐户分析等;财务决策,即财务管理的核心部分,中心内容是作出有关资金的决策,包括资金筹集、投放及资金管理。

3. 系统体系结构设计

物流管理系统包括 6 大模块,分为系统管理模块、销售管理模块、仓储管理模块、配送管理模块、客户管理模块、财务管理模块。系统的各个模块之间存在相应的业务和数据联系,因此,在设计系统的体系结构时,应将各个模块有机地结合到一起,运用正确的组织结构,实

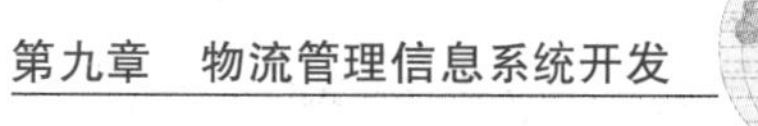

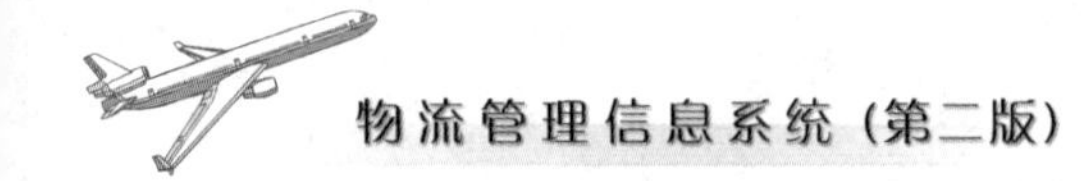

现系统各个模块的功能。物流管理信息系统采用三层的体系结构，包括数据层、功能层和应用层，以此来设计和实现本系统的功能，系统采用B/S模式实现人机之间的互动。物流管理系统按照高内聚、低耦合的软件开发原则，使所有的功能模块既能够单独完成业务操作，也能与其他的功能模块实现数据共享。物流信息管理系统的体系结构如图9.2所示。

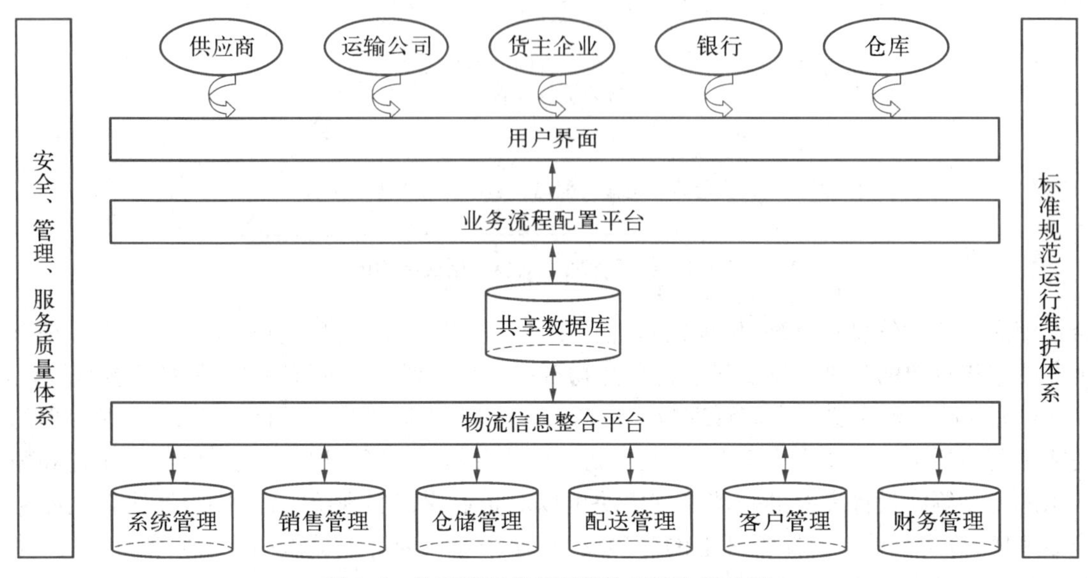

图9.2　物流管理信息系统体系结构设计图

4. 系统数据库设计

根据系统功能结构设计和系统体系结构设计的结果，分析系统业务数据之间的关系。进行系统的数据库设计。数据库设计是构建物流管理信息系统过程中的一个关键组成部分，首先要构建一个概念性数据模型，之后转化为对应的数据表，利用数据模型表达业务数据之间的关系。数据库设计包括两个方面，一个是数据库概念模型设计，一个是数据库物理模型设计。

数据库概念模型是设计人员在设计数据库时利用的重要工具，设计人员根据系统分析中确定的系统功能模块，全面分析业务数据和数据存取结构和方案后，在后台进行数据库设计。数据库概念模型设计主要是用来表达数据业务之间的关系，重点是业务数据之间的关系而不是具体数据库的设计。表示数据库概念模型的方法和种类有很多，最常用的方法是实体-联系模型，即E-R模型。E-R模型通过E-R图来表示业务数据之间的结构关系。E-R模型的构成成分有三种，分别是实体集、属性和联系集。其中，实体集用矩形框表示，在矩形框内写上实体的名字；属性用椭圆框表示，在椭圆框内写上属性名，实体和属性之间用无连线相连；联系用菱形框表示，描述实体与实体之间的关系，实体和联系之间用无连线相连，并在连线上标注联系的类型，联系的类型有三种：1—1、1—n(一对多)和m—n(多对多)。

数据库概念模型设计完成后，就要设计数据库物理模型。数据库物理模型设计在综合考虑各种技术因素后，能够真正实现业务数据在数据库上的存放。数据库物理模型不仅与数据库管理系统有关，还与硬件和操作系统有关，通过具体的数据库来描述数据实体、实体与实体之间的关系。

二、物流管理信息系统的开发方法

结构化系统开发方法亦称为SSA&D(structured system analysis and design)或SADT (structured analysis and design technologies)，是目前自顶向下结构化方法、工程化的系统开发方法和生命周期方法的结合，是迄今为止开发方法中应用最普遍、最成熟的一种。

1. 结构化系统开发的基本思想

结构化系统开发方法的基本思想是：用系统工程的思想和工程化的方法，按用户至上的原则，结构化、模块化、自顶向下地对系统进行分析与设计。具体来说，就是先将整个信息系统开发过程划分同若干个相对独立的阶段，如系统规划、系统分析、系统设计、系统实施等。在前三个阶段坚持自顶向下地对系统进行结构化划分，在系统调查或理顺管理业务时，应从最顶层的管理业务入手，逐层深入至最基层。在系统分析、提出新系统方案和系统设计时，应从宏观整体入手，先考虑系统整体的优化，然后再考虑局部的优化问题。在系统实施阶段，则应坚持自底向上地逐步实施。也就是说，组织力量从最基层底模块做起(编程)，然后按照系统设计的结构，将模块一个个拼接到一起进行调试，自底向上、逐渐地构成整体系统。

2. 结构化开发方法的特点

结构化系统开发方法主要强调以下特点：

(1) 自顶向下整体性的分析与设计和自底向上逐步实施的系统开发过程。即在系统分析与设计时要从整体考虑，要自顶向下地工作(从全局到局部、从领导者到普通管理者)；而在系统实现时，则要根据设计的要求先编制一个个具体的功能模块，然后自底向上逐步实现整个系统。

(2) 用户至上。用户对系统开发的成败是至关重要的，故在系统开发过程中要面向用户，充分了解用户的需求和愿望。

(3) 深入调查研究。即强调在设计系统之前，深入实际单位，详细地调查研究，努力弄清楚实际业务处理过程的每一个细节，然后分析研究，制订出科学合理的信息系统设计方案。

(4) 严格区分工作阶段。把整个系统开发过程划分为若干个工作阶段，每个阶段都有其明确的任务和目标，以便于计划和控制进度，有条不紊地协调展开工作。而实际开发过程中要求按照划分的工作阶段一步步地展开工作，如遇到较小、较简单的问题，可跳过某些步骤，但不可打乱或颠倒之。

(5) 充分预计可能发生的变化。因系统开发是一项耗费人力、财力、物力。周期很长的工作，一旦周围的环境(组织的外部环境、信息处理模式、用户需求等)发生变化，则会直接影响到系统的开发工作。所以，结构化开发方法强调在系统调查和分析时，对将来可能发生的变化给予充分的重视，强调所涉及的系统对环境的变化具有一定的适应能力。

(6) 开发预计可能发生的变化。要求开发过程的每步都按工程标准规范化，文档资料也要标准。

3. 系统开发的周期

用结构化系统开发方法开发一个系统时，要将整个开发过程分为五个首尾相连的阶段，一般称之为系统开发的生命周期。各个开发生命周期各阶段的主要工作有(如图9.3所示)：

(1) 系统规划阶段。系统规划阶段的工作是根据用户的系统开发请求，初步调查，明确

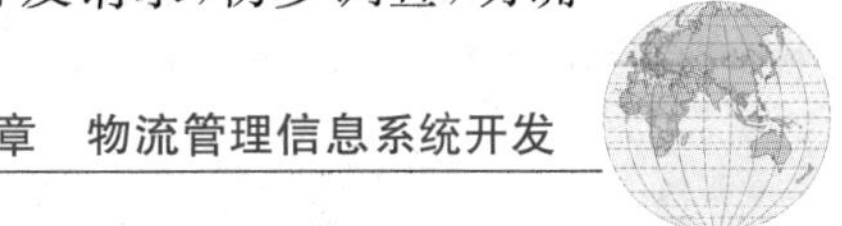

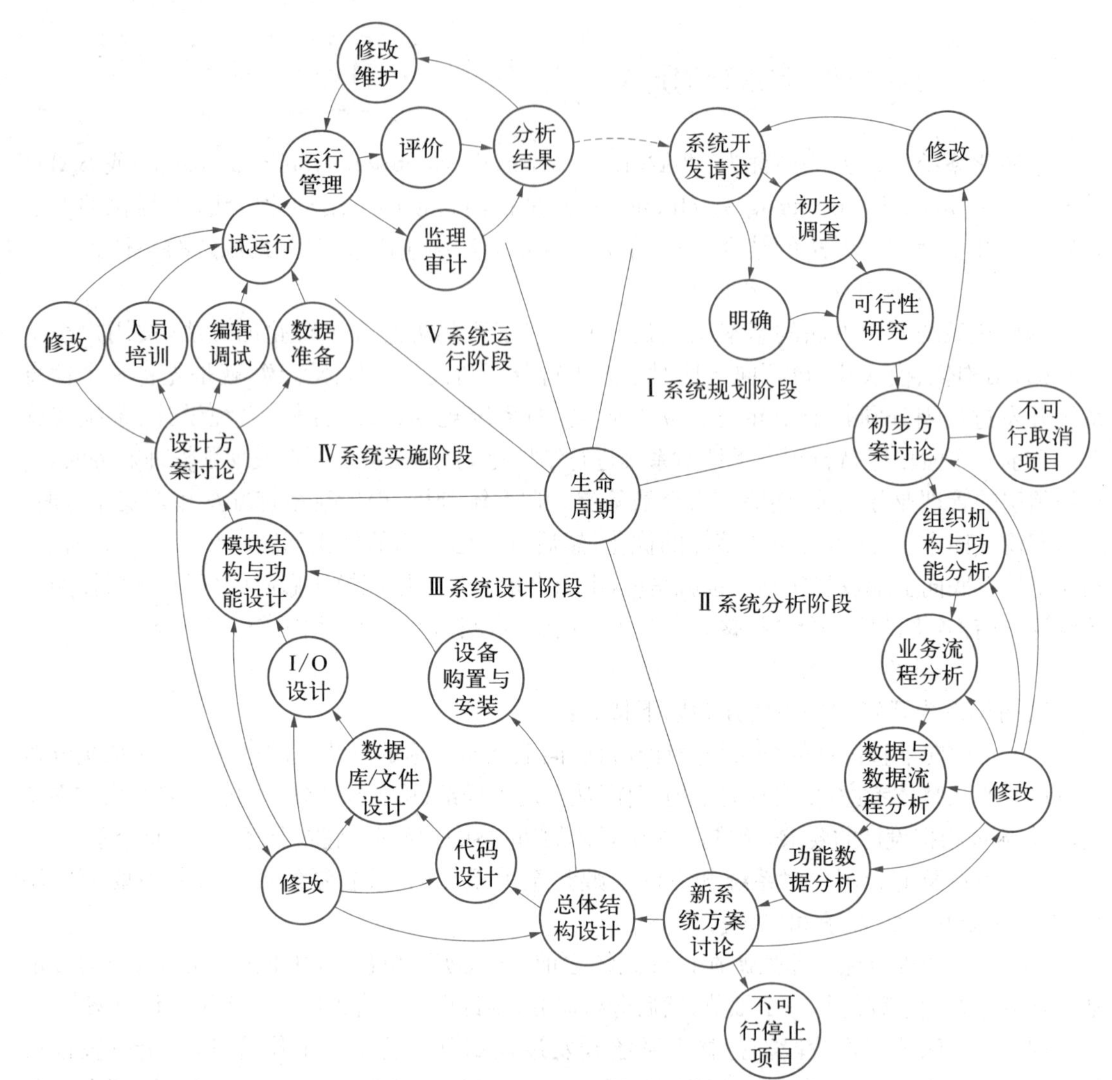

图 9.3　系统开发生命周期

问题，然后进行可行性研究。如果不满足，则要反馈并修正这一过程：如果不可行，则取消项目；如果可行并满意，则进入下一阶段工作。

（2）系统分析阶段。系统分析阶段的任务是分析业务流程：分析数据与数据流程；分析功能与数据之间的关系；最后提出新系统逻辑方案。若方案不可行，则停止项目；若方案不满意，则修改这个过程；若可行并满意，则进入下一阶段的工作。

（3）系统设计阶段。系统设计阶段的任务是总体结构设计：代码设计；数据库/文件设计、输入/输出设计；模块结构与功能设计。与此同时，根据总体设计的要求购置与安装设备，最终给出设计方案。如不满意，则反馈这个过程；如可行，则进入下一阶段工作。

（4）系统实施阶段。系统实施阶段的任务是同时进行编程（由程序员执行）、人员培训（由系统分析设计人员培训业务人员和操作员）以及数据准备（由业务人员完成），然后投入试运行。如果有问题，则修改程序；如果满意，则进入下一阶段工作。

（5）系统运行阶段。系统运行阶段的任务是同时进行系统的日常运行管理、评价、监理审计三部分工作，然后分析运行结果。如果运行结果良好，则报送管理部门，指导生产经营活动；如果有问题，则要对系统进行修改、维护或者是局部调整；如果出现了不可调和的大问题（这种情况一般是在系统运行若干年之后，系统运行的环境已经发生了根本变化时才可能出现），则用户将会进一步提出开发新系统的要求，这标志着老系统生命的结束、新系统的诞生，上述全过程就是系统开发生命周期。

三、物流管理信息系统的开发过程

物流信息管理系统的开发过程包括六个步骤：

1. 计划

确定要开发的系统的总目标，给出系统的功能、性能、可靠性以及所需的接口等方面的设想。研究完成该项软件的可行性分析，探讨解决问题的方案。并且对可供使用的资源（如计算机硬、软件、人力等）、成本、可取得的效益和开发的进度做出估计。制定完成开发任务的实施计划。

2. 需求分析

需求分析主要是对开发的软件进行详细的调查和分析，充分理解用户的需求，确定哪些需求是可以满足的，明确这些需求的逻辑结构，并加以确切描述。写出软件需求说明书或功能说明书及初步的系统用户手册。

3. 软件设计

设计是软件工程的技术核心。其基本任务是将用户要求转换成具体的软件系统的设计方案。该阶段包括概要设计（或称总体设计）、详细设计等步骤，每一步骤考虑的详细程度有所不同。概要设计是在软件需求说明书的基础上建立软件的系统结构，包括数据结构和模块结构。模块结构中的每个模块意义明确且和某些用户需求相对应，进而进行详细设计，对每个模块进行具体的描述，确定模块的功能、接口和实现方法，以便为程序编写打下基础。所有设计中的考虑都应以设计说明书的形式加以详细描述。

物流信息管理系统的设计可从不同的角度进行。

① 数据库设计。数据库设计是物流信息管理系统设计中很重要的部分，将影响到系统数据的质量、数据库的可扩展性，数据运行的效率等。设计又分逻辑结构和物理结构两部分。

逻辑结构是系统处理事件的数据之间的关系、分类、结构。这种结构是从用户的角度来看待数据，是面向用户的。逻辑结构的设计影响到数据库的冗余程度及可扩展性。

物理结构是数据在存储设备（如磁带机、硬盘等硬件设施）上的分布，是面向机器的。物理结构的设计将对数据的存储速度、效率，数据的可恢复性产生影响。

关系型数据库是目前广泛应用于信息管理系统开发的一种数据库。关系型数据库是一种通过建立数据之间的关系来减少数据的冗余，减少对数据的操作，从而减少误操作，提高效率。关系型数据库可通过建立数据的关系将物流过程的各环节的数据整合起来。

关系数据库是由许多表作为基础，每一张表代表某一组独立的可以描述某一事务的不重复的信息，数据库的设计将各表描述出来，然后定义各表之间的关联。数据库的设计需符

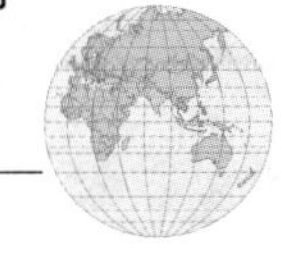

合低冗余度、结构清晰、易于管理的原则。冗余度是指同样的信息在不同的表中储存多次，或不必要的信息也存储了。

② 窗体与报表设计。窗体与报表是系统与用户进行信息的输入与输出的界面。窗体与报表的设计是以强大的数据库作为支持的，对窗体与报表进行设计时可根据用户的部门功能的划分对窗体与报表进行归类，窗体与报表应尽量包含用户所需的内容和功能，界面设计要做到简洁明了和美观，菜单的提示问答要直观并可提供帮助功能。

③ 运算过程及逻辑功能设计。运算过程及逻辑功能是为减少人工运算和实施数据的进出控制而设计的模块。模块化的设计和可重用的构件技术的应用使程序设计更为方便。

④ 网络及通信设计。网络的结构和通信方式的使用关系到网络通信的速度、效率和成本。局域网将企业本地的数据库、打印机、传真等资源连接起来；广域网将企业跨地区的子公司以及供应链上的各环节连接起来，以共享资源，节约成本。网络的设计通过对硬件的配置、布局的规划、数据传输方式的设置将对网络的安装、维护、成本、数据安全性、传输数据的质量产生影响。

4. 程序编写

把软件设计转换成计算机可以接受的程序，即写成以某一程序设计语言表示的“源程序清单”。这步工作也称为编码。自然，写出来的程序应该是结构良好、清晰易读的，且与设计相一致的。

5. 系统测试

测试是保证软件质量的重要手段，其任务是发现并排除错误，它通常又可分为单元测试（或称模块测试）、组装测试、确认测试等步骤。测试最好由另一个独立的部门（不参加该软件系统的设计和编写的人员）来完成，这样可以提高测试的效率。经过测试修改就得到了可运行的软件系统，交付用户使用。整个测试过程都要记录在测试分析报告中。

6. 系统运行与维护

已交付的软件投入正式使用便进入运行阶段。在运行阶段，需要对软件系统进行修改，其原因可能有：运行中发现了错误需要修正；为了适应变化了的软件工作环境，需做适当变更；为了增强软件功能需作变更。每一项维护活动都应该准确记录下来，作为正式的文档资料加以保存。

第三节　第三方物流管理信息系统设计示例

一、第三方物流管理信息系统体系结构设计

可采用 Internet/Extranet/Intranet 网络结构，以满足物流网络化管理的需要。整个网络系统分为外网、内网和中网。外网即经过路由器和防火墙接入 Internet，通过电子商务系统，实现物流供应链上下游企业、政府有关部门和海关相互的数据交换；内网是物流企业内部运作的 Intranet 局域网络，运行物流业务管理系统，实现物流企业内部管理的信息化；中网则是用防火墙与内网和外网隔离的中间地带，用于阻隔非法入侵以及组织 VPN（虚拟专用网）的安全访问措施（图 9.4 显示了系统的网络拓扑结构）。在结构上采用标准的浏览器/

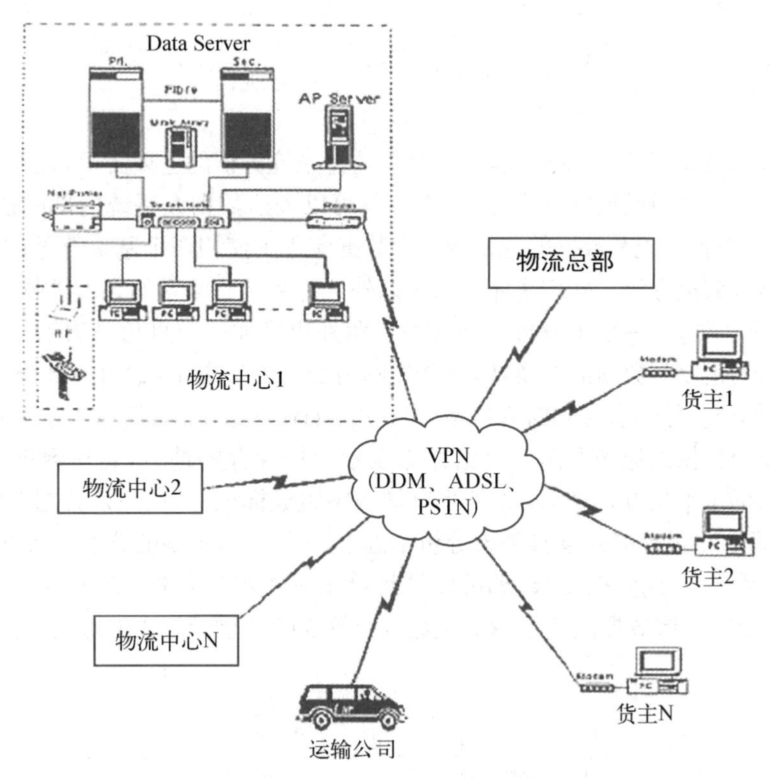

图 9.4　第三方物流管理信息系统体系的网络拓扑结构

应用服务器/数据库服务器三层结构，应用程序集中在中间层的应用服务器中，客户端以 Web 方式通过浏览器调用，拓展应用端的使用范围，从而满足企业电子商务应用的需求。

内网与 Internet 连结时，需要通过高速 Modem、宽带网、无线局域网等接入技术用于连接 ISP 和几台路由器，以便对连接进行控制。通过高速 Modem 的具体配置，如图 9.5 所示。

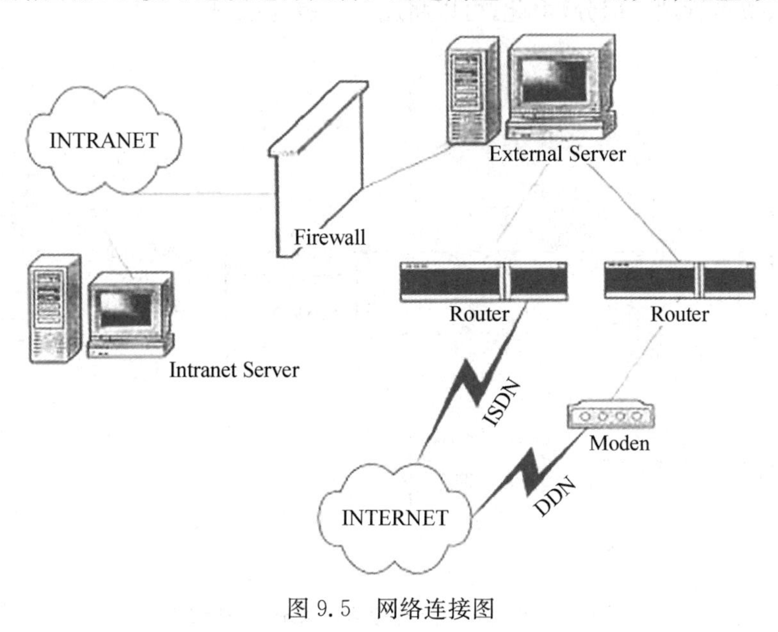

图 9.5　网络连接图

二、第三方物流管理信息系统数据流程图设计

数据流程图(Data Flow Diagram，DFD)是结构化系统分析的主要工具，也是编写系统分析资料、设计系统总体逻辑模型的有力工具，它不仅可以表达数据在系统内部的逻辑流向，而且可以表达系统的逻辑功能和数据的逻辑变换。数据流程图使用四个基本符号，即外部实体、数据处理、数据流和数据存储。外部实体指系统以外又与系统有联系的人或事物，它表达系统数据的外部来源和去处，用一个正方形并在其左上角外边另加一个直角来表示。数据处理指对数据的逻辑处理，也就是数据的变换，用一个带圆角的长方形表示，它由三部分组成：标识、功能描述和执行部分或程序名。数据流是指处理功能的输入或输出，用一个水平箭头或垂直箭头表示，箭头指出数据的流动方向。数据存储表示数据保存的地方，是对数据存储的逻辑描述，用右边开口的水平长方条表示，以字母 D 加数字组成标识，并加注该数据存储的名称。新系统的数据流程图的绘制是建立在系统分析基础上，采用逐步扩展的分解方法进行的。

任何一个系统，不论多么复杂，都可以将其看作一个处理逻辑。图 9.6 绘制了第三方物流管理信息系统的顶层数据流程图，概括描述了系统的轮廓、范围，标出了最主要的外部实体和数据流。

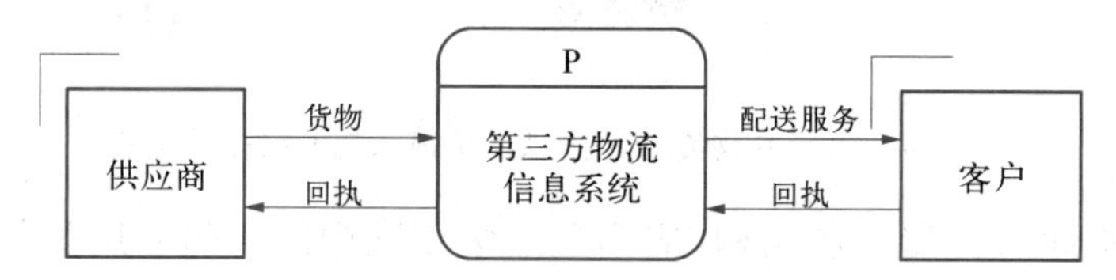

图 9.6　第三方物流管理信息系统顶层数据流程图

在顶层图基础上，接着可以自顶向下，逐层细化，第三方物流管理信息系统包括客户管理、作业管理、决策管理三部分，由此，可以将图 9.6 展开成图 9.7。

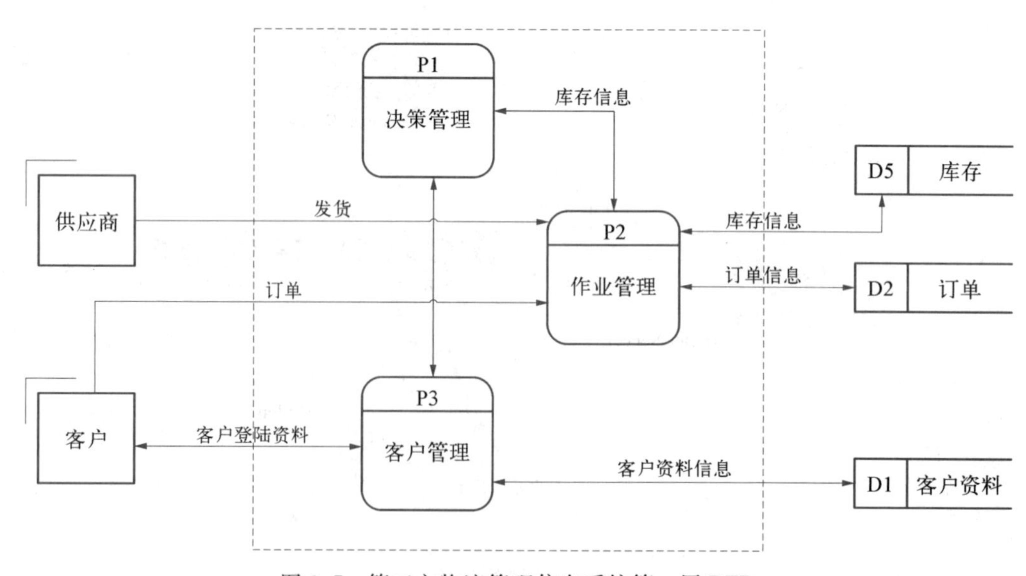

图 9.7　第三方物流管理信息系统第一层 DFD

现以图 9.7 作为进一步分析的出发点，将作业管理部分继续扩展，可以得到第二层 DFD 图，在这一层当中，系统要处理订单、仓储、配送、结算业务，如图 9.8 所示。

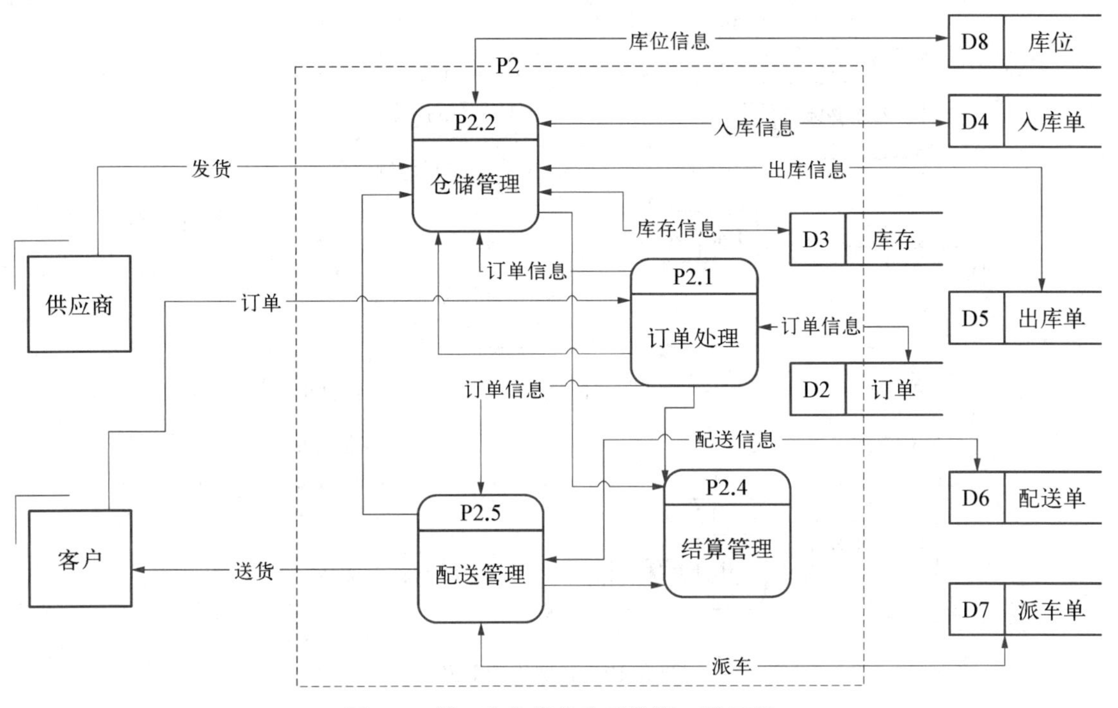

图 9.8　第三方物流信息系统第二层 DFD

图 9.8 中的作业处理可以再分别扩展，使订单处理、仓储管理、配送管理、结算管理的处理逻辑更加具体。

1. 订单管理

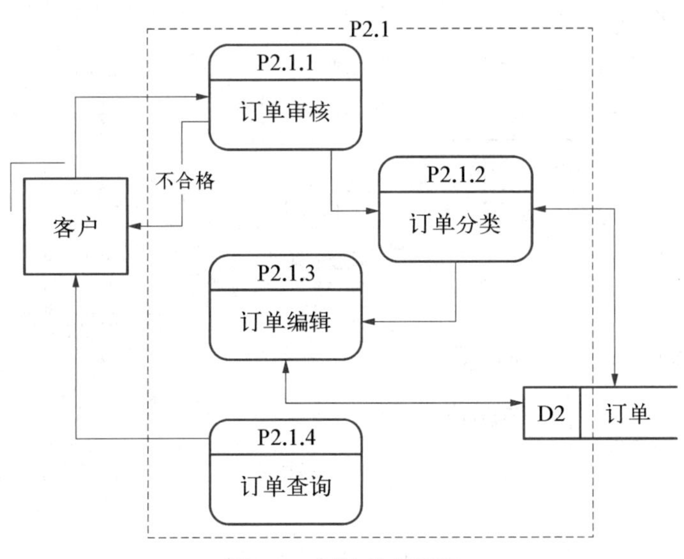

图 9.9　订单处理 DFD

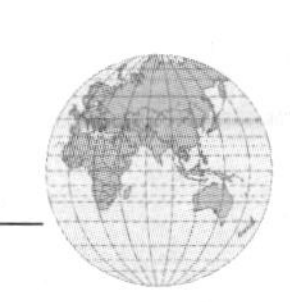

2. 仓储管理

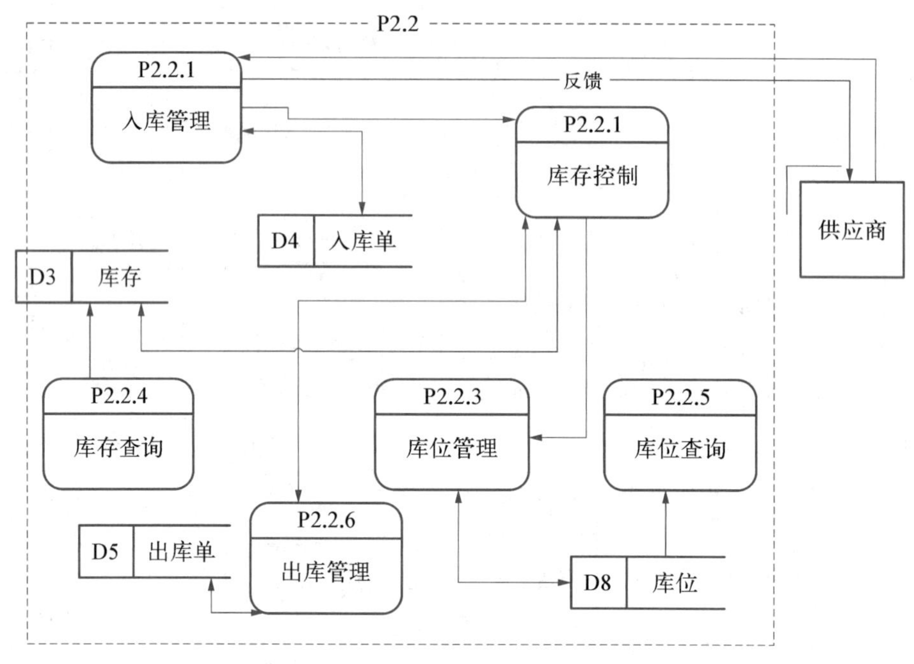

图 9.10　仓储管理 DFD

3. 配送管理

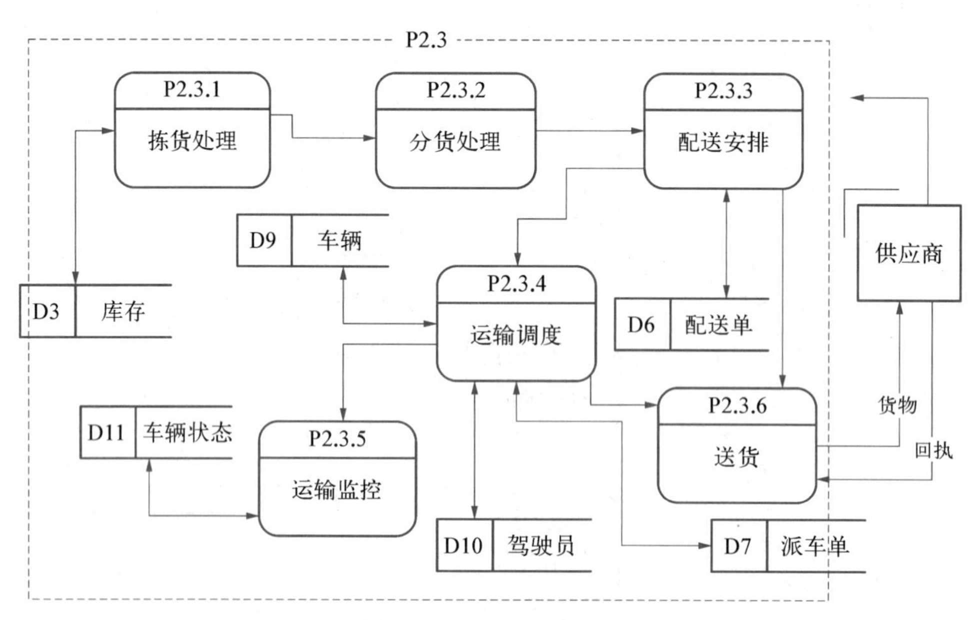

图 9.11　配送处理 DFD

4. 结算管理

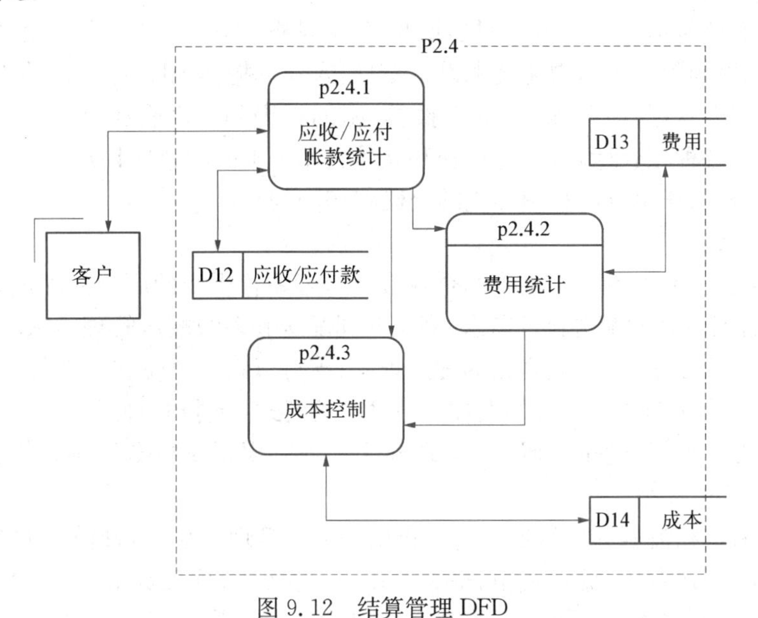

图 9.12　结算管理 DFD

三、第三方物流管理信息系统功能模块设计

在分析了系统的数据流程图后，可以归纳出系统的总体功能模块：

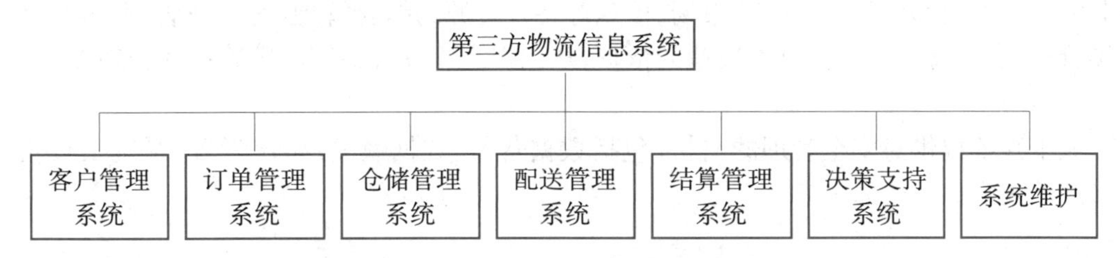

图 9.13　第三方物流管理信息系统功能模块图

1. 客户管理子系统

通过对客户资料的收集、分类、存档、检索和管理，全面掌握不同客户群体、客户性质、客户需求、客户信用等客户信息，以提供最佳客户服务为宗旨，为客户提供方案、价格、市场、信息等各种服务内容，及时处理客户在合作中遇到的各类问题，妥善解决客户合作中发生的问题，培养长期忠诚的客户群体，为企业供应链的形成和整合提供支持。该子系统包括客户登录管理、客户资料管理、会员管理、客户身份验证、客户查询等。

2. 订单管理子系统

订单是物流业务和费用结算的依据，系统通过对订单的规范化、模式化和流程化，合理地分配物流服务的实施细则和收费标准，并以此为依据，分配相应的资源，监控实施的效果和核算产生的费用，并可以对双方执行订单的情况进行评估以取得客户、信用、资金的相关信息，交给客户服务和商务部门作为参考。该子系统包括订单接收、订单分类、订单查询等。

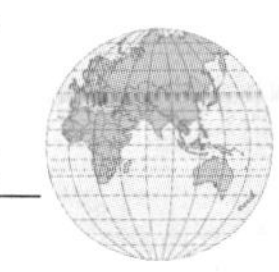

3. 仓储管理子系统

可以对所有的包括不同地域、不同属性、不同规格、不同成本的仓库资源，实现集中管理。采用条码、射频等先进的物流技术设备，对出入仓货物实现联机登录、存量检索、容积计算、仓位分配、损毁登记、简单加工、盘点报告、租期报警和自动仓租计算等仓储信息管理。支持包租散租等各种租仓计划，支持平仓和立体仓库等不同的仓库格局，并可向客户提供远程的仓库状态查询、账单查询和图形化的仓储状态查询。

4. 配送管理子系统

按照即时配送(JIT)原则，满足生产企业按照合理库存生产的原材料配送管理，满足商业企业小批量多品种的连锁配送管理需求，满足共同配送和多级配送管理需求。支持在多供应商和多购买商之间的精确、快捷、高效的配送模式；支持以箱为单位和以部件为单位的灵活配送方式；支持多达数万种配送单位的大容量并发配送模式：支持多种运输方式，跨境跨关区的跨区域配送模式。结合先进的条码技术，GPS/GIS 技术，电子商务技术，实现智能化配送。

5. 结算管理子系统

对企业所有的物流服务项目实现合同价格一条龙管理，包括多种模式的仓租费用、运输费用、装卸费用、配送费用、货代费用、报关费用、三检费用、行政费用、办公费用等费用的计算，根据规范的合同文本、货币标准、收费标准自动产生结算凭证，为客户以及物流企业(仓储、配送中心、运输等企业)的自动结算提供完整的结算方案。

6. 决策支持子系统

及时地掌握商流、物流、资金流和信息流所产生的信息并加以科学的利用，在数据仓库技术、运筹学模型的基础上，通过数据挖掘工具对历史数据进行多角度、立体的分析，实现对企业中的人力、物力、财力、客户、市场、信息等各种资源的综合管理，为企业管理、客户管理、市场管理、资金管理等提供科学决策的依据，从而提高管理层决策的准确性和合理性。

7. 系统维护子系统

该子系统提供对安全管理的支持，包括数据备份、数据恢复、系统设置、系统工具箱、文档管理等内容。

四、第三方物流管理信息系统数据库设计

在推动物流业飞速发展的现代物流信息技术中，数据库技术无疑居于中心的位置。物流的分析、决策过程都要用到大量数据。如何收集、存储、加工这些数据，如何快速、开放地利用这些数据，就是数据库技术要解决的问题。

概念模型用于信息世界的建模，是现实世界到信息世界的第一层抽象，是数据库设计人员进行数据设计的有力工具，也是数据库设计人员和用户之间进行交流的语言，因此概念模型一方面应该具有较强的语义表达能力，能够方便、直接地表达应用中的各种语义知识，另一方面它还应该简单、清晰、易于用户理解。概念模型的表示方法很多，其中最著名最为常用的是 P. P. S Chen 于 1976 年提出的"实体-联系方法"(entity-relationship approach，E-R 模型)。E-R 模型包含实体、联系、属性三种基本成分，分别用矩形、菱形、椭圆形表示，主属性下面画横线。根据前面分析的结果构造相关模块的 E-R 图。

1. 客户登录和订单管理

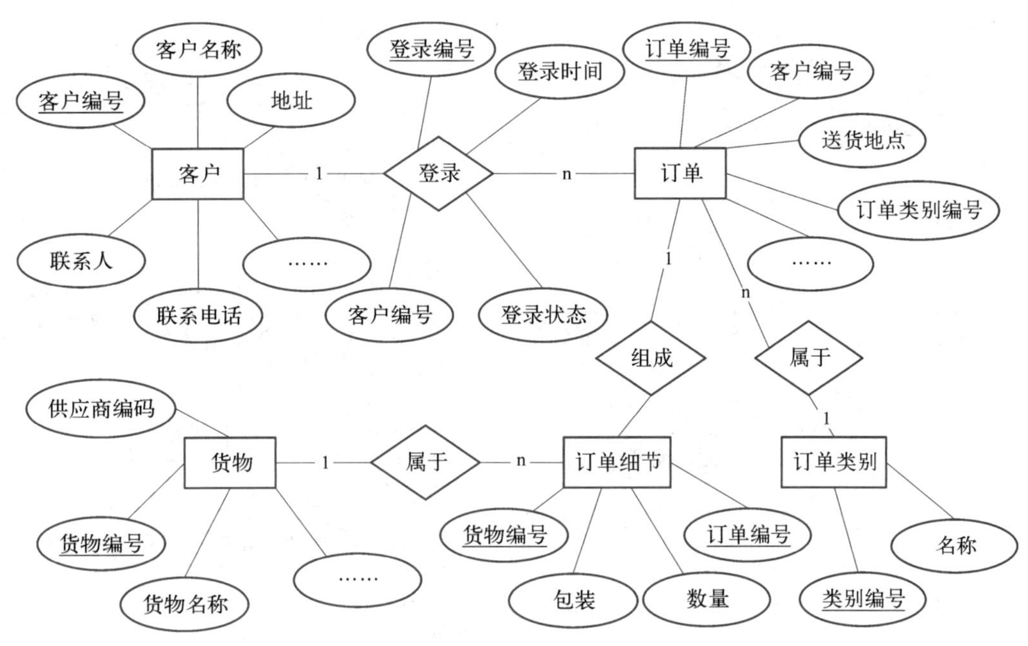

图 9.14　客户提交订单管理 E-R 图

2. 仓储管理

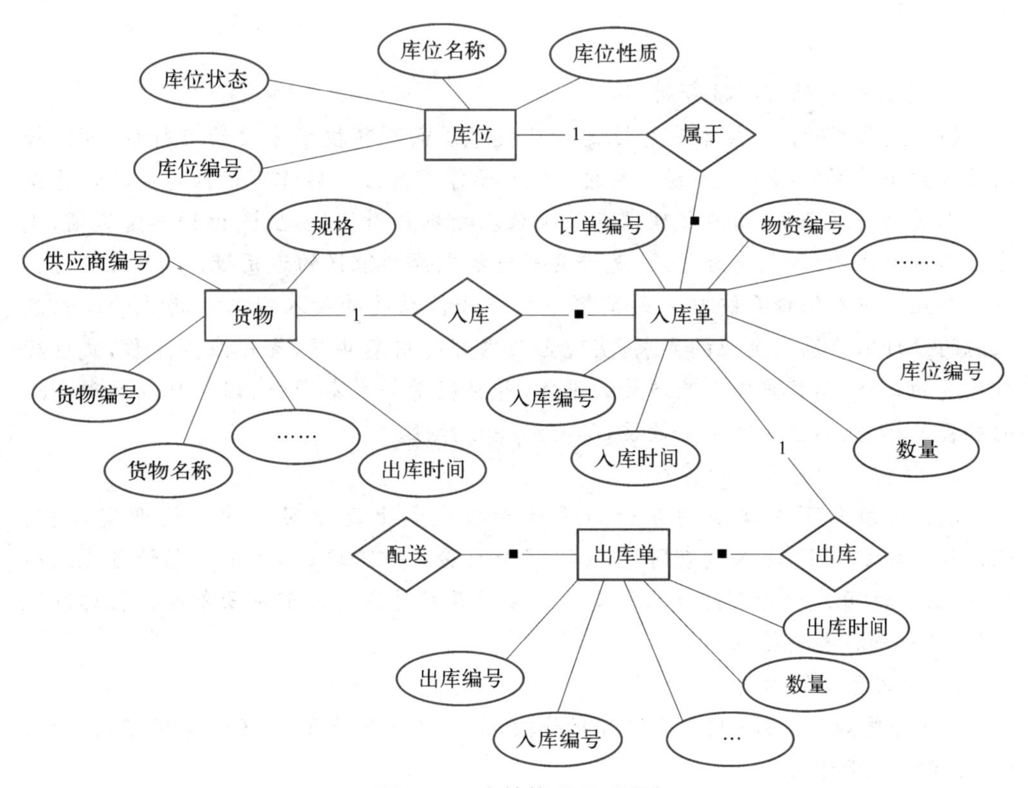

图 9.15　仓储管理 E-R 图

3. 配送管理

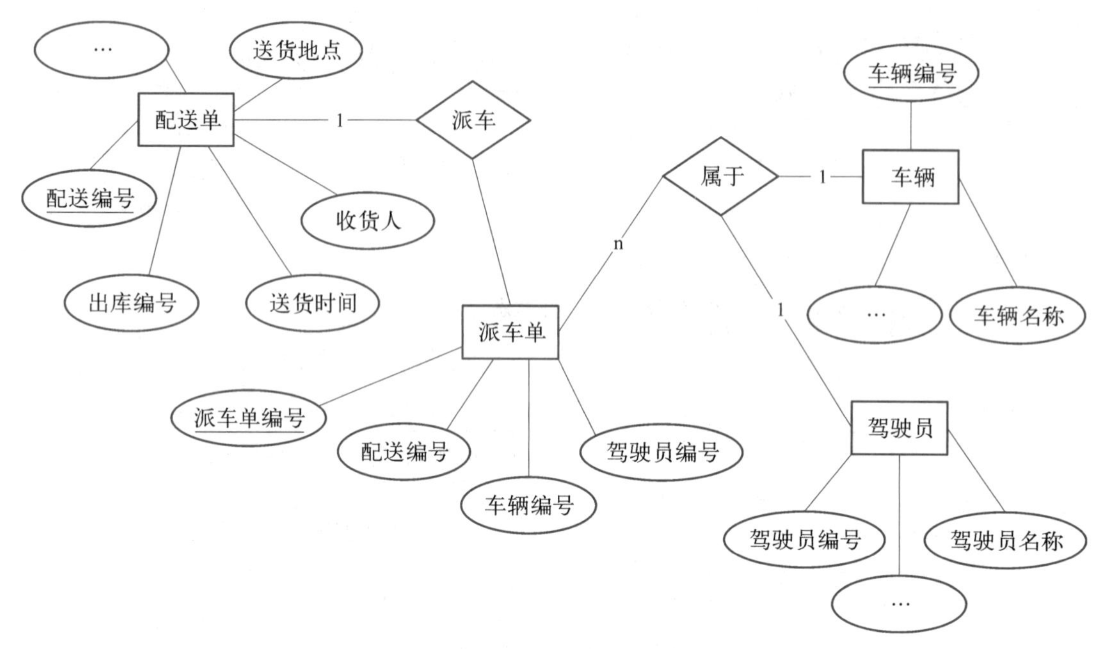

图 9.16　配送管理 E-R 图

本章小结

1. 系统开发的可行性分析

(1) 技术可行性。技术可行性是指从技术层面判断技术方案的可行性，即选择的技术方案是否能够实现系统的功能；(2) 操作可行性。操作可行性是从物流系统操作人员的角度来说，物流管理信息系统录入数据是否快捷规范、出错率是否低，数字计算是否准确、制表是否灵活，是否具有可扩充性和很强的适用性；(3) 经济可行性。企业应该在保证系统功能的前提下尽量降低系统的投入成本。物流管理信息系统的设计需要满足企业的要求，实现企业内部的信息共享，优化业务流程，减少操作人员的工作，向客户提供高质量的服务，并且耗费的成本很低，因而可以实现企业的经营目标，提高企业的经济效益，具有经济可行性。

2. 结构化开发方法的特点

(1) 自顶向下整体性的分析与设计和自底向上逐步实施的系统开发过程；(2) 用户至上；(3) 深入调查研究；(4) 严格区分工作阶段；(5) 充分预计可能发生的变化；(6) 开发预计可能发生的变化。要求开发过程的每个步骤都按工程标准规范化，文档资料也要标准。

3. 系统开发的周期

(1) 系统规划阶段；(2) 系统分析阶段；(3) 系统设计阶段；(4) 系统实施阶段；(5) 系统运行阶段。

4. 物流信息管理系统的开发过程

(1) 计划。确定要开发的系统的总目标,给出系统的功能、性能、可靠性以及所需的接口等方面的设想;(2) 需求分析。需求分析主要是对开发的软件进行详细的调查和分析,充分理解用户的需求,确定哪些需求是可以满足的,明确这些需求的逻辑结构,并加以准确描述;(3) 软件设计。其基本任务是将用户要求转换成一个具体的软件系统的设计方案;(4) 程序编写。把软件设计转换成计算机可以接受的程序,即写成以某一程序设计语言表示的"源程序清单";(5) 系统测试。测试是保证软件质量的重要手段,其任务是发现并排除错误,它通常又可分为单元测试(或称模块测试),组装测试、确认测试等步骤;(6) 系统运行与维护。在运行阶段,需要对软件系统进行修改,其原因可能有:运行中发现了错误需要修正、为适应变化了的软件工作环境需做适当变更、为增强软件功能需作变更。

关键术语

可行性分析;结构化系统开发方法

练 习 题

一、名词解释

1. 可行性分析
2. 结构化系统开发方法

二、单项选择

1. 系统开发的周期,以下顺序正确的是:(　　)
   A　系统规划阶段→系统实施阶段→系统设计阶段→系统分析阶段→系统运行阶段
   B　系统分析阶段→系统规划阶段→系统设计阶段→系统实施阶段→系统运行阶段
   C　系统规划阶段→系统分析阶段→系统设计阶段→系统实施阶段→系统运行阶段
   D　系统规划阶段→系统分析阶段→系统设计阶段→系统运行阶段→系统实施阶段
2. 物流信息管理系统的开发过程中,(　　)主要是对开发的软件进行详细的调查和分析,充分理解用户的需求,确定哪些需求是可以满足的,明确这些需求的逻辑结构,并加以确切地描述。
   A　计划　　B　需求分析　　C　软件设计　　D　系统测试

三、多项选择

结构化系统开发方法主要强调以下特点(　　)。

A　自顶向下整体性的分析与设计和自底向上逐步实施的系统开发过程

B　用户至上

C　深入调查研究

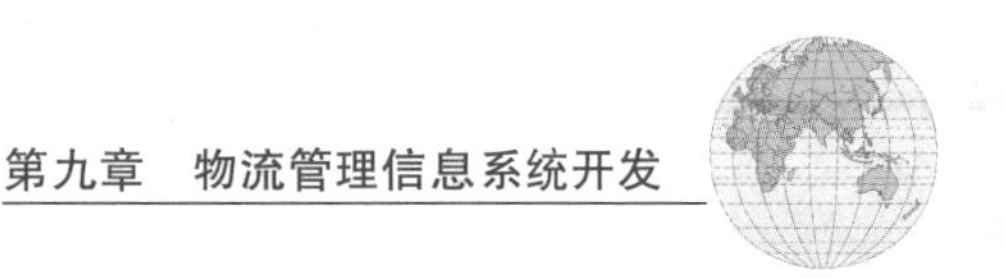

D　严格区分工作阶段

E　充分预计可能发生的变化

四、简答

1. 简述结构化开发方法的特点。

2. 简述系统开发的周期。

3. 简述物流信息管理系统的开发过程。

案例分析

北京普田物流有限公司WMS系统解决方案

一、企业简介

北京普田物流有限公司(简称普田物流，原北京福田智科物流有限公司)创建于2002年5月6日，注册资本8000万元，年营业额近20亿元，公司以北京为管理中心，分别在北京、山东、湖南、广东等地设立了7个分公司，下设50余个业务部，员工近3000人，运营网络遍布全国。

普田物流是一家专业的汽车物流企业。自2002年创立至今，坚持以业务创新为动力，信息化为手段，走管理创新、技术创新、机制创新之路，营业收入快速稳步增长，已成为中国汽车物流产业的中坚力量。公司快速响应客户需求，以全价值链的视角，为客户降低整体物流成本，帮助客户专注于核心业务，提高竞争力。先后通过了国际质量管理体系ISO90001、职业健康安全体系OHSAS180001、环境管理体系ISO140001认证，并先后被评为“中国汽车物流行业十大影响力品牌”，连续7年获得“全国先进物流企业”“中国物流百强企业”，被行业授予“中国物流文化建设示范基地”“汽车物流行业特别突出贡献企业”“中国物流社会责任贡献奖”“汽车物流行业创新奖”“汽车整车物流KPI标杆企业”等荣誉称号80余项。

普田物流的许可经营项目为货运服务，一般经营项目包括货运服务、货运代理、仓储保管、分批包装、配送服务、汽车服务贸易、物流技术与信息系统开发咨询服务。其主要产品包括：福田系物流业务(整车物流、生产物流、零部件物流、客运业务)和社会第三方物流业务(汽车物流、装备物流、原材料物流等)。

作为一家专业化的汽车物流企业，致力于为客户提供优质高效的供应链服务，坚持走管理创新、机制创新和科技创新之路，为社会和员工创造价值，为行业的进步做出贡献，形成了以销售物流、国际物流、生产物流、供应物流、售后物流为核心的五大业务格局，开发完成运输管理系统(TMS)、在途监控系统(GPS)、仓储管理系统(WMS)、普货运输管理平台、设备管理系统、物流执行系统(LES)等业务系统的建设，大大提高了物流效率，满足了多个主机厂产能提升的配送要求。

二、项目建设简介

根据普田物流公司VMI(供应商管理库存)业务整合工作整体安排，顺应行业的发展需求，普田物流WMS项目以怀柔分公司VMI业务为试点，对VMI原有仓储物流体系进行信息化调整，独立开发一套应用于 VMI 业务管理的 WMS 系统。WMS 系统在仓储管理标准功能全覆盖的基础上，新增个性化功能，实现与外部各业务环节信息系统(LES 物流执行系统、TMS 运输管理系统、SAP 供应商管理门户、MES 生产排产系统等)的信息共享，数据在各系统间实时交互，供应链全过程信息可视化，达到各环节协调一致，高效运作，建立现代化、透明化、一体化的仓储物流信息平台。项目基于 INFOR WMS 10.4 标准版，结合客户化开发，实施以下仓库管理功能：基础数据管理、入库管理、出库管理、库内管理、RF 射频功能管理、盘点管理、计费管理、单据以及报表打印功能，项目一期覆盖北京怀柔的 10 个 VMI 仓，涉及仓库的收、发、存、计费等业务，二期覆盖一百多家仓库，均为福田主机厂第三方 VMI 仓库。

三、企业在实施 WMS 系统之前存在的问题

普田物流 VMI 此前使用的 WMS 系统功能较为简单，系统功能主要有入库管理、出库管理、库内管理、费用管理、查询与统计、基础信息、系统设置等，现因业务需要须对接福田主机厂的生产执行系统(MES)及物流执行系统(LES)，以支持主机厂的多种物料配送模式、拉动生产计划，并顺应物流公司业务整合需要，同时改善 VMI 库内手工作业、劳动强度大、工作效率低下、出错率高等问题。因此，VMI 的 WMS 系统应具备更多自动化、智能化、敏捷化的功能。现 VMI 作业存在的问题有以下四个方面：

(1) 纸质单据繁多，未使用现代化及信息化手段，单据流转缓慢、人员工作量巨大、准确率低、工作效率低下；

(2) 实际的业务操作过程缺少信息化支撑，存在较多人为因素，大部分环节需要人为干预，主要依靠作业人员的熟练程度和经验，出错率高，浪费人力及物力；

(3) 供应链中的各节点交接及界定不清晰，VMI 和主机厂生产车间信息不同步的现象，造成结账困难，给主机厂、物流公司、供应商三方均造成损失；

(4) 供应链各环节没有准确的实时库存，造成整个供应链不准确并且低效，表现为主机厂排产困难、物流部门疲于应付、物流公司工作量巨大、成本居高不下、供应商盲目生产等。

四、WMS 仓储管理系统解决方案

根据物流公司业务整合需要，对生产物流厂外 VMI、厂内 RDC(区域分发中心)的仓储情况进行实时监控，对订单的发布和入库情况进行跟踪控制，随时查看生产物流物料的库存状况，支持主机厂多种物料拉动配送模式，指导库内作业，提高生产物流作业效率。提供先进的生产物流业务信息化管理平台，提高仓储管理水平，提高出入库准确性及订单的准确性，降低资金占用，降低呆滞库存，提高仓库利用率，为主机厂提供了及时而准确的数据支持，为业务决策的准确性提供保障，实现零部件从供应商送货至 VMI 到总装上线的全过程监控管理，追踪零部件流动过程，实现质量追溯。

1. 系统架构图

VMI 业务的 WMS 系统采用 SaaS(software as a service，软件即服务)架构，在全国各地可登入使用，还可通过手机登录和操作，通过 SaaS 系统的集成功能，可以根据用户角色+自定义方式，在下一次登录时可以记忆上一次退出时的界面，也可以根据权限设置维护好功能清单界面，通过对用户权限进行管理，可满足生产物流用户对信息系统的不同业务需求。

WMS 信息系统体现以下特性：SaaS 平台：所有客户通过互联网或 App 使用信息系

统，客户地点和数量不受限制，满足任何规模仓库管理需求，体现微仓系统的特点；数据交换平台：WMS系统能够与内外部各类信息系统接口，信息数据在系统间实时共享；供应链信息系统连接：与SRM、WMS、TMS等上下环节连接，实现供应链全过程信息可视化；服务端整体采用标准J2EE架构，采用JDBC＋SPRING＋STRUTS＋EasyUI的模式；移动端采用Android＋HTML5的混合模式进行开发。

2. 根据普田物流的实际业务情况，有步骤地进行信息化的规划和建设，满足福田主机厂的一切业务需求，建立满足主机厂实现根据VMI实时库存实施排产计划，实时接收工厂物料拉动计划并完成VMI配送作业的信息系统平台，提供高效、透明、一体化的信息服务。

3. 系统功能

(1) 基础数据维护。对组织信息、角色信息、员工信息、物料信息、仓库信息、货区信息、仓位信息、供应商数据、客户数据、单位规格等基础信息进行维护、管理。

(2) 订单管理。对入库订单和出库订单进行管理，可接收上游下发订单、供应商的补货订单、手工订单等。

(3) 入库管理。系统支持多种入库模式，物料可分批质检、收货、使用条形码，实现信息流转的自动化电子化管理，入库时系统推荐仓位，支持物料入库、入库仓位历史记录的查询和导出以及物料条形码打印功能。

(4) 出库管理。系统支持多种出库模式，物料可以分批拣货、包装、出库、装车、发运，实现信息流转的自动化电子化管理，提供出库作业指导信息，提高拣货效率，支持物料出库历史记录的查询和导出功能；支持一个出库单下多批次出库功能；支持出库流程的工作流配置功能。其中配送计划接收来自WMS系统与主机厂LES系统接口，WMS接收LES系统的配送指令信息，完成WMS和LES系统之间的信息流传和交互，同样，配料信息或者排序信息可从LES系统中获取，自动生成出库单。

(5) 库内管理。系统对移仓、封存、分装业务、盘点、库存调整等库内作业进行管理，并生成作业记录及对应的分析结果，可将作业记录及分析结果导出。

(6) 退库、紧急出库等处理。退库处理：针对主机厂总装线因计划调整、质损或其他原因造成的零部件退库至RDC或VMI的情况，系统支持由供应商将自提退库指令发至物流部材料会计，由其在系统内做退库记录及打印退库单，再由保管员备货，交予保管员、供应商和财务主管签字确认后，由材料会计根据签字单据进行退库审核，完成退库闭环。紧急出库处理：针对主机厂紧急出库情况，根据缺件紧急程度，由材料会计根据主机厂指令在系统内创建出库计划或出库单，配送至主机厂办理主机厂入库单，再将出库单与主机厂入库单进行核对，无误后在系统内完成确认出库，实现PDCA（计划、执行、检查、处理）闭环。

(7) 计费管理。VMI向供应商收费：可对生产物流的计费进行管理，包括设置计费科目、设置费率，实现费用自动计算和手工计算功能，形成结算单，并做成收支台账，可对账单进行分类查询。VMI使用系统费用收取：用户登录系统可查看和下载系统使用说明，登录后能创建用户信息，维护基础数据，系统根据用户属性设置收费类型（月度、季度、年度缴费以及续费方式选择）和收费标准（按单收费、按用户数量收费、按流量收费等），根据业务量变动、新增供应商客户等变动情况，收费也随之变动。VMI用户可扫描二维码进行收费确认，系统能实现缴费办理、生成电子发票等功能。

(8) 报表管理。系统支持对生产物流的常用报表进行管理，可将入库记录、出库记录、物料库存、库内作业等数据以报表形式展现出来，并根据用户的管理/查询条件，对一定范围内数据按照预定模板进行列举、排序、分类及一些运算。

五、WMS 系统实施中遇到的主要困难、问题与解决措施

1. 在实施过程中前期需求与后期实施时需求变化较大

在项目实施前期，因项目要求建设周期短，且涉及范围较大，实际业务复杂，潜伏的风险因素多，项目干系人对业务的认识不足，对系统的定位把握不足和概念的模糊导致前期无法把握核心需求，造成需求定义不准确，致使后期需花费较长时间变更需求。

解决措施：在实施过程中，根据项目实施周期制定详细的开发计划，保证各个开发周期的工作保质保量，多频次召开项目评审会，与业务管理人员和操作人员深度沟通，进行需求探索，进而提取详细需求分析并进行开发部署。

2. 开发人员与用户对系统功能存在理解错位

系统上线实施之初，业务人员总会就实际业务中遇到的各种情况询问如何在系统中实现，在这个过程中，就会发现系统原本的设计是依照管理层的相关意志及已制定的相关工作管理标准，但是实际运行中，业务的复杂程度超出现有的规章制度及工作标准的范围，于是出现对于同一工作标准的不同解读，造成系统功能无法满足相应的管理要求。

解决措施：加强公司信息部门人员的“桥梁”作用，将业务中的实际状况与管理要求进行层层对应，完成系统实际要素的分析，并指出其中的优劣势与相应的风险点，以便公司领导与相关部门进行决策。

六、WMS 系统主要效益分析与评估

通过 WMS 系统的实施，取得了以下几个方面的创新和改进：

1. 实现过程管理的全面系统监管

对生产物流 VMI 甚至供应商、RDC 的仓储情况进行实时监控，对订单的发布和入库情况进行跟踪控制，随时查看生产物流物料的库存状况，能够根据生产计划及物料库存情况自动进行库存补充，指导库内作业，提高生产物流作业效率。

2. 实现生产物流业务信息化管理

通过系统实施，降低库管人员的劳动强度，没有终端数据收集系统时，库管人员所有的工作就是忙于出、入库的手工记账，劳动强度大，工作效率低。实施 WMS 系统后，许多基础性的数据由手工输入变为自动采集，实现库房日盘点管理，大大提高效率，从而降低了人力成本。

3. 实现出入库准确性及订单的准确性

WMS 系统提供了准确的库存、存货、在制品库存数据，在盘点误差不超过规定的范围，所有项目的库存记录与实际盘点结果相匹配的程度达到 98% 以上，提高了出入库准确性及订单的准确性。

4. 实现及时而准确的数据支持

通过本系统的实施，为福田主机厂提供了及时而准确的数据支持，为相关人员提供及时而准确的库存信息，业务部门可根据有关信息做出准确的业务决策，避免了盲目性决策。同时为供应商管理系统的实施提供了准确的库存数据来源，带动供应链管理水平提高。

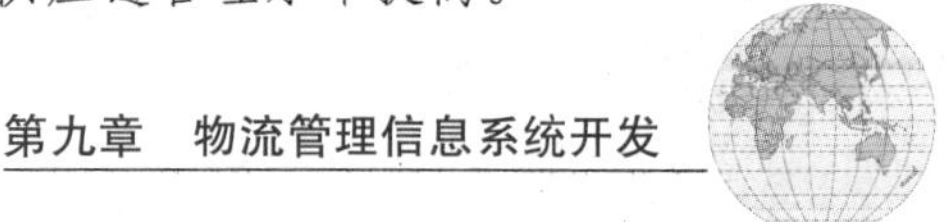

5. 实现了零部件全过程的监控管理

实现了零部件从供应商送货至VMI到总装上线的全过程监控管理，追踪零部件流动过程，实现质量追溯。采购业务员可及时掌握零部件出货信息，预知零部件何时能到达仓库，掌握采购订单执行的进度，监控零部件流动过程，以更好指导生产。

案例思考：

北京普田物流有限公司WMS系统的成功实施，进一步提高了普田物流生产物流的作业效率，通过信息化平台建设实施，VMI将入出库数据逐一录入系统中，实现了实物流与数据流的同步闭环，完成与主机厂系统、供应商系统的对接，通过系统实时监控主机厂的拉动计划，根据配送计划提前安排车辆和配送时间，极大地提高了生产配送的效率。请思考本案例中，普田物流WMS系统实施过程中的有哪些经验与教训可以供同行参考和借鉴。

第十章 物流管理信息系统管理

学习目标

学习完本章,你应该能够:
1. 理解物流管理信息系统管理的体系结构;
2. 熟悉物流管理信息系统管理的基本内容;
3. 了解物流管理信息系统的规划设计管理;
4. 理解物流管理信息系统的管理模式;
5. 了解物流管理信息系统的运行管理;
6. 了解物流管理信息系统维护;
7. 熟悉物流管理信息系统安全管理。

开篇案例

国家交通运输物流公共信息平台的药品运输监测

据统计,2015 年全国七大类医药商品销售总额达到 16 613 亿元,药品流通市场规模稳定增长,随着药品销售额的不断提升,对于药品运输服务的需求也在逐渐扩大。由于第三方物流业务模式具有专业性强、运输成本低、综合实力出众、资源优化水平高等优势,因此,医药行业的运输模式已经逐渐转变为以第三方物流服务为主。而多数非医药行业的第三方物流企业长期处于行业监管的真空地带,由于运输业务的监管责任边界划分、相关信息共享不畅等因素阻碍,医药行业主管部门无法有效掌握药品运输的在途信息、无法确保药品运输环节的质量安全。

2011 年以来,华东医药、珍诚医药、英特医药、康恩贝制药、济民制药等多家浙江省医药企业先后接入国家交通运输物流公共信息平台(以下简称"国家平台")。通过应用国家物流信息平台统一标准与数据交换通道,有效地解决了医药供应链生产流通企业与第三方物流企业间信息的流转、运输过程跟踪、回单核对等问题,不仅实现了较好的社会和经济效益,也为国家平台积累了该细分行业领域丰富的互联经验,同时,国家平台也将医药供应链互联应

用推广作为供应链上下游互联的一项重点工作。

药品运输过程中面临问题包括：第一，药品运输质量安全信息不透明。在药品供应链中不同参与主体信息化程度参差不齐，绝大多数企业特别是下游的小型承运商，缺乏完善的物流运输信息化管理和先进物流技术的应用，医药供应链信息化程度不一，并缺乏统一规范的互联标准与成熟模式，从而形成药品供应链信息孤岛现象，这就为行业主管部门全面、深入、有效掌握药品运输质量安全情况带来了难度。第二，药品安全监管未形成闭环。药品事关民生大计，任何一个环节都不允许出现差错，为了保障药品的疗效，从出厂到终端客户，最核心也是最重要的关键点就是物流环节的管控，特别是冷藏药品和特殊药品储运的特殊性对管理水平的要求远远大于其他物流领域。同时医药监管部门对药品储运环节也难以形成完整的监管链条，药品运输过程的质量安全盲点多。第三，药品运输监管全程跟踪与可追溯性差。鉴于药品运输的及时性、安全性要求较高，药品生产流通企业（托运方）的客户较为关注货物的在途状态和到达情况，针对客户的需求，目前，医药生产流通企业对于货物和车辆的信息获取基本依靠电话方式从医药物流企业的业务员处获得，同时，省药监局也需要实时采集药品运输在途温湿度变化、药品签收位置信息等指标并与注册备案、行业标准信息进行监测、比对与分析。

在本项目的实施过程中，国家平台主要开展了以下方面的技术对接工作：一是推动药品运输安全监管互联标准建设。根据药品运输监管需求，相继制定《道路运输电子单证（食品药品版）2015》互联标准、《药品运输监管平台接入技术指南》，并规范了监管对象信息系统的互联接入流程及相关要求；二是开展外部平台互联技术对接。结合药品供应链运作流程及数据交换技术框架，完成药品运输监管的业务和数据协作流程的研究和梳理。

目前，药品运输质量安全智慧监管平台已正式上线运行，华东医药供应链、英特医药、珍诚医药在线等5家上游医药生产流通企业以及浙江珍诚物流、杭州施必达科技等数家下游承运商企业作为试点单位已顺利完成接口升级改造接入药品运输监管系统，并实时上报药品安全质量监管信息。

第一节　物流管理信息系统管理内容

一、物流管理信息系统管理的体系结构

物流管理信息系统包括网络、工作站与服务器、PC、数据库、操作系统和应用软件，以及操作级管理人员、机房设备设施等组件。物流管理信息系统的管理是指对这些组件的部署、监控、操作、应用与管理等工作。

物流管理信息系统的管理框架为层次式金字塔型（如图10.1所示），底层（第一、二层）是信息系统技术管理部分，是面向信息系统的维护和管理人员的，用于进行信息系统的日常操作、维护和管理等具体技术性工作，同时也包括对信息系统监控软件的操作和管理。中层（第三层）为信息系统的使用性能管理部分，它使信息系统能够很好地满足业务和管理的需要，在规定的时间、规定的地点、为规定的人员和业务提供良好的服务，支持业务的正常运

转。反过来，一旦信息系统的性能和可用性满足不了业务的要求，需要更新、升级，甚至更换、添加信息系统软硬件时，一般都以该层的系统性能表现和报告作为决策依据。一般来说，中层是面向企业信息系统的管理决策者和企业的管理者的。高层(第四层)是对信息系统提供给企业内部和外部客户的信息服务功能水平进行管控的管理层，面向企业的员工和管理者，或者外部客户。信息系统的最终目标就是为用户(内外部的)提供规定的服务，服务水平一般由事先的规划或协议规定。

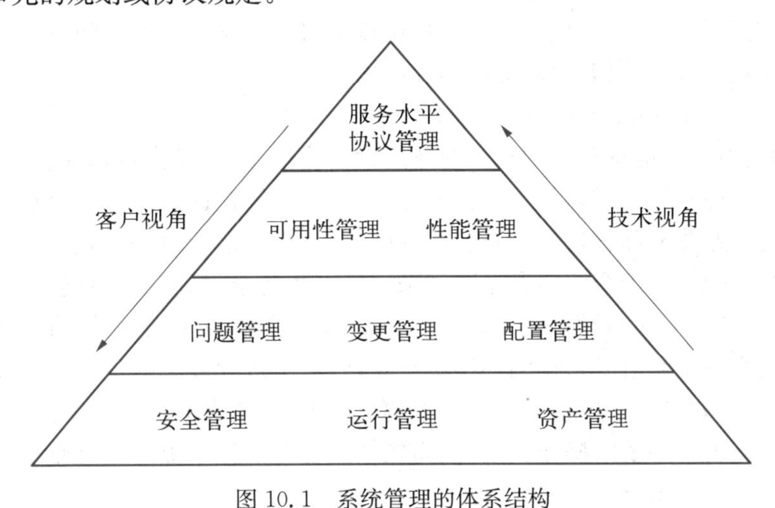

图 10.1　系统管理的体系结构

信息系统管理的金字塔型结构中，下一层为上一层服务，上一层以下一层为基础。由下向上看，是技术角度，信息系统的管理功能逐层提高，难度不断增大；从上往下看，是客户角度，即信息系统使用者的角度，客户能够感受到的，是信息系统的实用性能，以及运行是否稳定、可靠、安全、快捷。

二、物流管理信息系统管理的基本内容

物流管理信息系统的管理，根据功能可分为：可用性管理、性能管理、问题管理、变更管理、配置管理、安全管理、运行管理、资产管理、服务水平协议管理。它们的管理对象和管理方法分别阐述如下：

1. 可用性管理(availability management)

可用性是指对于企业的各种信息资源(包括网络、软件、硬件、数据)，在任何需要的时间和地点，任何被许可的客户都能取得足够的信息应用服务。可用性管理是指通过对性能、配置、问题、变更等的综合管理，所获得的对信息资源存取的整体效果，它是对信息系统管理的宏观要求。

2. 性能管理(performance management)

性能是指信息系统提供服务的功能的范围和获取这些功能的高效性，可以用“多、快、好、省”来衡量。“多”指提供的功能多；“快”指提供服务的速度快，对用户请求的响应快；“好”指提供的功能易于使用和维护；“省”指提供这些服务需要的系统资源尽可能少，包括软

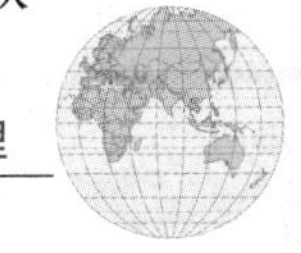

硬件投资小、能耗低、环境污染小等等。性能管理通过一些监控系统运行效率的软件来实现，当系统运行效率下降时，监控软件会报警或自动处理。

3. 安全管理(security management)

信息系统的安全管理涉及人员、设备和资产的管理，尤其是对企业数据资产的管理。企业数据资产是指信息系统中存储的文件、程序、合同条款、通信、工程设计、人事数据等等。数据的安全，是要保护这些数据免受未授权的各种破坏、修改、暴露、使用，无论这些动作是故意的还是无意识的。对于信息的安全管理可以通过以下途径：物理防范和操作流程的安全防范，系统完整性管理，资源存取的控制和密码设置。

4. 运行管理(operation management)

运行管理是指企业信息系统中日常业务的操作管理，这些操作包括对网络的监控，对企业管理和经营信息的日常采集、分类、处理、存储、备份等等。这些操作是企业日常运营的基础信息工作，是企业业务和管理赖以开展的基础，信息系统运行得好坏直接影响到企业的日常经营和管理。同时，由于企业信息系统越来越庞大和复杂，相应的运行管理工作也日趋增多。系统的操作节点增加，操作环节增多，全天候运行等等，使系统操作的难度和工作量大大增加，如果能实现企业信息系统的整体单点管理，对于减少多点的重复性操作和误操作将起到较大的作用。如果能实现企业信息系统操作流程的自动化执行，将可以有效减轻操作强度和工作量，减少不必要的操作失误，提高操作速度和信息系统的响应速度。

5. 问题管理(problem management)

系统运行过程中故障和问题的解决，是企业信息系统管理必不可少的管理内容之一。在信息系统的日常维护中，故障的出现基本符合 2/8 定律，即难度较小的常见问题出现的几率是 80%，难度较大的问题出现的几率为 20%。常见问题的解决可以依靠知识库，知识库记载了企业信息系统已出现过的问题、问题的特征、影响范围、问题的解决策略和方法，当相同的问题又出现时，问题管理人员可以查询知识库，找到相应的解决办法。如果是知识库中没有的问题，应在更高层次的问题管理人员解决后，将新问题及其解决方案存储在知识库中。

6. 变更管理

物流管理信息系统管理，一般需要不同门类专业人员共同管理，在系统运行崩溃或者规定的一段时间后，需要重新启动和初始化。那么，系统自安装完成后的变更记录，无论对不同人员的系统管理，还是系统的重启，都是至关重要的。对于系统管理人员而言，一切工作都是以系统最新的状态为基础。系统的重新启动意味着系统也必须恢复到关机前的最新状态。因此，如何对系统维护的变更进行及时准确的记录，是系统管理的一项必要的日常工作。

7. 配置管理(configuration management)

物流管理信息系统由种类繁多的软硬件组成，同种产品又有不同的厂家品牌号和版本。同时，信息系统架构中的各种软硬件，它们的型号和版本必须互相兼容，系统才能正常工作。因此，对于企业信息系统软硬件配置的记录和及时更新，也应当是信息系统管理的一项内容，是系统升级和维护必不可少的。

8. 服务水平协议管理(service level agreement management)

物流管理信息系统的运行和管理必须以达到服务水平的要求。企业服务水平协议，是物流管理信息系统部门与企业业务和管理部门，以及客户事先达成的信息系统服务水平的规定，包括系统的可用性水平、系统故障率、系统的响应时间等等。为了达到这些要求，对信息系统的运行水平需要不断管理和监控，并且形成月度、季度、年度报告，向企业其他部门和客户提供信息系统状况报告。

9. 资产管理(asset management)

企业信息系统涉及的各种软件、硬件、文档、合同协议、机房设施、办公设备等等，作为企业的固定资产，应当在它们被购置或产生的时候，及时准确地登记入册，或者录入资产管理软件中。在以后发生变更使用人、使用地点，发生维修、更换等情况时，也应当将相应的信息及时录入或更新。这些信息是企业对资产进行定期盘点、检查和管理的依据。

第二节　物流管理信息系统管理模式

一、物流管理信息系统的规划设计管理

物流管理信息系统的建设是一项复杂的系统工程，在系统建设的规划和准备阶段，需要注意以下几方面的工作：

1. 要有足够的知识准备

物流管理信息系统是一项集计算机技术与管理于一体的系统工程，涉及的知识面广，并且有一定深度。对企业信息建设者、决策者和管理者的计算机技术和管理知识要求较高：要求系统的规划者和建设者对物流企业的各个环节，包括物流服务的设计、财务、营销、销售等，都要有比较深入的理解，需要对同行业信息系统建设的状况及发展方向有一定的认识。这些对现有知识的要求，在整个信息系统的实施过程中，从始至终贯穿于整个信息系统的生命周期，并且随着系统建设的进展而不断深入，甚至提出新的要求。特别是在信息系统建设的规划准备阶段，对于整个系统的可行性、实用性、可靠性、先进性、兼容性的认识和规划能力，将对信息系统的建设成功与否起到至关重要的作用。基于知识和科学管理的信息系统规划，可以使系统建设的成功率大大提高，并且为将来系统的投资提出合理的要求，使将来系统的建设顺应计算机技术和管理先进思想的发展潮流，提高系统的实用性和可维护性，为企业业务和管理提供良好的平台和快捷的工具，为企业的生产经营节约成本，创造效益，提供较高的顾客服务水平。反之，仓促和缺乏知识与经验的规划方案，将会对系统的建设埋下潜在的危险，由于系统的技术方案选择不当，可能会使系统的实施费用和维护成本大大提高，比如选择的产品即将停产，或者不是主流，其价格和后期的更换和维修，将可能比主流产品高出好几倍。

2. 明确企业对物流管理信息系统的需求

企业必须明确自己对物流管理信息系统的需求，使物流管理信息系统充分适应企业当前和将来的需要，而又不必对一些额外的不实用功能付出多余的代价。企业要建立物流管理信息系统，首先应当从业务和管理的角度出发，考虑清楚企业目前的实际情况是什么样，自身的需求是什么，要达到什么样的目标，所建系统是基于企业整体层面还是某个部门级

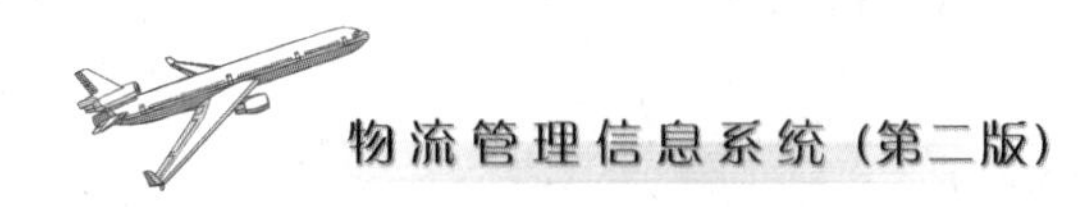

的，信息系统的可靠性和安全性要达到什么样的要求（不同的等级要求在资金投入上有数倍的差异），明确自己现阶段和未来发展的需求，将企业需求按照重要性、紧迫性的指标排队，将企业业务和管理最需要的部分，以及明确能给企业带来效益的部分优先实施，保证投入的资金用在最需要的地方，实现系统最实用的功能。同时，既不能目光短浅，以至于系统缺乏向后兼容性和扩展性，不利于以后业务的创新和系统升级，造成前期投入的极大浪费，也不能好高骛远、贪大求全，使许多华而不实的功能占用资金，或者无谓地提升企业信息系统的投资额度，对企业的生产经营造成影响，不利于核心业务的发展。一定要结合企业自身的行业特点、地理位置、管理模式、企业实力、人员素质，乃至企业文化等诸多因素，实事求是、因地制宜，准确定位自身需求。企业的需求定位对系统的构建至关重要，往往决定了系统的规模和投资，以及后期的应用和维护成本。实际上，有些企业正是因为对自身需求缺乏有效的分析和认识，对预期目标期望太高，虽然投入了大量的人力、物力，最终应用效果却并不理想，造成了企业资源的巨大浪费和企业员工对信息化热情的锐减。

3. 寻求企业管理决策者的全力支持和领导

企业决策层对物流管理信息系统重要性的认识和重视程度，对于信息系统建设的投资力度，人员等资源的配合，系统的实施，以及实施后的推广应用，都将起到决定性作用。由于信息系统的建设一般都伴随着企业业务流程的调整和重组，企业组织结构的相应调整等等，只有企业决策者才有权力和能力做出决策，组织和领导相应决策的实施。因此，使企业的决策者认识到物流管理信息系统的建设将为企业赢得竞争优势，为企业带来潜在的巨大利润等等，是实施物流管理信息系统的前提条件。另外，物流管理信息系统建设往往在实施和应用初期，对企业的业务造成一定的负面影响，使企业现有的业务流程和人员原有的工作职能受到一定的冲击，出现一定的“过敏”症状，企业员工很可能由此会产生较大的怨言，对信息系统的实施持抵触甚至否定态度，并且影响更多人对信息系统实施的看法。在这种情况下，一是要对企业的员工讲清楚出现负面情况是暂时的必经阶段，是实施信息系统从不适应到适应过程中的过渡期；同时，企业决策者也应根据实际情况的需要，采取一些强制性或者激励性措施，使信息系统的应用强制进入预期的轨道，把信息系统扶上马之后再送一程，用外力推动它步入良性运行的阶段。还有，企业信息化建设不仅需要较大的前期投资，而且在以后的应用维护期，仍然需要一定的资金投入支持，企业信息化建设不是一蹴而就的，它需要长期的更新与维护。从目前我国企业信息化建设的实际情况来看，许多企业的信息系统框架搭建起来之后，由于缺乏后续的投入，使原本能够为企业带来巨大潜在利润的信息系统，变成了企业的包袱。信息系统运转不灵，反而造成了对业务的负面影响，从而使企业决策者对信息系统失去了最后的信心，甚至觉得建设信息系统是一种决策失误，从而走入了更深的误区，延误了赢得市场竞争优势的机会，错过了伸手可及的利润源泉，在企业信息化建设的最后一步落败。

4. 物流管理信息系统的建设必须服务于企业的发展战略

物流管理信息系统的建设必须以为企业业务和管理服务为宗旨，并且与企业的战略目标和管理目标紧密结合。信息系统的设计，必须以企业的业务发展战略为目标，通过不断的调整、修改、创新，来满足当前和将来业务发展的要求，为业务的发展插上信息化的翅膀，让它能更快地发展，为企业确立长期的战略竞争优势，适应企业较长时期的发展需要。信息系统的建设要从始至终明确目标，在战略层次上引导企业的发展，为企业业务提供优质的服务与支持。另外，由于企业信息系统具有一定的"刚性"，建成以后不能轻易再改变方向，因此，必须使其"刚性"与企业的发展战略相一致，才能保证信息系统的有效性和可用性，适应企业不断发展与创新。

5. 善于利用和借鉴同行经验

要善于利用外部资源，求助于咨询公司和借鉴同行经验。物流管理信息系统是一项复杂的工程，一旦实施需要花费较大的人财物力等企业资源。物流管理信息系统较难进行事先的模拟和试验，这是由于信息系统的专业性，以及企业业务和管理的独特性所决定的。然而，信息系统的软硬件构成却有一定的确定性和有限性。在一定时期，计算机和网络技术产品的种类和功能具有一定稳定性，企业管理软件的品种也比较有限，这为企业向其他同行业或者相近信息系统学习和借鉴，提供了理论基础和实践的可行性。咨询公司和同行业现有的信息系统经验和模式，为企业快速、低风险、较低成本地进行信息系统的建设提供了良好的条件，省却了自己摸索所走的弯路，减少了时间、资金和人员的投入，使系统的成功率大为提高，而且可以在现有的模式上提出本企业独特的要求，充分满足企业对信息系统一致性和专业性的需要。

二、物流管理信息系统的管理模式

物流管理信息系统管理的内容包括人、才、物力诸方面的管理，但这些不同功能的管理不是孤立的，而是管理流程的不同环节。一般来说，信息系统的一个问题往往要通过多种管理互相配合、相互协作才能最终诊断和解决。

信息系统的管理中心由三级服务平台组成(如图 10.2)，以问题管理为主线，以问题单据的产生、传递、记录、完成为线索，跟踪整个信息系统单个问题的全部解决过程。其他管理，比如变更管理、资产管理、安全管理等等，都在一定程度上由问题管理引起，当然这些管理也可单独进行。

物流管理信息系统管理的流程一般是这样的：当系统的用户发现问题后，会通过电话、email、网页留言、传真等途径，将问题描述给发送信息系统的一级服务平台，一级服务平台由掌握一般技能，但知识和实践经验比较全面的技术和业务人员组成，当他们接到问题后，会记录问题并生成问题单据，以便在自己解决不了的情况下，根据问题的种类分发给二级服务台的专业技术人员；如果一级服务台人员在现有知识库中能够找到解决方案或者凭经验能够解决问题，问题单据将会终止。在二级服务平台中，提供技术服务的人员都是掌握专门技术的专业人员。比如网络、系统、运行、安全、应用、硬件等人员，他们在各自的领域都有精深的理论基础和丰富的实践经验，能够为新系统出现的新问题和复杂故障提供具体的技术支持，最终解决问题，排除故障，并且完成问题单据，将其输入知识库中，以备下次出现同样的问题时，一级服务平台就能依此解决问题。三级服务平台一般由厂家技术专家组成，当问题在二级平台于规定的时间内得不到解决时，就需要二级平台的技术人员联系相关软硬件厂家的技术支持部门，或者请该领域的专家诊断、解决问题。这种问题的问题单据也应由二级服务平台的人员整理并录入知识库中。在以上问题管理过程中，如果需要对系统参数进

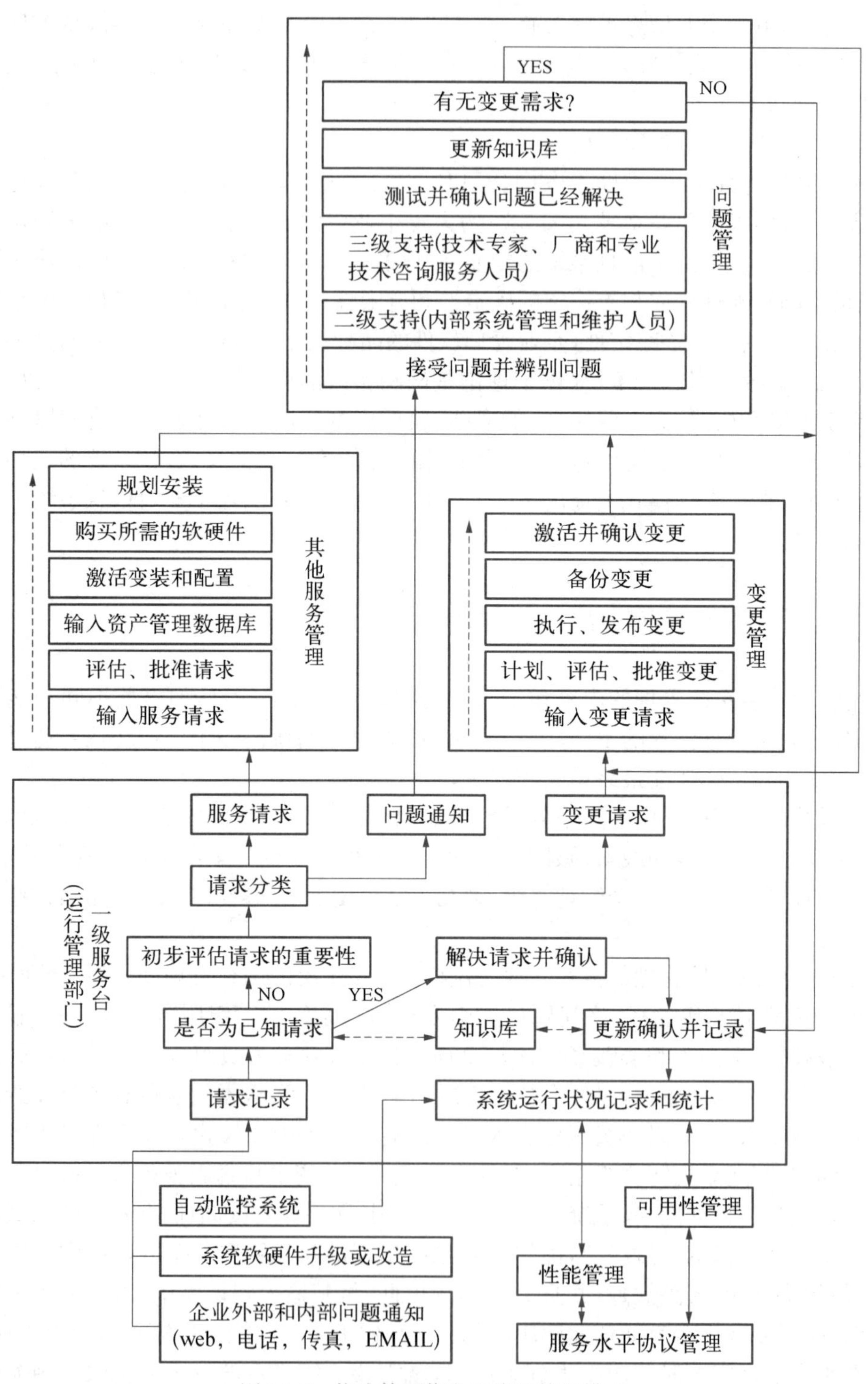

图 10.2　物流管理信息系统的管理模式

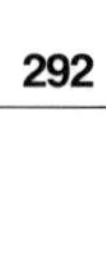

行调整、增减等，就需要变更管理；如果需要添加软硬件设备，则需要录入资产管理；与操作权限有关的问题，则需要安全管理。

物流管理信息系统的性能管理和可用性管理，一般由对信息系统运行状况的记录和统计资料的分析，这些资料来源于信息系统监控软件的报告，系统管理过程中遇到的问题，以及企业业务发展产生的系统更新、升级和换代的需求。可用性和性能的管理是以对众多综合因素的管理为基础的，一般涉及面广、力度较大，有时可能需要添加或更换软硬件设备。

由上可知，物流管理信息系统的管理是一项综合性的系统工程，需要较多的信息部门配合、协同工作。通过三级服务平台和知识库的应用，能够使系统管理工作有序、快捷、高效地完成。另外，该管理模式也可用于其他较为复杂的事务管理、客户服务、业务流程和机关办事流程等等。

第三节　物流管理信息系统运行管理

一、物流管理信息系统运行管理

物流管理信息系统进入使用阶段后系统开发方的任务是对系统进行管理和维护，使系统真正发挥为用户提供物流信息的作用。如果缺乏科学的组织与管理，物流管理信息系统不仅不能为用户提供高质量的信息服务，而且系统本身也会陷入混乱。物流管理信息系统运行管理主要通过行政手段并辅以技术手段进行。物流管理信息系统如果不能正常有效地运行，则会白白浪费系统研制阶段的所有努力，无法实现系统目标，并给企业带来巨大的人力、财力上的损失。

物流管理信息系统的运行管理工作是系统研制工作的继续，系统投入使用后的运行管理工作是相当繁重的。下面对具体的运行管理工作进行分析。

1. 数据搜集

在物流管理信息系统中，数据搜集体现在以下几个方面：一是数据库各个表中数据记录的录入和校验。货物在其流通过程中，具有共性的特征信息应该能够在上下游企业之间共享。根据物流管理信息系统开发中的上下游企业集成程度，这类数据搜集具有不同的自动化水平。二是通过自动识别和采集技术（如条码技术、射频识别技术、GIS 技术、GPS 技术等现代物流技术），能够对物流活动进行准确实时的信息搜集。这体现了物流活动中的物流与信息流的集成。另外，客户通过图形界面进行元素值的选择或填写，能够方便地完成物流活动中各种单证的输入，如用户订单信息的输入。

数据搜集伴随着物流活动的日常性工作，例如，在库存管理工作中，对每天进货出货的业务处理都应该包括数据录入、数据校验。数据搜集是运行管理的重要内容，数据搜集工作常常分散在各个业务部门，不同的业务人员协调一致地展开工作并不是一件简单的事情。系统主管人员应该努力利用各种方法，提高这些人员的技术水平和工作责任感，对他们的工作进行评价、指导和帮助，以便提高所搜集数据的质量，为系统有效地工作打下坚实的基础。

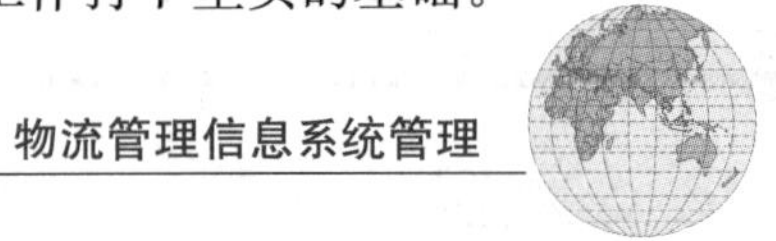

2. 数据处理

常见的工作包括例行的数据更新、统计分析、报表生成、数据的复制及保存、与外界的定期数据交流等。这些工作一般来说都是按照一定的规程，定期或不定期地运行某些事先编制好的程序。这些程序可通过图形界面的功能调用而得到执行。系统的工作规程应该是在系统研制中已做好详细规定，操作人员应当经过严格的培训，清楚地了解各项操作规程，了解各种情况的处理方法。数据处理依赖于系统已有的各种资源，如系统功能和搜集到的数据。

另外，很多企业的后台都拥有数据仓库。物流管理信息系统中的很多数据（如产品销售量、销售地点、销售时间、客户信息等）都可移植到数据仓库中，再利用 OLAP 分析和数据挖掘对数据仓库中的数据进行处理。这样的数据处理不是服务于某个具体的业务交易，而是为企业长远性的战略性计划提供决策支持。

3. 系统硬件的运行维护

物流管理信息系统应该在任何情况下都能正常运行，为此，需要有一些硬件工作人员负责计算机和网络的运行与维护。对于大型计算机，这一工作需要有较多的专职人员来完成。系统硬件的运行和维护工作包括设备的使用管理、定期检修、备用品和配件的准备及使用、各种消耗材料的使用及管理、电源及工作环境的管理等。

二、物流管理信息系统运行情况记录

物流管理信息系统的运行情况记录对系统管理和评价来说是十分重要和宝贵的资料。如果缺乏系统运行情况的基本数据，只停留在一般的印象之上，则无法对系统运行情况进行科学的分析和合理的判断，更难进一步提高物流管理信息系统的工作水平。系统的管理人员应该从系统运行的一开始就注意积累系统运行情况的详细材料。

1. 工作数量

工作数量主要包括开机的时间，每天、每周、每月搜集数据的数量，每天、每周、每月提供报表的数量，系统中积累的数据量，修改程序的数量，数据使用的频率，满足用户临时要求的数量等。这些数据反映了系统的工作负担及所提供的信息服务的规模。这是反映物流管理信息系统功能的最基本的数据。

2. 工作效率

工作效率主要指系统为了完成所规定的工作，耗费的人力、物力和时间的情况。例如，使用者提出一个临时的查询要求，系统花费了多长时间才给出所要的数据；系统在日常运行中所花费的人力是多少，消耗性材料的使用情况如何等。

3. 信息服务质量

物流管理信息系统为用户提供各种信息服务，信息服务和其他服务一样，其质量高低直接决定了系统的成败。如果一个物流管理信息系统生成的报表并不是用户所需要的，使用起来也不方便，那么这样的报表生成得再多、再快也没有意义。另外，用户对于提供信息的方式是否满意，所提供信息的精确程度是否符合要求，信息提供得是否及时，临时提出的信息需求能否得到满足等，也都属于信息服务的质量范围之内。物流管理信息系统必须在系统分析阶段充分掌握用户的信息需求，并在后期的系统维护中不断完善系统功能以满足用户更多的信息需求。

4. 维护修改情况

系统中的数据、软件和硬件都有一定的更新、维护和检修的工作规程。这些工作都要有详细、及时的记录，包括维护工作的内容、情况、时间、执行人员等。

5. 系统的故障情况

无论大小故障，都应该有所记录。记录内容包括故障的发生时间、故障的现象、故障发生时的工作环境、处理的方法、处理的结果、处理人员、善后措施、原因分析。这里所说的故障不只是指计算机本身的故障，而且包括整个物流管理信息系统的故障。例如，由于数据搜集不及时，年度报表的生成未能按期完成，这是整个物流管理信息系统的故障，而不是计算机的故障，同样，搜集来的原始数据有错，也不是计算机的故障。各种有关错误类型、数量等的统计数据都是非常有用的资料。

在运行管理工作中，人们往往重视故障情况的记录，那些在正常情况下的运行数据很容易被忽视，因为发生故障时，人们往往比较重视对故障情况作及时记录，而在系统正常运行时，则不注意记录。但仅有故障记录是无法全面掌握系统运行情况的，所以必须十分重视正常运行时的情况记录。例如，设备发生故障，需要考察它是在累计工作了多长时间之后发生的故障；平均无故障时间如果没有正常运行时的日常工作记录就无从计算。

三、物流管理信息系统维护

系统投入运行后，需要不断地对系统进行各项修改和维护，以改正潜在的错误，扩充和完善功能，延长系统寿命。系统维护包括硬件维护、应用软件维护以及数据维护。

1. 软件维护

软件维护就是在软件已经交付使用之后，为了改正错误或满足新的需要而修改软件的过程。其目的是保证软件系统能持续地与用户环境、数据处理操作、政府或其他有关部门的需求协调一致。

(1) 正确性维护。改正在系统开发阶段已发生的而系统测试阶段尚未发现的错误。

(2) 适应性维护。为使软件适应外界环境的变化而进行的修改。

(3) 完善性维护。为扩充系统的功能和改善系统性能而进行的修改。

(4) 预防性维护。为减少或避免以后可能需要的前三类维护而对软件配置进行的工作。

2. 数据维护

数据维护工作一般是由数据库管理员来负责，管理员主要负责数据库的安全性和完整性以及对其进行并发性控制。用户在向数据库管理员提出数据操作请求时，数据库管理员要负责审核用户身份，定义其操作权限，并负责监督用户的各项操作。同时数据库管理员还要负责维护数据库中的数据，当数据库中的数据类型、长度等发生变化时，或者需要添加某个数据项，或者需要修改相关的数据库、数据字典，并通知有关人员。另外，数据库管理员还要负责定期出版数据字典文件及一些其他的数据管理文件，以保留系统开发和运行的轨迹，

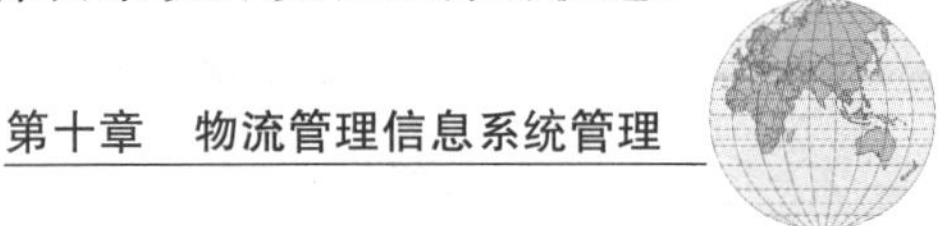

当系统出现硬件故障并得到排除后要负责数据库的恢复工作。

3. 代码的维护

当有必要订正、重新设计、添加、删除代码时，应由代码管理部门讨论新的代码系统，确定之后以书面方式写清再贯彻。代码维护困难不在代码本身的变更，而在于新代码的贯彻。为此，除了代码管理部门外，各业务部门都要指定专责代码管理人员，通过他们贯彻使用新代码。

4. 硬件维护

硬件维护包括专职的硬件人员对系统设备日常的保养性维护和对突发性故障进行维护，硬件人员应加强设备的保养以及定期检修，并做好检验记录和故障登记工作，为适应软件的要求更换一定的设备，做好应付突发性故障的有关准备。

四、物流管理信息系统安全管理

物流管理信息系统是物流企业组织的“神经网络”，物流管理系统安全出现问题将会产生巨大影响。物流管理信息系统安全指为了防范意外或人为破坏，或非法使用信息资源，而对物流管理信息系统运行所采取的保护措施。

1. 安全管理目标

物流管理信息系统的目标是保障物流活动的正常开展，以便创造更多的时间价值和场所价值。物流管理信息系统依赖于网络而得到开发和运行，并更多地借助于因特网来传递物流信息，从而连接不同场所的物流业务活动。

物流管理信息系统安全是系统运行保障机制的重要内容，其不安全因素主要来自以下几个方面：

（1）物理部分。如机房不达标、设备缺乏保护措施、存在管理漏洞。

（2）软件部分。如操作系统安全、数据库系统安全、应用系统安全。

（3）网络部分。如内部网安全和内、外部网连接安全。

物流管理信息系统安全管理的目标是保证系统在有充分保护的安全环境中运行，由可靠的操作人员按规范使用计算机系统、网络系统、数据库系统和应用系统，同时系统应符合安全标准。

2. 安全技术

近年来，人们在网络信息安全的实现方面进行了广泛的研究，取得了许多有价值的研究成果，网络信息安全的实现技术异彩纷呈。当前用于网络信息安全的实现技术主要包括身份识别技术、密钥技术、安全控制技术和安全防范技术。例如，通过对网络实施实时监控，可以有效地帮助识别攻击特征以及其他包括病毒、探测行为和未授权修改系统存取控制机制的可疑行为，并以反击手段对这些可疑行为做出响应。

（1）密钥技术。

加密算法主要有两种：对称密钥加密和非对称密钥加密。对称密钥加密要求发送方和接收方在安全通信前商定一个共享密钥（解密算法是加密算法的逆过程），它对较长的数据信息加密效率高，但无法实现较好的密钥管理。实际应用中，这个共享密钥是在信息交换过程中由发送方随机产生的，并随即利用接收方的公开密钥进行加密后发送给接收方，或者采用除网络通信手段以外的其他安全通信手段（如电话、传真等）传送。这个密钥可只限于一次性使用。然后，发送方便可利用这个对称密钥对要发送的较长的所有数据信息进行加密，以保证传输过程中的信息机密。非对称密钥加密又称为公开密钥加密，其优点是密钥管理简单易行，缺点是加密效率远远低于对称密钥加密，适于短报文加密、数字签名和上述的共享密钥发送。

信息安全传输系统主要由两部分组成：一部分进行数字签名和信息加密，称为发信过程；另一部分进行签名验证和信息解密，称为收信过程。密钥技术可看成是由明文、密文、算法和密钥四要素构成的。明文是原始信息，密文是明文变换后的信息，算法是明文和密文之间的变换法则，密钥是用以控制算法实现的关键信息（即算法中的可变参数）。密钥技术的实施包括加密和解密两个过程。加密时，给定密钥，并按照既定的算法（如 RSA、DES、IDEA 等）将明文变换成密文；解密时，方向相反，即启用密钥，并按照既定的算法将密文还原成明文。

（2）身份识别技术。

物流管理信息系统安全机制的主要目标是控制对信息的访问。当前用于身份识别的技术方法主要有四种：

① 利用用户身份、口令、密钥等技术措施进行身份识别。

② 利用用户的体貌特征、指纹、签字等技术措施进行身份识别。

③ 利用用户持有的证件，如光卡、磁卡等进行身份识别。

④ 多种方法交互使用进行身份识别。

其中，口令识别是目前广泛采用的技术措施，这种身份识别机制在技术上需要进行两步处理：第一步是给予身份标识，第二步是鉴别。口令识别这种控制机制的优点是简单、易掌握、能减缓受到攻击的速度。目前对其攻击方式主要有尝试猜测、假冒登录和搜索系统口令表三种。

（3）访问控制技术。

身份识别的目的是防止入侵者非法侵入系统，但其对系统内部的合法用户的破坏却无能为力。访问控制技术的基本思想是在网络信息的访问前端设置访问权限。设置了访问权限后，非法用户以及不在权限范围之内的合法用户均无法通过检测通道访问这些信息，访问权限的设置有物理和逻辑两种形式。目前对系统内部用户非授权的访问控制主要有两种类型，即任意访问控制和强制访问控制。任意访问控制指用户可以随意在系统中规定访问对象，通常包括目录式访问控制、访问控制表、访问控制矩阵和面向过程的访问控制等。强制访问控制指用户和文件都有固定的安全属性，由系统管理员按照严格程序设置，不允许用户修改。如果系统设置的用户安全属性不允许用户访问某个文件，那么不论用户是否是该文件的拥有者都不能进行访问。任意访问控制的优点是方便用户，强制访问控制则通过无法回避的访问限制来防止对系统的非法入侵。对安全性要求较高的系统通常采用任意访问控制和强制访问控制相结合的方法：安全要求较低的部分采用任意访问控制，信息密级较高的部分则必须采用强制访问控制。

（4）数字签名。

数字签名技术是解决网络通信中发生否认、伪造、冒充、篡改等问题的安全技术。在传

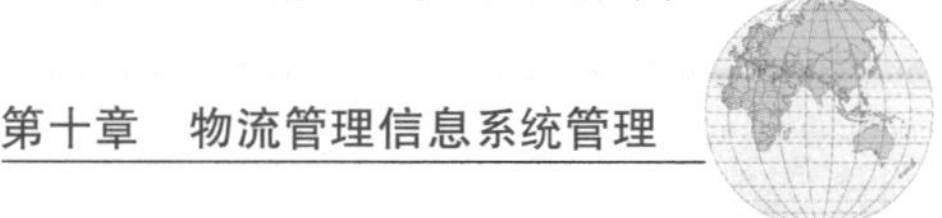

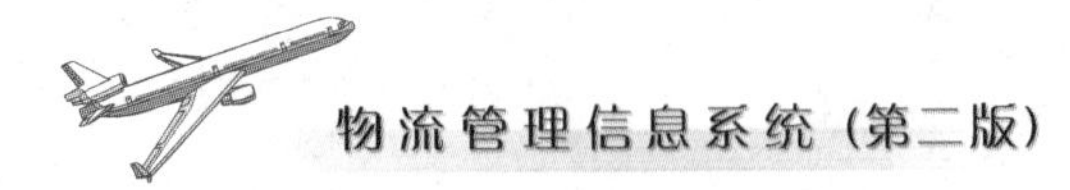

统的银行业务、资金传送、合同和出议的签订等活动中，都需要签名或盖章。进入网络环境后，这种“签名”或“盖章”是通过数字签名技术来实现的。数字签名是为证明发送者（信源）所发信息的真实性而开发的技术。如果发送者发送了一个签了名的信息给接收者（信宿），那么，发送者的数字签名必须满足下列四个条件：

① 接收者能核实发送者对信息的签名。

② 发送者不能在事后否认其对信息的签名。

③ 任何人（包括接收者）都不能伪造发送者对信息的签名。

④ 如果发生了签名纠纷，那么通过仲裁解决这种纠纷是可能的。

数字签名是通过一种密码系统来产生和检验的，这种密码系统是应用数学的一个分支，它将原始电文加密转变成看起来难懂的形式，并可对其进行还原。数字签名使用了“公钥密码”技术，这种技术基于算法函数的使用，以生成两个不同但数学上相关的“密钥”。一个密钥用来产生数字签名或将数据转换成看起来难懂的形式，另一个密钥用来检验数字签名或将电文转变成原来的形式。利用这两种密钥的计算机设备和软件被统一称为“密码系统”或“非对称密码系统”，因为它们依赖于非对称算法的使用。

数字签名的两个密钥被分别称为私有密钥和公开密钥。私有密钥仅仅限于签名人使用，以产生数字签名，公开密钥知道的人较多，由信赖方使用来检验数字签名。私有密钥的使用者应保持密钥的安全和机密。在实践中，私有密钥的个人使用者并不需要知道私有密钥的内容，私有密钥可以保存在一张智能卡上，也可以通过个人识别码（PIN）或使用某种生物识别设备（如通过指纹识别）来获取。如果想检验某签名人的签名，则必须获取公开密钥，公开密钥应发送给相关人员或在公共目录上发布。虽然密钥对存在数学上的相关性，但是，如果设计了一个非对称密码系统并得到安全的实施，则很难通过公开密钥来导出私有密钥。公开和私有密钥的保密算法之一是利用了基于大素数的一个重要特征：当两个大素数相乘而产生一个新数时，想确定这个新生大数来自哪两个素数是相当困难且非常耗时的。因此，尽管许多人都知道某个签名人的公开密钥并使用它来检验签名人的签名，他们却无法发现签名人的私有密钥并利用它来假冒数字签名。

(5) 防火墙技术。

在因特网中，防火墙常常被安装在受保护的内部网络（如企业 Intranet）连接到因特网的点上。实施防火墙技术的主要目的在于对因特网和受保护的内部网络之间的信息流通行为进行控制。具体来说，包括防止因特网上的危险（病毒、未授权的访问者等）侵入受保护的内部网络中，以及阻止内部网络中的机密信息流进因特网。其基本思想是：检查数据流中的每个数据包，并根据数据包的源地址、目标地址、连接请求的方向、数据包协议和服务请求的类型来确定是否允许数据包通过。这种“包过滤”方式相当于在受保护的内部网络上设置了“守门人”，把外部可疑的访问被拒之于门外。

(6) 病毒防治技术。

计算机病毒实质上是以破坏计算机资源（如内存、程序等）为目的的各种软件程序的统称。通过网络散播计算机病毒是当前网络犯罪的主要表现形式。从技术上来说，计算机病毒的防治主要有以下途径：

① 在服务器上装载防病毒模块。

② 用防病毒软件检测计算机。

③ 在计算机上插上防病毒卡。

④ 在网络接口卡上安装防病毒芯片。

(7) 信息泄漏防护技术。

计算机的屏幕、网线、无线电元器件等本身都存在电磁辐射现象。通过专用的设备,这些辐射出来的信号可以被还原成相应的信息。对于涉及企业商业秘密等重要信息,必须考虑采取防护措施,以防"隔墙有耳"。

对计算机电磁辐射的防护可从计算机的外壳封装、内部线路与元器件、输入输出电路、传输电缆、电源系统以及声学角度入手,常见的方式主要有:

① 使用专用的铜网屏蔽机房。

② 装置干扰天线。例如,在显示器旁边装上一个具有较宽的波段范围的电磁波发射装置,从而掩盖掉计算机信号的辐射。

③ 使用辐射泄漏很小的液晶显示器。

④ 慎用无线连接系统。

本章小结

1. 物流管理信息系统管理的基本内容

物流管理信息系统的管理,根据功能可分为:可用性管理、性能管理、问题管理、变更管理、配置管理、安全管理、运行管理、资产管理、服务水平协议管理。

2. 物流管理信息系统的运行管理

(1) 数据搜集。在物流管理信息系统中,数据搜集包括数据库各个表中数据记录的录入和校验,通过自动识别和采集技术对物流活动进行准确实时的信息搜集。(2) 数据处理。常见的工作包括例行的数据更新、统计分析、报表生成、数据的复制及保存、与外界的定期数据交流等。(3) 系统硬件的运行维护。

3. 物流管理信息系统运行情况记录

(1) 工作数量。工作数量主要包括开机的时间,每天、每周、每月搜集数据的数量,每天、每周、每月提供报表的数量,系统中积累的数据量,修改程序的数量,数据使用的频率,满足用户临时要求的数量等。(2) 工作效率。工作效率主要指系统为了完成所规定的工作,耗费的人力、物力和时间的情况。(3) 信息服务质量。物流管理信息系统必须在系统分析阶段充分掌握用户的信息需求,并在后期的系统维护中不断完善系统功能以满足用户更多的信息需求。(4) 维护修改情况。系统中的数据、软件和硬件都有一定的更新、维护和检修的工作规程。(5) 系统的故障情况。故障记录内容包括故障的发生时间、故障的现象、故障发生时的工作环境、处理的方法、处理的结果、处理人员、善后措施、原因分析。

4. 物流管理信息系统维护

(1) 软件维护。软件维护就是在软件已经交付使用之后,为了改正错误或满足新的需要而修改软件的过程。(2) 数据维护。数据维护工作一般是由数据库管理员

来负责，管理员主要负责数据库的安全性和完整性以及对其进行并发性控制。(3) 代码的维护。当有必要订正、重新设计、添加、删除代码时，应由代码管理部门讨论新的代码系统，确定之后以书面方式写清再贯彻。(4) 硬件维护。硬件维护包括专职的硬件人员对系统设备日常的保养性维护和对突发性故障进行维护，硬件人员应加强设备的保养以及定期检修，并做好检验记录和故障登记工作，为适应软件的要求更换一定的设备，做好应付突发性故障的有关准备。

5. 物流管理信息系统安全管理技术

物流管理信息系统安全管理技术，包括密钥技术、身份识别技术、访问控制技术、数字签名、防火墙技术、病毒防治技术、信息泄漏防护技术。

关键术语

可用性管理；物流管理信息系统管理

练 习 题

一、名词解释

1. 可用性管理
2. 物流管理信息系统管理

二、单项选择

1. 近年来，人们在网络信息安全的实现方面进行了广泛的研究，以下哪项技术不属于网络信息安全的实现技术？（　　）

A　密钥技术　　B　身份识别技术

C　访问控制技术　　D　数据库管理技术

2. 物流管理信息系统的管理框架为层次式金字塔型，（　　）是信息系统对企业内部和外部客户的信息服务功能水平的管理层，面向企业的员工和管理者，或者外部客户。信息系统的最终目标就是为用户（内外部的）提供规定的服务，服务水平一般由事先的规划或协议规定。

A　底层（第一、二层）　　B　底层（第一、二层）

C　中层（第三层）　　D　高层（第四层）

三、多项选择

1. 物流管理信息系统的运行管理工作是系统研制工作的继续，系统投入使用后的运行管理工作是相当繁重的，主要包括：（　　）

A　数据搜集　　B　数据处理

C　系统硬件的运行维护　　D　信息服务

E　软件维护

四、简答

1. 简述物流管理信息系统的运行管理。

2. 简述物流管理信息系统运行情况记录。

3. 简述物流管理信息系统安全管理技术。

物流快递行业信息安全研究(2018)

随着经济结构不断优化,电子商务恰逢其时,蓬勃发展,世界正在变得越来越“扁平化”。作为电子商务重要支撑的物流快递行业迎来重大发展契机,也经历了快速增长。今天,“互联网+”新零售热潮的迅猛势头使快递从“小包裹”迈向“大物流”的路径渐明。物联网、人工智能、大数据、云计算等新一代信息技术的深度应用使物流快递行业从人力密集型向技术、资本密集型转变的趋势更加明显。

物流快递行业的智能化、数字化转型不仅赋能产业自身发展,对拉动消费、提振经贸活动同样发挥着重要的支撑作用;另一方面,深度分析挖掘并合理利用物流快递行业信息数据,有助于更为科学全面地分析经济运行状况,为相关部门掌握经济发展脉络、精准制定产业政策提供决策依据。

机遇从来都与风险同行。物流快递行业的数字化转型必然伴随着信息安全风险。物流快递信息系统被攻击、侵入,信息数据被泄露、滥用,不仅会造成用户合法的信息权益受损,给用户带来财产损失甚至人身伤害,还会影响商家、快递企业的品牌和声誉,更有甚者会危及公众和社会安全。因此,全面分析评估信息安全风险、总结分享应对措施与攻防经验、研究提出风险防控建议并探索切实可行的措施,成为推进物流快递行业健康持续发展的题中应有之义。

一、物流快递行业迎来快速发展

物流快递行业是推动流通方式转型、促进消费升级的现代化先导性产业,在降低流通成本、支撑新型零售发展、服务生产生活、扩大就业渠道等方面发挥了积极作用,已成为我国国民经济的重要产业和新增长点。2017 年 2 月,《快递业发展“十三五”规划》正式发布,为物流快递行业的发展谋划了蓝图。未来,物流快递行业将从扩大产业规模转向提高产业发展质量和效益。

1. 物流快递行业发展总体情况

今天,我国快递行业已进入常态化单日快递“亿件时代”。可以说,快递行业与亿万人民群众的日常生活息息相关。如图 10.3 所示,过去几年中,物流快递行业无论是业务量还是业务收入都在迅速增长。2018 年,全国快递服务企业业务量累计完成 507.1 亿件,同比增长 26.0%;实现业务收入 6 038.4 亿元,同比增长 21.8%。

从区域上来看,华东、华南以及京津冀仍是快递业务集中的区域。除中西部的成都和武汉外,业务量和业务收入全国排名前十的均为华东、华南以及京津冀城市,如表 10.1 所示。

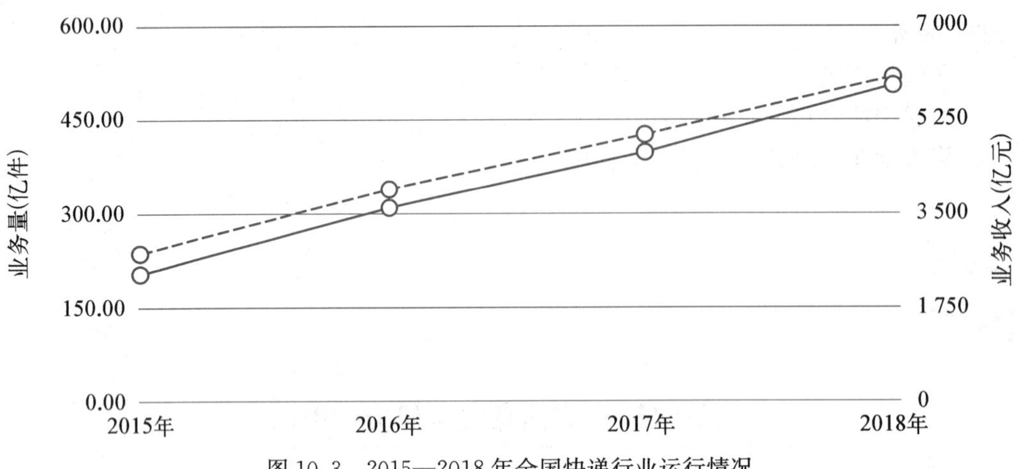

图 10.3　2015—2018 年全国快递行业运行情况

表 10.1　2018 年快递业务量及业务收入排名前十城市

排名	城　市	业务量(万件)	排名	城　市	业务收入(万元)
1	广州市	506 447.8	1	上海市	10 202 806.0
2	金华(义乌)市	366 123.2	2	广州市	4 797 456.2
3	上海市	348 648.8	3	深圳市	4 357 146.7
4	深圳市	320 825.6	4	北京市	3 310 328.2
5	杭州市	258 910.0	5	杭州市	2 966 169.2
6	北京市	220 875.6	6	金华(义乌)市	1 699 417.6
7	东莞市	133 853.6	7	东莞市	1 669 023.1
8	苏州市	124 563.0	8	苏州市	1 557 928.9
9	成都市	104 785.4	9	成都市	1 121 953.5
10	泉州市	97 247.4	10	武汉市	927 295.2

目前，我国快递企业超过 2 万家，从业人员达到 30 万，各类营业网点达到 21.7 万处，在实现城市全覆盖的同时，快递乡镇网点覆盖率超过 86%，全行业日均服务突破 3 亿人次。如此大的快递网络为电子商务发展提供了坚实的运输管道，运输触角四通八达。

快递业的飞速发展折射出我国蓬勃的经济活力以及企业和民众旺盛的消费能力。可以说，今天的中国很少有人或者企业完全没有接触过物流快递行业，没有购买使用过快递服务。因此，物流快递行业的信息安全问题对每一个人和每一家企业都至关重要。

2. 物流快递行业发展新趋势

(1) 信息技术的深度应用驱动物流快递行业智慧升级。

在物流快递行业，软件定义物流成为物流快递行业的一大创新发展趋势。软件系统逐渐成为物流硬件的“大脑”，软件“大脑”通过联网实现不断进化与迭代创新，让物流自动化系统变得更加柔性和智能。自动化流水线、物流机器人、无人机等产品和系统，以及物联网、人工智能、机器学习、大数据、云计算、无人驾驶等技术得到越来越广泛的应用，既降低了劳动力成本，又提高了仓储和分拨的智能化和可视化能力，同时还催生出即时物流、新型社区末端网、前置仓网等新型服务模式，打通了物流“最后一公里”的末端配送网络，提升了客户的服务体验和行业运行效率。

(2) 快递企业纷纷加大海外拓展步伐。

经济全球化推动了供应链体系的全球化，跨境电商因之而迅猛发展，国内大型快递企业也开始全球布局。“菜鸟”和物流合作伙伴搭建起可飞抵40余个国家和地区、共计106条航线的全球航空运输网络，服务覆盖20多个国家和地区。顺丰集团在新加坡、韩国、马来西亚、美国等十多个国家设立营业网点，至少开通了14条国际航线，物流服务覆盖了全球20多个国家和地区。可以说，随着我国构建开放型经济的脚步不断加快，“一带一路”倡议稳步推进，国内物流快递行业将在不久的将来搭建起一张真正具有全球配送能力的跨境物流骨干网。

(3) 信息安全风险成为影响物流业健康发展的关键因素。

近年来，我国信息泄露事件层出不穷，信息买卖日益猖獗，个人信息安全面临严峻挑战。中国消费者协会2018年个人信息安全调研数据显示，85.2%的受访者曾遭遇个人信息泄露问题，个人信息泄露的三大途径分别是经营者未经个人同意收集个人信息，经营者或不法分子故意泄密、出售或者非法向他人提供用户个人信息，及网络服务系统存在漏洞导致个人信息泄露。信息安全问题同样是物流快递行业非常关注的问题。截至目前，快递服务出现过用户无法在线注销、安卓应用目标SDK版本设置过低等安全问题。近年来，快递行业迅速发展。2018年全国快递服务企业业务量累计完成507.1亿件，预计2019年将仍然保持两位数增长。可以说，作为一个信息数据的海洋，快递信息的安全性至关重要。

二、面临复杂的信息安全形势

物流快递行业信息和数据安全一直是整个行业关注的焦点。近年来，从中央到地方，各级政府陆续制定实施相关法律法规和政策标准，加强相关领域信息安全建设。

1. 涉“快”信息安全问题多见

物流行业安全攻击频次高，攻击来源集中。根据菜鸟的数据，2018年，菜鸟发现并拦截了针对物流行业的4 457次有效攻击。分析发现，物流行业安全风险来源(境外攻击来源未统计在内)主要集中在长三角。

针对物流快递行业的网络攻击类型相对集中。2018年下半年网警部门数据显示，网络攻击主要类型包括恶意扫描、网络攻击、僵尸木马蠕虫和拒绝服务攻击(如图10.4所示)。其中，恶意扫描在整体攻击发生频次上占比达72%。实际造成的安全事件共计13起，主要以挖矿木马、路由器后门利用和远程代码执行事件为主。

物流快递行业业务链条长，信息安全管控面临更多挑战。物流快递业务链条较长，物流快递业务涉及多个线上线下相结合的复杂业务场景，这使得影响物流快递行业信息安全的因素多，风险管控复杂。

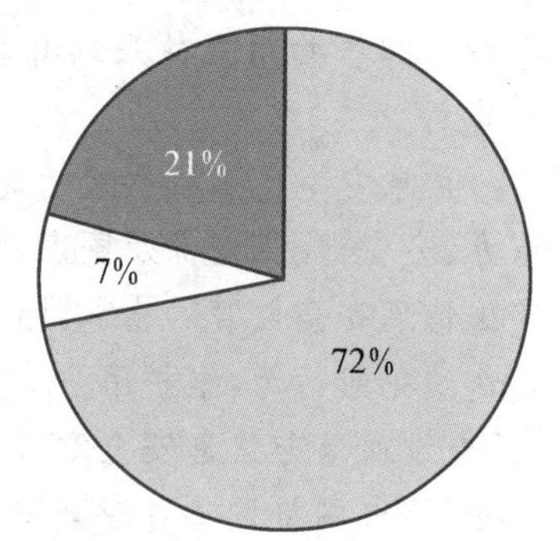

图10.4 快递公司信息安全警告主要类型

物流行业“黑灰产”活跃度不断上升。网络“黑灰产”是

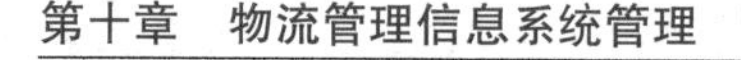

指通过电信诈骗、钓鱼网站、木马病毒、黑客勒索等方式，利用网络从事违法犯罪活动。近年来，“网络黑灰产”规模已达千亿元，助长了网络“黄赌毒”、诈骗、敲诈勒索等多种网络犯罪滋生蔓延。根据2018年市场研究数据，物流行业“黑灰产”活跃，给物流快递行业带来安全挑战。

2. 信息安全问题表现形式复杂化

从快递行业非法活动类型分布来看，网络诈骗类占比最多，其次是非法营销等其他违法活动，给消费者和企业造成经济损失。

首先，网络（含电信、即时通讯）诈骗成为主要信息安全风险。网络诈骗是指不法分子通过电话、网络和短信方式，编造虚假信息，设置骗局，对受害人实施远程、非接触式诈骗，诱使受害人给不法分子打款或转账的犯罪行为。20年以来，虚假信息诈骗犯罪，尤其是借助于手机、固定电话、网络等通信工具和现代技术等实施的非接触式的诈骗犯罪，在我国迅速发展蔓延，给人民群众造成了很大的损失。

根据菜鸟监测数据，物流快递行业信息安全风险中，电信诈骗占比达到四分之一强。其中，因快递企业不规范使用即时通讯工具导致的安全风险问题上升，“黑灰产”不法分子潜入内部即时通讯群组的情况也时有发生。

其次，“假包裹”欺诈层出不穷。近期的“假包裹”欺诈主要是诈骗者用空包裹或者廉价物品伪装成到付快递寄给消费者，欺骗未购买该商品的消费者支付快递费。“假包裹”欺诈成为涉“快”罪的新形式。2018年2月，上海市公安局青浦公安分局破获一起快递到付诈骗案。经查，犯罪嫌疑人招募工作人员，冒充知名品牌客服人员，通过微信散布免费赠送活动的虚假信息，诱使被害支付39元运费，随后由闫某负责将包装好的伪劣产品使用货到付款的方式通过快递寄出，累计向全国各地发件70余万件。

3. 法律规定与监管要求不断加强

网络安全关系到国家安全。没有网络安全就没有国家安全，就没有经济社会的稳定运行，广大人民群众利益也难以得到保障。这一论述，把网络安全上升到国家安全层面，为加快我国网络安全能力建设指明了方向。2017年6月1日起施行的《中华人民共和国网络安全法》（以下简称《网络安全法》），是我国网络领域的基础性法律，明确强调了对个人信息的保护。《网络安全法》要求企业在发现网络产品、服务存在安全缺陷、漏洞等风险时，应当及时告知用户并采取补救措施，否则企业负责人及相关安全责任人会受到不同程度的处罚。

信息安全监管机构及物流快递行业的主管部门应加强物流快递行业信息安全治理。网信办、公安部、工信部及国家邮政局等部门要求快递企业应严守信息安全底线，并联合制定、实施信息安全监管的措施，堵塞管理漏洞，严厉打击非法泄露、贩售用户寄递服务信息等各类违法犯罪行为，维护用户个人信息安全。2013年修订实施的《邮政行业安全监督管理办法》专设通信与信息安全章节，对保护用户信息安全作出具体规定。2016年出台的《网络安全法》要求网络运营者应当按照网络安全等级保护制度的要求，履行相应的安全保护义务。2017年，《最高人民法院、最高人民检察院关于办理侵犯公民个人信息刑事案件适用法律若干问题的解释》正式出台，不仅进一步明确了侵犯公民个人信息罪的定罪量刑标准，而且规定“内鬼”作案加倍处罚。2018年正式实施的《快递暂行条例》设置保护个人信息安全单独条款，对违法泄露用户信息的企业，情节严重的最高处10万元罚款，并可以责令停业整顿直至吊销其快递业务经营许可证。

依照这些法律法规，各地纷纷加强物流快递行业信息安全治理工作。以上海为例，2018年，“三通一达”等10家快递企业的网站及重要信息系统(主要是针对涉及公民个人信息的信息系统)进行了全面审查，共梳理出52个网站及重要信息系统。按照《网络安全法》要求，上海市对这些信息系统进行了网络安全等级保护定级和测评工作，其中29个系统为三级等保，23个为二级等保。已有40个信息系统完成测评并取得证书，12个信息系统已完成等保备案，要求整改。关键信息基础设施和信息系统的信息安全等级保护工作切实加强了各快递企业信息系统防泄密、防渗透、防阻断的能力，降低了公民个人信息被泄漏的风险。

对快递行业信息泄漏等安全问题已出现司法实践，起到行业警醒作用。2018年，湖北荆州中级人民法院审理宣判了深圳某快递公司员工及相关人员侵犯公民个人信息罪案件。涉案人员是该公司内部具有一定权限的工作人员，掌握着重要隐私内容，可在后台查看客户信息，先后泄露公民个人信息达千万余条，涉及交易金额达20余万元。本案涉案人员分别被处以有期徒刑10个月到3年不等。此类案件给物流快递行业敲响了警钟，让全行业了解企业和公民信息安全受到法律保护，违法必究。

4. 标准化成为信息安全治理的重要手段

网络安全标准作为网络安全保障体系建设的重要组成部分，在构建安全的网络空间、推动治理体系变革方面发挥着基础性、规范性、引领性作用。对于物流快递行业而言，网络安全标准也是其安全建设的重要基石。《网络安全法》规定，国家建立和完善网络安全标准体系，国家标准化主管部门和其他有关部门根据各自职责，组织制定网络安全管理及网络产品和服务的国家标准、行业标准。全国信息安全标准化技术委员会(以下简称“信安标委”或“TC260”，秘书处设在中国电子技术标准化研究院)在中央网信办和国家标准化管理委员会(以下简称“国标委”)的领导下，以及有关网络安全主管部门的支持下，对网络安全国家标准进行统一技术归口和标准化工作。信安标委下设信息安全标准体系、涉密信息安全、密码、鉴别与授权、信息安全评估、信息安全管理、大数据安全等7个工作组，分别组织开展本领域的标准化工作。

网络安全国家标准体系已初具规模。目前，全国信安标委已发布268项国家标准，在研97项标准制定项目，陆续制定实施了信息系统安全等级保护系列标准、产品安全测评、信息安全管理体系、信息安全风险评估、云计算服务安全、个人信息安全规范、大数据服务安全能力要求等标准。此外，关键信息基础设施保护、数据安全能力成熟度模型、数据出境安全评估、政务信息共享安全、医疗信息安全等标准项目有些处于研制过程中，有些则已经推进到报批稿阶段。

国家标准应用实践不断深入。近年来，越来越多的网络安全国家标准被广泛地应用于实践。以大数据安全标准为例，2017年，信安标委在中央网信办、工信部、公安部和国标委的指导下，根据《网络安全法》及GB/T 35273《信息安全技术个人信息　安全规范》有关内容，开展个人信息保护提升行动之隐私条款专项工作，对微信、淘宝网、京东商城等10款网络产品和服务的隐私政策进行评审。2018年，信安标委继续对生活服务类、网络支付类等五类30款网络产品进行隐私政策评审，以提升相关企业个人信息保护水平。此外，国家标

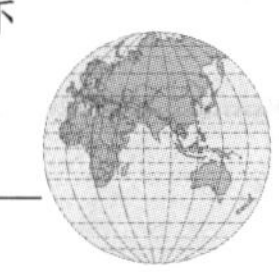

准《信息安全技术 数据 安全能力成熟度模型》围绕数据生命周期，从组织建设、制度流程、技术工具和人员能力四个能力维度，给出了数据安全能力成熟度模型，该标准已在贵阳、成都、武汉三地及货车帮、伊利、南方电网、如家等多个行业近100家企业推广应用，2018年信安标委也对互联网医疗、人工智能、物流、金融等领域十家企业开展了标准试点工作，为企业评价自身数据安全管理能力和水平提供了参考模型。

行业标准陆续出台。国家邮政局先后出台了《寄递服务用户个人信息保护指南》《邮政业信息系统安全等级保护基本要求》等标准。这些国家和行业标准规范为物流快递企业以及信息化产品和服务供应商、信息安全服务机构等制定并实施隐私政策及个人信息管理规范指明了方向，成为相关企业和机构开展信息安全保护工作的技术指引。

三、信息安全风险防控实践

今天，快递企业面临着更加严格的法律规制和社会公众对保护信息安全日益高涨的呼声。从企业自身健康、安全、持续发展以及履行社会责任的角度出发，很多快递企业通过制定实施本企业信息安全风险防控制度和规范、在网络基础设施和信息系统建设进行更大投入、采用更高级的安全防护技术等方式，系统性地推动风险防控工作，整体提升信息安全水平。

1. 技术层面信息安全风险防控实践

保障信息安全需要技术先行。没有强有力的安全技术体系，就谈不上切实保障网络信息安全。据菜鸟统计，约68%的行业安全风险与技术相关，如系统漏洞、账号、权限等。因此，采用先进的安全防护技术是保障物流快递信息安全的重中之重。

(1) 强化网络基础设施安全保障。

网络基础设施在网络安全中占据着重要地位。对网络基础设施进行攻击，往往会造成范围广、影响大、持续时间长的不良后果。例如，2017年俄罗斯黑帽黑客“Rasputin”利用SQL注入漏洞获得了系统的访问权限，黑掉60多所大学和美国政府机构的系统，并从中窃取了大量的敏感信息。同年，洲际酒店旗下12家酒店餐厅及酒吧的支付系统被恶意软件入侵，顾客的信用卡支付信息被窃取。

安全、稳定的现代物流IT网络环境是快递企业业务稳定运行的前提，事关广大用户的切身利益。国内主流快递企业纷纷加大网络基础设施建设和维护投入，持续提升抗打击能力，降低安全风险隐患。以菜鸟为例，依靠阿里集团多年安全技术研究积累的成果和菜鸟物流云强大的分析能力，菜鸟为客户提供DDoS防护、主机入侵防护、漏洞检测和木马检测等一整套安全服务，从而为快递企业提供稳定、可靠、安全、合规的云计算基础设施服务。物流的云设施往往具备一般快递企业所不具备的专业安全风险防控能力，可以相对有效地控制风险，降低风险损害。

菜鸟物流云是基于云计算的物流基础信息服务平台，能提供安全稳定的云设施环境，为用户提供隐私保护通话服务、短信服务等安全类产品与服务。同时，菜鸟物流云形成通用解决方案和行业解决方案两大类解决方案，帮助快递企业有效抵御外部攻击。

(2) 实施账号风控。

账号安全是业务安全风险的重要入口，近年来，各大快递公司都在完善账号安全，例如中通快递为解决账号权限问题，利用AI、大数据、机器学习等技术建设了统一身份认证和授权系统,增强了中通业务系统的安全性,其架构如图 10.5 所示。

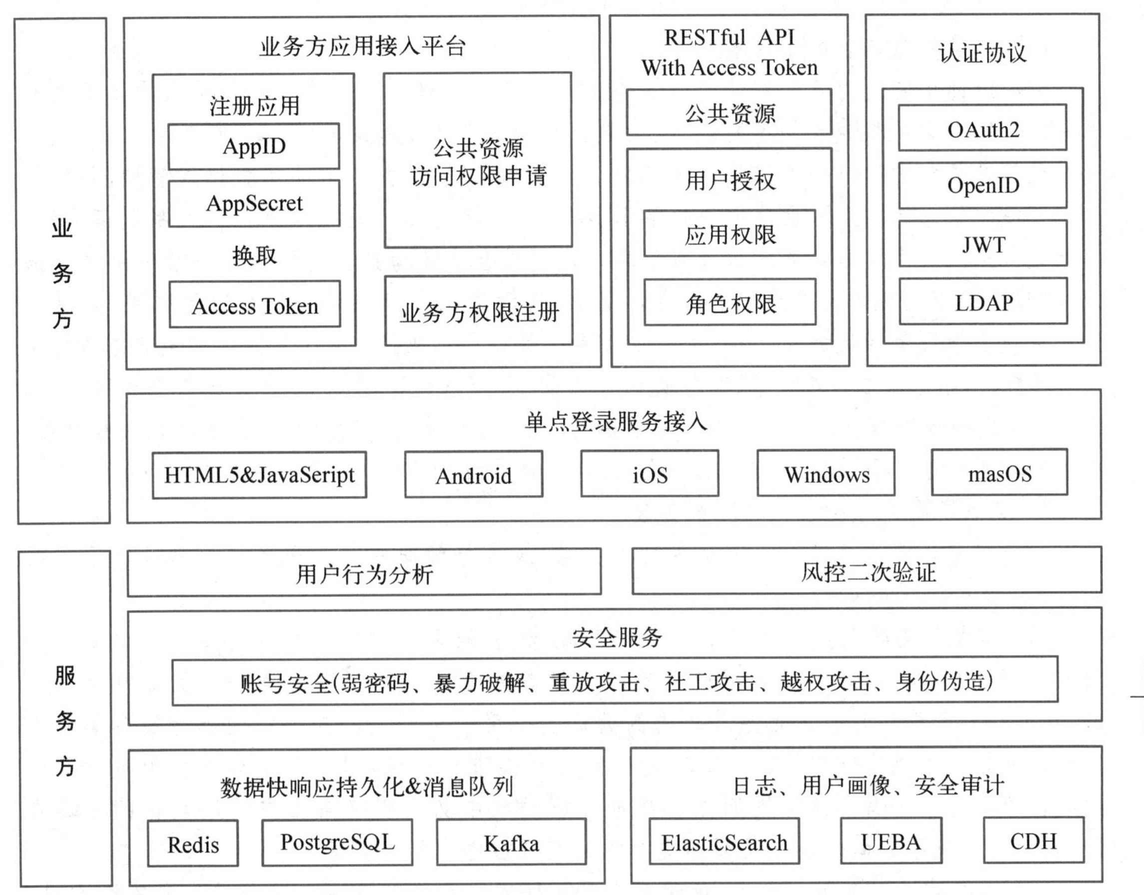

图 10.5　中通统一认证服务架构

同时,中通开发了快递查询软件——中通宝盒移动端 App。通过这款软件,中通公司实现了对全网 30 万人员的实人验证以及系统账号的闭环安全管理,在解决账号管理难的同时也提高了操作的安全性和便捷性,保障了系统的安全准入。另外还实现了中通内部各个子系统认证以及多套账号体系的互通,单个账号可以在全网网点内自由切换和统一授权,满足了混合云架构下的自研系统及外购系统安全便捷接入的需求。

(3) 加强数据与隐私保护。

当今社会,用户数据与隐私的保护越来越受到关注。菜鸟为物流快递行业用户提供高性能、低成本的数据与隐私安全服务。例如要求所有数据都必须在隔离的网络安全域中使用,不同等级数据对使用的网络安全域有对应要求,不允许安全级别高的数据在低级别的网络安全域中使用。根据数据安全分级,对数据实施相应的保护策略。保证数据完整性,建立数据的灾难恢复和备份机制。

菜鸟利用 DSMM(数据安全能力成熟度模型)将数据安全管理经验标准化,其数据安全保障能力获得国内外权威机构的认可。菜鸟高分通过三级等保评定及历年复测评、具有 ISO27001 认证资质并通过历年年审、通过美国注册会计师协会(AICPA)SOC2 TYPE Ⅱ审

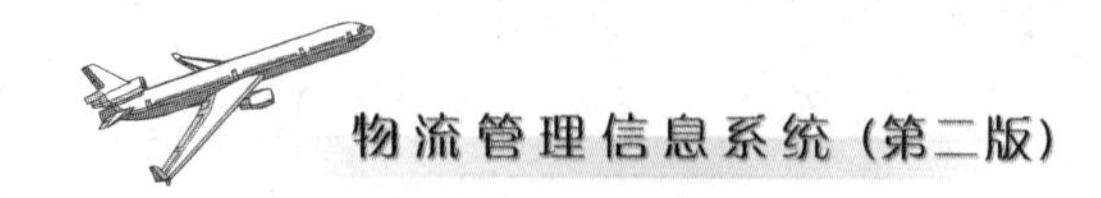

计，获得 SOC2 TYPE Ⅱ和 SOC3 审计报告，成为国内首家通过 SOC2 审计的物流公司，其系统安全性、可用性和保密性处于国际先进水平。

（4）构建物流安全管防控体系。

以邮政速递物流为首的一些物流快递企业逐渐开始建立安全管防控体系来维护企业和用户信息安全。中邮速生物识别技术、大数据和风险模型，建成了“E 盾”安全台。管，主要是管理邮件邮包中用户个人信息等敏感数据端的加密脱敏，在应用端实施权限管控，并对生产环节使用信息的内部人员应用手机认证、指纹识别等生物认证技术进行实人制认证。防，重点是防范黑灰产攻击盗取邮件邮包信息。通过结合业务场景、流程、账号属性设计防御阈值，对超出工作正常需要的异常行为主动防御，自动注销工号并触发系统短信告警，自动通知专职安全管理员开展调查。控，重点是控制风险行为。依托大数据技术对海量日志数据进行智能分析，结合账号登录异常、账号查询量异动、账号越权访问、服务流量异常等风险模型，实施风险识别预警和主动安全防御。平台建成以来，已对数起可疑行为进行主动拦截和预警，结合现场逐一复查，强化了用户数据安全意识，有效遏制了黑灰产业渗透窃取信息行为。

2. 其他层面信息安全风险防控实践

物流快递行业信息安全治理需要内外共治、技术与管理并行。很多公司都开展了很好的尝试。

（1）建立并实施企业信息安全管理制度规范，加强企业内部信息安全管理。以菜鸟为例，从机制保障、人员保障和数据使用安全保障等方面加强数据安全保护。例如指定事业部、业务部门负责人为各自业务范围内的数据安全第一责任人。在公司内部开展各类培训对员工进行全方位的宣传教育。定期对数据可行性进行评估，对不可用或不再用数据及时销毁。严格遵循数据最少够用原则。数据开放过程中必须明确第三方使用数据的法律责任，且第三方使用数据的环境必须满足数据的安全性保护要求等等。

（2）搭建物流安全服务平台，优化安全服务环境。为提升各家物流公司信息安全水平，向消费者及企业提供一个更加安全的网络环境，上海市青浦公安部门联合菜鸟和主要物流企业发布了“物流安全服务平台”，目前申通、圆通、中通、韵达等公司均已接入这一平台。该服务平台充分借鉴互联网企业安全保护良好实践，整合行业安全和相关机构等资源，进行信息安全风险预警，在物流企业进行风险监测、识别、评价和管控工作中发挥较大作用。

（3）广泛联系企业，组建安全联盟，搭建物流快递信息安全“生态圈”。菜鸟发起成立“菜鸟物流快递行业安全联盟”，与物流快递业同行（中国邮政、中通、韵达、圆通、申通、百世、德邦、苏宁、日日顺物流、优速、安能等）在信息安全、网络安全、黑灰产对抗方面加强合作与交流，协助相关机构防范打击阻碍行业健康发展、侵害用户合法权益的网络“黑灰产”及各类恶意攻击。

（4）创新服务模式，提升用户信息保护水平。从 2018 年开始，菜鸟平台，以及京东、顺丰、中通等物流快递公司开始普及使用隐私面单，对面单上的消费者信息包括姓名、电话等进行技术处理，不直接显示在快递面单上，并且只允许派件员查看。对用户手机号码进行加密处理，派件员也只能通过 App 直接进行拨打用户手机且无法看到号码等。这些措施在一定程度上提升了用户隐私保护力度。

案例思考：

我国拥有 14 亿人口，如何推动零售业持续、稳定、健康发展是社会各界共同关心的课题。随着“互联网+”新零售概念不断深化，物流快递行业也迎来大发展，新一代信息技术成为物流快递行业重要的驱动力。在物流快递行业帮助“新零售”走完“最后一公里”的同时，也掌握了海量的用户数据，这使得物流快递行业信息安全治理变得极其重要。可以说，快递安全不仅是运输安全、货物安全，更重要的是信息安全。请思考为构建安全、便捷、高效的安全环境，物流快递行业的信息安全治理应该如何由政府、行业组织、企业、公众等各利益相关方共同参与、共同投入。

部分参考答案

第一章　物流信息基础知识

二、单项选择

1. A　2. C

三、多项选择

1. ABCDE

第二章　管理信息系统概论

二、单项选择

1. A　2. D

三、多项选择

1. ABCD

第三章　物流管理信息系统概论

二、单项选择

1. B　2. C

三、多项选择

1. ABCDE

第四章　物流信息管理硬件设施

二、单项选择

1. A　2. D

三、多项选择

1. ABCDE

第五章　物流信息管理信息资源

二、单项选择

1. D　2. A

三、多项选择

1. ABCDE

第六章　物流运作管理信息系统

二、单项选择

1. B　2. B

三、多项选择

1. ABCDE

第七章　供应链管理信息系统

二、单项选择

1. B　2. A

三、多项选择

1. ABCDE

第八章　物流公共信息平台

二、单项选择

1. A　2. B

三、多项选择

1. ABCD

第九章　物流管理信息系统开发

二、单项选择

1. C　2. B

三、多项选择

1. ABCDE

第十章　物流管理信息系统管理

二、单项选择

1. D　2. D

三、多项选择

1. ABC

参考文献

1. 亿邦动力网. 菜鸟联合六大快递企业开启“物流天眼”系统[EB/OL]. http://www.ebrun.com/20180926/299040.shtml.
2. 库波,曹静. 数据结构:Java 语言描述(第二版)[M]. 北京理工大学出版社,2016.
3. 徐政五,甘露,汪利辉. 信息论导引(第 2 版). 电子科技大学出版社,2017.
4. 李海生. 知识管理技术与应用. 北京邮电大学出版社,2012.
5. EMC 教育服务团队著. 曹逾、刘文苗、李枫林译. 数据科学与大数据分析. 人民邮电出版社,2016.
6. 曾丽. 跨境电子商务信息流模型与效率研究[D]. 华中师范大学硕士论文,2017.
7. 中国物流与采购网. 中远网络物流信息科技有限公司:中国航运大数据[EB/OL]. http://www.chinawuliu.com.cn/information/201802/11/328689.shtml.
8. 中国物流与采购网. 百世物流科技(中国)有限公司:快递自动分拣系统. http://www.chinawuliu.com.cn/information/201804/16/330305.shtml.
9. 古川. 大规模定制供应链的信息流整合的研究[D]. 重庆工商大学硕士论文,2010.
10. 中华人民共和国国家质量监督检验检疫总局、中国国家标准化管理委员会. GB/T 23831-2009 物流信息分类与代码[S]. http://www.gb688.cn/bzgk/gb/newGbInfo? hcno=6826BBFAB57ABD7C8110A7D4DDDA7A2C
11. 物流一图. “最后一公里”迅速迭代,催生新商业模式. http://www.chinawuliu.com.cn/information/201801/10/327772.shtml
12. 蔡伟. 基于大数据时代的数据库与传统数据库的比较研究——以物流管理信息系统为例[D]. 湖北工业大学硕士论文,2017.
13. 中华人民共和国国家质量监督检验检疫总局,中国国家标准化管理委员会. GB/T 32701-2016 家电物流信息管理要求[S]. http://c.gb688.cn/bzgk/gb/showGb?type=online&hcno=01313D1E58F6E6F865F84285D254F4B1
14. 中华人民共和国国家质量监督检验检疫总局,中国国家标准化管理委员会. GB/T 26821-2011 物流管理信息系统功能与设计要求[S]. http://c.gb688.cn/bzgk/gb/showGb? type=online&hcno=18B1AD02B365843B6F290BB9ACEE825E
15. 王靖,薛艳梅. 管理信息系统. 重庆大学出版社,2015:2-4.
16. 吴庆州. 管理信息系统. 北京理工大学出版社,2017:3-7.
17. 肯尼斯 C. 劳顿,简 P. 劳顿著. 黄丽华,俞东慧译. 管理信息系统. 机械工业出版社,2018.
18. 薛弘晔,系统工程,西安电子科技大学出版社,2017.

19. 毛海军. 物流系统规划与设计(第 2 版). 东南大学出版社,2017.
20. 中国物流与采购网. 菜鸟网络科技有限公司：智慧地址规则管理系统. http://www.chinawuliu.com.cn/xsyj/201807/25/333193.shtml
21. 叶斌,黄洪桥,余阳. 信息技术基础. 重庆大学出版社,2017.
22. 唐芳柱,朴仁鹤主编,物流信息技术,中央广播电视大学出版社,2014.
23. 中国物流与采购网. 苏宁云商集团股份有限公司：苏宁云仓. http://www.chinawuliu.com.cn/xsyj/201811/29/336719.shtml
24. 李学峰,赵艳萍. 数据库应用技术. 北京希望电子出版社,2018.
25. 王凤领. 数据库原理及应用. 西安电子科技大学出版社,2018.
26. 马瑾,张晶. 数据库原理. 中国电力出版社,2016.
27. 余阳,刘世平,叶斌. 数据库原理与应用. 天津大学出版社,2017.
28. 师金钢,郑艳. 实时数据仓库技术. 东北大学出版社,2018.
29. 朱东妹. 数据仓库与数据挖掘概念、方法及图书馆应用. 安徽师范大学出版社,2017.
30. 郭琦,张达治. 数据挖掘及其应用讲义. 哈尔滨工业大学出版社,2014.
31. 郭春生,方昕,张薇. 数据库原理及应用[M]. 电子科技大学出版社,2017.
32. 王玲. 数据挖掘学习方法. 冶金工业出版社,2017.
33. 黄文准,杨亚东. 现代通信原理教程. 西安电子科技大学出版社,2016.
34. 陈启兴. 通信原理. 国防工业出版社,2017.
35. 李娟,李永杰. 计算机网络. 北京邮电大学出版社,2016.
36. 帅小应,胡为成. 计算机网络. 中国科学技术大学出版社,2017.
37. 青岛东合信息技术有限公司编著. 无线通信开发技术及实践. 西安电子科技大学出版社,2014.
38. 孙海英,魏崇毓. 移动通信网络及技术(第 2 版). 西安电子科技大学出版社,2018.
39. 彭扬,倪志伟,胡军. 物流信息系统. 中国物资出版社,2006.
40. 朱磊. 订单管理系统的设计与实现[D]. 大连理工大学硕士学位论文,2016.
41. 郭剑英. 基于 RFID 的仓储管理系统的设计与实现[D]. 吉林大学硕士学位论文,2015.
42. 孙闻鹏. 基于 ERP 模式的运输管理系统研究[D]. 西南交通大学硕士学位论文,2015.
43. 烟台市胜运科技有限公司.《胜运船公司集装箱业务管理信息系统》简介. http://www.shengyun.net/SyWeb/WebPage/Web_document.aspx? id=126
44. 烟台市胜运科技有限公司.《胜运船公司船代系统》简介. http://www.shengyun.net/SyWeb/WebPage/Web_document.aspx? id=31
45. 烟台市胜运科技有限公司.《胜运船公司货代系统》简介. http://www.shengyun.net/SyWeb/WebPage/Web_document.aspx? id=29
46. 上海吉联新软件股份有限公司. 吉联产品与解决方案. http://www.gillion.com.cn/index.aspx

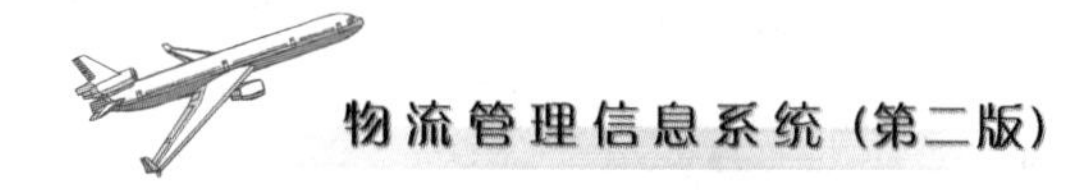

47. 中国电子口岸. 海关企业管理网上办事平台操作手册. http://www.chinaport.gov.cn/kfzq/xzzx/bgjlc/15622.htm
48. 中国电子口岸. 电子口岸企业管理（新）系统用户操作手册. http://www.chinaport.gov.cn/kfzq/xzzx/cxxz/16764.htm
49. 中国电子口岸. 中国电子口岸数据中心简介. http://www.chinaport.gov.cn/gywm/gywm1/1855.htm
50. 中国物流与采购网. 上海联华物流有限公司. 生鲜物流仓储管理系统. http://www.chinawuliu.com.cn/information/201812/24/337392.shtml
51. 刘小卉. 供应链管理(第二版). 大连理工大学出版社，2018.
52. 苗青. 新零售供应链的数字化研究[D]. 安徽大学硕士学位论文，2019.
53. 唐隆基. 数字化供应链的进展和未来十大趋势. http://www.logclub.com/articleInfo/NDI4Ni1jNzc5ODZmMC0yOQ==
54. Wright P. K., Bourne D. A. Manufacturing intelligence[M]. Addison-Wesley, 1988.
55. 国家制造强国建设战略咨询委员会，中国工程院战略咨询中心. 智能制造[M]. 北京：电子工业出版社，2016.
56. 中国电子技术标准化研究院. 智能制造能力成熟度模型白皮书 1.0 版[EB/OL]. http://www.cesi.cn/201612/1701.html
57. 周亮. 我国智能制造的三大发展趋势以及十大关键技术介绍. http://www.elecfans.com/article/89/2019/201909271082678.html
58. 七叶莲. 康爱多：数字化供应链驱动企业营销转型. 共赢会微信公众号，2020 年 5 月 13 日.
59. 孙增乐. 基于区块链的共享物流信息平台研究[D]. 浙江理工大学硕士学位论文，2019.
60. 李天月. 国家交通运输物流公共信息平台发展指数模型与应用[D]. 北京交通大学硕士学位论文，2017.
61. 刘帅. 智慧公路物流公共信息平台构建关键问题研究[D]. 重庆交通大学硕士学位论文，2018.
62. 中国物流与采购网. 门到门信息技术有限公司-门到门无车承运智慧物流系统. http://www.chinawuliu.com.cn/xsyj/202003/27/496751.shtml
63. 中国物流与采购网. 广西桂物智慧科技有限公司-广西物流公共信息服务平台—“行·好运”网. http://www.chinawuliu.com.cn/xsyj/201903/05/338918.shtml
64. 朱立元. S 企业物流管理信息系统的设计与实现[D]. 吉林大学硕士学位论文，2017.
65. 中国物流与采购网. 浙江新安化工集团股份有限公司-打造危化品行业物流信息系统标杆. http://www.chinawuliu.com.cn/xsyj/202006/05/507114.shtml
66. 中国物流与采购网. 北京普田物流有限公司- WMS 系统解决方案. http://www.chinawuliu.com.cn/xsyj/202004/20/499684.shtml

67. 信息安全研究中心.物流快递行业信息安全研究(2018). http://www.cesi.cn/201903/4939.html
68. 国家交通运输物流公共信息平台.国家交通运输物流公共信息平台的平台服务和平台应用. http://www.logink.cn/index.html

图书在版编目(CIP)数据

物流管理信息系统/刘小卉主编. —2版. —上海：复旦大学出版社，2021.1(2024.7重印)
(复旦卓越)
21世纪物流管理系列教材
ISBN 978-7-309-15401-6

Ⅰ.①物… Ⅱ.①刘… Ⅲ.①物流-管理信息系统-高等学校-教材 Ⅳ.①F252-39

中国版本图书馆CIP数据核字(2020)第229800号

物流管理信息系统(第二版)
刘小卉 主编
责任编辑/姜作达

复旦大学出版社有限公司出版发行
上海市国权路579号 邮编：200433
网址：fupnet@fudanpress.com http://www.fudanpress.com
门市零售：86-21-65102580 团体订购：86-21-65104505
出版部电话：86-21-65642845
上海华业装潢印刷厂有限公司

开本787毫米×1092毫米 1/16 印张20.25 字数480千字
2024年7月第2版第3次印刷

ISBN 978-7-309-15401-6/F·2755
定价：50.00元